DEL IDEALISMO AL DESENCANTO

Todo comenzó cuando abordé el tren de Antilla a Santiago de Cuba

COLECCIÓN CUBA Y SUS JUECES

EDICIONES UNIVERSAL, Miami, Florida, 2021

JOSÉ ÁLVAREZ

DEL IDEALISMO AL DESENCANTO

Todo comenzó cuando abordé
el tren de Antilla a Santiago de Cuba

Copyright © 2021 de herederos del autor José Álvarez

Primera edición, 2021

EDICIONES UNIVERSAL
P.O. Box 450353 (Shenandoah Station)
Miami, FL 33245-0353. USA
(Desde 1965)

e-mail: ediciones@ediciones.com
http://www.ediciones.com

Library of Congress Catalog No.: 2021937479
ISBN: 978-1-59388-323-2

Composición de textos: María Cristina Zarraluqui

Diseño de la cubierta: Luis García Fresquet

En la cubierta: foto de la oficina del autor con busto de Martí y rosa blanca, tal como describe en el poema de la contraportada.

Todos los derechos
son reservados. Ninguna parte de
este libro puede ser reproducida o transmitida
en ninguna forma o por ningún medio electrónico o mecánico,
incluyendo fotocopiadoras, grabadoras o sistemas computarizados,
sin el permiso por escrito de los herederos del autor, excepto en el caso de
breves citas incorporadas en artículos críticos o en
revistas. Para obtener información diríjase a
Ediciones Universal.

Tengo más recuerdos que un hombre milenario.
Charles Baudelaire, del poema «Le spleen de Paris»

Así que seguimos adelante,
Barcos contra la corriente
Devueltos incesantemente al pasado.
F. Scott Fitzgerald, «El gran Gatsby»

DEDICATORIA

Para Mercy, mi esposa y compañera en esa ardua y divertida aventura que es la vida.

Para Mercita (1963-2013), nuestra primera hija.

Para Ricardo José (1973-1993), nuestro primer hijo varón.

Para Alejandro Javier (1977-), nuestro segundo hijo varón, y su esposa Monika.

Para nuestros nietos:
Alexis Monique (2006-).
Ricardo Julián (2012-).
Niko Enrique (2012-).

Y también para mis padres, a quienes les debo tanto.

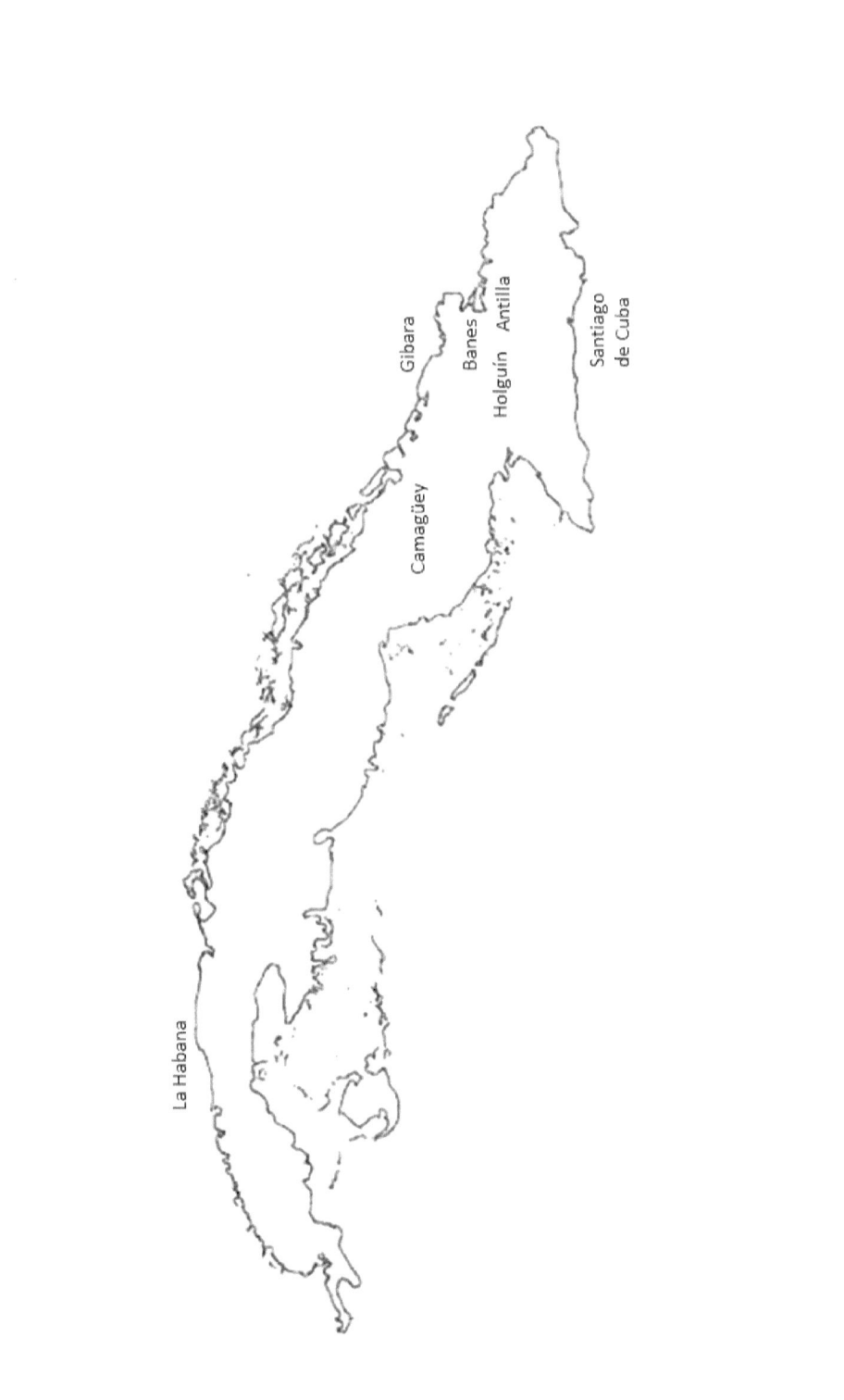

ÍNDICE

PRÓLOGO 15
PREFACIO 19
SINOPSIS 23
CRONOLOGÍA 25
PRIMERA PARTE El robo de la adolescencia 27
   De Antilla a Santiago de Cuba 28
     Mi familia y mi enclave 28
     Rumbo a Macubá 38
     Mi estadía en Macubá 43
        Las clases 43
        El internado 48
        Renté 57
        Los deportes 58
        Las vacaciones 59
        El golpe y la rebeldía 68
        La expulsión 101
        Libre en Santiago 102
   De Santiago de Cuba a La Habana 109
     Curso 1956-1957 109
   Verano de 1957 en Antilla 123
   De La Habana a Banes / Antilla 149
     Curso 1957-1958 149
**SEGUNDA PARTE Cronología de un incendio
y su secuela** 157
   El incendio inoportuno 158
     Sábado 8 de febrero de 1958: 7:00 pm. 158

La detención 164
    Domingo 9 de febrero de 1958: 6:00 am. 164
Entre la libertad y el acoso 174
    Lunes 10 de febrero de 1958: 2:00 pm. 174
El escondite 184
    Viernes 28 de febrero de 1958: 2:30 pm. 184
La fuga 198
    Miércoles 26 de marzo de 1958: 4:00 am. 198

TERCERA PARTE El exilio sin reino 213
    La llegada a Kingston 214
    La casa del 26 de julio 224
    El posible lote de armamentos 226
    Mi entrevista con Luis Casero 230
    La llegada de un piloto de la sierra 234
    Visita al Primer Ministro 236
    Los dos Raymond 237
    La frustrada expedición del «*Fire Star*» 240
    La expulsión 251
    El regreso no planeado: final de un exilio sin reino 256

CUARTA PARTE *L'illusion lyrique* 263
    El término simbólico 264
    Los trajines en la capital 264
    Antillanos hacia Antilla 268
    El difícil comienzo 269
    La invasión a Quisqueya y el encuentro con Camilo 271
    Promesa cumplida 274
    Fidel vs. Vista Alegre 275
    De regreso a los libros 280
    La lucha entre lo sentimental y lo material 281
    La mudada hacia La Habana. Se asoman las dudas 282
    El duro año de 1961 286

Entonces no era tan niño 288
La temida esperada confesión 296
El gatico abre los ojos 304
Nuestra boda y la secuela 305
Suspensión de vuelos y nuevos esfuerzos........................ 307
Nacimiento de Mercita... 315
Camarioca y su peligrosa secuela 321
«Y me hice maestro…» 322
La agricultura 326
La salida 346

QUINTA PARTE Nueva vida más lejos 355
Yo nunca me fui 356
El aterrizaje en Miami.. 358
La casa de la Libertad 358
Gainesville 360
    Mi amigo Manolo 370
    Las protestas estudiantiles 372
El viaje a Guatemala 375
Hacia el soleado Sur... 380
¿De nuevo a la agricultura?.. 381
El Comité de los 75 383
La llegada de Gina 384
El éxodo del Mariel.. 385
Una tragedia inesperada 386
Volver la primera vez... 392
El regreso al pueblo 396
¡Preparen las maletas! 397
Volver a volver 399
Censura sin fronteras.. 402
El misterio de *Palabras Calladas* 405
La muerte de Mercita... 407

13

La película que sí llegó a las pantallas 408
Mi rudimentario pero veraz documental 410

EPÍLOGO 413
1. El respeto a la vida humana y la propiedad 413
2. Sobre el exilio y el regreso 422
3. Morir por la patria NO es vivir 424

ACERCA DEL AUTOR 437

AGRADECIMIENTOS 439

REFERENCIAS BIBLIOGRÁFICAS Y WEBS CONSULTADAS 441

PRÓLOGO

Cuéntame, ¿cómo era eso de la revolución en Antilla?

Así comenzaron mis conversaciones con Pepín...a lo largo de más de 50 años. Nos conocimos poco después que llegó a Gainesville, sería en 1969 o 1970. Después nos mudamos lejos uno del otro. Él a West Palm Beach —huyéndole al frío de Gainesville decía. Yo más lejos. En época de pandemia, hablábamos cada dos o tres semanas, por una hora y a veces más, yo desde Gran Canaria. Nuestro amigo Mario Ariet decía que yo le echaba un *nickel* y Pepín complacía.

Pepín era divertido. Siempre tenía una anécdota. Una vez, cuando las llamadas a Cuba eran caras, Mercy estaba hablando con una parienta con Pepín escuchando a su lado. Hablaban de la tía casada con Pololo y cómo la pareja estaba con problemas matrimoniales. En aquella época y siendo Mercy discreta, un tema como ese se trataba con delicadeza, en forma indirecta, circunspecta, lo que alargaba la llamada. Pepín, que era el que pagaba, no pudo contenerse y cortó por lo sano: Nada, Mercy, que se están divorciando. Pasa página. Nunca conocí ni supe mucho de Pololo, pero por muchos años, incluso después que falleciera, yo seguía preguntándoles a Pepín y a Mercy por Pololo y su familia.

Pepín era un investigador serio. En la Universidad de la Florida se destacó como estudiante graduándose en tiempo récord y con honores. Al obtener su doctorado en 1977 la propia universidad le hizo tres ofertas para incorporarlo a la facultad. El prefirió el puesto de investigador para el servicio de extensión de la Florida. Allí demostró el potencial económico de un modelo de siembra del arroz en terrenos anteriormente dedicados al monocultivo del azúcar, dando lugar a una transformación de la agricultura regional que fue inclusive adoptado en otros países como la India. En 1999 el Departamento de Agricultura de los EEUU (USDA) lo galardonó con el Premio Nacional de Honor por Servicio de Excelencia (*National Honor Award for Superior Service*), la mayor distinción que otorga esa institución a investigadores agrícolas.

Quería ayudar. Cuando las relaciones comerciales entre Cuba y EEUU parecían cambiar, Pepín auspició un proyecto de investigación y colaboración entre las universidades de la Florida y de La Habana, con resultados plasmados en el libro, *Cuba's Agricultural Sector*, publicado por la Universidad de la Florida en el 2004.

José Álvarez quiso poner la historia en su lugar. Un régimen que controla los medios de comunicación por más de 60 años escribe su propia historia, donde los líderes son héroes y los demás hacen coro. No permite que se hagan investigaciones históricas serias, a no ser que concuerden y reafirmen el cuento oficial. Habiendo participado en la contienda revolucionaria y vivido 10 años en Cuba bajo el nuevo régimen, Pepín no necesitaba permiso. Su experiencia personal y su habilidad como investigador, le permitieron esclarecer el record histórico en *La revolución cubana: Una rebelión de adolescentes* (2019), *Fidel Castro y el Directorio Revolucionario* (2017), *Asesinado en combate: La historia del comandante Daniel* (2017), *Doce mitos y mentiras de la revolución fidelista* (2019), y *Frank País* (2019).

Frank País contaba con una organización rebelde urbana numerosa y bien organizada. Fue clave rescatando el minúsculo grupo de la Sierra Maestra liderado por Castro, enviándole armas y combatientes. País tenía graves diferencias con Castro sobre el futuro político de la nación. Su asesinato fue causado por una delación interna que la evidencia sugiere surgió de allegados de Castro. Su sucesor, René Ramos Latour, murió en combate obedeciendo órdenes de Castro cada vez más peligrosas.

Otros libros, por ejemplo, *Fidel Castro's agricultural follies: absurdity, waste, and parasitism* (2014) y *La desorganización organizada de la Cuba castrista* (2020), describen la incompetencia del régimen y como infinidad de planes agrícolas e industriales irreales y costosos daban pocos frutos y pronto caían en el olvido. Más allá de la incompetencia, la regimentación de toda actividad productiva y de consumo es parte integral del control político sobre la población. *Tu Libertad no es mía* (2016) describe las formas de control que usa el régimen para mantenerse en el poder.

Pepín tuvo una vida dura. En *El fuego de un ideal: Memorias de la adolescencia* (2018), describe como a los 17 años tuvo que esconderse, salir huyendo y exiliarse en Jamaica. Por suerte no perdió la vida, solo la juventud. Al caer Batista en enero del 1959, pensó que el país se desarrollaría en paz y en forma democrática. Poco a poco se dio cuenta que la revolución tomaba un rumbo autoritario y represivo. Una vez decidido a partir, se cancelaron los vuelos entre Cuba y EEUU, y el régimen cubano instituyó un proceso de partida infernal y humillante, que resultó particularmente complicado y largo para Pepín y Mercy y su hijita Mercita.

Mercy y Pepín se conocieron cuando ella tenía 14 y el 16. Desde entonces Mercy lo acompañó y apoyó en todas las aventuras de la vida. Imaginen el matrimonio joven con las ilusiones de un primer hijo, una hembrita, y como se van dando cuenta que Mercita no se desarrolla como otros niños. La llevan a mil médicos y todos concluyen lo mismo: la dolencia no tiene cura. Siempre dependerá de ellos hasta para las necesidades más básicas. Hubo quienes les recomendaron institucionalizarla. Pero Pepín y Mercy la conocían, la adoraban, la entendían, la querían. Nunca se les ocurrió dejarla en otras manos. La cuidaron y mimaron hasta que falleció a los 50 años. Mercita escribió su historia en *Palabras Calladas* (2012). La niña cuenta que después que falleció, sus padres seguían visitando su cuarto para ver cómo estaba y saludarla. Pensaban «y ahora como vamos a vivir sin ella».

Su hijo varón mayor, Ricardo José, nació en Gainesville en 1973. Pepín lo describe como un perfecto jodedor con un gran corazón. Se les fue de repente, con apenas 20 años.

Pepín se marchó de Cuba, pero nunca se fue del todo, solo «vivía más lejos». Escribió los recuerdos de su niñez en Antilla en *Los álamos del parque* (2010). En *La zarza de los recuerdos* (2011) muestra su pasión y nostalgia por Santiago de Cuba. *Ríe Fidel* (2013), cuenta chistes que se hacían en Cuba sobre Fidel Castro. Pareciera un tema frívolo, superficial, pero lo escribió a conciencia de que las dictaduras no tienen sentido del humor ni lo toleran. *Romeo y Julieta en la Cuba del período especial* (2017), evoca la tragedia de Shakespeare, situándola en la penuria del teatro cotidiano cubano.

En el ideario cubano, comenzando por el himno nacional, morir por la patria es vivir. La inmolación como deber patrio. Para Pepín que había perdido compañeros en plena juventud por una causa traicionada, eso es absurdo. El llamado nacional debe ser vivir una vida larga y fecunda luchando en vida por el bienestar de todos los cubanos. Pepín promovió el diálogo y el intercambio académico, social y comercial entre EEUU y Cuba. Pero rehusó servirle de espía al gobierno cubano. Lo he visto defender a «los de Miami», epíteto con el que el régimen castrista pretende dividir, descalificando el sentir y el valor de los cubanos exiliados. Yo añadiría: respeto, están hablando de mis padres.

Consciente que le quedaba poco, bordeando los 80, Pepín escribió su autobiografía. Este libro es un resumen de su vida, sus libros, y su pasión por Cuba. El 3 de enero del 2021 le pregunté si había avanzado, y le dije que tenía ganas de leer un buen libro. A la vuelta me envió el manuscrito. Fue su último regalo, nuestra última conversación. Me hubiera gustado discutirlo con él, preguntarle sobre la revolución en Antilla. De vez en cuando todavía lo hago.

    Francisco J. Proenza
    Las Palmas de Gran Canaria
    8 de abril de 2021

PREFACIO

Nunca imaginé que algún día iba a escribir un libro sobre mis primeros ochenta años de existencia. Hasta que llegó el año 2020 y me di cuenta de que al final de este me iba a convertir en un octogenario. Cualquier ser humano tiene un caudal de historias para escribir sus memorias. Yo me decidí a compartir las mías: las buenas y las malas, las que honran y las que avergüenzan, las sublimes y las ridículas. Todas, bueno… casi todas. El primer problema surgió inmediatamente después de tomar la decisión: ¿Por dónde debía comenzar?

Me di cuenta de que había nacido en un día importante. Cuando yo nací el 10 de diciembre de 1940 se había promulgado en mi país, exactamente dos meses antes, una nueva constitución ampliamente considerada una de las más progresistas de su época. El día que estaba celebrando mi octavo cumpleaños la asamblea general de las Naciones Unidas adoptaba la Declaración Universal de Derechos Humanos y convertía el 10 de diciembre como el día de los derechos humanos. No estaba mal, pero necesitaba un punto para despegar y llevar al lector hasta la última página.

Yo no tuve que pensar mucho para elegir el lugar de la arrancada. Tenía que ser el día que mis padres me llevaron a un internado religioso de la capital de provincia para cursar el sexto grado. Yo contaba con 10 años. Cuando, después de escuchar el sonido de un silbato y el tren de las seis de la mañana comenzó a avanzar lentamente, sentí que mi vida ya había comenzado a cambiar. Segundos después el tren cruzaba el puente que separaba al pueblo de la tierra firme y ahí miré hacia atrás para poder contemplar el pasado que dejaba en el enclave que me había visto nacer y crecer una década alegre, pero aislada; sana, pero aburrida; mimado, pero con deseos de conocer la existencia del mundo que había más allá del puente de la bahía por donde iba avanzando el tren llevándome al futuro.

Encerrado en el Colegio comenzó mi nueva vida. Al principio extrañaba a mi casa y mi familia. Luego esa nostalgia fue disminuyendo hasta casi desaparecer. Meses después de haber ingresado se produjo un golpe de estado militar injustificado y yo me opuse desde el primer día. Y ese fue el segundo punto importante de mi vida. Con apenas 11 años entré en el mundo raro de la clandestinidad y el peligro. En el Colegio De La Salle de los Hermanos de las Escuelas Cristianas de San Juan Bautista de la Salle permanecí interno desde el curso escolar 1951-1952 hasta el de 1955-1956. Puedo confesar con entera confianza que Santiago de Cuba me hizo una mejor persona.

Yo soy un miembro de la generación que derrocó la dictadura de Fulgencio Batista para, sin saberlo, facilitarle a Fidel Castro y sus socios comunistas, el acceso al poder absoluto. El Destino no quiso que me convirtiera en una estadística. La mayoría de mis compañeros que sobrevivieron supieron borrar ese pasado. Yo vivo con él. Eso me impulsó a escribir estos recuerdos porque, a pesar del tiempo transcurrido, todavía son parte de mi condición humana. Creo necesario que los adolescentes se convenzan de que no es necesario morir por la patria para ser buen patriota y que no van a vivir después de esa última ruptura. Ese verso de nuestro himno nacional no es más que una bella metáfora compuesta por Perucho Figueredo la mañana del 10 de octubre de 1868 cuando iniciaron la guerra de independencia.

No ceso de pensar en Cuba. Cuando alguien me pregunta cuándo salí, le contesto como la canción: «Yo no me fui; sólo vivo más lejos». Desde lejos medito en los aciertos y los errores de mis 80 años.

Por último, ruego a los potenciales lectores que no le tengan miedo al grosor ni al contenido. Que no lo lean con morbo, sino con solidaridad hacia un ser humano que trató de seguir la norma que dictó el más universal de los cubanos: *«Debe hacerse en cada momento lo que en cada momento es necesario»*. Aquí está el resultado: un hombre en paz, decepcionado ante un mundo que no pudo cambiar, pero con esperanzas de que lo logren las generaciones venideras.

Solo me queda expresar mi agradecimiento a Sergio Díaz-Briquets y Mario Ariet por haber tenido la paciencia de revisar el manuscrito completo y ofrecer excelentes sugerencias. No excluyo a Francisco Proenza por haber trabajado tanto en la mayor parte de mis escritos.

Wellington, Florida
Verano de la pandemia, 2020

SINOPSIS

Un niño de apenas 10 años es enviado interno a un colegio católico en la capital de provincia. Está aterrado, pero rechaza el ofrecimiento de su madre de regresar al hogar. Meses después se produce un golpe de estado y se entrega paulatinamente a la lucha, la cual le roba la adolescencia. Es protagonista o testigo de acontecimientos importantes, expulsado de varias escuelas y detenido por las autoridades, que califican su «expediente delictivo» de voluminoso. Un siniestro provocado por otros lo lleva de nuevo a una celda, pero lo dejan en libertad por ser menor de edad. Decide esconderse mientras espera el permiso para subir a las montañas. Un convento de monjas le abre sus puertas. Utiliza el encierro para devorar libros que discute con las Hermanas. Cuando abandona el escondite es una mejor persona. Debe cumplir una misión en el extranjero. La astucia de su padre logra evadir la persecución y salvarle la vida. Marcha a lo que luego califica «un exilio sin reino», refiriéndose a la obra de Camus, porque su regreso ocurre después del triunfo. Sus convicciones lo enfrentan a su familia, a la que han despojado de sus propiedades. Se decepciona al contemplar que no se están cumpliendo las promesas. La libertad se convierte en totalitarismo. Ve partir a sus hermanos. La nación se desgarra. Contrae matrimonio y solicitan salir del país. Pasarán unos cuantos años antes de poder volver a reunirse con los que partieron antes. Mientras llegaba ese día, tiene que sufrir las consecuencias de su decisión de quedarse y, luego, la horrible realidad de su decisión de irse. La espera se alarga a cinco tormentosos años. Les nace una niña especial que cuidarán por 50 años. En su nuevo exilio estudia, enseña y espera. Desde lejos medita en los aciertos y los errores cometidos. Y escribe «en frenético esfuerzo para dejar plasmado el pasado que quiere que el presente no borre».

CRONOLOGÍA

1940	José Álvarez nace en Antilla el 10 de diciembre.
...	
1952	10 de marzo – Golpe de Estado de Batista.
1953	26 de julio 1953 – Asalto al Cuartel Moncada.
...	
1956	30 de noviembre – Alzamiento organizado por Frank País en preparación al desembarco del Granma.
	2 de diciembre – Fidel Castro desembarca en el yate Granma con 82 combatientes.
1957	30 de julio – Frank País es asesinado.
	Septiembre – Pepín se esconde en el Colegio de las Hermanas de la Caridad de Banes.
	24 de noviembre – Mercy y Pepín se hacen novios. La relación había comenzado cuando Mercy tenía 14 y Pepín 16 años.
1958	26 de marzo – Pepín regresa a Antilla. Parte para Kingston el 29 de marzo.
1959	El 1o de enero Batista abandona el poder y huye de Cuba.
	Pepín regresa a Cuba.
...	
1961	17 de abril – desembarco de Playa Girón/Bahía de Cochinos.
	25 de julio – Clarita, la hermana mayor de Pepín, parte a Caracas.
	9 de octubre – Los otros dos hermanos se van para Miami con programa Peter Pan
	1º de diciembre – Castro confiesa el carácter Marxista Leninista de la revolución.
	2 de diciembre – Pepín decide marcharse de Cuba.
1962	12 de marzo – gobierno establece el sistema de racionamiento (La Libreta) que perdura hasta el día de hoy.
	22-24 de junio – Matrimonio de Mercy y Pepín.
	Crisis de Octubre y suspensión de los vuelos Habana-Miami.
1963	6 de junio – Nacimiento de Mercita

	26 de noviembre – Se aprueba Ley del Servicio Militar Obligatorio (SMO). Los cubanos de 15 a 27 años están sujetos al servicio y no pueden abandonar el país.
...	
1965	El gobierno establece las Unidades Militares de Ayuda a la Producción (UMAP). 28 de septiembre – Apertura del puerto de Camarioca para que cubanos residentes en EEUU pudieran recoger a sus familiares.
...	
1968	28 de octubre – Pepín entra a los campos de la UMAP, requisito para salir del país.
1969	7 de febrero – Salida de Varadero y llegada a Miami. Traslado a Gainesville el 11 de febrero.
...	
1973	2 de abril – Nacimiento de Ricardo, el segundo hijo de Pepín y Mercy.
...	
1977	19 de junio – Nacimiento de Alejandro Javier. José Álvarez obtiene su Ph.D. en la Universidad de la Florida, Gainesville. La familia se muda para Palm Beach.
...	
1980	4 de abril, 10,865 personas entran en la Embajada de Perú. Poco después comienza un éxodo masivo por el puerto del Mariel.
...	
1987	Pepín vuelve a Cuba invitado por la Academia de Ciencias. Pepín vuelve de visita a Antilla.
...	
1993	18 de diciembre – Fallece Ricardo José a los 20 años.
1994	19 de agosto – Crisis de los balseros
...	
2004	Última visita de Pepín a Cuba.
...	
2013	Diciembre – Fallece Mercita.
...	
2021	Viernes 22 de enero de 2021 – Fallece José Álvarez.

PRIMERA PARTE

El robo de la adolescencia

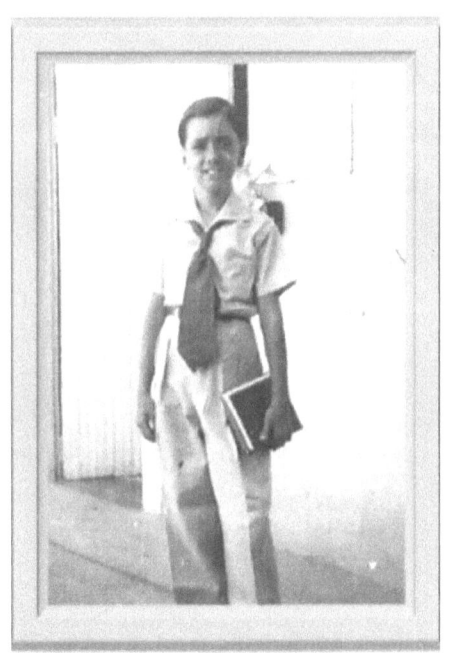

De Antilla a Santiago de Cuba

Fotos cortesía de Manrique Iriarte

Mi familia y mi enclave

El filósofo español José Ortega y Gasset nos dejó una importante máxima: «Yo soy yo y mi circunstancia». Creo que mi circunstancia comenzó a formarse muchos años antes de yo nacer. Me explico: Cuando Cristóbal Colón arribó a la isla por primera vez, lo hizo por un lugar llamado Bariay (donde luego se levantaría la villa de Gibara), a menos de cien kilómetros de donde se fundaría siglos después, a orillas de la bahía de Nipe, la villa de Antilla. En aquel año de 1492 dichos parajes estaban habitados por aborígenes. En los litorales de la bahía los indios siboneyes se dedicaban a la caza, la pesca, la agricultura, la recolección y la cerámica. De esa época surgieron leyendas que parecen proyectarse a los tiempos presentes. Existían dos importantes cacicazgos en la zona: el de Baní y el de Birán. La leyenda explica la fusión de ambos en virtud de una unión matrimonial. Siglos después, Fulgencio Batista nacería en el primero (convertido en Banes) y Fidel Castro en el segundo, cuya primera esposa era también natural de Banes. Sin embargo, el suceso más importante había ocurrido a principios del siglo XVII. En una noche de tormenta había aparecido flotando en las aguas de la bahía, una imagen de madera —probablemente desprendida de algún galeón español a causa del mal tiempo— con la inscripción: «Yo soy la Virgen de la Caridad». Tres humildes pescadores (dos indios y un negro) la recogieron y llevaron a un caserío conocido con el nombre de Baraguá. Luego de un largo peregrinar le levantaron una humilde capilla en el poblado de El Cobre, a corta distancia de Santiago de Cuba.

La aparición es reveladora y llama a la reflexión. La imagen vino a traer la calma después de una tormenta. La encontraron hombres humildes. En aquel momento se fundió la identidad de nuestro pueblo: un negro, dos indios que acabarían exterminados tiempo después y, ella, mulata y desprendida de un buque español. Acontecimiento profético. Los cubanos católicos comenzaron a venerarla con el apodo de «Cachita» y los esclavos africanos adoraban en ella a «Ochún», uno de sus orishas (dioses), eludiendo así la evangelización que les imponían sus amos españoles —sincretismo religioso que ha perdurado hasta nuestros días. De tez morena y ojos de azabache, la imagen mulata fue proclamada Patrona de Cuba en 1916 por el papa Benedicto XV bajo la advocación de Nuestra Señora de la Caridad. Pudo haber tenido lugar en alguna de las otras 12 bahías naturales de Cuba, pero ese gran acontecimiento ocurrió, hace cuatro siglos, en las aguas de Nipe, la bahía de mi pueblo.

La fundación de la villa de Antilla coincidió con la institución de la República de Cuba en 1902 y el arribo de quien sería mi padre. José Álvarez Lorences había salido de su nativa Asturias en busca de una vida mejor. Traía consigo una caja con todas sus pertenencias y una educación formal de un quinto grado. A pesar de ser un hombre de campo, se quedó a probar suerte en La Habana. Obtuvo empleo en una ferretería que llegaría a ser famosa por su volumen de ventas y su nombre «Feito y Cabezón», que no escapó al humor criollo, aunque eran los apellidos de los dueños. Me contaba que su sueldo era de 20 centavos al mes y él ahorraba 25 porque recibía pequeñas propinas que podía guardar porque los propietarios le permitían el uso de un espacio para dormir y cocinar.

Tiempo después decidió marcharse a la provincia de Oriente y un día se bajó de un tren que llegaba por el recién estrenado ramal del ferrocarril al pueblo de Antilla. Pronto consiguió empleo de mozo de limpieza en el «Café El Baturro», una de las sucursales de la casa matriz dirigida desde la capital por Romualdo Lalueza. Cuando años después este decidió vender varias de sus sucursales, le ofreció la de Antilla a mi padre, quien no tenía ni un quilo prieto, pero ya había aprendido el negocio. Hicieron un trato y años después saldaba la deuda.

Es entonces que decide contraer matrimonio a los 35 años con la que sería mi madre, nacida en una familia de gallegos. Se llamaba María Luisa Pérez Fernández. Era hija de Evaristo Pérez y Clarisa Fernández, propietarios de una modesta mueblería. Tenía una hermana llamada Esperanza.

El café contaba con un pequeño apartamento en la parte del fondo, encima de la dulcería, y allí se instaló el nuevo matrimonio. La felicidad no demoró en sufrir un serio quebranto. Una noche, como resultado de un escape de gas, se produjo un incendio que destruyó una gran parte del inmueble que albergaba al café. Los esposos lograron salir a tiempo y, sentados en un banco del parque, vieron desaparecer el negocio ante sus ojos. El pueblo no contaba con una estación de bomberos y, en aquel tiempo, no se acostumbraba a comprar seguros que ayudaran en la reconstrucción del inmueble.

Después de la reconstrucción, vinimos al mundo en el apartamento del fondo los dos primeros hijos: María Clara (Clarita) el

6 de diciembre de 1938 y un servidor José (Pepín), el 10 de diciembre de 1940.

Poco tiempo después nos mudamos a una amplia casa situada en los altos de la tienda «Los leones» y, viviendo allí, mamá fue a dar a luz a los otros dos hijos en el Centro de la Colonia Española de Santiago de Cuba: Fernando (Toto) y María de los Ángeles (Nena). Mi abuela materna Clarisa y su otra hija Esperanza (a quien cariñosamente llamábamos «Maína» porque mi hermanita mayor no podía pronunciar «madrina») vinieron a vivir con nosotros a la muerte de mi abuelo Evaristo. Nos mudamos todos para una casa cerca de la cima de «la loma de la glorieta». En esa casa vivimos hasta que nos mudamos para La Habana en 1960.

La casa era amplia para poder albergar a las ocho personas que la habitábamos. En el ala izquierda tenía tres dormitorios, un comedor, y la cocina. En la parte derecha contaba con otros dos dormitorios, el baño, y un cuarto de desahogo. La sala y la saleta (otro comedor que se utilizaba en ocasiones especiales) estaban en el medio, seguidas de un patio interior de cemento que cubría el aljibe y, al fondo, otro patio. En la parte delantera del patio del fondo crecía una parra frondosa de la cual colgaban bellos racimos de uvas. En su costado derecho estaba el lavadero con una bomba de mano con la que se subía el agua del aljibe a unos tanques; en su costado izquierdo la abuela asaba castañas en la época Navideña. Detrás había un pequeño huerto casero donde se sembraban berzas, acelgas y otras verduras españolas, un gallinero y un corral para la cría de un cerdo.

En la sala había un piano en el cual mi hermana mayor, Clarita, y luego la menor, María (La Nena), intentaron (fueron obligadas a) convertirse en concertistas famosas sin ningún éxito. La casa se llenaba a veces de las notas de «El Currito de la Cruz» y la «Para Elisa» de Beethoven.

Los acontecimientos simpáticos ocurrían en la puerta principal. Esta tenía una aldaba que permitía dejarla entreabierta para que corriera la brisa. Frente a esa abertura se paraba la abuela a observar el escaso movimiento de la calle, ignorando que cualquiera podía verla desde el exterior. A esa puerta llegaba con frecuencia el Chino Tilo a vender las frutas que llevaba en su cesta.

Por esa puerta desfilaban, especialmente en la mañana del sábado, un sinfín de limosneros. A aquella puerta tocaban también, especialmente durante la época de sequía, muchos vecinos que venían con latas a coger agua del aljibe porque el pueblo carecía de un acueducto.

La visibilidad desde el frente de la casa era amplia. En el portal se sentaba la familia a tomar el fresco de la noche, y los niños a escuchar cuentos infantiles. Años después leí un artículo en una publicación científica donde el autor afirmaba que el grado de felicidad de un pueblo no debía medirse en términos de producto nacional bruto o automóviles per cápita. Sugería parámetros como juegos y canciones infantiles, fábulas, chistes y leyendas. Si estos criterios se aplicaran a las normas y costumbres de mi pueblo, que no era más que un microcosmo de toda Cuba, el resultado sería que aquel era un pueblo feliz.

Fue en ese portal que un día miré en dirección al cayito en el momento en que algo que consideré era un «platillo volador» bajó cerca de la superficie y se volvió a levantar a una velocidad vertiginosa. No comenté esa experiencia hasta que estas visiones se volvieron casi comunes en muchas partes del mundo.

Al lado de la casa había un par de solares yermos donde jugábamos, cazábamos mariposas y «pescábamos» arañas deslizando por sus cuevas un cordel con un pedacito de cera al final. Más tarde, nuestro padre hizo excavar un espacio para que sirviera de estacionamiento, al que llamamos «el escarbo». La construcción de una casa para la familia Guarch representó la pérdida del escarbo pero la adquisición de unos vecinos fabulosos.

Hacía ya un tiempo que papá había mandado a buscar a su hermano Segis a Asturias, porque su familia se mudaba para Argentina y él prefería unirse a Pepe en Antilla.

Un buen día, trabajando en «El baturro», dos señores llamaron a mi padre desde una mesa. Eran ejecutivos de la Compañía Ron Bacardí que habían venido de Santiago de Cuba a ofrecerle la representación del ron y la cerveza Hatuey en un nuevo territorio en el norte de Oriente. Mi padre aceptó el inmenso reto y, desde ese día, el trabajo se multiplicó. Luego vinieron las representaciones de otros productos nacionales e importados.

En cuanto a mí, después de asistir al único Kindergarten del pueblo, recibí la educación primaria en el Colegio José de la Luz y Caballero. La directora propietaria era Dulce María Serpa y poseía un excelente cuerpo de maestros. En ese colegio aprendí, y aprendí bien.

A esa tierna edad no todo puede centrarse en la escuela y los libros. Mirando hacia atrás puedo decir que, desde que tuve uso de razón, hasta que partí a los 10 años, disfruté a plenitud la vida de mi enclave.

Mi lugar favorito era la cima de la loma y los alrededores de la glorieta, donde un grupo de amigos jugábamos a los vaqueros, imitando a los héroes de la matiné del domingo. Una vez concluidas las acciones de vaqueros y ladrones, la pendiente de la loma ofrecía un reto mayor y un medio excelente para terminar de soltar las energías infantiles. El deslizarse cuesta abajo, sentados en pedazos de yaguas y a una velocidad vertiginosa, provocaba una sensación de triunfo que, a veces, se opacaba con un final abrupto. Alguna piedra indiscreta, o la pérdida del control, lanzaban al temerario conductor fuera de la yagua dando vueltas hasta el final de una de las laderas de la colina. La jornada terminaba con un regreso silencioso mientras se pensaba en los posibles castigos por una camisa rota o alguna herida indiscreta.

Durante el verano, y en días de vientos fuertes, la loma se convertía en un lugar de competencias para volar papalotes. Los había de todos los tamaños y colores. Allá, en las alturas, los papalotes daban fe de nuestra existencia al resto del mundo.

Cuando fui creciendo, la loma y la glorieta cobraron otro significado para mí. Desde allí descubrí que el mundo era algo más que aquel pedacito de península desde donde se acercaba solamente al mar al final de cada calle del pueblo. La bahía se mostraba ante mis ojos con todo su esplendor. Era tan inmensa que no se alcanzaba a ver su boca. En esa dirección se veían aparecer los buques mercantes a los cuales la lancha del práctico del puerto iba guiando por el estrecho canal hasta dejarlos atracados en los muelles. Por ese mismo canal se les veía desaparecer días después, con la línea de flotación al nivel del agua debido al peso de la dulce carga, navegando hacia otros mundos y borrándose de nuestros ojos poco a poco, como para probar la redondez de la tierra: primero el casco... luego el puente... al final el mástil... En aquellos barcos se marcharon, víctimas del hastío, faltos de empleo y deseosos de conocer otros mundos, varios jóvenes del pueblo quienes regresaban meses después.

En las aguas de la bahía vivió uno de los seres más famosos de la zona. Era un escualo llamado Don Pepe, que se destacaba por su tamaño de unos cinco metros y su ferocidad y destreza. Los pescadores vivían con el temor de que Don Pepe, atraído por sus capturas, embistiera sus pequeños botes y solían alimentarlo mientras alcanzaban la orilla. Don Pepe había llegado a la bahía de Nipe en los años 30 y permaneció allí por más de dos décadas, a pesar de todos los intentos que se hicieron por matarlo. Luego, misteriosamente, desapareció a finales de la década de 1950. Lo más probable es que haya muerto de viejo.

Casitas de madera, construidas sobre esas aguas, adornaban parte de la orilla hasta la altura del «cayito» —un pequeño pedazo de tierra rodeado de intrincados manglares que, desde lo alto, se mostraba insignificante en medio de aquella masa de agua gigantesca. Cerca de los muelles, en un recodo de la bahía, estaba el puente del ferrocarril por donde entraba y salía el tren de Santiago de Cuba que, en aquel tiempo, era el medio de comunicación más fácil con el mundo exterior.

El pueblo era, en realidad, mucho más grande que las calles aledañas al parque porque existían barrios que en mi niñez no me había aventurado a recorrer. Nombres como Capiro y Pueblo Nuevo se hicieron imágenes reales. Más lejos que Capiro, a orillas de la bahía, estaba la zona conocida como Barrancones, en cuyas arenas y tierras había escarbado, en excursiones organizadas por mi maestro favorito en busca de reliquias arqueológicas como pedazos de cazuelas de barro o instrumentos religiosos que probaban la existencia de los aborígenes a quienes imaginaba en aquellos parajes pre-Colombinos bronceados por el sol y el salitre, pescando desde sus canoas en las aguas de la bahía, preparando casabe, jugando a los batos y pelotas, y danzando el areíto como lo contaban los libros de historia. Más allá, estaba el resto del mundo. En medio del paisaje, salpicado con las bellas palmas reales, se alcanzaban a ver las chimeneas de muchos centrales azucareros rodeados de verdes cañaverales con las agrestes montañas orientales al fondo.

Además de la glorieta, el Teatro Aguirre y el parque, mi pueblo tenía otros lugares típicos. Recuerdo a las cinco esquinas, la barbería, la playita, la estación del ferrocarril y el balneario. Varios eventos reflejaban también su folklore, como las verbenas, los carnavales y los caballitos de Biquico.

El Balneario (cuyo nombre oficial era Club Náutico) fue el resultado de una idea genial de la familia Reed, de ascendencia inglesa y propietarios de una casa consignataria de buques. Construido sobre fuertes pilones de madera, a unos 50 metros de la orilla fue, al principio, un lugar muy privado. Para llegar a él, después de haber recibido la debida invitación, había que tomar un bote. Era una experiencia grata el recorrer su amplio salón rodeado por las aguas de la bahía. La familia Reed lo traspasó luego a la sociedad Unión Club, la cual le construyó un cercado en el fondo del edificio y un puente al frente para facilitar el acceso de los socios. El Balneario se convirtió en el punto central de reunión de un grupo reducido de personas. Dos requisitos principales (ser blanco y pagar la cuota mensual) impedían su disfrute a la mayoría de los habitantes del pueblo. Al Balneario se iba a nadar dentro de su cercado (al cual los optimistas llamaban piscina) en la hora del día o de la tarde que llenaba la marea. A diferencia de la Playita, el Balneario contaba con dos trampolines. De allí nos lanzábamos todos tratando de imitar las piruetas de expertos nadadores como Enrique «la bala») Navarro Palomares y Miriam Llibre para luego, en el agua, «espantar» a navegantes intrusos («¡Mojón a la vista!») que procedían de las aguas albañales que entraban a la bahía muy cerca del puente. A veces nos íbamos en el bote de Pepín y Blasito a remar, a bañarnos lejos de la orilla, a pescar o a incursionar en la zona del cayito. Todo lo anterior no abarca la importancia que tenía para todos nosotros este lugar. Allí se bailaba, se enamoraba, se tomaba, se jugaba cubilete, barajas y ajedrez. Se leía y se conversaba sobre cuanto tema nos podíamos imaginar. Era como un segundo hogar (estoy tentado de decir primero) cuando estábamos en el pueblo de vacaciones.

Mi pueblo contaba también con versiones modernas de los cabildos negros de la época colonial. Una asociación para personas de la raza negra se fundó con el nombre de Antilla Social Club (desconozco la razón del nombre en Inglés), construyendo otro balneario cercano al ya existente. A esta pertenecían negros y mulatos de clase media. Otra asociación fue establecida en un local de la calle de la loma de la glorieta, cerca del parque, con el nombre de Club Adelante. No creo que el propósito estuviera relacionado con esa casi obsesión cubana de «adelantar» la raza, aunque la membresía estaba compuesta únicamente por mulatos, jabados y negros de bajos ingresos.

Dentro de esta amalgama de sociedades estaban otras organizaciones separadas, más que por razas (aunque los negros se podían contar con los dedos de una mano), por razones económicas. Estas eran el Club Rotario, el Club de Leones y las logias masónicas. Les seguían las organizaciones caritativas, con sus colectas anuales efectuada por las esposas (no olvidemos que las asociaciones mencionadas eran única y exclusivamente para los hombres) como La Liga Contra la Ceguera y La Liga Contra el Cáncer.

En mi enclave, pues, se discriminaba por motivos económicos y raciales. En una época de nuestra adolescencia, huyendo de la segregación racial y económica, organizamos bailes en casas particulares. Muchachos y muchachas bailamos en ellos sin distinciones de dinero o de raza bajo las miradas atentas de las chaperonas oficiales. Al final de la fiesta los varones nos íbamos a darles serenatas a las muchachas recibiendo, a veces, la ingratitud de los padres a quienes habíamos despertado con las famosas notas mexicanas de «Las mañanitas». El tiempo, y otras consideraciones ajenas a estas líneas, hicieron prevalecer el dicho «cada oveja con su pareja» y la segregación racial y económica continuó dominando el folklore antillano al igual que el de todos los pueblos de Cuba.

Antilla era la cabecera del término municipal del mismo nombre. El municipio era pequeño en extensión y estaba dominado por el monocultivo azucarero. En medio de aquellos inmensos cañaverales se levantaron pequeños poblados y barrios que asentaban a una población que vivía fundamentalmente de la industria azucarera. No recuerdo la existencia de grandes fincas dedicadas a otros renglones agrícolas. Alguno que otro mediano agricultor se dedicaba a la cría de ganado vacuno o a la producción de granos, hortalizas, viandas o frutos menores. Los agricultores más pequeños sembraban varios productos, para el autoconsumo y la venta en las guardarrayas o en parcelas aledañas a sus bohíos. Estas viviendas mantienen el tipo de construcción rústica a base de pencas de palma, bambú y piso de tierra. El paisaje resultaba algo monótono pues era relativamente llano y sin ríos caudalosos. Estos eran visitados sólo por algunos de los comerciantes del pueblo y, en contadas ocasiones, por jóvenes que acudían a dos salones del barrio de Bijarú, famosos por sus bailes y las bailadoras que los esperaban.

Situado en medio del trópico, pasaba de una estación a otra sin sentir sus cambios. En el campo se hablaba de la temporada de seca y la de lluvias, que llegaban con el verano, entre mayo y octubre. Después del evento las calles quedaban limpias porque las aguas rodaban por sus pendientes para ir a fundirse con las de la bahía. Mi pueblo era uno de los pueblos más limpios de Cuba. Esa, y otras características, resultaban obvias cuando se hacía un breve recorrido por sus calles. El mismo revelaba una realidad: Antilla era parte integral de Cuba y tanto su creación como su desarrollo estaban penetrados por eso que llamamos «cubanidad».

Los sábados eran días de lotería; los domingos, de peleas de gallos. Contaba con dos prostíbulos. El «Colonial» y el «Riverside» ofrecían sus servicios mayormente a los marinos de los buques mercantes que llegaban al puerto. El principal juego era el de la «bolita» y los buscadores de suerte apuntaban para bancos fuera del pueblo. Un punto neurálgico del pueblo eran las llamadas «cinco esquinas» por converger allí tres calles en una pequeña plazoleta. En ella se encontraba uno de los «garitos» del pueblo. Estaba contiguo al bar «Marquesina Maritza». El otro se encontraba en el sótano del bar «El Túnel», a unos 60 metros de distancia. Los juegos incluían barajas, dados —el famoso «siló»— y ruletas. Con el consentimiento de las autoridades militares locales (que recibían la correspondiente «mordida») allí acudían hombres humildes a dejar el sustento de sus familias para caer después en las manos de los garroteros del pueblo. Un día, después de haber perdido el dinero para la compra de los juguetes de los Reyes Magos para sus hijos, Nandito —uno de los músicos de la orquesta local— se dejó caer entre los vagones de un tren en marcha para morir decapitado. Demoré años en borrar de mi mente el recuerdo de la cabeza de Nandito, con los ojos abiertos, cerca del lugar donde me incliné minutos después del accidente. Esa vida pueblerina iba a experimentar un cambio radical.

Rumbo a Macubá

El pase al sexto grado presentó un serio problema. Ese curso escolar 1951-1952 me colocó de interno en un colegio católico de Santiago de Cuba. ¿Por qué decidieron enviarme interno siendo un niño de 10 años? Cuando mi hermana Clarita estaba lista para comenzar el bachillerato en ese curso escolar, en mi pueblo aún no existía un colegio que lo ofreciera. Nuestros padres se decidieron por el santiaguero colegio de las Hermanas de la Caridad, al que llamaban «Belencito» para diferenciarlo del capitalino «Colegio Belén» de los jesuitas. Pensaron que era una buena oportunidad el enviarnos juntos y, después de consultarlo con familiares e íntimos amigos, me matricularon interno en el Colegio De la Salle dirigido por los Hermanos de las Escuelas Cristianas de San Juan Bautista de la Salle, situado en la Calle Heredia esquina a Corona.

Una mañana del mes de septiembre tomamos el tren de las 6:00 para Santiago de Cuba. Aunque ya lo había hecho anteriormente, en esta ocasión representaba el primero de muchos que iba a experimentar en los próximos cinco años. La ruptura con mi pueblerino cordón umbilical tuvo tal importancia que he destacado ese momento en el subtítulo de este libro. Mi vida iba a cambiar de manera radical.

En el pueblo algunos sentían cierta admiración por quienes subían a aquellos trenes en busca de lugares imaginarios. Este era llamado «el primer tren» y, dentro de él, Walterio servía a los viajeros sus famosos emparedados de pollo que acompañaba con el más exquisito café con leche. Aunque el destino final del tren era Santiago de Cuba, éste paraba en varias estaciones que pronto aprendí a recitar de memoria para el viaje de ida: Antilla, Oliver, Dumois, Herrera, Cueto, Marcané, Alto Cedro (donde se hacía la combinación con el tren de la Habana), Santa Ana de Auza, Central Miranda, Mangos de Baraguá, San Luis, El Cristo y, finalmente, Santiago de Cuba. Aunque la hora del regreso era las seis y cinco de la tarde, la llegada dependía de la demora en los cruces y se producía muchas veces a altas horas de la noche. Algo después agregaron una salida de Santiago a las 2:00 de la tarde.

Al fin llegamos a El Cristo, con las impertinentes, pero simpáticas viejecitas, unas pregonando (¡ay, esos pregones cubanos!) «naranjas acarameladas en su jugo» y otras «los verdaderos cucuruchos de Baracoa». No pude resistir la tentación y compré uno en medio de la protesta de mi madre porque, según ella, no debía aparecerme en el hotel con un cucurucho a medias. Se insultó cuando le repliqué: «Está bien, entonces me lo voy a comer todo». El cucurucho era el símbolo de la ciudad primada de Cuba. El famoso dulce venía envasado en un pedazo de hoja de yagua (como las que usábamos para lanzarnos cuesta abajo por la loma de la glorieta), cortada a la mitad para crear un cono que se cose con una hebra extraída de la misma hoja de yagua, y se tapa con un pedazo de hoja de plátano. Yo lo destapé, después que mi hermana Clarita me aclaró que la viejita que me lo había vendido no tenía una sola pieza en la boca, para encontrar lo esperado: una especie de pasta o jalea compuesta principalmente de coco, piña y/o fruta bomba. Cuando el tren arrancó, ya me estaba deleitando con el manjar después de conseguir una cucharita con Walterio. Papá iba sonriendo como hacía cada vez que presenciaba una de estas tontas discusiones con mamá.

Entonces decidí animar algo el ambiente. Elegí una de las tantas anécdotas de aquella ruta ferroviaria. Durante los días alrededor del 8 de septiembre, la compañía de ferrocarriles rebajaba el pasaje del boleto para que los devotos de la Virgen de la Caridad pudieran ir a Santiago de Cuba y, de ahí, al santuario de El Cobre a venerar a la Patrona de Cuba. El tren se abarrotaba entonces de personas que también aprovechaban la ocasión para ir a resolver algún problema a Santiago. Contaban que el gallego Fernández, necesitado de una consulta médica en la clínica del Centro Gallego, esperó varios meses hasta septiembre para ahorrarse algo en el pasaje. Cuando llegó a la estación para tomar el primer tren a las seis de la mañana ya éste estaba completamente lleno y tuvo que viajar de pie. Cuando regresó en el tren de las seis de la tarde le sucedió lo mismo. Al llegar al pueblo a altas horas de la noche, cansado, de mal humor y con su guayabera arrugada, se dio cuenta de que, durante el trayecto de regreso, ¡le habían robado el reloj y la cartera!

Las risas coincidieron con la entrada del tren en el andén. Mis padres habían decidido ir con dos días de antelación para comprar ciertos artículos y estar juntos antes de que ocurriera esa primera ruptura. Un taxi nos llevó al «Hotel Imperial», en la calle Enramada entre San Pedro y Santo Tomás, el hotel preferido de mis padres debido a su céntrica localización y a la amistad que los unía con los propietarios.

En cuanto nos acomodamos en las habitaciones yo me acerqué al balcón en la esquina del pasillo para contemplar parte de la ciudad. Estaba consciente de la educación que iba a recibir. Sin embargo, el más preciado tesoro iba a ser el poder conocer, poco a poco, a Santiago de Cuba. Anticipaba su belleza, sus pendientes calles, sus playas, su historia y más que todo, su gente. José Martí la llamó «la infatigable Santiago». Yo le digo «Macubá».

El origen del término se remonta a las «relaciones» o pequeños teatros compuestos por vecinos de barrios negros quienes, al aire libre, representaban aspectos de su vida cotidiana —muestras de rebeldía contra la opresión— desde el siglo XVII en Santiago de Cuba y Guantánamo. De aquellos teatros, con el paso del tiempo, surgieron sus famosos carnavales, además de los personajes del gallego, el negrito y la mulata. También nos legaron a comienzos del siglo XX, a Macubá, que representaba la patria. Los santiagueros lo adoptaron como un apodo digno. A lo largo de las décadas, su uso y origen fueron quedando en el olvido.

Los santiagueros están orgullosos de su enclave, su patrimonio cultural, su patriotismo. Dicen que Santiago de Cuba es la ciudad de la historia y que Santiago está en toda Cuba y toda Cuba está en Santiago. Tal actitud a veces atrae críticas y acusaciones de un chauvinismo parroquial pero no hay nada más alejado de la realidad. Para entender a los santiagueros se necesita conocer primero a su ciudad y es en su corazón donde podemos encontrar explicaciones para muchos de los hechos históricos que allí han tenido lugar a lo largo de sus cinco siglos de existencia. Los cubanos y visitantes extranjeros están de acuerdo en que Santiago es «diferente» a otras ciudades cubanas y, de hecho, lo es.

Santiago de Cuba fue fundada por Diego Velázquez en 1515, apenas dos décadas después de que la Isla fuera descubierta por Cristóbal Colón. La mezcla temprana de razas le dio un carácter que perduraría hasta nuestros días. Santiago nació y permaneció mulata, y fue la capital del país hasta mediados del siglo XVI. Las guerras contra el colonialismo español llegaron más tarde y su contribución incluyó ríos de sangre, sacrificios, héroes y mártires. Caminando por sus calles se pueden encontrar las conservadas casas de los que lucharon en las guerras por la independencia y quienes alcanzaron los más altos grados en el Ejército Libertador. La ciudad también produjo decenas de músicos, poetas, escritores, ingenieros, novelistas, cantantes, declamadores, maestros, filósofos, pintores y representantes de todas las demás facetas de las ciencias, las humanidades y las artes. En las afueras se conservan los escenarios más importantes del final de la guerra por la independencia. La Loma de San Juan, el fuerte El Viso y sus alrededores, fueron testigos del postrero esfuerzo inútil de España por mantener su última y más valiosa colonia en el nuevo mundo. No lejos de allí, a solo seis kilómetros de distancia, se encuentra el poblado de El Caney, famoso por poseer, según afirman los santiagueros, las frutas tropicales más deliciosas del mundo.

El patriotismo de los santiagueros no se detuvo con el nacimiento de la República en 1902. Siempre vigilantes, dispuestos a tomar las armas en defensa del ideal que había parido en sus puertas a la República. Era parte de una cultura política donde la violencia y no el diálogo cívico, era el medio para dirimir conflictos. El culto a la violencia y a la muerte se había convertido en una parte importante de la idiosincrasia cubana y los santiagueros fueron un elemento significativo del mismo.

Pasamos dos días haciendo gestiones de última hora y comprando cosas olvidadas de la lista, pero también almorzando y cenando en lugares fantásticos y caminando por aquellas calles llenas de historia. Santiago es tal vez la ciudad más calurosa de Cuba. Está rodeada de montañas que impiden el paso de las brisas y, como si fuera poco, es la zona donde tiembla la tierra con mayor frecuencia, aunque con moderación.

La tarde de la despedida le tocó el primer turno a mi hermana Clarita. No hubo mucha ceremonia; se le acomodó la ropa, hubo una breve conversación con la Directora, quien me dio las instrucciones para la visita de los domingos y luego continuamos hacia mi colegio.

Nunca olvidaré aquellos tres pisos de altos puntales y las sombras que ya cubrían aquel espacio gigantesco. Estaba aterrado. Mi madre se percató de mi estado y me ofreció el regreso al hogar con ellos, pero yo lo rechacé y decidí quedarme. Visto a distancia, creo que esa ha sido una de las decisiones más sabias que he tomado en mi vida. El colegio me dio educación y disciplina, principios éticos y amigos eternos que no se encuentran en todas partes. Sin embargo, acostumbrado como estaba a compartir con blancos y negros, pronto se me hizo obvio que el Colegio contaba con un escaso número de alumnos de la raza negra. No podía creer que en una escuela católica se discriminara por razones de raza. Escuché varias excusas, pero la realidad seguía ahí: entre los 41 internos no había un solo negro y en el colegio había muy pocos entre sus más de 300 alumnos. Era una situación inexistente en mi pueblo entre las personas de mi edad que hacíamos lo imposible por evitar la segregación racial. Es por eso que lo menciono como mi primer disgusto en un colegio regido por los principios cristianos.

Mi estadía en Macubá

La primera noche no fue muy alegre que digamos. En el área del colegio había espacios cubiertos por sombras o completamente oscuras. El alto puntal de los tres pisos parecía que intentaba tragarme y eso me asustaba. Tuvimos oportunidad de reunirnos, sobre todo los nuevos que estábamos impresionados con la actitud de expertos de los que regresaban. Los novatos sabíamos que estábamos allí, pero ignorábamos lo que iba a suceder después, y al otro día, y al siguiente. Esa primera noche fui bautizado con el apodo que todavía conservo entre mis compañeros de entonces. Un novato nombrado Juan Sagué, vecino de La Maya, notó mi tic nervioso de la cabeza y me llamó «Reloj». Yo correspondí con «cara de gallo» por el rosado de su cara y su peinado.

Me iba a pasar cinco cursos escolares en este colegio. Eso no lo sabía cuando entré. Decidí contar mis impresiones por tópico en vez de cronológicamente, aunque dentro de cada tema existe cierto orden dictado por el tiempo.

Las clases

El sexto grado estaba a cargo del Hermano Mario, a quien apodaban «Tojosa» por su parecido físico con la famosa paloma. Era uno de los religiosos de la Congregación enviados a Cuba desde Francia en el año 1905 para fundar la Orden en la isla. Era un maestro muy capacitado y amante de la disciplina. Enseñaba todas las asignaturas, excepto el inglés. Yo estaba asustado debido a la diferencia entre mi antiguo colegio y este, por el número de alumnos (todos varones), el tipo de docencia, la disciplina en el aula y los recreos y la severidad en las calificaciones, cuyo boletín se entregaba todos los viernes.

Tenía unos treinta y tantos condiscípulos. Había de todo, como en botica. Entre ellos recuerdo a un compañero de unos 12 años, de complexión delgada, labios gruesos, pelo negro y amplia sonrisa. Su nombre: Luis Enrique Calá. Sostuvimos una ligera amistad durante ese curso porque no regresó al siguiente. Mucho tiempo después supe que había ingresado en el movimiento clandestino. Lo sorprendieron enfermo en una casa y lo acribillaron en la acera tratando de escapar. Si mal no recuerdo, Luis Enrique fue el primero que conocí de los cientos que iban a caer en aquella heroica ciudad.

Creo haberme desenvuelto bastante bien en mi curso de novato. Pronto le agarré el ritmo a la rutina y llegué sin novedad al final. La fiesta de fin de curso tuvo lugar en el «Teatro Aguilera». Aunque no eran malas, mis calificaciones hubieran podido ser mejores. Pero yo estaba disfrutando el mundo que había descubierto y me dedicaba más a los deportes y a las lecturas fuera del plan de estudios que a las materias obligatorias. La única excepción fue un premio que obtuve en un concurso literario donde compuse un poema sobre la vida de San Juan Bautista de la Salle. Así finalizó mi primer curso. Los internos nos tomamos una foto en las escaleras del Club San Carlos antes de regresar a nuestros hogares.

Comenzaba el curso 1952-1953 entrando en Ingreso bajo la tutela del Hermano Gabriel, un hombre fornido, mayor, que miraba por encima de sus gafas con un aire de policía que impresionaba a cualquiera. Dicho Hermano, además de buen profesor, era un devoto de la disciplina y los correspondientes castigos cuando alguien la rompía. Tenía un castigo favorito al que llamaba «té bailable». Una vez desalojada el aula al marcharse a sus hogares o al internado los que no había sido invitados a participar en la fiesta, el Hermano ordenaba ponerse de pie al lado del pupitre. Luego caminaba observando a cada invitado y le entregaba un número de libros que el estudiante debía sostener en las palmas de las manos abiertas a la altura de los hombros. Era un castigo inhumano. El estudiante no demoraba mucho en sentir dolores en todo el cuerpo, sobre todo en los brazos y los hombros, mientras que el Hermano Gabriel iba dictando una conferencia sobre los beneficios del buen comportamiento. Cuando notaba que alguno estaba a punto de fallecer, le ordenaba sentarse. Luego lo podía despachar o regresar a la posición original. De más está decir que su aula era una de las más disciplinadas del Colegio. Creo que en estos tiempos lo hubieran acusado de «crueldad infantil». Ignoro los motivos por los que ese maestro mostró desde el comienzo del curso un cierto favoritismo hacia mi persona. Un día habló con el Hno.

Agustín para aconsejarle que hablara con mis padres para ver lo que se podía hacer para que yo sacara mejores calificaciones. «Puede rendir más, pero no lo hace», concluyó. El Hermano Agustín se comunicó con mis padres y les informó sobre su conversación con mi profesor. Y allá fueron mis viejos a enfrentar el serio problema de un hijo que obtenía buenas calificaciones que podían ser mejores. ¡Ya quisieran muchos padres! Tuvimos una reunión en la oficina del Hermano Adolfo Fidel. El Hno. Gabriel estaba también presente. Comenzaron primero las quejas y los argumentos. Yo estudiaba lo suficiente para obtener calificaciones promedio porque estaba muy enfrascado en el deporte y… la política. Que sí, que no… Al cabo de un buen rato mi madre hizo una proposición que resultó el mejor (me da vergüenza reconocer que ha sido el único) negocio que he hecho en mi ahora larga vida. «Por cada primer puesto que obtengas en los boletines de los viernes, te vamos a regalar 10 pesos [equivalentes a 10 dólares]. Y el Hermano Agustín te los entregará y lo pondrá en tu cuenta mensual». Mi primera reacción fue mental: «Coño, esta gente piensa que yo soy medio morón o fronterizo incapaz de obtener el puesto del primero de la clase pero que, en el esfuerzo, al menos voy a subir de lugar. Porque, en honor a la verdad, de botaratas no tienen ni un pelo». Los miré a todos para convencerme de que no mentían y les respondí afirmativamente. Antes de marcharnos a almorzar al «Hotel Imperial», donde se hospedaban cada vez que estaban en la ciudad, demandé que se me entregara un papel firmado. Y eso hizo mi madre con una sonrisa en los labios que denotaba el tronco de negocio que acababa de hacer. Como era viernes, la competencia comenzaba el lunes y el primer boletín se entregaría el viernes siguiente.

Me pegué a estudiar, pero, al llegar el viernes, cuando el Hno. Gabriel llamó al primer lugar de la clase para formar la fila no mencionó mi nombre. Había ascendido cerca de diez lugares, pero ese mérito no era premiado en efectivo. Tenía que redoblar los esfuerzos, aunque ya me estaba acostumbrando. Llegó el siguiente Boletín y había subido al número dos. En las cartas que nos obligaban a escribir a la casa todos los sábados le agradecí a mamá su felicitación, y le prometí un susto de primera magnitud. Cuando el

Hno. Gabriel pidió silencio el viernes a la hora de repartir los Boletines, se viró hacia mí, me miró por encima de las gafas y pronunció mi nombre: «José Álvarez Pérez». Todos mis condiscípulos, que conocían de la apuesta, comenzaron a aplaudir. Yo me sentía feliz. Salimos del aula al mediodía y fui directo a cobrarle al Hermano Agustín. Me dio un abrazo, y los correspondientes 10 pesos, cuando leyó mi Boletín. De ahí en adelante creo que lo hice durante unas diez semanas seguidas. Me compré unos espejuelos de sol marca Ray-Ban, por los que pagué casi dos primeros puestos ($18) y visité la tienda por departamentos «La Francia», acompañado por Basadre y Federico, donde nos atendía el codueño Enrique Canto, a quien conocíamos por sus relaciones con el Colegio y la dirigencia de la Iglesia Católica. El premio número 11 nunca llegó. Tener un hijo de casi 12 años con tanto dinero en los bolsillos y sin control para manejarle los gastos no era algo muy convencional en la Cuba de entonces. En vez de los 10 pesos, siguiendo las instrucciones de mis padres, el Hno. Agustín me entregó un pagaré, copia fiel de su definición en el diccionario de la Real Academia de la Lengua: «Documento que extiende y entrega una persona a otra mediante el cual contrae la obligación de pagarle una cantidad de dinero en la fecha que figura en él». A pesar de la perreta, quise darles otra oportunidad, pero el viernes siguiente me entregaron otro papelito igual y ahí se rompió el contrato. Y para dejar constancia de mi decepción el viernes siguiente me fui al número 20. «No se puede creer en los capitalistas», le escribí con ironía a mi madre en la carta semanal. Hasta la madre naturaleza mostró su desacuerdo con el rompimiento unilateral del contrato al llover torrencialmente ese fin de semana.

Poco después de regresar de la última salida comenzaron los exámenes finales. Aquí uno se jugaba la entrada al bachillerato. Como el colegio era privado, el título no tenía validez oficial. Había que pasar los exámenes del Instituto de Segunda Enseñanza de Santiago de Cuba para poder contar con un título oficial de bachiller.

En ese curso rompí la marca de medallas del año anterior. En realidad, había estudiado más y en la fiesta de graduación me parecía mucho a «Chapitas» Trujillo. La foto de los internos fue tomada de nuevo en el Club «San Carlos», aunque con el uniforme de gala.

Esta vez tomamos todos el tren, acompañados por mi hermana y mis padres. Ni me pasaba por la mente que, durante ese verano de 1953, iba a dar comienzo a la verdadera lucha contra la dictadura en la cual yo iba a incrementar mi participación.

¡Bienvenido al primer año de bachillerato! Eran cinco años de duros estudios para quienes planeaban asistir a una universidad. Los alumnos de colegios privados obtenían dos títulos de bachiller. Para facilitar el proceso, los catedráticos del Instituto iban al colegio a examinar todas y cada una de las asignaturas, año tras año. Ni idea tenía de que mi paso a través del bachillerato iba a tomar rasgos de nómada debido a mi peregrinar por varias escuelas en distintos lugares.

Ya sabía los profesores que me iban a tocar en ese curso escolar 1953-1954. El jefe del aula era el Hermano Benildo. Lo apodábamos «Tapón», debido a su baja estatura. Era asistido en dos asignaturas. Gándara, en inglés y el Hermano Miguel («Tacuche») en religión. Clase tras clase nos íbamos percatando de que comenzaba otro nivel de enseñanza y había que ponerle un mayor esfuerzo. El tener que examinar dos veces cada asignatura (menos religión, por supuesto) agregaba presión a la vida de estudiante a esa corta edad.

En primer año nos reunimos un grupo compuesto por los que habíamos pasado el Ingreso y por quienes habían estado en séptimo y octavo grados por separado.

Mis maestros principales en los tres cursos anteriores habían sido Hermanos. En el de 1954-1955 me tocaba el primero que no pertenecía a la Orden. Su nombre era Miguel Ángel Martínez y me iba a guiar por el segundo año de bachillerato, al que bauticé «el curso de l.q.q.d» (por «lo que queda demostrado») como terminaban todos los malditos teoremas que había que aprenderse en geometría.

El grupo de alumnos era bueno. Había unos cuantos nuevos que venían a complementar el que había pasado el año novato bajo el Hermano Tapón. El curso prometía pues los planes y la agenda tenían incluidas unas elecciones con resultados anticipados, muchos deportes, la visita a Birán y otras actividades.

Había decidido que el tercer año de bachillerato durante 1955-1956 iba a ser mi último año como interno. El profesor principal era Pedro Tamayo (Tamayito), Maribona continuaba en el inglés, el Hermano Tacuche en la religión, mientras que la física y la matemática las impartiría el Hermano Carlos, a quien le decían «Chibás» por su parecido con el líder fundador del Partido Ortodoxo Eduardo Chibás Rivas.

Ese fue mi último curso porque fui expulsado poco antes de finalizar, el 19 de mayo de 1956, como explico en otra sección.

El internado

En el internado era donde sentía más nostalgia. Era natural, ya que este había venido a sustituir a mi hogar. El Hermano Agustín estaba a cargo de exactamente 41 internos en un rango de grados desde el primero de la enseñanza primaria hasta el último de bachillerato que se enseñaba que era el cuarto.

El horario era estricto y se aplicaba hasta el último minuto. Un timbre que sonaba como si estuviera poseído por el diablo se dejaba escuchar a las 6:00 de la mañana. De ahí en adelante todo estaba cronometrado: el desayuno, las clases, los recreos, el almuerzo, los deportes, la merienda, el baño, el estudio, la cena y la ida a dormir. Eso era de lunes a viernes. Los sábados y domingos se dedicaban a otras actividades mencionadas en otras secciones.

Las normas del internado eran sagradas: el silencio, la oración, el conversar, y otras adecuadas a la hora y a la actividad. El pecado más grave en el comedor era pronunciar la frase «No me gusta». Yo estaba en realidad acostumbrado a comer lo que me daba la gana. No era una malacrianza, pero se fue formando la costumbre. Al llegar al internado no pensé que estuviera listada en la página de las frases prohibidas. Una noche me bastó para comprobar lo equivocado que estaba. Entre los platos de la cena había uno que jamás había visto. Mis compañeros le llamaban «chote», aunque su verdadero nombre es «chayote». Cuando el cabeza de mesa me colocó aquello en el plato yo casi que me asusto. «Oye, quítame eso del plato que a mí no me gusta», le dije con la mayor naturalidad. Mala suerte: el Hno. Agustín se encontraba cerca y me escuchó. «¿Lo has comido antes?», me preguntó. Le respondí que no. «¿Y cómo sabes que no te gusta?». Callé porque mis 10 años, separado de la casa por primera vez, me humedecieron los ojos antes que corrieran dos lágrimas por mis mejillas. El Hermano Agustín se dirigió al cabeza de mesa: «Sírvele otra mitad para que el paladar se familiarice con el chote». Así lo hizo. Yo no lo toqué. Cuando todos se pararon a rezar antes de salir al recreo, yo me tuve que quedar solo en el comedor hasta que consumiera la delicia del día. Traté, pero no podía. Vinieron un par de compañeros para aconsejarme que hiciera un esfuerzo. Es en esos momentos en que uno siente la soledad de la lejanía del hogar, cuando nos damos cuenta de que, si no terminaba antes del final del recreo, me iba a dejar allí solo mientras los demás subían al dormitorio, y me llené de valor y realicé dos lanzamientos tratando de cruzar un tejado precisamente sobre mi aula para que llegaran a la calle Corona.

Vino el Hermano y, después de la esperada descarga, me permitió reintegrarme al grupo. Esa noche lloré, y lloré, y me abstuve de rezar antes de decidirme a tratar de dormir en señal de protesta por la injusticia que se había cometido conmigo. A las seis de la mañana sonó el timbre para despertarnos. Nos aseamos, vestimos y formamos la consabida fila. Comenzamos el descenso. En el próximo piso un compañero me miró y señaló para la canal del tejado de mi aula donde colgaba orgulloso uno de mis dos lanzamientos. Miré hacia atrás y algo me dijo que el Hermano ya lo había visto. Me puse a rezar aceleradamente. El castigo que recibí fue tan severo que esa mañana perdí la fe en el poder de la oración.

Regresé al Colegio casi a mediados de septiembre de 1952. Nos encontramos a un nuevo Director. El Hermano Alberto José había sido trasladado y reemplazado por el Hermano Adolfo Fidel, cuyo verdadero nombre era Gerardo Moré del Río. Venía con ideas reformistas y creo que las pudo implementar casi todas. Contrató al Gato Carbonell, uno de los mejores entrenadores de baloncesto en el país y el mejor en Santiago de Cuba e inscribió al

Colegio en todas las categorías, al igual que en voleibol y pelota. Compró una lancha para no tener que salir del puerto hacia Renté, sino desde Cinco Reales, justo frente a la finca.

Se compró una guagüita Willis sin ser un diestro chofer. Cuando los internos estábamos en el salón de estudios por la tarde podíamos escuchar un estruendo producido por el choque del vehículo con la pared o la estrecha entrada del garaje cuando el Hermano Director trataba de estacionar el vehículo: ¡BOOM!, sonaba el cañonazo de las nueve de La Habana a cualquier hora de la tarde en Santiago de Cuba. Enseguida comenzó el proyecto de construir un nuevo colegio en la zona de Vista Alegre y le mostraba el plano a todo el mundo, aunque nunca logró comenzarlo. Le encantaban las óperas y, los sábados, mientras los internos practicábamos deportes en ambos patios, el director colocaba sus altoparlantes fuera de su oficina y nosotros estábamos obligados a deleitarnos con Aida, y sentir el conflicto de Radamés por su amor por Aida y su país. De Egipto pasábamos a Francia con Carmen, y allí esperábamos por La Bohemia, que no tenía nada que ver con nuestra Revista más popular porque era la historia de amor entre un poeta pobre y una costurera más pobre y en eso se parecía a nuestra revista contando casos de miseria. Terminada la sesión de ópera íbamos a almorzar para salir para Renté, aunque el Hermano podía continuar tocando El barbero de Sevilla sin importarle que nuestro barbero Rafael todavía no había terminado de cortarnos el cabello. Había que buscar una venganza que igualara la ofensa y se nos ocurrió apodarlo «Malenkov« debido a su parecido con el jerarca soviético originario de Rusia.

La disciplina, los deportes, las salidas oficiales («Renté, cine y paseos», como aparecía ese monto en las cuenta que pagaban nuestros padres mes tras mes) continuaron al mismo ritmo.

Aunque en el internado la disciplina era más estricta en sentido general, un hecho que ocurrió durante este curso iba a cambiar mi modo de ver las cosas respecto a la rigidez de nuestro comportamiento en el área de los baños y el dormitorio. Había que guardar un silencio trapense, que incluía señas o gestos de cualquier tipo. Al principio me puse a pensar los motivos para que esa parte del internado fuera tan sagrada que la capilla. Poco tiempo después pude encontrarle una explicación a aquella norma exageradamente estricta. El Hermano Agustín temía que, dentro de aquel grupo de unos 40 varones, aislados del género femenino, alguno cayera en alguna tentación del diablo de naturaleza homosexual. En aquella época no se utilizaba la palabra «homofobia» pero estoy seguro de que, para aquel santo varón, hubiera sido una derrota moral el que hubiera sucedido algo de esa naturaleza.

Durante este curso escolar había descuidado su puesto de observación y, cuando regresó, encontró a cuatro internos de los mayores peleando con unas viejas espadas vestidos solo con sus calzoncillos. Eran buenos muchachos, pero faltaron al código de mayor gravedad. Estoy seguro de que, si hubiera ocurrido en uno de los pasillos de otro piso, e incluso en el patio, la transgresión hubiera representado solo un castigo. Pero había tenido lugar en el dormitorio y eso no se podía pasar por alto. Los cuatro fueron expulsados. El hecho se convirtió en tema de meditación hasta que llegó la salida de la Navidad. Pero antes, un grupito de cuatro internos nos sentíamos en la obligación de vengar a nuestros amigos expulsados.

Ni que decir tengo que el lugar elegido para ello fue esa misma área sagrada. Después de discutir varios tipos de respuesta, nos decidimos por escribir la pared de uno de los servicios sanitarios frente a las duchas del dormitorio. Después de mencionar una larga lista de improperios y figuras relacionadas con el sexo, yo les pedí a mis tres colegas (juro por los cielos que no recuerdo quiénes eran) que me dieran un voto de confianza. Esa tarde entré en uno de los servicios y escribí dos malas palabras con mi mano izquierda.

Cuando la sesión del baño terminó, sonó el timbre, nos pusimos en fila y comenzamos a bajar por las escaleras que conducían al aula de estudio de los internos. Apenas sentados, el Hermano Agustín comenzó a cerrar las puertas plegables del salón. Era la hora de los rezos del resto de la congregación en la capilla justo al lado de nuestro salón de estudio. Lo que vino después fue la actuación sincera de un hombre que se sentía vencido, derrotado. Por dos razones: la primera era la violación de la santidad del área donde se habían escrito cochinadas en la pared de la puerta de uno de los servicios. La segunda era peor. «Parece que aquí no hay machos», dijo encolerizado. «¿Ustedes saben las dos "malas" palabras que escribió ese maricón? Pues no encontró nada más varonil que PEO y CAQUITA». Una risa unánime, vengativa, relajante, llenó todo el lugar y se extendió hasta la vecina capilla. Con disimulo miré a mis tres cómplices. No podía menos que recibir su aprobación. Así lo hicieron, de distintas maneras, con distintos gestos. Se habían dado cuenta de que esas dos palabras tontas iban a enfurecer más al celoso guardián de nuestra pureza que las palabrotas y dibujos más cochinos. Le había golpeado en su punto más débil. El internado me acababa de enseñar una gran lección que llevaría conmigo toda la vida: «Cuando vayas a golpear, estudia al enemigo. A veces un ataque que parece tonto hace más daño que una bomba atómica y te hace lucir moderado y buena gente». No, nunca se enteró de la identidad del Lucifer escribano, a pesar de las indagaciones que realizó y las presiones a las que sometió a un grupo de mis compañeros que no conocían absolutamente nada del hecho.

Fue al comienzo de este curso, después del escándalo de los asaltos a los cuarteles de Santiago y Bayamo que supe que los hermanos Castro (Ramón, Fidel y Raúl) habían estado en el Colegio e incluso habían ocupado juntos uno de los cuartos grandes. Del Colegio pasaron a Dolores, manejado por los sacerdotes jesuitas en la misma ciudad. Fue una casualidad que sucedió en las vacaciones de verano de ese año que mi padre me invitó por primera vez a visitar el feudo de los Castro.

Para algunos de nosotros en las duchas del dormitorio se realizaba la mayor tortura física. A pesar de lo caliente de nuestro clima, los cubanos odiamos bañarnos con agua fría. Yo siempre me bañé con agua tibia. Hasta que me tocó irme al internado. El grupo de duchas eran todas de agua fría solamente. Había, sin embargo, tres duchas afuera del dormitorio, en el límite con la clausura, que tenían agua caliente… para los enfermos. El sentido común nos dicta que, en Santiago de Cuba, el lugar más caluroso de Cuba, hay que estar loco para no bañarse con agua fría. Te presento a un loco, querido lector.

Creo que uno de mis recuerdos más desagradables al entrar en el internado fue el impacto que recibí al conocer que allí se jugaba a los bomberos con agua fría. La tarde de mi primer encuentro con la ducha, me puse la bata de baño en mi cuartico, tomé una toalla y salí a unirme a la fila que ya estaba formada. Cuando me llegó el turno entré en la ducha que estaba esperando para asustarme como una bruja en Halloween. Colgué la bata y me puse a buscar la llave del agua caliente pensando que no era cierto lo que me habían informado. Solo había una y soltaba un chorro capaz de tumbar a un flaco al piso. Hice un intento por esperar a que comenzara a salir al menos algo tibia. Los minutos pasaban y no era correcto pasarse el tiempo del baño metido en una de sus duchas. No recuerdo si mi contacto con el agua fue voluntario o producto de haberme resbalado. Lo que sí me está claro es que nunca hubo en tiempos de carnavales alguien que bailara estremeciendo toda su anatomía con espasmos continuos ni un participante de bembé que fuera montado por un muerto tan retozón. Cerré la llave. Me froté con la toalla como para arrancarme aquella piel fría, devolví la pastilla seca de jabón Palmolive a la seca jabonera y salí rumbo a mi habitación mostrando una naturalidad increíble. Cuando corrí la cortinita que hacía las veces de puerta, me senté en la cama. Comprendí la magnitud del problema.

Al día siguiente, con bata puesta y toalla al hombro, me paré frente al Hermano Agustín y le dije que me dolía la garganta y tenía el cuerpo «cortado» (eufemismo que representa sentirse enfermo) y le agradecería que me dejara bañar en una ducha con agua caliente. Me miró, se sonrió y me llevó al área donde ya estaban tres internos esperando que se desocuparan las tres duchas. Me senté al final del banco. Los que esperaban eran mayores que yo y era obvio que eran veteranos en el internado. Evitando un castigo no pronunciaron una sola palabra. ¡La ducha tenía dos llaves! Prolongué mi estadía lo más que pude. Me sentía inmensamente feliz.

Mi odisea para evitar sufrir un ataque de hipotermia duró todo el curso escolar. Cuando el Hermano Agustín se dio cuenta de que ya ni le pedía permiso y me colaba en los baños vedados para el diario, me hizo duchar en uno de los baños regulares (con un short, por supuesto) con la puerta abierta. El ridículo fue total y me hizo desarrollar mi inventiva, lo cual no sucedió hasta que fui cogiendo confianza con el Colegio y sus moradores. Había otra sección de baños con agua caliente, pero se encontraban en el piso debajo del internado. Para llegar a ellos, se necesitaba bajar por las escaleras hasta el piso siguiente, caminar unos veinte metros y entrar en un pasillo con seis puertas que eran las entradas a la gloria. Los que me vieron hacer eso la primera vez no podían creerlo. Tres días después ya las seis duchas estaban ocupadas por otros internos. El Hermano Agustín salía a comprobar que no había ningún colado en los baños de los enfermos y, como nunca encontraba a algún infractor, se imaginaba que nos estábamos duchando con el agua fría de las duchas que debíamos usar. Pero un día nos descubrió. Ese día ratificó que, aunque religioso, tenía una habilidad extraordinaria para usar las palabras no debidas de la lengua de Cervantes. Nos quedamos sin recreo por largo tiempo. A cada uno de los infractores se nos obsequió con una columna frente al salón de estudios del internado. Frente a ella me colocaba en cada recreo del internado. Sentirme propietario de la columna no despertó mi interés por el negocio de bienes raíces. Aún durante el castigo, seguimos jugando al ratón y al gato: yo, tratando de burlarlo para usar una ducha de agua caliente y él, tratando de sorprenderme. No tengo idea de quién resultó ganador al final de ese curso... y de los siguientes.

En el área del dormitorio se encontraba el timbiriche del Hermano Agustín. Era un armario bastante grande donde guardaba los artículos de aseo que vendía a los internos, como jabón de baño, pasta de dientes, grasa para el pelo y otros. No nos reemplazaba nada hasta no cerciorarse de que se había utilizado por completo. Era un maestro del ahorro y repetía que, cuando botábamos algo, les estábamos robando a nuestros padres.

Al dar inicio al curso 1954-1955 los internos nos encontramos con una sorpresa: no estaba el Hermano Agustín. Resulta que los religiosos de esa congregación asistían a unos retiros espirituales en una de las islas del Caribe donde tenían una casa dedicada a esa actividad y le había tocado el turno al Hermano. Así que nos enviaron a un nuevo custodio hasta diciembre: el Hermano Rafael, bastante más joven y tan flaco como él, pero sin la astucia de nuestro eterno guardián, lo cual nos motivó a hacer nuestra primera trastada. Conversaba mucho con nosotros y nos preguntaba qué podía hacer para mejorar nuestra estadía en el internado. Nos habíamos puesto de acuerdo (creo que Iván, Basadre, Federico y yo) en mejorar las comidas y el Hermano nos pidió que confeccionáramos un menú y se lo entregáramos. El tipo hablaba en serio y, después de discutir unas boberías con nosotros, se fue a la cocina a conversar con el chef, a quien apodábamos «Butifarra». Parece que el plan se llevó a efecto debido al sistema que tenían para la cocina. El chef ordenaba los productos y no tenía que rendir cuentas hasta el siguiente mes. Ese fue el tiempo que nos pasamos comiendo aún mejor de lo que lo hacíamos. Cuando llegaron las facturas, el Hermano Director fue a interrogar al cocinero. Luego vimos al Hermano Rafael camino de la dirección y después nos tocó a nosotros. Solamente alegamos haber hecho realidad su deseo. Durante el proceso logramos descubrir que el motivo del alto consumo de papas antes del cambio se debía a un negocio que tenía uno de los cocineros con un bandido del Mercado Único.

Al Colegio había llegado un nuevo deporte poco conocido en Cuba y ausente en las escuelas: el judo. Federico había comenzado una campaña para llevarlo al colegio. Después de varias sesiones de negociaciones el Hermano Director accedió a que Antonio Fong, cinta negra que se estaba estableciendo en Santiago, fuera los sábados por la mañana y el colegio le tendría varias colchonetas y una lona para que armara una especie de dojo y diera sus clases a los alumnos que desearan y tuvieran autorización de sus padres. Ahí estaba mi problema. Mis viejos no querían que yo tomara esas clases. Casi todos mis amigos más íntimos estaban listos para comenzar y yo no tenía ni siquiera el permiso de mis padres. Decidí arriesgarme.

Mis padres, junto a mi hermana menor, estaban a punto de partir hacia Buenos Aires. Mi tío y mi padre se turnaban cada dos años para ir a visitar a su madre y el resto de la familia que se había mudado de Asturias a Argentina. Esperé a estar seguro de su partida antes de indagar con el Hermano Rafael si ya había

55

llegado la autorización para que pagara el equipo y la matrícula para el judo, que estaba a punto de comenzar. Me dijo que no. Entonces le pedí permiso para usar el teléfono. Llamé a mi tío, preguntándole por qué no habían mandado la autorización o el dinero. «Pepe no me dijo nada sobre eso», me aclaró. Le dije que habíamos hecho un trato antes de ellos partir y que tenía que mandar la plata, o al menos la autorización para que lo cargaran en mi cuenta. Entre el quimono (ya me había tomado las medidas), la matrícula y otro cargo, eran más de cien pesos.

Aceptó. Cuando colgué le dije al Hermano: «Todo era un malentendido. Páguele al maestro y póngalo en mi cuenta». Cuando llegó el sábado, yo me encontraba entre los debutantes del deporte japonés. Cuando llegaron mis padres, y vieron las cuentas que mi tío había pagado, le formaron tremendo lío, y yo fui el segundo agredido, aunque me permitieron continuar después de prometer que no lo volvería a hacer. Claro que no iba a haber otra oportunidad porque yo tenía planeado irme antes de que finalizara el curso.

Cuando los internos regresamos de las vacaciones de Navidad, encontramos al Hermano Agustín, todo santificado. Cuando se enteró del cambio de menú, perdió la alegría que había mostrado al vernos. Lo mismo sucedió con mi jugarreta para ingresar en el equipo de judo. Esos hechos le hicieron pensar que su presencia era imprescindible en el internado.

Después de las siguientes vacaciones se presentó un problema, esta vez de carácter atmosférico. A la hora de marcharme para Santiago llegó la noticia de la formación de una tormenta tropical en el océano Atlántico que no sorprendió a nadie; en definitiva, estábamos justo en la mitad de la temporada ciclónica que corre entre el primero de junio y el 30 de noviembre, y septiembre es el mes más activo. Los vientos que destruyeron los adornos antes de las fiestas se originaron allí. Los carnavales terminaron el día 11 de septiembre, como estaba programado, y las clases estaban supuestas a dar inicio al día siguiente.

El día 11, sin haber abandonado aún la categoría de tormenta tropical, Hilda se encontraba al norte de Puerto Rico, trasladándose de este a oeste, siguiendo la trayectoria habitual de los huracanes generados en esa región del Atlántico. Como el Colegio no iba a cambiar sus planes, tomamos el primer tren del lunes. No hubo mayores inconvenientes durante el trayecto. Llegamos a Santiago alrededor del mediodía y minutos después estábamos en el colegio. Logramos asistir a las clases de por la tarde.

Excitados nos levantamos al día siguiente. Los vientos habían arreciado, pero Hilda se encontraba el día 13 rozando el norte de la isla Española, amenazando con una probable visita a Santiago de Cuba. Al anochecer ya estaba al frente de la punta de Maisí y, tarde en la noche, el huracán Hilda entró en territorio cubano. Las características montañosas de esta provincia harían más lenta su marcha y le tomaría 20 horas atravesar unos 320 km antes de salir, por su costa occidental, cerca de Media Luna, al golfo de Guacanayabo.

Todos sabemos de la alteración que produce la lluvia en los menores y esos días no fueron una excepción. En Santiago, Hilda dejó caer pesadas lluvias y vientos huracanados, que derribaron líneas telefónicas y causaron inundaciones. Varias casas colapsaron mientras los internos hacían uso de sus rezos selectos cada vez que los vientos arreciaban. En algún momento se fue la electricidad. A pesar de que todos lo notaron, alguien anunció que «se fue la corriente» y otro dijo «¡coño, se tenía que ir la luz!». Debido al mal tiempo afuera, y al encierro dentro del gigantesco edificio, el evento pareció anunciar la llegada de la noche. No recuerdo quién pensó en la ironía que significaba el hecho de que, un día como ese, dos décadas atrás, el 14 de septiembre de 1934, Antonio Guiteras, ministro de gobernación del Gobierno de los Cien Días, había intervenido la Compañía Cubana de Electricidad. Al día siguiente no hubo excusa que valiera la pena. Todos regresamos a las aulas para dar inicio al nuevo curso escolar.

Renté

Los sábados después de almorzar formábamos una fila en el patio central y salíamos caminando hacia el puerto, donde tomábamos una lancha y cruzábamos al otro lado de la bahía. En estos viajes nos acompañaban alumnos externos. Recuerdo a mi compañero Remigio y su hermano menor.

Renté era un lugar pintoresco. El origen parece haber sido una compra de la Congregación y un obsequio posterior de la familia Feria-Cendoya. Un cercado bastante profundo debido a la aplicación de dinamita, un campo de pelota, terrenos adicionales y, en la cima de una colina, la casa de la finca que también servía de sede para las tandas anuales de ejercicios espirituales. En ella también varios Hermanos descansaban los fines de semana.

Las visitas a Renté continuaban sin interrupción. Fue en el curso escolar 1952-1953 que un par de internos tuvieron una discusión con el Hermano Aniceto, maestro de tercer grado. No recuerdo el motivo, aunque los alumnos recibieron tremenda reprimenda por parte del Hno. Agustín. El Hermano Aniceto estaba a cargo de una yegua llamada Margarita que mantenían en la finca, a cargo del administrador. Los alumnos decidieron vengarse y, durante la semana, uno salió a una farmacia cercana a comprar un frasquito de bisulfuro de carbono, conocido vulgarmente como «esencia de peo», el cual despide una peste terrible y produce una irritación y picazón insoportables cuando entra en contacto con la piel. La dosis aplicada a Margarita se concentró en el ano. No demoró en salir disparada a correr por toda la finca. Aniceto no cesaba de preguntar en voz alta: «Mía mula, mía mula, ¿qué le pasa a Margarita?» En medio de la risa, alguien le contestó la pregunta: «Hermano, creo que está entrenando para el Derby de Kentucky».

Los deportes

Debido al entusiasmo del Hermano Adolfo Fidel, nuevo Director del Colegio, entramos en la Liga Intercolegial a competir en baloncesto. El primer año competimos en los menores de 13 y al siguiente se agregaron las divisiones de menores de 15 y de 18. El Hno. Director había contratado al Gato Carbonell, quien tenía en su haber numerosos triunfos nacionales y olímpicos. Era el coach del equipo del Club de Pesca de Santiago de Cuba. Ganamos varios campeonatos.

El Hno. Director quiso que el Gato organizara un campeonato interno de los que aspiraban a convertirse en excelentes jugadores pero que todavía no podían entrar a jugar. Se formaron cinco equipos. Yo organicé uno de ellos solamente con internos. ¡Y el equipo de los internos se coronó campeón! La realidad es que casi todos ellos aprovechaban los recreos del internado para tirar pelotas al aro o jugar piquetes entre ellos. De esa manera, adquirían más experiencia que los alumnos que vivían en sus casas.

Las vacaciones

Aunque los internos podíamos viajar a nuestros hogares el primer fin de semana de cada mes, si no había falta de disciplina y teníamos buenas calificaciones, no recuerdo por qué no lo hicimos en mi primer año. Después de una primera ausencia de tres meses, regresamos a casa para las vacaciones de Navidad. El viaje del tren se iba a convertir en algo placentero y divertido. Los internos en los colegios santiagueros regresábamos casi siempre en el mismo horario y se formaban tremendas bachatas. Se tocaba música, se cantaba y se hacían chistes y contaban anécdotas.

El regreso a mi hogar tuvo un impacto mayor que el imaginado. Sólo habían transcurrido tres meses y yo no sentía ese arrebato de alegría por haber vuelto a mi casa. Aunque no era algo para preocuparse, no sentía el grado de pertenencia con el que me había marchado. Sí, estaba contento porque me sentía «libre», junto a los míos, pero apenas había cumplido 11 años unos días antes y ya creía que era mucho mayor de lo que era en realidad.

Me alegró ver de nuevo a mis buenos amigos, pasear por las calles de mi pueblo, pasar buenos ratos en el «Club Náutico» y asistir al «Teatro Aguirre». Tuve tiempo de pasear por el parque, sentarme a conversar en uno de sus bancos, asistir a misa y a las ceremonias relacionadas con la festividad de la Navidad (había que llevar al Colegio una tarjeta de asistencia firmada por el sacerdote oficiante) y muchas otras actividades. Regresamos después del día de reyes del siguiente año 1952, el cual nos traería una desagradable sorpresa debido al golpe de estado.

Al final del curso las clausuras coincidieron y viajamos todos en el mismo tren. Yo acababa de terminar el sexto grado. Entre estudiantes internos de ambos sexos creo que pasábamos de cuarenta. Todos íbamos cargados de medallas para continuar con la costumbre de los colegios religiosos que repartían medallas como si todos los alumnos fueran familiares del generalísimo Rafael Leónidas Trujillo, dictador de la República Dominicana. Tenía ahora tres meses para descansar, ayudar en los negocios de mi padre y dedicarme a crear conciencia de la necesidad de luchar contra el régimen de facto. De la lectura de los libros de José Martí iba a dar un salto gigantesco. Estaba decidido a continuar leyendo buena literatura y a Martí le seguiría *La piel* de Curzio Malaparte.

Me esperaban varias sorpresas. Como resultado del golpe de estado, Pedro Aguirre, a cargo del batistiano Partido de Acción Unitaria (PAU), se había convertido en la figura principal de la política en el municipio. El alcalde Rafael Rojas, de larga militancia en el Partido Revolucionario Cubano (Auténtico) había jurado los estatutos de Batista para permanecer en el cargo. Encontré un pueblo cansado y todavía sorprendido por el cuartelazo. Estoy seguro de que no encontré una sola persona echando un pie en la calle con las notas de «Sun Sun Babaé».

El verano de 1952 no trajo sorpresas mayores. Al fin logré comenzar a leer *La piel,* de Curzio Malaparte. Mucha de la lectura la hacía en «El baturro», el café que mi padre poseía frente al parque. Durante el verano yo tenía la obligación de hacer un turno, bien en el café o en el depósito, que era el nombre que le dábamos al almacén donde se guardaba la mercancía de los productos que mi padre representaba en el municipio. Aunque de mala gana, yo prefería ir a cumplir mis obligaciones laborales en el café por la posibilidad de conversar con el público y robarle tiempo al trabajo para leer. Siempre me iba al balneario, que era el punto de reunión de mis amigos durante el día para nadar (si la marea estaba alta) o a la glorieta, y luego por la noche regresábamos al balneario cuando no íbamos al cine o al parque.

Una de las obligaciones que teníamos los cuatro hermanos era escribir una carta mensual a la familia de nuestro padre en

Asturias primero, luego en Buenos Aires. Resultaba casi ridículo expresar sentimientos hacia personas que solo habíamos visto en fotos. Pero había que hacerlo. A diferencia de la mayoría de los españoles que emigraron a Cuba, nuestro padre nunca rompió los lazos con su familia. Lo mismo hizo la familia de nuestra madre con sus familiares en Galicia.

Cuando terminaron las vacaciones, después de devorar *La piel,* había leído del mismo autor *Kaputt, Técnica del golpe de estado* y *El Volga nace en Europa.* Gran cantidad de esas páginas pasaron por mis ojos en la glorieta que había en la cima de la colina y a dos pasos de nuestro hogar. Allí se disfrutaba de una calma absoluta y la vista no podía ser más hermosa. Aquel maravilloso lugar había sido escenario de numerosas aventuras infantiles y tenía un lugar reservado en nuestra adolescencia y temprana juventud.

Las vacaciones de 1953 fueron muy parecidas a las del año anterior. No he hablado de La Playita, que estaba entre los lugares típicos del pueblo. Aunque rodeada de agua, Antilla no poseía una buena playa —cosa que no parecía importante ya que, a pesar de ser una isla, los cubanos vivíamos de espaldas al mar. Estaba la de El Cañón, a la cual se llegaba después de grandes maniobras, pero que tenía corrientes peligrosas. A Saetía sólo se podía ir por vía marítima, fuera del alcance de casi todos. Guardalabaca (sí, con b larga, y cuyo nombre oficial era Baní), la única verdadera playa de aquella zona estaba muy lejos y no tuvo una carretera hasta mucho tiempo después de inaugurada la de Antilla. Quedaba, pues, La Playita. A pocos minutos del pueblo, su nombre denotaba que era diminuta. Aunque bastante accesible, la última parte del camino penetraba un tupido bosque lleno de angostas y peligrosas curvas. En una época, mi padre llenaba uno de sus camiones con su familia y un puñado de hijos de sus amigos y nos llevaba por las mañanas.

Una vez adentrado el camión en el bosque, contábamos las curvas (eran más de veinte) en voz alta hasta que, al fin, el grito de «¡Playita a la vista!» anunciaba la llegada. Fue en una de esas excursiones, en la mañana del 26 de Julio de 1953, cuando el camión fue detenido por un grupo de la guardia rural a corta distancia del antiguo aeropuerto. Los soldados explicaron que la vigilancia se debía a los sucesos de esa madrugada en Santiago de Cuba y Bayamo. Nunca olvidaré que fue, camino a la playita, donde conocimos de la acción que iba a cambiar el resto de nuestras vidas. Más tarde, cuando se instituyó la llamada «jornada de verano», donde los comercios cerraban sus puertas un día a la semana, nos pasábamos todos los jueves en la playita. En esas ocasiones íbamos acompañados por la familia García. La empanada que hacían en su panadería era el umbral de la vida eterna.

Los domingos eran, sin embargo, los días que atraían más público. Familias enteras acudían a ella para mitigar el calor del verano. La arena no era tan blanca como la de otras playas cubanas y estaba mezclada con un sinfín de piedrecitas y conchas que dificultaban el andar. En el extremo izquierdo, sin embargo, tenía unas rocas grandes que descansaban sobre una arena fina y blanca que atraían a los adolescentes. Aquel punto nos hacía recordar unos versos de «Los Zapaticos de Rosa» que Martí escribió para los niños en «La Edad de Oro»: «Pero está con estos modos/ tan serios, muy triste el mar:/ lo alegre está allá al doblar,/ en la barranca de todos...».

Tampoco contaba La Playita con lugares para cambiarse de ropa («me voy a los matojos a ponerme la trusa»), situación ideal para rascabuchar y que facilitó la fotografía cruel que le tomaron un día a Acostica mientras defecaba en el bosque.

Durante esas vacaciones veraniegas me gustaba acompañar a mi padre en sus viajes al campo, visitando los clientes en su territorio. Además del disfrute del paisaje, otra de las ventajas de aquellos recorridos era el poder observar la realidad campesina. Durante la zafra se vivía en constante movimiento. Además de las personas empleadas en la cosecha, aumentaba el empleo en las bodegas y kioscos. Se vendía, se compraba y se gastaba hasta en las fiestas que se celebraban y para las cuales el camión iba surtido con varias tinas de madera para enfriar la cerveza. Los dueños de tiendas hacían también su zafra vendiendo ropas, botas y otros artículos para los trabajadores y sus familias. Los agricultores de subsistencia vendían entonces sus productos a los vecinos sin necesidad de llevarlos hasta algún pueblo vecino y, a veces, lejano.

Siempre me intrigó, a pesar de mis cortos años, la existencia de pequeños cultivos en medio de aquellas guardarrayas de los campos de caña que se perdían en el horizonte. No demoré mucho tiempo en aprender los conceptos de hacendado, colono, aparcero, precarista, arrendatario y otros más que reflejaban la distribución desproporcionada de los frutos de aquella tierra fértil y, donde los que trabajaban más, recibían menos —situación que se agravaba durante el llamado «tiempo muerto» ya que durante el período entre una zafra y otra eran muy escasas las posibilidades de otros empleos. Estos campesinos, sin embargo, eran afables y extremadamente generosos, característica común en todos los campos de Cuba.

Dependiendo del recorrido, se regresaba al pueblo al final de la tarde o ya entrada la noche. El camión, aunque con menos peso, venía cargado entonces con las botellas vacías por las que los comerciantes recibían un crédito. Al pasar por Angostura (que era el cruce de La Playita situado a unos cuatro kilómetros de la entrada del pueblo) mi padre me relataba las veces que había tenido que dormir en el camión atascado en el fango, tan cerca ya del pueblo, para cuidar la mercancía mientras los empleados se marchaban a dormir en sus casas. Desgraciadamente no pude acompañarlo en su recorrido campestre y la invitación quedó en pie para un futuro próximo.

Las vacaciones del verano de 1954 finalizaron con los primeros carnavales organizados de Antilla. Los pueblos de la provincia oriental eran de carnaval: «Al carnaval de Oriente me voy; dónde mejor se puede gozar!».

El más famoso era el de Santiago de Cuba, alrededor del 26 de Julio, que era la festividad de Santa Ana, y a los que todos los carnavales de los pueblos orientales trataban de imitar. Aunque la patrona de mi pueblo era la Virgen del Carmen, los carnavales tenían lugar en la semana del 8 de Septiembre, festividad de la Virgen de la Caridad. Los carnavales de Antilla coincidían con los del vecino pueblo de Banes que sí celebraba las fiestas de su patrona. Los preparativos, que comenzaban varias semanas antes, eran en sí unos pequeños carnavales. Había verbenas en varias cuadras para recaudar fondos para engalanarlas, siempre vigilantes de algún vecino indolente que intentaba «comerse el queso» con los fondos. Los vecinos de las cuadras que se adornaban escogían un tema (fantasía española, fantasía guajira, noche azul...) y decoraban sus casas y la cuadra alrededor de esos colores. Con papeles de vejiga cortados en forma de banderitas se colgaban tiras de un extremo a otro de la calle que, cuando alcanzaba el dinero para hacerlo bien tupido, se convertía en una especie de cielo bajo. Todos los vecinos cooperaban en estas tareas que duraban varios días. Además del premio por la cuadra mejor adornada, prevalecía el orgullo de ser la mejor del pueblo. El pueblo se llenaba de quioscos para la venta de bebidas y comidas, que eran construidos por los agentes de licores, pero la mayoría era el producto del esfuerzo de personas que aprovechaban la ocasión para obtener algunas ganancias.

En varios de estos quioscos se reservaba un espacio para el baile. En el parque, frente al edificio del ayuntamiento, se levantaba una tarima con palcos para las personas importantes, que incluían a los honrados en El Día del Antillano Ausente, y el jurado que entregaría los premios a las mejores cuadras, comparsas y carrozas.

Los carnavales duraban unos cuatro días, aunque se fiestaba durante toda la semana. Se dormía poco pues nadie quería perderse ni un minuto de aquellas fiestas. Llegaban al pueblo las carrozas de firmas importantes que habían desfilado en los carnavales de Santiago de Cuba y la Habana. Eran grandes, exquisitamente decoradas y llenas de músicos y bailarinas. Llegaban las del Ron Bacardí, la Cerveza Hatuey (un año con Olga Chaviano), la Cerveza Cristal, la Cerveza Polar y otras más. Además de recorrer casi todas las calles del pueblo, participaban también del desfile oficial de la noche del sábado y la tarde del domingo. Lo hacían en medio de las comparsas de las distintas cuadras. Los vecinos lucían orgullosos sus disfraces y hacían sus piruetas frente a la tribuna del parque. Al final del desfile del domingo se entregaban los premios que, como era de esperar, no eran acogidos con unanimidad. Pasados los primeros momentos de desaliento, los vencidos se recuperaban y, junto a los premiados, se unían a la primera conga que pasara por el parque.

Las congas eran la principal diversión de aquellas fiestas. No se concebía asistir al carnaval sin «arrollar» con una de sus congas. Los agentes de licores y cervezas contrataban a varias congas de Santiago de Cuba, las cuales habían tenido todo el mes de agosto para descansar después de sus fiestas de finales de julio. Era un grupo heterogéneo unido por un mismo fin. Negros, blancos, mulatos, ricos, pobres, mujeres, hombres, jóvenes y viejos sudando cerveza, aguardiente y ron, y avanzando en medio de una nube de polvo. En medio de esa nube se les decía adiós a los carnavales; o, mejor dicho, hasta el próximo año. Y, desde ese momento, se comenzaba a planear otro mejor.

A la terminación de los carnavales me marché al colegio, a principios de septiembre.

El verano, sin embargo, prometía traerme nuevas experiencias. La primera fue el esperado viaje a la finca de la familia Castro Ruz, que resultó más largo de lo que había imaginado. La finca, aunque pertenecía al territorio que las compañías del Ron Bacardí y la Cerveza Hatuey habían asignado a mi padre, estaba fuera de los límites del término municipal de Antilla ya que pertenecía al municipio de Mayarí.

Llegamos al romper el alba. Los camiones entraron en el batey y se estacionaron muy cerca de lo que parecía ser la casa familiar. Esta era grande, con un amplio portal a su alrededor, y a la que se llegaba por una pequeña escalera. Antes de comenzar el ascenso, mi padre me señaló la tierra al borde de la escalera mientras me decía: «Aquí me encontré un día, a esta misma hora, a tu "amigo" Raulito, borracho en el fango, mientras uno de sus perros le lamía la cara. Lo arrastré hasta dentro de la casa para meterlo en la ducha». Y comenzamos el ascenso mientras yo pensaba que, tal vez con la excepción de mi padre (quien, a pesar de venderlas, nunca consumía bebidas alcohólicas), nadie podía lanzar la primera piedra.

El viejo Ángel Castro nos estaba esperando. Nos invitó a pasar, no a la sala ni al comedor, sino a la cocina. El corto recorrido hasta la cocina me produjo algo así como una decepción. A pesar del dinero que poseía la familia, todo en la casa era bastante rústico. La ausencia de lujos reflejaba la frugalidad del cabeza de familia. Nos sentamos alrededor de una mesa situada a un costado de lo que yo consideré era una gigantesca cocina. Cuando el señor Castro se enteró que no íbamos a desayunar, porque ya lo habíamos hecho en el camino, ordenó que colaran café. Mientras yo observaba el movimiento de sirvientes dentro de la casa, y la entrada y salida de mayorales y algunos peones recibiendo instrucciones, mi padre y Ángel conversaban sobre una infinidad de temas. Luego salió Lina a saludarnos y se sentó al lado de mi padre. Era obvio que a aquellas tres personas las unía una vieja y gran amistad que iba más allá de los negocios. Luego apareció Mongo, el hijo mayor del matrimonio, que tenía una relación especial con mi padre. Al cabo de un rato nos encaminamos hacia la tienda principal de la finca donde estaban descargando la mercancía.

El recorrido por la tienda fue toda una revelación. Era una de las llamadas tiendas mixtas de los campos de Cuba donde se vendía de todo. En aquella época yo no estaba al corriente de los rumores de que allí, en aquella tienda, los peones de la finca compraban con vales emitidos por la empresa, obligando a los trabajadores a gastar el «dinero» en la tienda. No me di cuenta de eso a pesar de encontrar a varios clientes durante mi recorrido.

Regresamos para almorzar en la cocina de la casa. Entonces comprendí la razón por el amplio espacio que ésta ocupaba. Muchos de los comensales, que entraron a almorzar mientras nosotros estuvimos allí, lo hicieron de pie. No sólo el personal de confianza sino también algunos miembros de la familia. Esa práctica, que conservó por muchos años, la adquirió Fidel Castro en la casa de sus padres siendo niño.

Mientras terminaban de cargar los camiones con las botellas vacías, nos sentamos un rato en el portal del frente de la casa. A pesar de verse sólo un par de veces al año, mi padre (asturiano) y Ángel (gallego) no conversaron sobre España. En un momento de la conversación pregunté sobre el tamaño de la finca. Como respuesta Ángel encogió los hombros y me regaló una pícara sonrisa. Luego supe que tenía bajo su control, en propiedad o arrendadas, más de 300 caballerías de tierra (unas 4,000 hectáreas) con una nómina de más de un centenar de empleados.

Partimos a media tarde. En el viaje de regreso mi padre me hizo dos observaciones sobre la personalidad de Fidel. Un día, cuando estaba de vacaciones de la universidad, lo había encontrado montado en un pequeño burrito que apenas podía caminar por su peso. Cuando mi padre le llamó la atención sobre el abuso que estaba cometiendo, le contestó: «Que se joda, para eso nació con cuatro patas». Ya fuera de los límites de la finca me contó que, en la hondonada que me indicó, se había quedado atascado en uno de los viajes. Ni los bueyes habían podido sacarlo. Fidel, que montaba a caballo por aquel lugar, le dijo que él le iba a resolver el problema. Galopó hacia la finca y regresó con una zapa de su padre. Una vez encadenado el camión a la zapa, aceleró hasta que el camión comenzó a moverse y a avanzar lentamente. Mi padre le gritó que parara pues iba a dañar el motor de la zapa por el exceso de fuerza. Siguió acelerando, produciendo un ruido infernal, hasta que sacó el camión hasta una parte firme del terreno. Allí se despidió de mi padre, dejando la zapa abandonada en medio del camino, porque no pudo volver a arrancarla.

Aunque no fueron muchos aquellos viajes, los he guardado en un rincón especial de mi memoria. Tal vez porque me dieron la única oportunidad de comunicarme con mi padre en una época en la cual, debido a mi ausencia del pueblo por estudiar en un internado y a su constante trabajo cuando yo llegaba de vacaciones, no existieron muchas oportunidades. También porque me abrieron los ojos a la realidad rural que existía tan cerca de mi pueblo y la cual formaba parte también de su folklore y del de todos los pueblos de Cuba.

Las vacaciones del verano de 1955 finalizaron con los segundos carnavales organizados de Antilla. Ese año fue distinto. Con todo el pueblo adornado, dos días antes del comienzo de las fiestas, un temporal inoportuno destrozó el fruto del trabajo de todos. Desde las ventanas de sus casas los vecinos contemplaron cómo volaban papeles y adornos que habían costado tanto dinero para comprar y tanto esfuerzo para colocar. Pasados los primeros momentos de frustración, y ayudados por varios agentes de cigarrillos que obsequiaron banderitas con los anuncios de sus respectivas marcas, se comenzó de nuevo la tarea. Aunque con menos profusión de colores, las cuadras quedaron listas cuando comenzaron las fiestas. Como era de esperar, los carnavales, ya con más experiencia, fueron un éxito.

El curso 1956-1957 se me venía encima y yo no tenía un colegio al cual asistir para cursar el cuarto año de bachillerato.

No estoy seguro si volvimos a la playa el siguiente año. Tal vez ese fue el año que alquilamos un chalé justo frente al hotel, cuya parte posterior se asomaba al mar. Estoy seguro de que estuvimos ausentes en 1958. Ese verano yo estaba en Kingston y la lucha había llegado a un punto donde la balanza parecía estar inclinada del lado de los insurgentes.

Regresé a la playa en 1959 y 1960, en visitas rápidas. Desde entonces no he vuelto al paraíso de la playa con nombre raro. Hay quien me puede criticar por pecar de egoísta, pero yo quería que mi playa se conservara como yo la describía en lenguaje vulgar: un prostíbulo en tiempo de Cuaresma. El amor verdadero no se comparte. Me cuentan que han levantado hoteles de lujo para disfrute de turistas extranjeros que llevan divisas. Y hoy la larga franja de playa se encuentra asfixiada por una masa de concreto, impidiendo la bella vista del mar en algunos lugares y haciendo que huya la fauna y desaparezca la flora. Ya mi playa no existe. No pienso volver a ella. Mi idilio se terminó; ¿sabes?: el amor se acaba. Lo mismo el que se siente por la pareja, por una ciudad y hasta por una causa. Tal vez Gregorio Fuentes, el pescador de la historia de Hemingway, estaba equivocado, porque la destrucción del amor va de la mano con la derrota.

Al final de las vacaciones playeras eran solo días los que faltaban para el comienzo del nuevo curso escolar y yo estaba totalmente dedicado a mis labores subversivas sin prestarle atención a mi futuro inexistente centro de estudios.

El golpe y la rebeldía

En su libro *Técnica del golpe de Estado (1931)*, Curzio Malaparte afirma: «En los países en que el orden está basado sobre la libertad, la opinión pública hace mal en no preocuparse de la eventualidad de un golpe de estado».

Del Idealismo al Desencanto

Recuerdo lo que sucedió a media mañana del lunes 10 de marzo de 1952. El Hno. Alberto José, director del Colegio, entró en el aula y le dijo algo en voz baja al Hno. Mario. Poco a poco fuimos saliendo de las aulas todos los alumnos. Los externos, para sus hogares; los internos permanecimos en el Colegio. El día transcurrió lleno de especulaciones porque, en realidad, se sabía muy poco: Fulgencio Batista había tomado el campamento de Columbia en La Habana junto a otros militares y se había autonombrado el nuevo jefe de Estado.

¿Quién era Fulgencio Batista y Zaldívar? El pueblo de Cuba conocía de sobra al autor del golpe de estado. Nacido en un humilde hogar de las afueras de Banes, en la provincia de Oriente, donde había asistido a la escuela primaria, se traslada luego a Santiago de Cuba para cursar la enseñanza secundaria. Después de realizar labores agrícolas, ingresa como fogonero en los ferrocarriles. Muy joven aún, pasa a las filas del ejército, donde es ascendido a cabo y, una vez que se hace taquígrafo, obtiene el grado de sargento. En un santiamén, el guajirito de Banes se convierte en sargento taquígrafo del Estado Mayor del Ejército Constitucional. Esa posición lo ayudaría a conocer el *modus operandi* de las fuerzas armadas y a enterarse con anticipación de los hechos importantes. Debido a eso, días después de la caída del dictador Gerardo Machado, el 13 de agosto de 1933, la firma de Batista aparece en un documento, junto a las de varias figuras democráticas importantes de la vida pública y miembros de las fuerzas armadas, donde se pide al gobierno provisional la celebración de una asamblea constituyente. Batista encabeza entonces «la revolución del 4 de septiembre». Aunque originada en las fuerzas castrenses, la misma tenía profundas raíces civilistas. Ya Batista había ascendido de sargento a coronel jefe del ejército. Luego de promulgada una nueva constitución y celebrarse elecciones generales, toma posesión de la presidencia de la república, el 10 de octubre de 1940, nada más y nada menos que Fulgencio Batista y Zaldívar quien gobierna democráticamente al país y entrega el mando a su sucesor Ramon Grau San Martín exactamente cuatro años después. Hecho esto, Batista se marcha de Cuba en un autoimpuesto exilio que duraría los cuatro años de la presidencia de Grau. Carlos Prío jura como presidente el 10 de octubre de 1948 y le pide a Batista que regrese para que tome posesión del cargo de senador por la provincia de Las Villas para el cual había sido electo. Antes de que finalice su período de gobierno, le paga sacándolo del poder a la fuerza.

¿Cómo lo lograron? La mayoría de los cubanos ya dormía cuando los habaneros comenzaron a retirarse a sus hogares después de una alegre noche de carnaval. Alrededor de las dos de la madrugada, varios automóviles partían de la finca Kukine, en las afueras del poblado de Arroyo Arenas, a 16 kilómetros de la capital. Sus ocupantes eran militares que acompañaban al senador Fulgencio Batista Zaldívar. Su destino era el campamento militar de Columbia, al que planeaban tomar por la fuerza para iniciar un golpe de estado.

Faltaban apenas tres meses para la celebración de elecciones generales. La lucha electoral era compartida por dos grandes bloques y otro menor que llevaba de candidato al conspirador nocturno, con escasas probabilidades de triunfo. Tal vez esa era la razón que lo impulsaba a interrumpir el ritmo constitucional de la república.

Cerca de la fortaleza militar, Batista experimentó una premonición tal vez mezclada con temor. Debido a ello, a pesar de que los cómplices los estaban esperando en la posta seis, pidió cambiarse de automóvil y entrar por la posta cuatro. Le aterraba una encerrona y sus acompañantes no pudieron convencerlo. Una vez que éstos accedieron a su petición, continuaron la marcha. Cuando llegaron a la posta cuatro, uno de los complotados dentro de la fortaleza militar les informó de que ésta se encontraba ya en poder de los militares sublevados. Años más tarde, Batista le confesaría a un colaborador cercano que el éxito del golpe se lo debía a la «Luz de Yara». Esta popular leyenda data de la época de los aborígenes que habitaban la isla a la llegada de los colonizadores españoles. Contra ellos se enfrentó un cacique llamado Hatuey. Después de una corta lucha fue capturado y quemado vivo en una hoguera el 2 de febrero de 1512, en un lugar cercano al que sería escenario de la primera rebelión armada cuyo inicio se conoce como el «Grito de Yara». No son pocos los que creen que allí se muestra Hatuey en forma de una luz que cubre los montes y las sabanas de dicho lugar histórico. El mismo día del alzamiento de Céspedes, 10 de octubre de 1868, se inauguraba un faro en Punta Lucrecia, en la costa norte de Oriente, cercano a la villa de Banes, que sería años después la cuna de Fulgencio Batista. Los fanales del faro reflejaron, como coincidencia simbólica, la Luz de Yara. Según el militar golpista, dicha luz se había hecho presente en el momento de su entrada en la fortaleza militar, haciéndolo invisible para protegerlo de los guardias de la posta que ignoraban las intenciones de los recién llegados.

¡El campamento militar había caído en manos de los sediciosos sin disparar un solo tiro! Tanques y camiones llenos de soldados comenzaron a salir hacia distintos objetivos de la capital. La ciudad aún dormía cuando Batista les habló a los militares formados en el polígono aceptando la dirección del país.

Una característica común a todos estos dictadores es su falta de respeto a la inteligencia de sus conciudadanos y el resto de la humanidad. Sus excusas son tan pueriles como condenables sus actos. Pero no son sólo ellos los culpables. En su libro *Técnica del golpe de estado,* Curzio Malaparte incorpora al Prefacio de una posterior edición una cita de la carta que le hiciera un famoso funcionario francés: «Usted enseña a los hombres de Estado a prever los fenómenos revolucionarios de nuestro tiempo, a comprenderlos, a impedir que los sediciosos se hagan con el poder mediante la violencia».

Una tras otra, las guarniciones capitalinas iban cayendo en manos de los sediciosos. Mientras esto ocurría, algunos de los miembros del poder civil comenzaron a llegar al Palacio Presidencial. El presidente Prío se unió al grupo después de las cuatro de la madrugada. Se escuchaban distintas opiniones en medio de una indecisión peligrosa.

Un grupo de miembros de la Federación Estudiantil Universitaria (FEU), aunque opositora a la administración, llegó a ofrecer su apoyo al sistema constitucional. Demandaban que fueran enviadas armas a la universidad para defender el estado de derecho. El grupo gobernante, sin embargo, no lograba reaccionar. Su inacción se acercaba a la complicidad mientras las manecillas del reloj avanzaban hacia el amanecer. Cuando los cubanos despertaron aquella mañana del 10 de marzo de 1952, estaban tan sorprendidos como incrédulos. Tan es así que, días más tarde, el periodista Francisco Ichaso escribía en las páginas de la *Revista Bohemia*: «Las grandes sorpresas lo dejan a uno como atónito y no hay nada que se parezca tanto a la indiferencia como la estupefacción. La verdad es que no estábamos preparados para lo que ocurrió. Lo que había en el país era un ambiente preelectoral, lleno de violencias verbales, pero exento de violencia física»..

A pesar de esas declaraciones de personas honorables, testigos del hecho, otros se aparecen ahora con historias que pretenden sublimar con mentiras al artífice del artero golpe de estado. La escritora Zoe Valdés es el ejemplo más reciente. Admite que sus fuentes de información fueron los familiares de Batista («su cuñado, sus hijos y sus nietos», afirma la escritora), y deduce que la acogida del pueblo cubano al golpe de estado fue de un apoyo tal que los cubanos se lanzaron a las calles a demostrar su aprobación cantando la «canción del año» (aunque todavía era marzo) «Sun sun babaé». De ella sale el título de la novela «Pájaro lindo de la madrugá». La realidad es otra. Si bien se produjeron algunas pocas manifestaciones callejeras, éstas tuvieron escasa participación popular.

Llamadas telefónicas confirmaron la lealtad al poder civil de las guarniciones de las provincias de Matanzas y Oriente. Uno de los presentes sugirió que el grupo se dirigiera al cuartel de Matanzas para desde allí organizar la resistencia al golpe militar. La idea no contó con el apoyo necesario; la excusa era evitar un derramamiento de sangre. Fue entonces que alguien se atrevió a decir lo que quizás todos estaban esperando: «¡Vámonos de aquí!» El señor presidente y algunos ayudantes y miembros de su escolta abandonaron el Palacio Presidencial en dos automóviles. El reloj de pared cercano a la puerta de escape marcaba escasos minutos antes de las ocho y media de la mañana. Horas después el derrocado presidente solicitaba asilo en la embajada de México.

El camino se iba abriendo con increíble facilidad a los golpistas. Cuando los habaneros despertaron, se encontraron con las emisoras radiales silenciadas y los militares ocupando las estaciones de policía y todos los edificios públicos. Después de un esfuerzo efímero de huelga general, la dirigencia sindical cayó en manos oportunistas. La sinceridad y el valor de los estudiantes en la Universidad de la Habana, a los que se les había unido una nutrida representación de todas las esferas sociales del país, no pasaron de ser gestos heroicos y dignos ante aquella traición. Sin armas, y sin poder civil que defender, el esfuerzo no tuvo mayores consecuencias.

La situación era algo diferente en otras partes de la isla. Los regimientos militares de las provincias de Las Villas, Camagüey y Oriente permanecían opuestos al golpe cuando la otra mitad del país ya se había rendido. El efímero intento huelguístico de la capital contrastó con apoyos masivos de dirigentes y obreros en estas provincias. Pero, pocas horas después, Las Villas y Camagüey caían también en manos de los sediciosos.

Sólo quedaba Oriente. El apoyo a los militares leales que aún permanecían en el Cuartel Moncada de la capital oriental fue de tal magnitud que, a media tarde, todavía se notaba la entrada y salida de dirigentes civiles y pueblo que expresaban su solidaridad con los que no se doblegaban ante los golpistas. Manifestaciones recorrían las calles de la ciudad frente a comercios y oficinas que no habían abierto sus puertas ese día. Nadie pudo escuchar las notas del «Sun sun babaé» que afirma Valdés. Por todas partes se respiraba el espíritu de rebeldía que había caracterizado siempre a los habitantes de la indómita ciudad de Santiago de Cuba. Pero la realidad se imponía. La resistencia al golpe era una quimera y, cuando ya la tarde moría, el coronel Álvarez Margolles, jefe militar de Oriente, se convenció de lo inútil del esfuerzo. Apareció en la escena, para sustituirlo, el capitán Alberto del Río Chaviano. Ya al anochecer, el golpe se había consumado en todo el país.

El parte oficial, firmado con el título de primer ministro por el nuevo dictador, no podía estar más cargado de cinismo. Fulgencio Batista anunciaba que una supuesta «junta revolucionaria» le había entregado la jefatura del Estado de una manera total y con la obligación de organizar los poderes legislativo y ejecutivo. Justificaba su acción con la supuesta conspiración del presidente Prío para mantenerse en el poder por medio de otro golpe. Una vez restablecidos el orden y la confianza pública, entregaría el poder a los gobernantes elegidos.

El documento emitido por el nuevo dictador no podía ser más revelador del motivo y las intenciones de los golpistas. Repleto de mentiras y contradicciones, anunciaba la llegada de una nueva etapa en la historia de Cuba. El dictador había tronchado el ritmo constitucional del país cuando, lo que estaba prometiendo dentro de un período indeterminado de tiempo, hubiera ocurrido con certeza exactamente 83 días después de su golpe. Hoy sabemos que la demora fue de 6 años, 9 meses y 21 días. Su entrega del poder no fue tampoco voluntaria. Se marchó como había llegado: escurridizo entre las sombras de la madrugada y lleno de temor. Nunca dijo si la Luz de Yara le había iluminado la senda por la que había corrido hasta la escalerilla del avión que lo transportaría a un exilio que en esta oportunidad no era autoimpuesto ni tendría regreso.

Cuando la noche del golpe cayó sobre la ciudad de Santiago de Cuba, ya en manos de los usurpadores, yo me encontraba observando desde una de las ventanas del dormitorio del internado a la muchedumbre reunida en el cercano Parque Céspedes. Mi corta edad no era un impedimento para el desarrollo de una vocación patriótica que generalmente suele surgir después de la adolescencia. La mía se había ido nutriendo de las poesías que recitaba los viernes en el colegio de mi pueblo, mis lecturas de las obras de José Martí y mi interés por la política. No crecí en un hogar propicio pues mi familia era conservadora y mis padres estaban suscritos al *Diario de la Marina,* que mi madre leía diariamente. Desde aquella noche, como me preocupaba el futuro de Cuba, me involucré en la lucha contra la dictadura. Tenía exactamente 11 años y 3 meses.

Al día siguiente del golpe ya había numerosos chistes en la calle. Uno de los de mayor circulación decía: «En este país tropical,/ ¡qué suerte tiene el cubano!:/ Se acuesta con Carlos Prío/ y amanece Batistiano».

Debido a mi edad, y a lo temprana de la nueva situación, las primeras actividades contra la dictadura tenían que ser orales. En el Colegio comenzaron a delinearse los campos: la oposición, el gobierno y los indiferentes. La realidad es que no se discutía de forma vehemente sino casual. Todavía nadie había ejercido el derecho a «poner el muerto». Lo anterior era propio del internado, debido al relativo encierro. Distinto era, sin embargo, cuando me ganaba la salida del primer fin de semana del mes o en tiempo de vacaciones. En mi pueblo se podían realizar otras actividades. Fue por ello por lo que, a la oposición por medio de la palabra, siguió la de las obras. Comencé a distribuir propaganda del recién creado Movimiento Nacional Revolucionario (MNR) del profesor Rafael García Bárcena. Como era tan pequeño, no podía ser un militante activo, aunque me proporcionaban copias del boletín «Vanguardia» que yo llevaba de Santiago de Cuba para repartirlo en Antilla.

No demoró mucho tiempo en que hiciera contacto con amigos de mi edad o algo mayores que yo con quienes formé una especie de grupo independiente que, entre pintar letreros, repartir manifiestos redactados e impresos por nosotros y realizar otras acciones subversivas, estábamos a la espera de una verdadera organización para ingresar en sus filas.

A la oficina del Partido Ortodoxo, que encabezaba la oposición pacífica en aquel primer año de dictadura, nos fuimos una noche al enterarnos de la visita de varios dirigentes que venían a fortalecer la organización local. Fue cuando conocimos a varios jóvenes, mucho mayores que nosotros, entre los que se encontraba Pedro Díaz Coello, de Holguín, asesinado varios años después siendo dirigente del Movimiento 26 de Julio. Salimos de aquella reunión decepcionados. Nadie nos tomaba en serio.

Con una acción conseguimos que esa actitud comenzara a cambiar. En el pueblo existían dos garitos; uno estaba situado en el sótano del bar «El túnel» en la calle Martí y el otro en el área de las cinco esquinas, al doblar del bar «Marquesina Maritza». Decidimos que teníamos que hacer algo. Me fui a la glorieta y allí redacté un manifiesto contra el juego «ilícito» en el que denunciaba la participación cómplice de las autoridades locales. Luego lo pudimos reproducir en un mimeógrafo viejo que habíamos conseguido. Noches después, al terminar de repartir las proclamas por todo el pueblo, nos dirigimos a los dos garitos al mismo tiempo.

Junto a las proclamas, que soltamos al aire en medio de los gritos contra el vicio y las autoridades cómplices, arrojamos dos ruedas de cohetes encendidos que hicieron un ruido ensordecedor y lograron vaciar ambos establecimientos. Los asustados clientes primero pensaron que eran disparos y, después de ver la determinación que mostraban nuestros rostros, comprendieron que el evento era solo un aviso. Fue un milagro que no se produjeran detenciones porque muchos nos identificaron. Dos días después, ambos establecimientos reabrieron sus puertas. Ya había regresado a Santiago para enfrentarme a los exámenes finales.

Cuando regresamos de las vacaciones de Navidad de 1952 no tuvimos que esperar mucho para que ocurriera lo que todos estaban esperando: la primera confrontación seria entre estudiantes y la fuerza pública. Ocurrió en La Habana, pero repercutió en toda la isla. Días después de haber sido herido en una manifestación, moría el 13 de febrero el estudiante de arquitectura de 22 años Rubén Batista Rubio. Santiago de Cuba se unió a la protesta nacional y los estudiantes y parte del pueblo salieron a las calles. Se iniciaba la rebeldía en la lucha por recuperar el ritmo constitucional interrumpido por el golpe de estado de Batista.

En una de las salidas mensuales del primer fin de semana de cada mes me reuní con el pequeño grupo que había formado. Decidimos volver a repartir unas proclamas contra el juego. Subimos a la glorieta y allí, en la quietud de la cima de la loma, nos inspiramos mientras disfrutábamos del silencio y la brisa fresca que subía de la cercana bahía. Luego los imprimimos en el mismo mimeógrafo viejo y entonces los distribuimos por todo el pueblo.

Una tarde al final de las vacaciones de verano tuve una experiencia desagradable producto de los que unos llamaron malacrianza y otros valentía. Algunos guardias y policías tenían la costumbre de ir a los cafés, consumir e irse sin pagar. En «El baturro» solo el cabo Rodríguez lo hacía de manera esporádica. Cuando se acercó a una de las vidrieras le dije a la empleada que yo lo iba a atender. No me saludó. Tomó café, pidió que le mostrara una caja de tabacos de una marca cara, de la cual extrajo unos cuatro o cinco habanos e hizo un ademán de largarse. Apenas dio la vuelta hacia la acera, lo llamé: «Cabo Rodríguez, se le olvidó pagarme:

son $2.15». El guardia no podía creerlo. Rojo de cólera, en presencia de una docena de clientes, me dijo: «Apúntamelo en la cuenta». Antes de que se escapara subí el tono de mi voz para decirle: «Es que hace tiempo que a usted le cerraron la cuenta, así que le voy a agradecer que me pague ahora». Los clientes presente se quedaron boquiabiertos cuando vieron al guardia sacar el dinero del bolsillo y tirármelo encima de la vidriera. «Tú no sabes lo caro que te va a costar esto, muchachito». Yo ingresé el dinero en la contadora y les dije a los empleados: «Este cabrón no tiene crédito aquí. Le cobran cada vez que venga, si es que regresa».

Algo más de un año después del juicio a Fidel Castro por el ataque a los cuarteles de Santiago y Bayamo, alrededor de octubre de 1954, comenzó a circular por toda Cuba el folleto «La historia me absolverá». En él se afirmaba que era el alegato jurídico del Dr. Fidel Castro Ruz frente al tribunal que lo había juzgado por los sucesos del 26 de julio de 1953. El folleto no aclaraba dónde había sido escrito. El lector suponía entonces que era una transcripción de su autodefensa. En ella lucía la memoria prodigiosa del abogado y sus profundos conocimientos de leyes, historia, filosofía, teología, economía, sociología y otras ramas del saber. Unido a lo anterior, estaba el detallado inventario de las torturas y los asesinatos cometidos en ambos cuarteles y el programa de acción que los revolucionarios planeaban implementar en caso de triunfar. Esa historia se iba a convertir en un mito efectivo que arrastraría a miles de jóvenes y adolescentes —incluyendo a este autor— tras el Movimiento Revolucionario 26 de Julio fundado poco tiempo después.

El alegato jurídico existió, tal vez en escala menor que la del folleto, pero la versión publicada no provino, como se afirmó tantas veces antes del triunfo de 1959, de la transcripción de las notas tomadas por la periodista Marta Rojas durante el juicio celebrado en la sala de enfermeras del hospital Saturnino Lora. El folleto lo escribió Fidel Castro en el Presidio Modelo de Isla de Pinos donde tenía una biblioteca a su disposición, donde encontró las montañas de datos y cifras que no pudo haber mencionado de memoria en el juicio oral. El reo fue sacando del presidio fragmentos del escrito con sus familiares y amistades durante las visitas y éstos eran llevados a una imprenta de La Habana donde lo estaban produciendo.

Cuando Fidel Castro lo terminó dio instrucciones de distribuir por lo menos 100 mil de ellos en un plazo de cuatro meses. Afirmaba que el mismo contenía el programa y la ideología de los moncadistas. Nunca supe cuándo ni cómo llegó el folleto a Santiago de Cuba, pero sí recuerdo mi primer encuentro con el mismo y la manera que fue llevado a Antilla.

A media cuadra del Colegio, en los bajos de la Catedral, había muchos pequeños negocios. En uno de ellos, que miraba a la calle Santo Tomás, arreglaban relojes. El dueño tenía un ayudante joven que era parte de su familia. Se llamaba Hiram Cobos y yo lo conocí en el Movimiento clandestino pues todavía no se había organizado el 26 de Julio. Fue él quien me llevó un paquete a la estación del ferrocarril en mi salida de las vacaciones navideñas de 1954. El paquete era pesado y uno de los guardias rurales de la escolta del tren me hizo el favor de subirlo a su debido lugar. Le dimos las gracias antes de despedirme de Hiram. Cuando llegué al pueblo comencé a venderlo por el precio estipulado de 25 centavos. Confieso que no había mucha demanda para el folleto. Pero yo había decidido estudiarlo y, una hermosa mañana me fui a la glorieta con un ejemplar en el bolsillo. Al llegar a la cima respiré el embriagador olor a salitre de la brisa marina, admiré la belleza en toda la amplitud del horizonte y me senté en el banco circular después de haberme descalzado:

SEÑORES MAGISTRADOS: Nunca un abogado ha tenido que ejercer su oficio en tan difíciles condiciones; nunca contra un acusado se había cometido tal cúmulo de abrumadoras irregularidades... Los primeros dos párrafos convirtieron mi nerviosismo en emoción. ¡Al fin podía leer lo que había venido escuchando a retazos por espacio de quince meses! Leí con atención los motivos que obligaron a Fidel a asumir su propia defensa. Después de sus declaraciones en la primera sesión del juicio celebrada el 21 de septiembre se le concedió ocupar un puesto entre los abogados defensores. La segunda sesión fue al día siguiente, donde prestaron declaración unas diez personas, faltando por declarar otras trescientas personas. En ese momento, decía Fidel, «idearon sustraerme del juicio y procedieron a ello *manu militari*». Cumpliendo órdenes directas del coronel Río Chaviano, dos médicos del penal de la cárcel de Boniato firmaron un certificado médico que impidió su presencia física durante el resto del juicio a pesar de las reiteradas órdenes del tribunal para que se le permitiera reintegrarse al mismo. Y lo hacía ahora en un cuartico de enfermeras del Hospital Civil, rodeado de centinelas con bayoneta calada, cuando ya sus compañeros habían sido enviados al presidio de Isla de Pinos.

Fidel explicó que no se le había permitido acceso a ningún tratado de derecho penal y que se prohibió que llegaran a sus manos los libros de Martí. Se preguntaba entonces los motivos: «Parece que la censura de la prisión los consideró demasiado subversivos. ¿O será porque yo dije que Martí era el autor intelectual del 26 de julio?». Se le había impedido también que llevara al juicio ninguna obra de consulta sobre cualquier otra materia. Y luego afirmaba: «¡No importa en absoluto! Traigo en el corazón las doctrinas del Maestro y en el pensamiento las nobles ideas de todos los hombres que han defendido la libertad de los pueblos».

El adolescente de 14 años no podía contener la emoción. No había dudas de que Fidel Castro era un Martiano convencido. Apenas unos minutos desde que había comenzado y ya se había referido al Apóstol varias veces. Me levanté para caminar alrededor de la glorieta. Mi admiración por Fidel Castro crecía con cada párrafo que leía.

El acusado/abogado defensor argumentaba entonces contra la petición del fiscal de una condena de 26 años de privación de libertad basada en el artículo 148 del Código de Defensa Social. La trampa estaba puesta para que Fidel Castro basara su alegato en una discusión del mencionado artículo. Pero Fidel se dio cuenta enseguida y no había mordido. Con gran elocuencia jurídica había refutado el punto del fiscal.

Llegó entonces el momento de desmentir lo que había afirmado el dictador sobre los sucesos del 26 de julio. Fidel la emprendió de frente contra Batista. Desmentir al tirano fue fácil. Fidel sólo tuvo que relatar los hechos, aunque me parecieron cortos de detalles para ser una parte tan importante de los sucesos.

Aunque ya conocía algunos de ellos, ahora los contaba el actor principal. Fidel describió cómo se había elaborado, y por quiénes, el plan de ataque, su organización y el traslado de los combatientes a Santiago. Relató a continuación el inicio simultáneo del asalto a las fortalezas de Santiago y Bayamo a las 5:15 a.m. Me parecía estar viendo a los jóvenes combatientes, con Fidel en la vanguardia, enfrascados en largos combates con el ejército dentro de aquel odiado cuartel. Luego leyó las causas que dieron lugar a su retirada hacia la cordillera de la Gran Piedra donde, una semana después, había sido apresado en compañía de dos compañeros.

Continué devorando páginas. El enjuiciamiento del 10 de marzo me pareció genial. Las observaciones sobre las fuerzas armadas y el pueblo santiaguero las encontré más que acertadas. «No hay dudas», pensé, «que este hombre sabe lo que hay que hacer para acabar con la dictadura». En ese momento llegué a una parte que me despertó aún más el orgullo de oriental y el lugar no podía ser más apropiado para leerlo: «En Oriente se respira todavía el aire de la epopeya gloriosa y, al amanecer, cuando los gallos cantan como clarines que tocan diana llamando a los soldados y el sol se eleva radiante sobre las empinadas montañas, cada día nos parece que va a ser otra vez el de Yara o el de Baire».

Ya Fidel había explicado las razones militares en las que basaba sus posibilidades de éxito. Tocaba el turno ahora a las razones de orden social:

«¿Por qué teníamos la seguridad de contar con el pueblo? Cuando hablamos de pueblo no entendemos por tal a los sectores acomodados y conservadores de la nación, a los que viene bien cualquier régimen de opresión, cualquier dictadura, cualquier despotismo, postrándose ante el amo de turno hasta romperse la frente contra el suelo». Y continuaba con su definición de pueblo: *«Entendemos por pueblo, cuando hablamos de lucha, la gran masa irredenta, a la que todos ofrecen y a la que todos engañan y traicionan, la que anhela una patria mejor y más digna y más justa; la que está movida por ansias ancestrales de justicia por haber padecido la injusticia y la burla generación tras generación, la que ansía grandes y sabias transformaciones en todos los órdenes y está dispuesta a dar para lo-*

grarlo, cuando crea en algo o en alguien, sobre todo cuando crea suficientemente en sí misma, hasta la última gota de sangre. La primera condición de la sinceridad y de la buena fe en un propósito, es hacer precisamente lo que nadie hace, es decir, hablar con entera claridad y sin miedo. Los demagogos y los políticos de profesión quieren obrar el milagro de estar bien en todo con todos, engañando necesariamente a todos en todo. Los revolucionarios han de proclamar sus ideas valientemente, definir sus principios y expresar sus intenciones para que nadie se engañe, ni amigos ni enemigos».

¡Qué sinceridad, honestidad y valentía tienen las palabras de este hombre!, pensé antes de continuar con su lectura. Pasaba entonces Fidel a enumerar los integrantes de ese pueblo en términos de lucha: los seiscientos mil cubanos desempleados; los quinientos mil obreros temporales del campo; los cuatrocientos mil obreros industriales y braceros; los cien mil agricultores pequeños; los treinta mil maestros y profesores; los veinte mil pequeños comerciantes; los diez mil profesionales jóvenes... ¡Ese es el pueblo, el que sufre todas las desdichas y es por tanto capaz de pelear con todo el coraje! A ese pueblo... no le íbamos a decir: «Te vamos a dar», sino: «¡Aquí tienes, lucha ahora con todas tus fuerzas para que sean tuyas la libertad y la felicidad!».

La descripción de las cinco leyes revolucionarias que serían proclamadas inmediatamente después de tomar los cuarteles venía a continuación:

«La primera ley revolucionaria devolvía al pueblo la soberanía y proclamaba la Constitución de 1940 como la verdadera ley suprema del Estado hasta que el pueblo decidiera modificarla o cambiarla».

«La segunda ley revolucionaria concedía la propiedad inembargable e intransferible de la tierra a todos los colonos, subcolonos, arrendatarios, aparceros y precaristas que ocuparan parcelas de cinco o menos caballerías de tierra, indemnizando el Estado a sus anteriores propietarios a base de la renta que devengarían por dichas parcelas en un promedio de diez años».

«*La tercera ley revolucionaria otorgaba a los obreros y empleados el derecho a participar del treinta por ciento de las utilidades en todas las grandes empresas industriales, mercantiles y mineras, incluyendo los centrales azucareros. Se exceptuaban las empresas meramente agrícolas en consideración a otras leyes de orden agrario que deberían implantarse*».

«*La cuarta ley revolucionaria concedía a todos los colonos el derecho a participar del cincuenta y cinco por ciento del rendimiento de la caña y cuota mínima de cuarenta mil arrobas a todos los pequeños colonos que llevaban tres años o más de establecidos*».

«*La quinta ley revolucionaria ordenaba la confiscación de todos los bienes a todos los malversadores de todos los gobiernos y a sus causahabientes y herederos...*».

A esas leyes seguirían otras como la reforma agraria, la reforma integral de la enseñanza y la nacionalización del trust eléctrico y el trust telefónico, devolución al pueblo del exceso ilegal que han estado cobrando en sus tarifas y pago al fisco de todas las cantidades que han burlado a la hacienda pública.

La celebración de elecciones estaba contemplada al afirmar Fidel que dichas leyes tendrían que ser respetadas por el primer gobierno de elección popular que surgiera inmediatamente después. En ese momento me senté de nuevo, meditando por largo rato, antes de continuar leyendo: «El problema de la tierra, el problema de la industrialización, el problema de la vivienda, el problema del desempleo, el problema de la educación y el problema de la salud del pueblo; he ahí concretados los seis puntos a cuya solución se hubieran encaminado resueltamente nuestros esfuerzos, junto con la conquista de las libertades públicas y la democracia política».

La lectura del folleto me estaba calando muy dentro. Pensé en algunos de los amigos de la familia que decían que Fidel Castro era un loco demagogo sin programa y con ansias de poder absoluto como había demostrado en sus días de gánster universitario. Pensé que les iba a dar a todos y cada uno de ellos una copia del folleto para que se convencieran de las estupideces que estaban diciendo. Me parecieron ahora más irreales las acusaciones de comunista que habían echado a rodar, desde los mismos días que siguieron al ataque, algunos de los personeros del régimen. El programa que anunciaba Fidel no era más que un plan revolucionario y nacionalista encerrado en una serie de medidas democrático-burguesas que en nada se parecían al contenido de un par de libros marxistas que yo había leído hacía varios meses. Y continué con la lectura, a pesar de que estaba ya escapándose la tarde.

Venía a continuación una detallada exposición de las razones que obligaron a concentrarse en los seis puntos que acababa de exponer (tierra, industrialización, vivienda, desempleo, educación, y salud). No había dudas de que Fidel conocía a cabalidad la situación del país y lo que había que hacer para encauzarlo por mejores senderos. Mientras leía la descripción, me parecía estar viviendo la situación de los agricultores, de la pobre industria nacional, de los que carecían de una vivienda decorosa, de los que no tenían ni siquiera luz eléctrica, del estado deplorable de la enseñanza pública, de la malnutrición infantil, del desempleo... Las soluciones estaban ahí.

A continuación, Fidel derrumbaba de un golpe las afirmaciones del tirano de que su grupo había contado con ayuda de politiqueros del pasado. Enumeró las cantidades aportadas y los nombres de quiénes las habían hecho, todos ellos miembros del Movimiento. Y aprovechó la ocasión para denunciar, uno por uno, los crímenes cometidos después del combate en ambos cuarteles. El relato era escalofriante. No podía creer que fueran cubanos los que habían cometido aquellas barbaridades. Había escuchado algunos relatos, pero éste que leía sobrepasaba con creces todo el horror que hubiera podido imaginarme. Se mencionaban, con lujo de detalles, torturas de distintos tipos, disparos a boca de jarro, ahorcamientos, lanzamientos de prisioneros vivos desde las azoteas del cuartel, ojos sacados, uñas sacadas, testículos cortados, burlas a familiares de las víctimas... La lista era inmensa. Era algo difícil de creerse. Pero era verdad porque lo contaba Fidel Castro quien, al final del relato, mostraba una generosidad no conocida en la historia de Cuba. Era un párrafo lleno de caridad y hermosura: «Para mis compañeros muertos no clamo venganza. Como sus vidas no tenían precio, no podrían pagarlas con las suyas todos los criminales juntos. No es con sangre como pueden pagarse las vidas de los jóvenes que mueren por el bien de un pueblo; la felicidad de ese pueblo es el único precio digno que puede pagarse por ellas».

Luego venia la parte donde arremetió de nuevo contra la acusación del fiscal. «Mi lógica», dijo, «es la lógica sencilla del pueblo». Y comenzó a describir la situación del país antes del artero golpe del 10 de marzo, lo cual hizo de manera genial. Me detuve unos instantes para meditar. No tenía dudas de la memoria prodigiosa de aquel hombre, su capacidad política y sus conocimientos de historia. Nunca había leído nada semejante. Estaba frente a un escrito que, más que un alegato jurídico, era un programa para una verdadera reafirmación de la nación cubana. Pensé que los filósofos cubanos del siglo XIX habían dado forma al inicio de esa nacionalidad. Tal vez ahora, con Fidel, se podría terminar la obra inconclusa de los mambises y los filósofos del siglo pasado; o sea, encontrar ese «destino» que tan bien describía el profesor argentino Gustavo Pittaluga en su reciente libro titulado «Diálogos sobre el destino». Recordé que dicho autor se refería al cubano como un pueblo que ha querido crear una nación, que es capaz de crearla, pero que no la ha creado todavía porque el signo específico de una nación consiste en tener «conciencia de su destino» y Cuba no tiene conciencia de su destino. Yo estaba convencido de que esa conciencia se comenzaría a formar con la lectura de ese folleto. Y yo sería uno de los muchos que se iban a encargar de hacerlo llegar a la mayor cantidad posible de mis compatriotas.

Había llegado a la última parte del folleto. El joven revolucionario justificaba su acción en una razón poderosa y suprema: «somos cubanos, y ser cubano implica un deber, no cumplirlo es un crimen y es traición». Luego afirmaba que los cubanos nos sentimos orgullosos de nuestra historia y nuestros héroes y citaba a Martí, una vez más, para enseguida agregar: «Parecía que el Apóstol iba a morir en el año de su centenario, que su memoria se extinguiría para siempre, ¡tanta era la afrenta! Pero vive, no ha muerto, su pueblo es rebelde, su pueblo es digno, su pueblo es fiel a su recuerdo; hay cubanos que han caído defendiendo sus doctrinas, hay jóvenes que en magnífico desagravio vinieron a morir junto a su tumba, a darle su sangre y su vida para que él siga viviendo en el alma de la patria. ¡Cuba, que sería de ti si hubieras dejado morir a tu Apóstol!».

«¡Cojones!», casi grito mientras miraba venir las sombras para cubrir la colina, «este tipo nos la está poniendo en la mano y no podemos despreciar esta oportunidad». Me agradaba saber que Fidel Castro era, como yo, un Martiano convencido. La lectura del párrafo anterior había fortalecido mi inmensa devoción por el mártir de Dos Ríos. Estaba convencido de que José Martí era el hombre que más influencia había ejercido en mi vida. Y Fidel había bautizado al grupo de asaltantes como la «Juventud del Centenario» en honor a los 100 años de su nacimiento.

Terminaba entonces su defensa solicitando ser enviado junto a sus compañeros, les daba las gracias a los magistrados por haberlo escuchado y lanzaba más que una consigna un reto: «CONDENADME, NO IMPORTA: ¡LA HISTORIA ME ABSOLVERÁ!».

En aquellos tiempos yo desconocía (y, en realidad, no me hubiera importado pues lo consideraría un hecho fortuito) que el final de la autodefensa se parecía demasiado a uno de los párrafos de Adolfo Hitler frente al tribunal que lo había juzgado por su intento de golpe de estado exactamente 30 años atrás: «No serán ustedes, caballeros, quienes nos juzguen. Ustedes nos pueden declarar culpables mil veces, pero la diosa del tribunal eterno de la Historia sonreirá y hará añicos la acusación del fiscal y la sentencia de esta corte. Porque ella nos absuelve». Otra coincidencia era el que en «Mi lucha» el futuro líder de Alemania hacía un inventario de los problemas del país muy parecido al de Fidel Castro en su famoso alegato.

Después de varios segundos corrí loma abajo para encontrar que ya estaban sirviendo la cena. Mi madre me preguntó qué había estado haciendo el día entero en la glorieta. «Estudiando un tema de historia, mamá, pero me quedé dormido un rato con la brisa».

Bajé al parque para conversar un par de horas con algunos amigos. Me acosté temprano. Todavía estaba impresionado. Me quedé inmóvil por unos minutos, meditando. No hacía mucho que había leído de un tirón la primera novela de Françoise Sagan titulada «Buenos días, tristeza». Aunque salvando las diferencias de sexo y lugar, sentí que había un cierto paralelo entre Cecilia, la protagonista, y yo. Al comienzo de la novela, la adolescente privilegiada se cree completamente feliz. Su despertar a la sexualidad, sus correrías y el hecho de que su mejor amiga se convierte en la amante de su padre, la hacen víctima de una tristeza que en ella se transforma en vergüenza. Hasta unas horas atrás, yo también me creía completamente feliz debido a mi círculo y privilegios. Después de leer el folleto, conteniendo las torturas y los crímenes horribles descritos por Fidel Castro, me invadió también un sentimiento de culpabilidad. La tristeza se apodera de mí y me lleva a experimentar un remordimiento por algo en lo que yo no había tenido ninguna responsabilidad. Pero ese había sido el balance de la lectura.

La campaña electoral de 1954 comenzó con mínimo entusiasmo. Sin embargo, desde que Fulgencio Batista anunció, a raíz del asalto a los cuarteles de Santiago de Cuba y Bayamo, o tal vez como consecuencia de estos, que se celebrarían elecciones generales en el mes de noviembre del año siguiente, se desarrolló una polémica sobre la naturaleza de esas elecciones y la actitud que se debía asumir respecto a ellas.

Batista acudiría a las elecciones al frente de una coalición de cuatro partidos políticos y el expresidente Grau por el Partido Auténtico. En comparación con anteriores campañas electorales, la de 1954 resultó desabrida, falta de colorido y, sobre todo, de las acostumbradas congas electorales del pasado.

Las elecciones no escapaban al genio creador de los humoristas callejeros. En esas elecciones de 1954 el pueblo de Cuba se refirió a los «cambia chaqueta» con el siguiente chiste: Un político estaba haciendo campaña, dirigiéndose a los electores potenciales presentes, les dijo: «Pueblo de Bayamo: Hace cuatro años, en este pueblo, en este parque y en esta tribuna vine a defender la candidatura de Ricardo Núñez Portuondo. Y hoy, en este mismo pueblo, en este mismo parque y en esta misma tribuna, vengo a apoyar al candidato Ramón Grau San Martín. Y ustedes se preguntarán por qué...» Del público surgió un grito con la posible explicación: ¡PORQUE TE VENDISTE, HIJOEPUTA!

Los más importantes sucesos desde el inicio de la campaña incluyeron el anuncio de la candidatura del Dr. Ramón Grau San Martín el 7 de enero de 1954; la promulgación de una amnistía para todos los presos políticos, exceptuando el grupo que había participado en los sucesos del 26 de julio; la interrupción de un acto político de Grau en Santiago de Cuba en el mes de octubre por personas que le daban vivas a Fidel Castro; la negativa del gobierno a que el partido de la oposición tuviera representación igualitaria en los colegios electorales; la negativa del gobierno a posponer los comicios; y la anulación, por parte del Tribunal Superior Electoral, del escrutinio público que debía verificar los votos en cada colegio luego de los comicios.

Ante esos hechos, el candidato Grau anuncia que iba al retraimiento pues su aspiración estaba condenada al fracaso. A pesar de ello, en los dos o tres días que precedieron a las elecciones se produjeron numerosos actos de violencia en todo el país: incendio de colegios electorales, detención injustificada de candidatos y sus simpatizantes, destrucción de propaganda auténtica, sabotajes a los medios de transporte de los oposicionistas, y golpes a otros muchos en plena vía pública. Finalmente, el 1 de noviembre de 1954, sin ningún candidato de oposición, Fulgencio Batista es electo presidente de Cuba. Los resultados de las amañadas elecciones mostraron al candidato del gobierno recibiendo menos del 50% de los votos, a pesar de ser éste obligatorio; Grau obtuvo uno de cada seis votos y su partido ganó 18 de las 54 actas de senadores y 16 de las 114 de representantes. El 22 de diciembre Batista convalidó el fraudulento proceso electoral por medio de un decreto, y concedió una amnistía, en el mes siguiente, a todos los delitos cometidos durante el proceso por sus partidarios, que incluían el uso de boletas falsas y la falsificación de los resultados.

El curso 1954-1955 ya estaba tocando a su fin cuando sucedió algo insólito. Eran los primeros días del mes de junio y ya habían comenzado los exámenes del colegio y del Instituto. Pronto terminaría el segundo año de bachillerato y me marcharía a casa a disfrutar de las vacaciones de verano. Ahora las salidas me resultaban más deseadas. Me sentía que tenía que salir de una prisión.

La mañana del viernes 3 de junio de 1955 estábamos en el patio central y el superior esperando para que tocara el timbre para formar las filas y dirigirnos a nuestras respectivas aulas. Segundos antes que se produjera el familiar sonido, entró corriendo Pedrito Barba, un alumno de cuarto año de bachillerato, y se dirigió hasta donde estaba parado Pepito Tey esperando que sonara el aviso para formar a sus alumnos de quinto grado. Tey había estudiado magisterio a la par de Frank País y juntos ya estaban luchando contra Batista.

Antes de llegar junto a Tey, Pedrito abrió un periódico que produjo una reacción de asombro en el joven maestro revolucionario. Algo menos de dos años después de los sucesos del Moncada, y a la salida del presidio de sus protagonistas el 15 de mayo anterior, el exgobernador Waldo Pérez Almaguer hacía declaraciones al periódico «La calle» acusando al régimen de asesinar docenas de asaltantes. Los asesinatos habían comenzado después de la llegada del coronel Alberto del Río Chaviano. Aseguraba haber presenciado el fusilamiento de más de 30 revolucionarios. Fidel Castro se anotaba así un triunfo para su recién fundado Movimiento 26 de Julio. «¡Sal a comprarme uno enseguida!», le pidió a Pedrito. Este salió disparado hacia la puerta y yo lo seguí, arriesgando recibir un tremendo castigo. A media cuadra del colegio, en los bajos de la Catedral, había varias tiendas que vendían periódicos. Ya Pedro me había mostrado la página que había provocado la expresión de asombro en el rostro de Pepito. Era dinamita. Llegamos a un par de quincallas, pero ya se les había agotado. Pedro decidió regresar, pero yo continué hasta la «Altagracia», en la esquina de Heredia y San Pedro. Tampoco les quedaba un solo ejemplar. Cuando me iba a retirar del establecimiento escuché una voz que me decía: «Suerte que tuviste, jovencito, porque si te agarro con ese periódico en las manos no la ibas a pasar muy bien». No tuve que voltearme para reconocer a mi interlocutor. Era un policía gordísimo que siempre andaba merodeando por el Parque Céspedes con un pantalón que, después de mucho tiempo, todavía mostraba el hueco redondo de un balazo que le habían dado cuando trataba de escapar de la ira de los estudiantes durante una manifestación. Me sonreí y apuré el paso para tratar de no llegar muy tarde al aula. ¿Qué hacía un interno fuera del colegio a esa hora? Miguel Ángel, el profesor, me saludó al entrar y se refirió al récord que acababa de implantar: el primer interno en la historia del colegio que llegaba tarde y entraba por la puerta principal. Mis condiscípulos rieron, aunque ninguno sospechaba el motivo de mi tardanza. No demoró mucho en que tuviera un ejemplar del periódico en mis manos.

Volviendo a «La historia me absolverá», a nuestro pequeño grupo le impresionó el discurso de autodefensa pronunciado por el dirigente de los atacantes, Fidel Castro Ruz. Aunque carentes de una organización formal, los simpatizantes en toda Cuba comenzamos a unirnos bajo una idea y una táctica de lucha que parecía poder conducir a la victoria.

Durante casi todas las salidas mensuales de ese curso 1954-1955 utilizábamos unas horas para reunirnos con el ingeniero Wilfredo Bermúdez, quien trabajaba en Nicaro y regresaba a pasarse los fines de semana con su familia. Dénsil, Eduardo y yo nos aparecimos en su casa un domingo después del almuerzo. Sabíamos que el ingeniero «estaba en algo» y así nos lo confirmó. Pasamos a formar parte de una célula que funcionaba en Nicaro y Mayarí y eso conllevaba ir a pasar unas horas inolvidables conversando con nuestro contacto y «jefe».

Aprendimos mucho en aquellas visitas dominicales. Ya yo había cumplido 14 años cuando, en mayo de 1955, Fidel Castro y sus compañeros fueron beneficiados con una amnistía y, días después, se fundaba oficialmente el Movimiento Revolucionario 26 de Julio. En una de las reuniones, a las que asisten los santiagueros Léster Rodríguez, asaltante del Moncada, y María Antonia Figueroa, se les encomienda que, en unión de Pedro Miret, organicen el Movimiento en la provincia de Oriente y traten de reclutar a Frank País. Y eso es lo que hacen a su regreso a Santiago.

Después de consultarlo con sus compañeros y meditar el asunto durante varios meses Frank decide fusionar su Acción Nacional Revolucionaria (ANR), con el Movimiento 26 de julio, aunque dudaba de la sinceridad de Fidel Castro y creía que tenía intenciones de participar en la política. Frank demuestra su capacidad para organizar, dirigir, convencer, escuchar y otras muchas de sus cualidades de dirigente nato. No sólo deja organizados los grupos, sino que les encarga distintas tareas. Recorre la mayoría de los municipios y, a los que no llegó, los organizó en reuniones conjuntas con otros de ellos. Por ejemplo, en la reunión celebrada a mediados de ese año 1955 en Mayarí, Frank orientó la elección de un comité gestor encargado de la organización del Movimiento en la región de Oriente-Norte. Debido a lo incipiente de la idea, Frank pensó que era más conveniente la concentración de varios municipios y localidades en esa región para luego proceder a su separación. De esa manera, Oriente-Norte quedó integrada por los municipios o localidades de Antilla, Cueto, Mayarí, Nicaro y Sagua de Tánamo. No ocurrió así con otros lugares vecinos que también visitó, como Puerto Padre, Delicias, Chaparra, Gibara y Manatí. Al inicio, se contaría con los elementos ya conocidos en esos lugares mientras se incorporaban nuevos adeptos para poder vertebrar mejor las células.

Distinto resultó en lugares donde ya se encontraba vertebrada la ANR o donde había elementos suficientes para estructurar la organización, como en Palma Soriano, Bayamo, Manzanillo, Campechuela, Niquero, todos al oeste de Santiago y en la costa sur de la provincia, o en regiones del centro como Holguín y Victoria de las Tunas, sino también hacia el este, llegando a Guantánamo y Baracoa. Al cabo de unos escasos meses de intenso trabajo, que incluyeron visitas a Contramaestre, Maffo y Jiguaní, y ya a finales del año, a los vecinos El Cristo y San Luis, el Movimiento Revolucionario 26 de julio estaba organizado y trabajando en todos los rincones de la provincia de Oriente.

Opuesto a ese patrón, y ante la incredulidad de varios de sus subalternos, formó un grupo especial en la costa norte compuesto por tres localidades, bautizándolo con el nombre de Nicaro-Antilla-Mayarí. Era una especie de triángulo geográfico en una zona relativamente aislada, pero de gran importancia económica. Al principio, la decisión parecía estar basada en las comunicaciones con Santiago de Cuba, las cuales se facilitaban mejor a través de Nicaro (a pesar de su mayor aislamiento) debido a los obreros y técnicos que viajaban con frecuencia a sus hogares en Santiago.

La casualidad quiso que, durante una visita de nuestro amigo Iván de Mayarí a Antilla, Eduardo y yo estábamos atendiendo a un enviado del Movimiento vecino también de Mayarí. Iván y Eloy tomaron el mismo tren de regreso y, durante el mismo, nuestro amigo ingresó oficialmente en el Movimiento 26 de Julio.

Debido a nuestro contacto con el resto del norte de la provincia de Oriente, donde País hizo una de sus primeras visitas, pasamos a engrosar sus filas. El ingeniero Bermúdez consideró que debía cesar en sus funciones y nos recomendó hablar con Antenor Betancourt Carril, para convencerlo de que ocupara su lugar, aunque este continuaría como correo entre los delegados de Nicaro y Mayarí con nosotros. Los recuerdos que guardo de nuestra relación con el ingeniero no pueden ser más gratos. Fue nuestro mentor, sacrificaba parte del tiempo familiar para conversar con nosotros, aprendimos mucho y nos encaminó a la persona idónea para tomar su lugar. En efecto, Antenor no tuvo que ser convencido. Aceptó enseguida y, después de unos arreglos con Santiago de Cuba, se convirtió en jefe de nuestra célula que, desde ese momento, trabajaría mayormente de manera independiente del resto del norte de la provincia. Ese fue mi mejor regalo en mi 15 cumpleaños.

No puedo dejar de mencionar al resto de la militancia y a quienes, sin pertenecer a la organización, prestaban una ayuda de un valor extraordinario. Dénsil, Eduardo, Adolfito, Jaime y su hermano Cuqui, Miguel Salcedo (muerto en combate), Mario Muñoz, Tony Maranje, la familia Pardiñas desde su negocio en la estación del ferrocarril, un empleado en dicha compañía que nos hacía los embarques a Santiago de Cuba y los recibía, Aleida, Chela, Vida, Ida María, Araceli, Inoel, Macía, Arguitos, Leonel, Salgado y otros no tantos que se escapan a mi memoria. Al quedar abandonado el Movimiento por el incendio que describen estas páginas, aunque ya cooperaban de antes, quedaron a cargo Mario Santana, el Niño Martínez y otros. Tengo que aclarar que, debido al bajo número de participantes, nuestro grupo no estaba estructurado en la forma convencional. Es decir, cuando se iba a realizar un sabotaje, se elegían a los que estaban disponibles porque no había un grupo de acción; igual ocurría con la redacción de propaganda, el traslado de armamento y municiones y el resto de las actividades, una de las más importantes era la de finanzas, en la cual todos participábamos.

De la primera colecta me quedó una imagen grabada para siempre. Salimos unos cuantos a pedir dinero para «la causa», que todavía no estaba bien definida, y entré en una tienda de ropa y artículos caseros muy grande. Me dirigí a un hermano del dueño y le eché el consabido discurso. Me miró de una forma muy extraña y se dirigió a la contadora; la abrió, dejando escuchar el sonido característico y metió la mano en ella. Regresó a donde yo estaba y me dio una moneda. Cuando la miré comprobé que me había entregado 25 centavos. «Te voy a hacer una pregunta», le dije tratando de contener mi ira, «¿tú crees que podemos hacer algo con estos quilos de mierda?». El individuo me contestó enseguida: «¿Y yo tengo que creer que con las edades que ustedes tienen pueden derrocar a Batista?». No le contesté ni le devolví la moneda. Meses después, cuando se convenció de que si no podíamos tumbarlo al menos estábamos contribuyendo a ese fin, me entregó una cantidad de dinero respetable.

Mi primera participación en un encuentro con la fuerza pública ocurrió unos dos meses después de iniciado el curso 1955-1956. La familia González, codueños junto a Pepe Ramos de «El baturro», nos sacaba algunos domingos para ir a almorzar a su casa en Vista Alegre. Como mi colegio estaba muy cerca del almacén situado en la esquina del restaurante y cafetería, yo iba caminando hasta allí y entonces, cuando Alfredo terminaba sus labores partíamos a recoger a mi hermana antes de dirigirnos a su casa.

Un domingo fue distinto. Creo que pudo haber sido en la conmemoración del 27 de noviembre, aniversario del fusilamiento de ocho estudiantes de medicina por el gobierno colonial español en 1871. Las organizaciones estudiantiles habían convocado a un acto de protesta contra la dictadura en el área del Parque Céspedes. Cuando yo lo estaba cruzando rumbo a mi destino me di cuenta de que la situación no era normal. En efecto, ya estaban preparados los carros de los bomberos, los patrulleros y las jaulas para cargar con los que serían detenidos. Apuré el paso. No podía desaprovechar la oportunidad. En vez de detenerme para reunirme con Alfredo, continué caminando por la calle Aguilera hasta unirme al grupo algo más arriba, frente a la Escuela de Comercio. Y comenzó el desfile. Se escuchaban gritos exaltados contra el régimen y sus principales cabecillas. En la esquina de San Pedro y Aguilera, donde estaba situado el almacén de Alfredo, nos estaban esperando.

Comenzaron los golpes y los toletazos que muchos de los manifestantes contestaban con puñetazos. Yo estaba saliendo ileso cuando pude contemplar a un par de dirigentes estudiantiles subir de voluntarios a una de las jaulas después de ofrecer sus muñecas a los policías para que los esposaran mientras miraban con cara de guapos a los miembros de la prensa que los estaban retratando. Demoré mucho tiempo en procesar aquella escena, producto de un aspecto oportunista de la condición humana, que contrastaba con los estudiantes que se fajaban de verdad.

Allí estaban varios de mis amigos, entre ellos, Waldemar Ramos, quien había sido uno de los gladiadores expulsados del internado y el colegio el curso anterior y ahora asistía al Instituto de Segunda Enseñanza. Nos saludamos corriendo en direcciones opuestas y, como ya la manifestación estaba terminando, me fui a colocar frente a la puerta del colegio. Minutos después fui testigo de una escena en extremo desagradable. Custodiado a la fuerza por dos gendarmes venía Waldemar bajando por la calle Heredia rumbo al Vivac Municipal. De un golpe en la cabeza le brotaba algo más que un hilo de sangre que se mezclaba con su pelo lacio en su cara y su única opción era soplarse el pelo para que no le impidiera la visión.

Me tiró una sonrisa junto a un corto saludo: «¿Qué hubo, Reloj?», que era uno de mis apodos en el Colegio. Lo vi alejarse por última vez. Luego supe que había muerto en el II Frente Oriental con el grado de teniente a los 19 años. Nunca había cesado de luchar.

Hacía un par de años que nos pasábamos el mes de julio en la playa «Guardalabaca». El de 1956 iba a ser especial. Mi familia se encontraba hospedada en dos cabañas del «Club Bellamar», uno de los escasos lugares de alojamiento en aquel tiempo. A pesar de su belleza la playa permaneció ausente de los mapas durante siglos. Esa ignorancia, unida a la ausencia de una carretera que permitiera un fácil acceso al lugar, hizo que la playa conservara su estado casi prístino durante mucho tiempo. La mayoría de los asiduos eran vecinos de Banes y Antilla, los dos pueblos más cercanos, pero acudían también familias de Holguín, Victoria de las Tunas, Bayamo y Santiago de Cuba, e incluso una familia de la vecina provincia de Camagüey. El encuentro verano tras verano hizo que florecieran amistades sólidas y duraderas entre los adultos y también entre los adolescentes y los jóvenes. Unas de ellas fue la de los miembros de la familia Vecino-Alegret, originarios de Banes, pero residentes de Holguín, también presentes aquel verano. El matrimonio Vecino-Alegret tenía tres hijos: dos varones (Fernando y Ricardo) y una hembra (Isabel). Fernandín y yo pasábamos largas horas comentando sobre la situación del país y las esperanzas de un futuro mejor. Él acababa de graduarse de bachillerato en el Instituto de Segunda Enseñanza de Holguín, donde era asiduo concurrente a las manifestaciones de protesta estudiantiles, pero no había logrado hacer contacto con el «Movimiento 26 de Julio» que operaba en esa ciudad desde hacía casi un año. Yo militaba ya en la organización desde pocos meses después de haber sido fundada en el verano anterior.

A mediados de mes habían llegado a hospedarse en el «Club Bellamar», procedentes de su Santiago de Cuba natal, los cuatro miembros de la familia Guitart Rosell: los padres, la hermana y el hermano de Renato, caído en el asalto al cuartel Moncada. Yo había conocido a los hermanos en Santiago y enseguida entablé una relación con sus padres. Admiraba a los miembros de aquella familia que, a pesar de pertenecer a la clase media-alta, eran sencillos y patriotas. Ellos me comunicaron la buena nueva: a fines de mes, para escapar de la atención excesiva de los cuerpos represivos de Santiago de Cuba alrededor de la fecha del 26 de julio, llegarían a pasarse unos días en la playa, Léster Rodríguez y Pepito Tey, a quienes yo conocía muy bien. La noticia puso muy nervioso a Fernandín, pues conocería a los dos jóvenes dirigentes del

Movimiento y podría conversar con ellos ampliamente. La noche del día 24, ambos nos retiramos temprano a nuestras respectivas cabañas.

No habían pasado las seis de la mañana cuando Fernandín golpeó con fuerza a la puerta donde dormía parte de mi familia. En medio de las protestas de mi padre, me levanté y, después de asearme, salí con mi amigo en busca de los recién llegados. Pepito y Léster, cuando me divisaron desde lejos, me dirigieron una sonrisa. Habían llegado muy temprano y se entretenían fregando el auto que los había traído desde Santiago. Era un Chevrolet negro de 1948, sobreviviente del asalto al Cuartel Moncada y de la persecución de los cuerpos represivos. Después de los abrazos de rigor, les presenté a mi amigo. «Mucho gusto; estaba muy ansioso por conocerlos», les dijo Fernandín, «porque yo comulgo con sus ideales». En ese momento salían al frente del hotel los miembros de la familia Guitart y se produjeron los saludos y preguntas de rigor.

Después de un desayuno que a Fernando Vecino le pareció interminable, Pepito Tey sugirió caminar hacia la playa para poder conversar. Andábamos despacio sobre la arena rumbo a «Peña Pescuezo». Nos detuvimos a una corta distancia del final de la playa y allí nos sentamos a disfrutar de la bella vista, la brisa y el sol ardiente de finales de julio. Como yo conocía la disciplina de la organización a la que pertenecíamos, me abstuve de hacer preguntas indiscretas. Mi amigo, sin embargo, preguntaba una y otra vez cuál era el cuartel que se iba a atacar antes de que finalizara el año. Se refería a la promesa hecha por Fidel Castro al pueblo de Cuba de ser «libres o mártires en 1956. Léster y Pepito conocían ya del inminente viaje de Frank País (camino de convertirse en el jefe nacional del Movimiento) a México para entrevistarse con Fidel Castro para planificar las acciones que habían decidido ya, las cuales cumplirían la palabra empañada. Ante la negativa de los dos santiagueros, Fernandín insistía una y otra vez hasta que le dieron una respuesta tajante: «el 26 de Julio no ataca más cuarteles». La expresión resultó desconcertante para él ya que, hasta ese momento, para tomar por la fuerza el poder en Cuba, había que atacar los cuarteles, que era los depositarios del poder y las armas.

«Entonces, ¿cómo se puede hacer?», preguntaba, sin imaginarse siquiera (sólo lo sabía un muy reducido grupo de conspiradores) que el camino que se había decidido tomar era la lucha de guerrillas apoyada por un levantamiento popular en las ciudades.

Sin darnos cuenta, al pequeño grupo de cuatro personas se había acercado un individuo quien, sentado en la arena, pretendía mirar al horizonte. Pepito fue el primero en descubrirlo. Se incorporó y, después de decir que necesitaba un chapuzón para refrescarse, se lanzó al agua para nadar un rato. El resto del grupo lo imitó. Al regresar a la orilla, el individuo había desaparecido y pudimos reanudar la conversación.

La conversación pasó entonces a la discusión de un tema que preocupaba a todos. Hacía alrededor de un mes que Fidel Castro había sido llevado a prisión en la capital mexicana, acusado de organizar un ataque contra una nación extranjera. La policía había ocupado todas las armas que les encontraron. Los cuatro expresamos nuestra preocupación porque aquel hecho podía demorar el comienzo de la lucha. Léster y Pepito, sin embargo, se mostraban algo esperanzados con el resultado de una campaña que los medios de prensa habían estado conduciendo en México para lograr la libertad de los detenidos. Lo que no conocían ellos, por haber salido de Santiago poco antes de que llegara la noticia, era que, dos días antes, Fidel Castro y sus hombres habían sido liberados.

Continuamos la conversación con anécdotas de todo tipo. En un momento de silencio, me puse a meditar sobre lo que se avecinaba. Era una lucha desigual, donde iban a morir gente querida con mayor frecuencia que hasta ese momento, con una probabilidad de victoria muy escasa pero un compromiso muy grande que no podíamos evadir —al menos, eso pensaba yo con mis 15 años.

Me concentré entonces en mirar en dirección al rompiente y me pareció divisar la figura de un hombre que pescaba sentado en un bote. La mente me llevó a recordar que, apenas unas semanas atrás, había leído *El viejo y el mar*, el famoso libro que Ernest Hemingway había publicado en 1952 y que tal vez había contribuido a que se le otorgara un Premio Pulitzer en 1953 y, al año siguiente, el codiciado Premio Nobel de Literatura. Imaginé que estaba observando a Gregorio Fuentes, el viejo pescador del caserío de Cojímar que Hemingway utilizó de personaje central, luchando con el inmenso pez que se le había pegado. Recordé que Gregorio pescaba solo en la corriente del golfo y llevaba ochenta y cuatro días sin coger un pez. A Hemingway le bastaron 200 páginas para narrar lo que los críticos literarios consideraban como la representación de la lucha del ser humano por la vida y la capacidad del hombre, producto de la perseverancia, para enfrentarse y adaptarse a las situaciones más extremas. Sumido en mi pensamiento, me pareció recordar el pasaje del libro que más me había impresionado: «Soy un hombre viejo y cansado. Pero he matado a este pez que es mi hermano y ahora tengo que terminar la faena». Sujetó al pez; era como amarrar un bote mucho más grande al costado del suyo. «El hombre no está hecho para la derrota. Un hombre puede ser destruido, pero no derrotado». Tal vez el pasaje había inspirado al famoso escritor norteamericano William Faulkner a afirmar que, con esa novela, Ernest Hemingway había encontrado a Dios.

Hice un paralelo con la situación que estábamos enfrentando y creí entender lo de poder ser destruido, pero no vencido. Con la actitud de un imberbe fariseo ni siquiera medité en la conclusión de Faulkner. Yo había encontrado a Dios a través de mis lecturas y mis años en el internado de una escuela religiosa, de la cual acababa de ser expulsado. Pepito Tey era maestro de esta y fue allí donde nos habíamos conocido.

Era ya pasada la hora del almuerzo cuando los cuatro jóvenes emprendimos la caminata de regreso al hotel. El resto del día, Pepito y Léster lo pasaron conversando con la familia Guitart y recorriendo solos los alrededores del hotel.

Al día siguiente, jueves 26 de julio, se conmemoraba el tercer aniversario del asalto a los cuarteles de Santiago de Cuba y Bayamo. Los cuatro jóvenes continuamos nuestras conversaciones, esta vez con Miguelito Guitart unido al grupo. Vecino estaba supuesto a viajar a los Estados Unidos a comenzar la carrera de ingeniería mecánica en una universidad del estado de Alabama. Insistía en que deseaba quedarse en Cuba en espera de la llegada de los expedicionarios. Pepito logró convencerlo de que debía irse a la universidad y esperar el desarrollo de los acontecimientos pues tendría sobradas oportunidades de participar en la lucha. Él y Léster le facilitaron el nombre de un contacto del Movimiento en Holguín, el cual lo pondría en comunicación con la dirección de la organización que radicaba en Miami.

    Con la caída de la tarde llegó la hora de la despedida. Los miembros de la familia Guitart habían salido de sus habitaciones y estaban parados en el portal del frente del hotel. Léster y Pepito fueron hasta ellos para despedirse. Se abrazaron. Luego se dirigieron hacia el automóvil, al lado del cual los esperábamos Vecino y yo. Fuertes y entusiastas abrazos. Léster se sentó al volante y Pepito ocupó el asiento contiguo. El auto arrancó y comenzó a alejarse lentamente. Antes de doblar al final de la cerca que bordeaba al patio del hotel para tomar el camino que los conduciría a la salida, Pepito sacó la mitad de su cuerpo por la ventanilla y, con aquella picardía que reflejaban sus ojos cuando le estaba jugando una de sus acostumbradas bromas a un amigo, me gritó: «¡Cuídate, que de los buenos quedamos pocos!» Permanecimos sin movernos por un largo rato, frente a la entrada del hotel, viendo cómo se disipaba la nube de polvo que el auto moncadista había levantado mientras se alejaba. Pensé que apenas quedaban 158 días para que terminara el año y tener una cita con la historia para cumplir la promesa lanzada desde México y divulgada por nosotros en la isla. Había sido una dicha que nos hubiéramos podido reunir los miembros de ese grupo que estaba unido por la pasión que sentíamos por la libertad de Cuba. Camino de vuelta a mi habitación, del bar situado en el extremo del patio salían las notas del bolero que califican como el más bello de todos. La letra de «Cómo fue», en la voz de Beny Moré, cobraba otro significado: *Cómo fue/ no sé decirte cómo fue/ no sé explicarte qué pasó/ pero de ti me enamoré...*

    Finalizando el mes de agosto se produjo el anuncio de una visita del dictador al pueblo de Antilla. Días después se dio a conocer la fecha: el lunes 10 de septiembre de 1956. Enseguida nos reunimos para elaborar las actividades de bienvenida. Una vez evaluadas varias opciones nos decidimos por enfrentarlo directamente. No pudimos avanzar por ignorar sus actividades y el recorrido de la caravana por algunas de las calles.

En ese año se celebrarían nuevamente los carnavales, cinco días de celebraciones que siempre los harían coincidir con la festividad de Nuestra Señora de la Caridad, patrona de Cuba, el 8 de septiembre. Los de este año tendrían lugar del 5 al 9 de septiembre. La visita de Batista ocurriría al día siguiente de haber terminado las fiestas.

La noche anterior a su llegada salimos cuatro parejas a pintar letreros que serían vistos por el dictador porque no habría tiempo para borrarlos. Abundaron los «Abajo Batista», «Viva el 26 de Julio» y «Batista asesino», pero también resaltaban los que expresaban la promesa hecha desde México por Fidel Castro meses atrás: «Héroes o mártires en el 56». No hubo zona del pueblo que no recibiera alguna de esas consignas.

La Coalición de Partidos del gobierno anunció los actos de bienvenida. Nos interesó que la caravana que iría del Hospital al Ayuntamiento tenía que pasar por la esquina de la Iglesia Católica, que elegimos para iniciar nuestra bienvenida. Si no nos apaleaban y detenían, correríamos hasta la escalera del consistorio para interrumpir el acto de despedida.

Unos diez minutos antes de las once de la mañana cinco de nosotros nos situamos en la esquina elegida. Recuerdo a Betancourt, nuestro jefe de célula que era más de diez años mayor que nosotros y que padecía de una afección cardiaca, a quien acompañábamos Dénsil, Eduardo, Adolfo y yo. Acordamos no estar juntos. En el lugar se había concentrado un numeroso grupo de simpatizantes y curiosos para ver pasar al dictador. Mezclarnos entre ellos resultó muy fácil.

Varios de los presentes, al vernos llegar, sospecharon un incidente violento y optaron por una retirada oportuna hacia el centro del parque. Los cinco estábamos tensos. No demoramos en ver aparecer un auto convertible de color beige marca Oldsmobile, facilitado por Antenor de Feria, un político local, quien iba de pie junto a Batista en la parte trasera del vehículo. Venían saludando a ambos lados del auto mientras este se deslizaba lentamente loma arriba hacia la esquina donde nos encontrábamos esperando. Me parecía que se movía en cámara lenta. El sol nos daba de frente, dificultando el poder distinguir los movimientos con la claridad necesaria. «¡Abajo Batista!»; «¡Viva el 26 de Julio!»...

Ya el auto con los asombrados pasajeros había llegado a la esquina y pronto desaparecería al doblar izquierda al llegar al parque. Corrí hasta él y, en un arranque de locura e irresponsabilidad, lancé un escupitajo que fue a parar al borde de la puerta trasera. Ambos pasajeros me vieron. Mi mirada se cruzó con la del dictador. Cuando comenzaron a temblar mis piernas, el acompañante tocó a Batista con el codo derecho y ambos continuaron saludando como si nada hubiera ocurrido. Todavía no he podido explicarme por qué los guardaespaldas y miembros del Servicio de Inteligencia Regimental (SIR) que rodeaban el coche a cierta distancia no reaccionaron contra nosotros. Tal vez no pudieron distinguir de dónde salían las voces. El caso es que de inmediato nos lanzamos a correr para el edificio del Ayuntamiento. Nos habíamos reunido de nuevo y estábamos mezclados con el público que intentaba subir las escaleras. Fue en ese momento que Betancourt sufrió uno de sus ataques. Le faltaba la respiración y sentía los efectos de una penosa taquicardia. Logramos sacarlo de aquel encierro y sentarlo en un guacal vacío que estaba nada menos que en el portal de la estación de policía. Se tomó sus pastillas y, al rato, comenzó a sentirse mejor. Pero ya era demasiado tarde. La escalera estaba repleta y habían comenzado los discursos.

Evitando que en cualquier momento alguno de los miembros de la fuerza pública nos identificara, nos fuimos alejando del lugar. Creo que aquella mañana de septiembre ganamos dos veces; la primera victoria fue la impunidad con la que le gritamos a Batista y la segunda fue la imposibilidad de poder llegar al acto donde con toda seguridad nos hubieran propinado tremendas palizas y, tal vez, algo peor. Una parte pequeña del pueblo comentó el suceso durante un par de días, pero el mismo no tuvo mayores consecuencias.

En la edición del día siguiente del periódico *Norte,* de la ciudad de Holguín, un cintillo de primera plana anunciaba: «Entusiasta recibimiento tributó Antilla al presidente Batista». Las referencias a los gritos y la saliva brillaron por su ausencia.

Días después las calles del pueblo, incluyendo la del incidente, recuperaron su limpieza al ser retirada la basura dejada por el carnaval. El dictador nunca regresó.

Yo tampoco regresé a Santiago al final del verano. El salto iba a ser largo, al menos eso era lo que escuchaba de las gestiones que mis padres estaban haciendo.

La expulsión

La ansiada salida del Colegio se produjo casi al final del curso 1955-1956. En los cuatro primeros cursos no hubo mayores problemas. Yo practicaba deportes, obtenía buenas calificaciones y me había acostumbrado a estar fuera de la casa, pero pronto aumentó la molestia por estar encerrado durante largas semanas. No fue hasta el comienzo de ese curso que comencé a ponerles reparos a mis padres y a pedirles que me cambiaran de interno a externo pues podía vivir en una casa de huéspedes o un pequeño hotel. Nunca aceptaron. Entonces decidí que la expulsión era la única posibilidad que tenía para «salir a la libertad».

Me expulsaron no una sino dos veces. La primera ocurrió en la primavera de 1956 y no recuerdo qué acto de indisciplina la provocó. Yo cometí el error de avisarles a mis padres y, cuando vinieron a recogerme, se arreglaron con el Hermano Director y mis padres se fueron y yo me quedé.

No ocurrió lo mismo con la segunda expulsión. Fue por dos motivos. El primero lo recuerdo vagamente. En uno de los retiros espirituales que teníamos en Renté, yo había argumentado algo en contra de una parte de la charla para la meditación de esa tarde. Hubo conferencias privadas, consejos, y yo estaba asombrado de todo aquel revolú que se había formado como resultado de un comentario mío que no iba a afectar la estabilidad de la Santa Madre Iglesia. El segundo motivo era más serio. Enfrascado como estaba en la lucha clandestina, tenía materiales escondidos en mi habitación. Cuando los internos estábamos ausentes la tarde del sábado en Renté, llegaba una compañía a fumigar. Se comentaba que los mismos eran miembros del Servicio de Inteligencia Militar (SIM) cuya misión no era eliminar insectos sino descubrir lo que encontraron en mi cuarto. Cuando regresamos esa tarde, todas mis pertenencias clandestinas estaban regadas encima de la cama, a lo cual acompañó una advertencia al Hermano Director. Fui llamado a la Dirección y, al combinar el presente peligro con las discusiones de materias religiosas que he mencionado, resulté expulsado por segunda vez. En esta oportunidad ni llamé ni esperé a que lo hiciera el Hermano Director. Salí disparado a la calle a respirar el aire de la libertad. No sabía a dónde dirigirme y tenía que regresar al colegio a recoger mis pertenencias. Entonces me aparecí en casa de mi amigo, compañero y condiscípulo Pepito Cuza. Era el sábado 19 de mayo de 1956, aniversario de la caída de José Martí en Dos Ríos. Conversamos sobre mi situación y decidió acompañarme a recoger mis cosas. Con una pesada maleta nos dirigimos a la terminal de ferrocarriles y, minutos después, estaba haciendo el recorrido que había repetido desde los 10 años, pero ahora ya había cumplido 15.

Al día siguiente tomé de nuevo el tren en compañía de mis padres. Esta vez no funcionó la petición unida a la promesa de un excelente comportamiento. Yo había salido del colegio y no podían permitir mi nuevo ingreso. Lograron una concesión: Como estaban cercanos los exámenes de fin de curso, podía ir a tomarlos en el colegio para evitar el hacerlo más tarde en el Instituto de Segunda Enseñanza de la ciudad. Ahora solo quedaba buscarme alojamiento.

Libre en Santiago

Siguiendo el consejo de Alfredo González, el codueño de «El baturro», mis padres decidieron inscribirme en un pequeño hotel que estaba muy cerca del colegio, en la misma calle Heredia, a unos pasos de Corona. Era un edificio de dos plantas administrado por un matrimonio, con una hija que asistía a la Escuela Normal para Maestros. Tenían servicio de comedor, pero las habitaciones eran en extremo reducidas, aunque yo las consideraba un verdadero palacio, y los baños estaban al final del pasillo. En otros países, especialmente en España, lo llamarían «hostal». Los huéspedes eran mayormente viajantes de diversos productos y de varias compañías que se quedaban un par de días. Yo era el único que vivía allí de manera permanente.

Si bien es cierto que nunca dejé de estudiar, también es verdad que la pasé muy bien en cuanto a vida social y actividades revolucionarias. Por fin pude participar en las fiestas ofrecidas en las casas de mis amigos. También reanudé las clases de judo en el dojo que mi profesor tenía en el Reparto Sueño. Una que otra vez acompañé a mis amigos al Club Ciudamar y el Club de Pesca, donde nos pasábamos el día o la tarde. Mezclado con todo lo frívolo, estaban las actividades revolucionarias, que fueron bastantes (confección y reparto de propaganda, cocteles Molotov, regar puntillas y clavos y otras) y con el resultado de no ser detenido en ninguna de ellas.

Uno de mis objetivos durante aquel periodo de libertad era visitar las playas de los alrededores de Santiago de Cuba. Generalmente —cuando se podía, pues eran escasos— tomaba un ómnibus. En ocasiones privilegiadas, alguno de mis amigos que podía conducir el auto de los padres (yo no tenía cartera dactilar por ser menor de 18 años), se integraban al pequeño grupo y facilitaba el acceso a playas recónditas que nunca había explorado. La tercera alternativa era pedir botella y no demorábamos en ser recogidos. Esta forma de viajar era más lenta, pero también más divertida.

Así logré visitar casi muchas playas al este y oeste de Santiago de Cuba. Todas, aunque había sus excepciones, con aguas cristalinas de pequeñas olas, temperatura agradable y con blancas arenas protegida muchas veces por una vegetación salvaje donde abundaban los cocoteros. Me gustaba ir a la playita de La Socapa, situada en el reparto Punta Gorda, en el suroeste de la boca de la bahía. Allí nadábamos y remábamos. Al regreso, por la carretera turística, era obligatorio parar en la famosa playita Los Coquitos que era llamada —debido principalmente a su cercanía y buenos medios de comunicación— «la playa de los pobres». En ella el ambiente era distinto. No había que soportar las cursilerías de las damas burguesas y el lenguaje de los bañistas era de un innegable tono popular. Allí se encontraban a los ausentes de las páginas sociales pero que formaban parte de la sociedad santiaguera.

Cuando creía que no necesitaba estudiar, y no tenía ningún compromiso, me iba al cercano Parque Céspedes a pasar los mejores ratos de mi vida santiaguera. Allí se reunían amigos de todas las capas sociales y todos los centros de enseñanza.

Las tardes contaban con un famoso personaje. Era un viejo mulato vestido siempre con el mismo usado y apretado traje y una combinada corbata que caminaba dando pasitos cortos, lo que le mereció el apodo de «Pisabonito». Cuando atravesaba el Parque Céspedes y recibía el saludo de «Caballero Roberto» detenía su marcha, se volteaba hacia el lugar de donde había salido el saludo que tanto le gustaba y, tocándose el ala del sombrero, respondía: «Muchas gracias, caballero». Si, al continuar su marcha, escuchaba un grito de «¡Pisabonito!», giraba con la misma solemnidad, se tocaba de nuevo el ala del sombrero y respondía pausadamente: «Me cago en tu madre». El episodio se repetía día tras día.

Este ocurrió una sola vez. Casi pisándole los talones a Pisabonito venia una chica preciosa que estaba embarazada. Alguien le elogió «la barriguita». Ella le preguntó si le gustaba, él cayó en la trampa y le dijo que sí. El consejo no se hizo esperar: «Pues mira, mi marido las hace». Todos echamos a reír a carcajadas.

Una noche, uno de los estudiantes del Instituto narró una de las mejores anécdotas de la temporada. Jorge tenía problemas con la Historia Moderna y Contemporánea del segundo año. Había suspendido los exámenes parciales y estaba tomando la oportunidad de hacer un examen total en junio, al final del curso escolar. De no aprobarlo le quedaba otra oportunidad en septiembre, antes de comenzar el próximo curso. Como era usual en él, se aprendió un reducido número de temas esperando que cayeran entre las cuatro preguntas que generalmente tenía dicho examen. Tuvo suerte, pero no completa. Supo contestar correctamente dos de ellas, contando ya con 50 puntos. Le faltaban 10 para llegar a la calificación requerida para recibir un Aprobado.

Una de las preguntas parecía estar escrita en chino. La otra era «La batalla de Waterloo» de la que solo conocía el nombre, pero era la única oportunidad que le quedaba para tratar de alcanzar los 10 puntos que necesitaba. Pensó que, llenando una página con algunos datos pudiera ser suficiente para que la Dra. Pujadas, que era la examinadora, le diera su Aprobado. Y comenzó a «contestar» la pregunta: «La batalla de Waterloo es considerada una de las más importantes en la historia moderna y contemporánea. Tan importante que, todavía hoy, se habla de ella y se pregunta en los exámenes. El hecho ocurrió de la siguiente manera: De un lado, Napoleón; del otro lado, el enemigo. Después de observarse y medir fuerzas durante un largo rato, Napoleón se decidió a utilizar primero la caballería: y pasó un caballo, y otro, y otro, y siguieron pasando caballos por un buen rato. El enemigo, que no era idiota, le respondió también con su caballería y lanzó primero un bello caballo árabe al que siguieron otros de menor categoría, pero no cesaban de pasar los caballos, uno tras otro, y más caballos. Ni se recuerda el tiempo que duró esta famosa batalla. Al final perdió Napoleón. Duro golpe para su país y su carrera militar. Ha quedado en el lenguaje popular. Cuando una persona desea pronosticarle a otra alguna derrota le dice: ¡Aquí tendrás también tu Waterloo!»

Un par de días después, la profesora colocó en la tabla de anuncios la hoja con las calificaciones. Jorge quedó decepcionado cuando vio un cero al lado de su nombre. ¿Cómo podía ser si había contestado dos preguntas de manera perfecta? Embullado por la posibilidad de un error, pidió revisión de examen y acudió a la cita. La profesora le extendió las hojas y Jorge las fue ojeando hasta que llegó a la última. Con un creyón de color rojo había trazado un gran círculo dentro del cual se podía leer: CUANDO PASE UNA YEGUA, MÓNTESE EN ELLA Y VUELVA EN SEPTIEMBRE. Cuando se calmaron las risotadas me tomé la libertad de sugerirle que le pidiera prestada a Margarita al Hermano Aniceto.

A veces las carcajadas eran tan fuertes que el alboroto hacía que viniera la policía y nos desalojara del parque. Entonces cada uno tomaba el rumbo del hogar y yo regresaba a mi hotelito. El problema era que mis padres les habían pedido a los dueños que no me dieran la llave del lugar para evitar el regresar de noche muy tarde. Como era tan pequeño, el hotelito no tenia 24 horas de servicio. Resolví el problema entablando una buena amistad con la hija quien, al sentir un ruido en su ventana, salía al balcón y me tiraba la llave, la cual yo colocaba en un jarrón del segundo piso, muy cerca del cubículo que me servía de habitación.

Siempre me había interesado la santería por lo arraigada que estaba en la vida nacional, especialmente en Santiago. Pero mi condición de alumno de un colegio católico, con sus correspondientes escrúpulos unidos al respeto humano, me habían impedido el aceptar un par de invitaciones extendidas con anterioridad. Pero esta noche no sería igual. Me interesaba mucho conocer más sobre la santería.

Había leído que su origen se remontaba a la tribu Yoruba de África, cuyos miembros vivían a lo largo del río Nigeria. Habían llegado a formar un poderoso imperio, pero las guerras habían conducido a su desaparición y a la esclavitud de sus miembros. Muchos de ellos fueron llevados a Cuba para trabajar en las plantaciones cañeras. Los Yorubas fueron llamados los «Lucumí», debido a su saludo «oloku mi», o «mi amigo». Una vez en la isla, eran blanco para la evangelización, recibiendo el bautismo católico obligatorio. Los Lucumí, sin embargo, encontraban una obvia contradicción en todo aquello pues, los que trataban de evangelizarlos, pertenecían a la misma raza que sus opresores. Los esclavos inventaron una fórmula salvadora: hicieron creer a los españoles que habían aceptado la nueva religión, pero, en su interior, mantenían la lealtad a sus dioses. Ahí surgió el sincretismo religioso, que es la identificación de sus deidades (orishas) con los santos del catolicismo y la Virgen María.

Frank Cabeza, propietario del «Bar Rialto» e infatigable fanático de nuestros equipos deportivos, había quedado conmigo en reunirse en el Parque Céspedes a las siete de la noche. Después de los saludos de rigor nos dirigimos a una parada cercana para tomar una guagua. En la parada nos sorprendió las ocho de la noche. La ceremonia no tuvo nada de espectacular. Sonaron los tambores, bailamos alrededor de un altar y luego vino la parte principal cuando un muerto montó a uno de los bongoseros y este comenzó a hablar en lenguajes extraños mientras le daba mensajes del más allá a varios de los presentes. Al final, las mujeres de la casa comenzaron a limpiar arrojando baldes de agua y Frank y yo nos marchamos a tomar la guagua de regreso. Nos despedimos al llegar a nuestra parada. Yo había decidido no hacer comentarios con nadie, al menos durante un tiempo, sobre mi experiencia de esa noche. Me sentía contento de poder ponerle, desde ahora en adelante, caras y ritos a mis lecturas sobre esa parte tan importante de la cultura cubana. Me fui al hotel sintiéndome un poco más cubano y mucho más santiaguero. Cuba era, en definitiva, española y africana. Y yo acababa de experimentar esa simbiosis. Tuve la impresión de que, aquella noche, los que tocaban los tambores habían rememorado a sus ancestros africanos cuando éstos llamaban a la guerra.

Ocurrió otro incidente durante mi estadía en el hotel. Una tarde me encontré con el moro Pedro Nasiff en la calle Enramada. Al moro también lo habían expulsado, no recuerdo el motivo. El caso es que decidimos ir a tomarnos un trago al «Club Subway», un lugar muy exclusivo situado en el sótano del edificio del Teatro Aguilera. Hay que anotar que en Cuba nunca te pedían una identificación para servirte bebidas alcohólicas. Al primer trago siguió el segundo y el tercero. Cuando salimos de allí, estábamos completamente embriagados. A pesar de ello, descubrí a un posible agente del gobierno parado en la esquina por donde doblamos y lo vi seguirme durante todo el recorrido hasta mi hotel. Era la primera vez, pero no sería la última.

Al llegar al hotel me tiré en la cama para dormir una siesta. Pero se me había olvidado que esa noche teníamos una competencia de judo en el Vista Alegre Tennis Club y yo continuaba siendo un miembro del equipo del colegio. Alrededor de las seis de la tarde algo me sacudió para despertarme de inmediato. Era Eduardo, que tenía planes de ganar la competencia de esa noche. Cuando le pregunté por qué me había despertado sintió el olor al alcohol y se puso furioso: «¿Cómo puedes hacer eso el día de la competencia?» Me agarró y casi me lleva arrastrando hasta las duchas, donde me puso debajo de una de ellas por largo rato, pensando que el efecto de la bebida se me iba a pasar con un largo baño de agua fría, que yo odiaba. Después de leerme la cartilla se marchó a su casa. Había conseguido que sus padres lo sacaran del internado y se fuera a vivir en casa de Gándara, el profesor de inglés. «Procura que nadie se dé cuenta de tu curda», me gritó mientras bajaba las escaleras. No se me ocurrió ingerir alimento alguno, ni siquiera líquido, por temor a devolverlo y porque dentro de poco iba a participar en una competencia de un deporte bastante rudo, donde lo mismo uno vuela por el aire como que cae bruscamente en el piso, aunque sea una colchoneta.

Nuestro equipo resultó ganador como resultado de que yo logré que no me tumbaran. Si hubiera sucedido lo contrario, creo que no hubiera salido vivo de aquel lugar.

Logré extender mi estadía en la capital oriental más tiempo que el necesario y, al final de la jornada, tuve que regresar al pueblo a enfrentar el serio problema de que me encontraba sin un destino escolar.

De Santiago de Cuba a La Habana

Curso 1956-1957

Casi a punto de comenzar el curso mis padres lograron que me admitieran en un colegio privado de la capital, gracias a los buenos oficios de la familia Ledesma. En dicho plantel se encontraban estudiando Blas y Pepín Ledesma y su primo Celito. Llegaba a La Habana a cursar el cuarto año de bachillerato en el «Instituto Cuba», una pequeña escuela sita en la Calle 17 # 109, entre L y M, en el barrio del Vedado. El Director del plantel era el Dr. Ricardo Escasena, de 46 años, miembro de la Cámara de Representantes en el período que precedió a la Asamblea Constituyente de 1940, en la que había presentado valiosas iniciativas.

A pesar de que el Colegio no contaba con espacio para un internado, había admitido a una decena de estudiantes que disfrutábamos de bastante libertad para salir y entrar sin mucho cuestionamiento. Debido a ello, eran frecuentes mis escapadas a la cafetería situada en L y 27, a una cuadra de la Universidad de La Habana y a seis de mi Colegio, cuyos estudiantes la habían elegido uno de sus centros de reuniones informales. La cafetería estaba radicada en la planta baja de un edificio de apartamentos. En uno de ellos vivían tres hermanos de la familia Vega de mi pueblo. Iván, el menor, cursaba el cuarto año de bachillerato en el Instituto de Segunda Enseñanza del Vedado. A veces nos pasábamos largas horas estudiando y conversando. La cercanía de la Universidad me permitía también participar en algunos de los actos políticos que allí se celebraban y que generalmente terminaban con el ejercicio de la violencia por parte de la fuerza pública. Gran parte de aquellos jóvenes ya habían sido golpeados y encarcelados. Algunos no iban a demorar en perder sus vidas. A pesar de ello, los grupos que se formaban en los alrededores no tenían un comportamiento solemne. Allí predominaban la risa y las bromas propias de quienes acaban de cruzar el umbral de la juventud y la adultez. Me identificaba con ellos porque la lucha contra la dictadura también les había robado su adolescencia.

Yo apenas recordaba nuestros viajes a la capital siendo niños. En realidad, oculta de aquellas luces se encontraba otra Habana, no tan obvia a veces a simple vista. Era la Cuba corrupta del negocio ilícito, los juegos prohibidos, la prostitución y las drogas. Aunque acrecentada en la década de los años 50, la fama de Cuba como lugar de placer venía de muy atrás. En el libro «A la hora del coctel en Cuba» (1928), se le hace la siguiente observación al turista potencial que en los Estados Unidos estaba sometido a la ley seca en ese entonces: «Usted puede beber todo lo que desee, probar suerte en la lotería y perder lo que estime pertinente en el casino. No se necesita certificado de matrimonio si se viaja en pareja y el visitante puede mirar provocativamente a las bellas señoritas cubanas ya que esa mirada en Cuba es un alago y no un crimen».

La eliminación de aquella podredumbre formaba parte de la agenda revolucionaria.

La versión del «París del Caribe» (aunque en realidad se le llamaba el «París de las Américas» y el «París del Nuevo Mundo») a la que se referiría luego Edmundo Desnoes en su novela, es la Habana de la comercialización del vicio, donde las drogas, el juego ilícito y el sexo atraían al turista extranjero y corrompían al criollo. Y, durante la década de 1950, se hacía con la participación conspicua de las autoridades, las que recibían jugosas tajadas.

La responsabilidad por el juego ilícito no recae en la mafia norteamericana porque es un mal que data de la época colonial. Pero, en la Cuba de los años 50, la descripción de Cirilo Villaverde en el primer tercio del siglo XIX de «Cecilia Valdés» (1839) estaba vigente aun ya que

> *... los garitos en Cuba pagaban una contribución al gobierno, para supuestos objetos de caridad... La publicidad con que se jugaba al monte en todas las partes de la isla, principalmente durante la época del mando del capitán general Dionisio Vives, anunciaba a no dejar duda que la política de éste o de su gobierno se basaba en el principio maquiavélico de corromper para dominar, copiando el otro célebre del estadista romano: divide et impera. Porque equivalía a dividir los ánimos, el corromperlos, cosa que no viese el pueblo su propia miseria y su degradación.*

El juego en Cuba es pues una tradición española. El informe de un grupo de expertos del Banco Mundial que visitó a Cuba en 1950 expresaba: «El espíritu del juego en la economía distorsiona el espíritu de empresa. Es una de las razones de la escasez relativa de capital y de iniciativa empresarial en el desarrollo de nuevas industrias». ¡Tremendo diagnóstico!

En 1955 se abrió un casino en el «Hotel Nacional», propiedad del gobierno, y se puso al hampón norteamericano Meyer Lansky como su gerente general. Resultaba un gran cinismo el que Batista, cuyo golpe justificó para acabar con el «gansterismo criollo» abriera las puertas del país al juego, guiado, según él, por el altruista objetivo de promover el turismo. Los incentivos tributarios, y todo tipo de facilidades que se les otorgaba, llevaron luego a la construcción del «Hotel Riviera», inaugurado en 1957. Durante el régimen de Fulgencio Batista (o sea, entre 1952 y 1958) se abrieron 28 nuevos hoteles en Cuba, aunque no es cierto que la mayoría estuvieran bajo la tutela mafiosa norteamericana, dedicados al jugoso negocio de los casinos que, en contraposición al de las drogas, era enteramente legal. Se calcula que, en 1957, el ingreso por concepto de casinos ascendía al medio millón de dólares mensuales.

Los casinos, sin embargo, eran para las clases mayormente pudientes y, sobre todo, el turista extranjero. La pasión de la población cubana por el juego tenía su mejor expresión en la infinidad de bancos de bolita que existían en toda la isla, aunque mayormente en la capital. Cientos de vidrieras distribuidas por todos los barrios de la capital, y muchos más apuntadores ambulantes, alimentaban las ganancias de estos bancos. Las autoridades eran tal vez las más beneficiadas. El dinero que recogían de este negocio era increíble. El «impuesto» lo cobraban de unas 2,000 vidrieras que apuntaban para los bancos de bolita. Estos últimos («Campanario», «Castillo y Colón», «Chano», «Juan», «La Central» y «La China»), contribuían un total de un millón al año que, unido a los $3.8 millones de las vidrieras, eran ingresos considerables que provenían del juego de las clases más humildes.

Todo lo anterior no es nada cuando se compara con el negocio del sexo. Al final de la década de 1950, había 270 prostíbulos funcionando en la capital, donde unas 11,500 prostitutas ejercían el oficio femenino más antiguo de la historia. Cada casa tenía que contribuir a la avaricia de las autoridades pagando un cantidad por noche, que variaba de $50 a $70 en los lugares modestos hasta entre $3,000 y $5,000 en los prostíbulos lujosos. Años después, Fidel Castro elogiaría la salud y educación de las jineteras cubanas bajo su mandato.

El otro sistema de corrupción y soborno de las autoridades —especialmente de la policía— era la extorsión que, además de los lugares del vicio, como drogas, juego y prostitución se ejercía sobre los comercios legales y honrados. A diario se les exigían pagos exorbitantes a los negocios situados en el área de la gran Habana: 3,400 bodegas, 180 panaderías y cafés, 400 estaciones de gasolina, 940 carnicerías (que pagaban en especie), 150 camiones de reparto de las tres cervezas, 200 de cigarrillos, una gran cantidad de lecheros y cuanto negocio tuviera sus puertas abiertas. Este sistema de «forrajeo» (como le llamaba gran parte de la población) le proporcionaba el apoyo que necesitaba la dictadura de sus militares, pero, a su vez, poco a poco, iba minando la paciencia de los dueños del comercio que acabarían por pasarse al lado insurreccional que prometía terminar con aquel estado de cosas.

Los centros de entretenimiento —teatros y cabarets— con espectáculos de alto contenido sexual existían también en varios puntos de la ciudad. En la calle Oficios de la Habana vieja abría —cuando no estaba cerrado por la policía— el «Colonial», que usaba talento local para entretener turistas.

Contra todo lo anterior estaba luchando el pueblo de Cuba. Cayó martes el 27 de noviembre de 1956, y la conmemoración de otro aniversario del fusilamiento de los ocho estudiantes de medicina iba a convertirse en otra fecha histórica por dos motivos. El primero era que, sin saberlo los estudiantes protagonistas, esa sería la última vez que bajarían por la escalinata a enfrentarse con las fuerzas policíacas. Eso se debía a la segunda razón: ese día cerraría sus puertas, por tiempo indefinido, la bicentenaria institución universitaria.

El acto había sido convocado por la FEU bajo el lema CONTRA BATISTA, CONTRA TRUJILLO, CONTRA TODOS LOS DICTADORES, como pude leer en la tela gigantesca que bordeaba la tribuna levantada alrededor de la histórica Alma Mater, con el edifico del Rectorado al fondo. Cuando llegué al lugar acababa de anochecer. En el colegio no notarían mi ausencia. Desde el atardecer habían comenzado a llegar, poco a poco primero, en oleadas después, para irse colocando en los escalones bajo la tribuna, decenas de estudiantes y pueblo hasta acercarse al número de cuatrocientos. Situados estratégicamente en varios puntos alrededor de la Universidad, se encontraban las fuerza represivas, docenas de ellos, junto a sus carros patrulleros, sus jaulas y hasta sus carros de bomberos que sabían utilizar de manera tan eficiente contra los estudiantes. Estaban en la consabida esquina de Infanta y San Lázaro, en la de L y 23, y en otras varias intersecciones que conducían a la Universidad. Yo me fui abriendo paso hasta llegar muy cerca de la tribuna. En ella estaba Orlando Pérez, a quien alcancé a saludar.

Luego de varios discursos cortos, los estudiantes se dispusieron a bajar de nuevo de la Colina en manifestación. Lo harían por la calle San Lázaro, como acostumbraban casi siempre. Yo iba casi temblando en medio de la multitud. Los esbirros no esperaron a que llegáramos a la esquina de la calle Infanta. Cargaron contra nosotros con todo el personal y el equipo que tenían. A fuerza de disparos y chorros de agua lograron que los estudiantes nos retiráramos de nuevo hacia la escalinata, aunque respondiendo con una lluvia de piedras que cayeron sobre los uniformados de azul y los vestidos de paisanos. Nuevos intentos tuvieron el mismo resultado, aunque los heridos iban en aumento. El cerco de la policía era impenetrable. Entonces hicimos varias fogatas a los pies de la escalinata. Y, nuevamente, se produce la carga de la policía, esta vez mucho más cerca del recinto. Los dirigentes decidieron continuar con el acto alrededor de la tribuna y los discursos se reanudaron. Las autoridades entonces cortaron la electricidad a toda la universidad, pero, preparados como estaban para esta eventualidad, los estudiantes echaron a andar una planta portátil que había cerca de allí y se pudo iluminar parte del lugar. Al cabo de un tiempo, los estudiantes decidieron dispersarse, pero, cuando lo estábamos haciendo, ya separados en pequeños grupos por las calles aledañas, cargaron contra nosotros los policías y se produjeron numerosos heridos. El total llegaba a 16 estudiantes heridos de bala o por los toletazos y media docena de esbirros alcanzados por las piedras arrojadas contra ellos. Corriendo en todas las direcciones, muchos fueron detenidos y conducidos a varios centros de la ciudad. Para coronar ese día con otro hecho histórico, no relacionado directamente con el acto universitario e ignorado por los que en él participaban, hacía unas horas había llegado, a Santiago de Cuba, La Habana y otros dos lugares de la isla, el ansiado telegrama enviado por Fidel Castro desde México poco antes de embarcarse hacia Cuba para cumplir la promesa que había hecho en un acto público en Miami, el 30 de octubre del año anterior: «Puedo informarles con toda responsabilidad que en el año 1956 seremos libres o seremos mártires. Es decir, en 1956 estaremos combatiendo en Cuba». Apenas una semana atrás, el 19 de noviembre le había dicho a la prensa mexicana: «Ratificamos plenamente la promesa de 1956». Y, dos días antes, llegaba a Santiago de Cuba el telegrama avisando que estaban saliendo de las tierras aztecas: «Libro pedido agotado. Editorial Divulgación». Yo ignoraba esto cuando decidí dejar de correr y regresar al colegio por la calle L. Todo sudado caminaba despacio calle abajo, en dirección a la 17. De pronto reconocí a tres esbirros parados bajo el semáforo de L y 23 que me miraban fijamente. Me quedé de una pieza porque recordé que llevaba los bolsillos llenos de la propaganda que habían repartido en la escalinata. Seguí caminando como si no existieran. Les pasé a unos cinco metros de distancia. Para los que recuerdan sus nombres: los coroneles Conrado Carratalá, Esteban Ventura y Orlando Piedra. Cuando llegué al colegio no podía creer que estuviera vivo.

Lo esperaba. Sabía que estaba al producirse, pero ignoraba cómo y dónde. Al fin, el viernes 30 de noviembre los noticieros anunciaron el levantamiento de Santiago de Cuba y otros lugares en la provincia de Oriente. No se conocía nada del paradero de Fidel Castro y sus hombres. Eso fue todo lo que se supo durante el resto del día y toda la noche y madrugada.

Los sábados, por regla general, nos levantábamos tarde. Preferíamos no desayunar en el comedorcito de la escuela y hacerlo más tarde en la cafetería «La aurora», situada a media cuadra, en L entre 15 y 17. Pero ese sábado no había desayunado en ninguno de los dos lugares. Alguien entró en la habitación que compartía con otros cuatro internos y me dijo: «Ya hay noticias. Ve a ver el periódico que está en la oficina del director». Eso fue suficiente. Al no decir nada más, y conocer en lo que yo andaba, ya había dicho bastante. Corrí escaleras abajo y entré muy asustado en la oficina. No tuve que buscar mucho. Estaba puesto en el escritorio del director. Se veía la primera página completa. No me importó (no pude) leer el titular del artículo. A un gran tamaño desplegaban la foto que le dio la vuelta al mundo. Pepito Tey estaba tirado en la acera, en la esquina de la estación de policía situada al costado del colegio Belencito, con mucha sangre corriendo de su cabeza a la calle. Alguien me dijo después de mucho tiempo que, la noche anterior mientras estaban acuartelados, Pepito había llamado a la Madre Superiora para advertirle que no dejara a las internas asomarse a las ventanas de su dormitorio (situadas frente y a la altura de la estación de policía) la mañana del día siguiente.

Tomé el periódico en mis manos. Entre lágrimas recordé su consejo cuando nos despedimos por última vez aquella tarde de 26 de julio en Guardalabaca: «¡Cuídate, que de los buenos quedamos pocos!» Me dejé caer en el asiento del director. ¿Cómo habrá sucedido?, me preguntaba a 900 kilómetros de distancia. Décadas después, durante las investigaciones para escribir uno de mis libros, tuve la suerte de entrevistar a Luis Pedrón, su compañero en el asalto, quien me contó, paso por paso, detalle a detalle, todo lo ocurrido aquella mañana hasta el momento en que Luis lo llamó y él no le contestó. Me di cuenta de que nada podía hacer. En ese momento razoné que con todo lo que había hecho para salir del internado había tenido el efecto de alejarme de Santiago y, por ende, de la lucha. Me sentí culpable.

Un par de semanas después me fui a casa a pasar las vacaciones de Navidad. Todavía se desconocía el paradero de Fidel Castro, desembarcado el 2 de diciembre. Ni siquiera imaginaba lo que iba a suceder durante ese período de recogimiento espiritual.

El mes de diciembre de 1956 iba a resultar en extremo cruento para la provincia oriental. Después del desembarco del *Granma* los 82 integrantes de la invasión comienzan un largo peregrinar con el objetivo de alcanzar el firme de la Sierra Maestra. Poco a poco, día tras día, van cayendo prisioneros y muchos de ellos son asesinados. En los 10 días transcurridos entre el 5 y el 15, son asesinados 42 expedicionarios y 17 fueron tomados prisioneros. Del contingente de 82 expedicionarios, dos semanas después del desembarco, sólo quedan camino del firme de la Maestra, 23 hombres. Después de la cuota de sangre pagada por los 42 mártires de las montañas, habría que agregar, días después, la derramada en la costa norte de la provincia durante las llamadas Pascuas Sangrientas.

La carnicería humana iba a transcurrir durante tres días: desde el 23 hasta el 26 de diciembre a lo largo y ancho de la provincia oriental, pero, de manera especial, en la costa norte. Un grupo de efectivos del régimen, bajo la dirección del Teniente Coronel Fermín Cowley Gallegos, jefe del regimiento No. 8 de Holguín, siguiendo con toda seguridad órdenes procedentes del más alto nivel, planearon y ejecutaron una ola de represión nunca vista en la costa norte de la provincia oriental. El objetivo era la eliminación física de dirigentes y militantes revolucionarios en toda la región: Nicaro, Mayarí, Holguín, Victoria de las Tunas, Banes y Puerto Padre serían las poblaciones golpeadas por el crimen, aunque se sospecha que Antilla y Sagua de Tánamo, también dentro del distrito del sanguinario jefe militar, se salvaron por quién sabe qué designios. Como los crímenes ocurrieron entre el 23 y el 26 de diciembre de 1956 la ola represiva fue bautizada con el nombre de «Pascuas Sangrientas», cobrando 23 vidas.

Los sabotajes comenzaron el domingo 30 de diciembre. Entre las siete y las ocho de la noche se escucharon en Santiago de Cuba las explosiones de cerca de treinta bombas de fabricación casera. Portando armas cortas, cinco jóvenes irrumpieron en los estudios de la estación de radio CMKC en la calle Aguilera para hacer una alocución al pueblo, mientras otros regaban tachuelas en varias calles para interrumpir el tráfico de vehículos y realizaban sabotajes a la red de distribución del fluido eléctrico. Una vez más, los revolucionarios pagarían un alto precio al ser asesinados una decena de combatientes.

Los dirigentes del Movimiento de Resistencia Cívica decidieron pasar de la indignación a los hechos y comenzaron a organizar una manifestación de protesta. Esta ocurrió en la mañana del Día de Reyes, domingo 6 de enero, cuando ya se había dado sepultura a todos los jóvenes asesinados durante el final del año. Sólo mujeres, todas vestidas de negro, debían participar. Luego de una misa celebrada en la Iglesia Dolores, varios cientos de mujeres santiagueras —calculadas en 800— comenzaron el silencioso y triste desfile. A la cabeza iban las madres de los asesinados desplegando un cartel: CESEN LOS ASESINATOS DE NUESTROS HIJOS. MADRES CUBANAS.

Desde la capital trataba de mantenerme informado de lo que sucedía en mi provincia. Pero el siguiente suceso de importancia iba a ocurrir en mis propias narices. No recuerdo bien si sucedió a fines del mes de febrero o comienzos de marzo del año 1957. Justo al iniciarse la clase de física a las tres de la tarde, se escucharon unos disparos. Mi amigo Daniel Estevill y yo abandonamos el aula y salimos a la calle a averiguar su origen. Como no vimos nada fuera de lo normal en la calle 17, seguimos caminando unos pasos hacia M con el mismo resultado. Cuando miramos hacia la calle 19, vimos que se estaba aglomerando un pequeño grupo de personas cerca de un hombre tirado en la acera del Edificio Focsa. En la esquina diagonal se levanta el pequeño y exclusivo «Hotel Victoria». En su portal esperaba por la policía una señora sentada en un balance sujetando un arma de fuego en su mano derecha. Cuando la policía hizo acto de presencia, mi amigo y yo regresamos al aula a contar el incidente y a afrontar las consecuencias de nuestra indisciplina.

Días después, el 13 de marzo, nos encontrábamos en la clase de la misma profesora. Ignorábamos que, diez minutos después de comenzada, a las 3:10 de la tarde, una caravana de tres autos, con cinco jóvenes armados en cada uno, abandonaba un escondite de la calle 19, entre B y C, en el Vedado y tomaban la calle B para doblar en 17 con rumbo norte. Serían las 3:13 pm cuando pasaron frente a nuestra escuela poco antes de doblar derecha en la calle M rumbo a los estudios de la emisora más popular de Cuba, a la que llegaron a las 3:14.

Poco tiempo después se escucharon en el aula los sonidos de disparos lejanos. Es casi seguro que los mismos se originaron durante la salida de los asaltantes de la emisora Radio Reloj. Daniel y yo fuimos de nuevo a investigar. En escasos minutos llegamos al Hotel Victoria, en M y 19, para encontrarnos con una absoluta normalidad. Esta vez la acción se había desarrollado una cuadra y media más arriba, en M, entre 21 y 23, y hacia allí nos dirigimos. Los curiosos aglomerados en las afueras de la emisora nos informaron que un grupo de jóvenes acababa de asaltar los estudios de la cadena CMQ. Mi amigo Daniel y yo decidimos caminar las cuatro cuadras que separan el frente de la emisora de la escalinata de la Universidad. No recuerdo haber escuchado los disparos originados en el enfrentamiento de Echeverría con el carro patrullero. Es muy probable que el encuentro ya hubiera ocurrido cuando nosotros íbamos llegando a los estudios de CMQ. Continuamos caminando por la calle 23 y doblamos izquierda en la calle L cuando el reloj debía estar marcando algo pasadas las 4:00 de la tarde. Demoramos muy poco en llegar a la esquina de la calle 25, donde había una parada de autobuses del servicio local. En esos momentos ya había regresado un silencio cargado de malos presagios. Los transeúntes —unos caminando y otros guareciéndose en portales y detrás de los autos— ignoraban lo que acababa de suceder un par de cuadras más arriba. En ese momento tomamos un oportuno autobús que acababa de detenerse en la parada de L y 25. La gente en la calle y dentro del autobús estaba muy alarmada. El objetivo nuestro era ver qué estaba sucediendo y tratar de incorporarnos a la lucha. El vehículo iba despacio. Nosotros nos sentamos del lado que da a la acera. Enseguida pasamos frente a la famosa cafetería de L y 27. Segundos después, la guagua cruzaba la Avenida 27 de Noviembre a la derecha, que corre al costado izquierdo del recinto. Es allí donde pudimos divisar el auto Ford color crema y otro a los pies de la escalinata. Cerca del primer auto había una persona tirada en la calle. Vestía un traje oscuro y estaba de lado. Después de avanzar hasta detener la guagua al lado del auto a los pies de la escalinata, mientras abría las puertas, el chofer gritó algo como: «Abajo, los muchachos que quieran incorporarse». En cuanto Daniel y yo salimos del autobús, este aceleró bajando por San Lázaro, como las manifestaciones de estudiantes. Permanecimos unos segundos al pie de los 88 místicos escalones antes de continuar hacia donde se encontraba el joven en la calle. En ese instante sentí como si estuviera soñando —así era de surrealista la escena. Había unas 10 personas en los alrededores y ningún carro ni miembro de los cuerpos represivos. ¿Qué estaba sucediendo? ¿Por qué no se encontraban allí las autoridades cuando acababa de producirse un intercambio de disparos? Miré a Daniel, como si estuviéramos en un vacío, y ambos caminamos hacia el lugar donde estaba el presunto cadáver.

A medida que se iba acortando la distancia, comencé a reconocer al individuo que parecía descansar sobre el pavimento. No tenía ya dudas de su identidad. Se trataba del presidente de la Federación Estudiantil Universitaria (FEU) y secretario general del Directorio Revolucionario, José Antonio Echeverría. Apenas a unos pasos de él, Daniel se ofrece para ir en busca de un auto a la agencia que su padre poseía en la calle P casi esquina a 25. «A lo mejor está vivo y lo podemos llevar en un auto al Hospital Calixto García», me dijo casi entusiasmado con esa posibilidad. Sin embargo, resultaba imposible que se pudiera lograr debido a la distancia de unas seis o siete cuadras que nos separaban de la agencia. En ese momento yo estaba haciendo una especie de genuflexión al lado del cadáver con la intención de tomarle el pulso. Me indignaba que nadie se moviera para tratar de hacer algo. Le pude ver la cara tan cerca que me dio la impresión de que podía estar con vida. Su rostro estaba rosado, aunque ya no recuerdo su expresión, a pesar de los cientos de veces que he contemplado las fotos. Tengo un vago recuerdo de que pudiera haber estado esbozando una sonrisa. En el momento en que iba a tomarle el brazo por la muñeca, salida de la manga de su traje, el sonido de una sirena me produjo una sensación de frustración. Un carro patrullero subía a toda velocidad por la calle San Lázaro y en segundos estaría en el lugar. Una segunda sirena venía anunciando su arribo por la calle L. Tuvimos tiempo de correr atravesando la calle L y colocarnos a unos 10 metros de la esquina. Daniel entró en el zaguán de un edificio de apartamentos y yo traté de ocultarme detrás de uno de los postes de la luz eléctrica, desde donde podía ver el cuerpo del nuevo mártir.

Yo miré por última vez el cadáver de aquel joven a quien no había conocido personalmente, a cuya organización no pertenecía, pero por quien sentía respeto y admiración. Fue tanto que, muchos años después, ya viviendo fuera de Cuba, compuse un soneto relacionado con mi experiencia de aquella tarde de marzo:

No puedo concebir por qué el destino
Me llevó junto a él aquella tarde;
Si era todo fulgor —pasión que arde—,
¿Por qué lo puso muerto en mi camino?

No pude ni tocar su pulso inerte,
A pesar de lo cerca que él estaba,
Una sirena cruel ya me anunciaba
Que no estaban seguros de su muerte.

Inútil fue venir a rematarlo
(Morir de cara al sol fue muy astuto)
Mucho había de Martí para imitarlo.

Y al escondido guerrillero hirsuto
Le ahorraron el tener que asesinarlo
En su camino al poder absoluto.

Cuando llegué al colegio, hacía rato que había terminado la sesión de la tarde y el Director me esperaba en el portal. Con un gesto silente me invitó a pasar a su oficina. Me dijo que por cortesía a mis padres, me iba a permitir terminar el curso pero que no podía regresar al año siguiente.

Esa noche no pude conciliar el sueño. El insomnio no me lo provocaba el anuncio de mi segunda expulsión en dos cursos escolares seguidos sino el recuerdo de José Antonio tirado en la calle. Ni el aire fresco que subía del malecón y penetraba en la habitación por sus tres ventanas abiertas me hacía dormir. Me levanté y fui a matar el tiempo en el portal. Miré hacia abajo. Recordé que, en ese mismo lugar se había estacionado un jeep con mi amigo Cuza y otros compañeros. Venía a facilitarme el contacto que había perdido cuando había venido de Oriente.

Antes de la hora indicada ya me encontraba esperando a mi contacto. A los pocos minutos pasó mi hermana Clarita con un grupo de amigas que regresaban del cine al hogar universitario de las Hijas de María. Me preguntó qué hacía allí y le contesté que estaba tomando el fresco. Me dirigió entonces una sonrisa cómplice. En el salón de la parte externa de «Las Delicias» estaba Orlando Pérez, al parecer reunido con un par de sus compañeros del Directorio Revolucionario. Me saludó con discreción desde su asiento. Segundos después un auto se arrimó al bordillo de la acera donde me encontraba y alguien pronunció mi apodo. Cuando se cercioraron de que era yo, el que conducía me dijo que la policía había asaltado el escondite donde estaban y que iba a ser imposible que nadie me recogiera y me aconsejaban que me perdiera. Y salieron volando antes de que yo pudiera pronunciar palabra alguna. Me quedé incrédulo mirando al auto que se llevaba mi única esperanza de reactivar mi militancia en la capital. Días después, a pesar de que mi nombre ya estaba en la lista que le habían enseñado al director de mi colegio, ingresaba en la Federación de Centros de Enseñanza Privados (FECEP) a través de la recomendación del delegado de la escuela Arturo Montori, cercana a mi centro de estudios. Creo haberlo conocido mientras practicábamos deportes en el «Parque Martí» y conversamos de política.

Mi militancia en esa organización fue efímera y poco productiva. Hice unas salidas a regar propaganda y a colocar unos cohetes que solo hacían un ruido ensordecedor, pero no tenían explosivos. Entre esas pequeñas aventuras y los estudios se fue pasando el tiempo hasta que llegó la hora de los exámenes.

A pesar de las dificultades que tuve con más de una asignatura, logré salir sin deudas que tuviera que pagar con los exámenes de septiembre, como había hecho a propósito el año anterior en Santiago. Me iba a Oriente a continuar la lucha en mi terreno y con mis compañeros. Ni por la mente me pasó que tenía que inventar un nuevo colegio para cursar el último año de bachillerato.

Verano de 1957 en Antilla

Ese verano de 1957 visitamos dos veces los cañaverales cercanos. La primera vez nos reunimos cuatro militantes en el campanario de la iglesia después de haber confeccionado los artefactos incendiarios siguiendo unas instrucciones enviadas por la Dirección Provincial.

La mitad de una güira vaciada con anterioridad se rellenaba con estiércol seco de ganado y en el tope se colocaban un par de brasas. Con ellas se caminaba hacia distintos puntos del cañaveral y se cubrían con paja para que produjera un fuego después de cierto tiempo que nos permitiera regresar al vehículo y escapar con tiempo suficiente. Esa primera operación se realizó con éxito. Le dimos candela a varios campos cercanos a Cortaderas y Bijarú. No fue hasta que nos encontrábamos en la mitad del camino de regreso que vimos levantarse las llamas y sentimos la satisfacción de haber realizado exitosamente una importante encomienda.

La segunda vez no resultó así. Nos encontrábamos en el campanario esperando al coche que vendría por nosotros. Habíamos preparado el material con antelación. Fue tan larga la espera por nuestro medio de transporte que las bombas incendiarias comenzaron a echar llamas y habíamos tenido que apagarlas en medio de una gran decepción. Al finalizar nuestra tarea de bomberos recordamos un incidente simpático relacionado con la confección de los artefactos. El estiércol lo habíamos ido a recoger a la finca de la familia Saco, bastante cercana al pueblo. No siempre podíamos distinguir si el material estaba seco o era de reciente creación. En el último caso, el grito lleno de asco se dejaba escuchar mientras corríamos a un pequeño riachuelo cercano. En una de esas oportunidades, recuerdo que alguien dijo: «El contraste en el menú de un revolucionario va desde mancharse las manos de sangre a llenárselas de mierda». Mientras reíamos en medio de aquel campo abierto y libre, yo recordé con aire burlón la famosa frase de Giovanni Papini: «Ya no quiero ser lo que soy». Hubo muchos otros sabotajes donde el fuego jugaba un papel primordial.

En la tarde del 23 de mayo de 1957, un grupo de 21 expedicionarios pertenecientes a la Organización Auténtica, brazo armado del Partido Revolucionario Cubano, detentor del poder al momento del golpe de estado, arribaron a Cayo Saetía a bordo del yate Corynthia. Dicho lugar está cerca de las bocas de las bahías de Nipe y de Levisa. Unos pescadores los ayudaron a pasar a tierra firme y los extenuados revolucionarios comenzaron a andar rumbo a las montañas. Estos futuros guerrilleros no alcanzaron su objetivo. Extenuados, sin recursos y carentes de prácticos de la zona, fueron víctimas de una feroz persecución, e iban abandonando partes de su equipo durante la marcha. Casi todos fueron asesinados.

Del otro lado de la bahía nos enteramos del triste suceso y de la oportunidad de recoger el material dejado atrás que no había sido ocupado por el ejército. El dueño de una de las lanchas de cabotaje que hacían viajes comerciales por la bahía tenía contactos en esa zona y comenzó a entregarnos materiales que pescadores y campesinos habían ido encontrando y guardando. Todo lo que recibíamos lo escondíamos en diversos lugares del campanario de la Iglesia Católica.

La variedad era impresionante: unos pocos fusiles y armas cortas, cuchillos, dinamita, cananas, balas, y mochilas con efectos personales que incluía alguna de la correspondencia de los fallecidos. Una tarde, antes de que pudiéramos enviarlo para Santiago de Cuba, se desató una tormenta infernal de rayos, pero el agua casi no hizo acto de presencia. Al principio pensamos que no correríamos peligro porque todos asumíamos que la iglesia estaba protegida por un pararrayos. En medio de aquella tempestad nos reunimos en la acera del frente después de enterarnos que el instrumento había dejado de funcionar hacía tiempo. Afortunadamente, no se produjo la explosión que pudo haber causado un daño incalculable. Ese mismo día hicimos el traslado del material en sacos, colgados a nuestras espaldas mientras la gente nos observaba.

Un motivo adicional influyó en el temerario traslado del material. Después de muchos años de solicitar un párroco residente para Antilla, el Arzobispo Enrique Pérez Serantes había nombrado al sacerdote Joaquín Redín de Asurmendi, quien había tomado posesión en aquellos días del verano de 1957. Como teníamos el área del campanario repleta de material bélico y subversivo, apenas terminó de celebrar su primera misa dominical, Dénsil—que funcionaba como uno de los acólitos—, Eduardo y yo lo invitamos a desayunar en «El baturro» con el fin de pesar las posibilidades de que se convirtiera en nuestro aliado. El Padre Redín era un español de pura cepa y con un desconocimiento total de la idiosincrasia e historia de nuestro pueblo. Traía con él una experiencia viva de la guerra civil española en la que había servido en las filas falangistas, de cuyas ideas estaba impregnado. Como ignorábamos esto en aquel momento, comenzamos a contarle algo de la situación del país y de que una parte del pueblo estaba luchando para derrocar la dictadura implantada por medio de un injustificable golpe de estado. Entre empanadillas, pastelitos, café con leche y otros alimentos, el cura escuchaba atentamente, pero sin desatender las delicias del desayuno que tenía frente a él y que aumentarían su ya excesivo peso. En un momento de la conversación el sacerdote hizo una señal para que nos calláramos mientras sonreía como si hubiera encontrado la solución a nuestro problema nacional. Después de mirar durante unos segundos a las tres caras que esperaban ansiosas, nos espetó: «¿Por qué los cubanos no os anexáis a los Estados Unidos?» Se terminó el desayuno. No hubo oración de gracias. Lo dejamos conversando con algunos de los parroquianos y salimos disparados a mudar del campanario todo el material que habíamos ido acumulando.

Supimos aprovechar el tiempo preciso porque, al otro día de las tormentas eléctricas, llegaron las lluvias. Esas fuertes lluvias del estío que formaban arroyos que bajaban veloces a fundirse con las aguas de la bahía después de haber baldeado las calles del pueblo que quedaban limpias como nuevas. Días después, todo el material, con excepción de las cartas personales, fue enviado por ferrocarril a Santiago de Cuba.

Varias de las mochilas contenían cartas de familiares entre la Habana y Miami, donde residían todos y desde donde había zarpado el yate rumbo a Cuba. Las habíamos dejado a propósito para devolverlas por correo desde otro pueblo con remitentes falsos. El día que estábamos realizando esa operación en el campanario, nos consumía la curiosidad de leer al menos algunas de ellas. Creíamos que era incorrecto, que el hecho violaría la privacidad de personas ya difuntas, pero sentíamos necesidad de conocer algo de aquellos hombres que habían entregado sus vidas por la misma causa por la que luchábamos nosotros. ¿Revelarían una naturaleza humana distinta? ¿Nos ofrecerían hechos importantes sobre la formación de un mártir? Sabiendo que hacíamos mal, comenzamos a leer aquellas caligrafías que expresaban los sentimientos familiares y patrióticos de quienes estaban separados por seguir el llamado de un ideal. No encontramos nada extraordinariamente revelador. Unos les daban ánimo para continuar en la lucha. Otros, mayormente las esposas de algunos de los futuros expedicionarios enviaban reproches. En uno de esos casos, el joven exiliado había contraído matrimonio a temprana edad y había marchado al exilio dejando esposa y dos pequeños hijos. Él le decía a su mujer que no dejara de hablarles de él para que se sintieran orgullosos de su padre. Ella le había respondido afirmativamente, porque «yo he sido la única cabrona que ha nacido para aguantarte». Era obvio que la expresión revelaba un engaño que, de haberle puesto nombre a esa supuesta mujer, tendría que llamarse «Cuba». Las lecturas nos produjeron sentimientos de admiración y respeto para quienes habían caído y lástima por los familiares que hubieran podido haber quedado desamparados. No encontramos ningún secreto sobre el martirologio o el patriotismo.

Días después tuve necesidad de hacer un viaje rápido a Santiago de Cuba. En el expendio de café en la esquina de la calle Enramada y Carnicería (Pío Rosado) me tocó experimentar una de las escenas de terror más escalofriantes de todo aquel proceso. En un acto de audacia y violando las normas de mis padres, yo había viajado a Santiago de Cuba a recoger unos materiales de propaganda, que me habían ajustado al cuerpo debajo de la ropa en el negocio de flores «Jardín Los Ángeles» de Luis Felipe Rosell, uno de los miembros de la Dirección Provincial del Movimiento. Bajaba por Enramada hacia la terminal de ferrocarriles cuando me decidí a hacer una rápida parada para tomar café en ese lugar. La empleada, una joven de piel muy blanca, cabellos rojizos, y extremadamente delgada se encontraba terminando una colada. Estaba llorando. Recostado al otro lado del mostrador, había un joven alrededor de mi edad. Ella comenzó a contar algo que fue interrumpido por la visita de unos seis policías y soldados que habían llegado en tres carros patrulleros. Al frente venía el teniente coronel José María Salas Cañizares, cuyas hazañas le habían conseguido el apodo de «Masacre».

La joven tuvo que sacar a relucir varias cajas de habanos para que los nuevos clientes eligieran los que deseaban, se tomaron todo el café recién colado y, sin pagar un solo centavo, se marcharon a tomar sus vehículos. Uno de ellos regresó. Era Salas Cañizares. Llevaba el puño derecho cerrado. Lo extendió sobre el mostrador y llamó a la dependiente para que se acercara. Cuando esta lo hizo, le tomó una mano mientras abría el puño para dejarle caer un centavo a la vez que le decía: «Toma, para que te compres un quilo de nalgas». Y se marchó riendo. La joven se echó a llorar mientras nos decía: «Estos hijos de puta se creen que yo no los conozco. Sé quiénes son, uno por uno. Son los mismos que asesinaron a mi hermano. Dejen que triunfe la revolución...» No pude decirle nada.

Estando en el cafetín, no sé por qué al mirar el anuncio de la librería Renacimiento recordé un incidente ocurrido justo debajo del mismo. Iba con dos compañeras (María Teresa y Electra) y mi amigo Pepito Cuza a tomar un autobús en una parada cercana para dirigirnos a visitar el cementerio «Santa Ifigenia». Comentando la posibilidad de encontrarnos con la policía, creo recordar que fue María Teresa quien abrió su cartera para mostrar el par de tijeras que llevaba para defendernos. Todos reímos hasta que subimos a la guagua que nos dejó casi en la entrada del camposanto.

De aquella visita me quedó un recuerdo inolvidable. La serenidad que muestro junto a la tumba de Pepito Tey no refleja el nerviosismo que sentimos al ir de tumba en tumba en un cementerio vigilado estrechamente por la policía. Afortunadamente no ocurrió ningún incidente desagradable; solo la añoranza de los que habíamos querido y habían partido para siempre.

Regresé al pueblo sin que hubieran notado mi ausencia porque alcancé a tomar un tren que salía de Santiago alrededor de las 2:00 pm y llegaba a mi pueblo algo pasadas las 6:00 pm.

Ya era mediados de junio de 1957. Recuerdo la fecha porque Frank País y la mayoría de los compañeros habían sido puestos en libertad justo a mediados del mes anterior al encontrarlos no culpables en la causa por el alzamiento del 30 de noviembre anterior y el desembarco del Granma.

Era pasado el mediodía cuando subía apresuradamente la escalera al frente de la casa de mis vecinos. Una de las muchachas que colaboraban con el Movimiento me había anunciado la súbita reunión. Al llegar al portal me viré, como acostumbraba a hacer siempre, para admirar por unos instantes la inmensidad de la bahía. La vista era espectacular porque la casa estaba situada cerca de la cima de la colina. Imaginé ver la lancha que Eduardo y yo estábamos a punto de comprar. Veníamos ahorrando desde hacía largos meses y Vida, la amiga vecina, nos estaba guardando la alcancía mientras contemplábamos la lancha con sumo cuidado porque la dichosa embarcación estaba siendo exhibida en la vidriera del almacén de la RCA Víctor, contigua a la estación de policía.

Desde el portal del frente de la casa calculé de nuevo la distancia entre el Balneario —el club construido sobre las aguas— y el cayito, a donde íbamos remando con frecuencia en el bote de los Ledesma. «Vamos a remar para hacer ejercicio porque, para pasear y pescar, tendremos una lancha de motor», pensé mientras una sonrisa de felicidad asomaba a mis labios. Un grito proveniente de la sala me hizo regresar a la realidad. Ida María y Aracelis me pedían que acabara de entrar.

Sentada en uno de los butacones de la sala estaba Vida, la señora de la casa. Eduardo y Dénsil compartían el contiguo sofá, y las hermanas Ida y Aracelis Maffes, santiagueras que pasaban el verano en el pueblo, habían acercado dos sillas al grupo para poder escuchar la futura conversación en voz baja. Una vez en la sala, me recosté de pie a uno de los ventanales del frente.

Dénsil explicó que se había recibido un mensaje de Santiago de Cuba con un pedido llegado de la Sierra Maestra. David —que era el pseudónimo que usaba Frank País, jefe de la Dirección Nacional del Movimiento Revolucionario 26 de Julio en esa época— nos explicaba en una nota que nos había considerado los indicados para conseguir aquellos artículos debido a la facilidad que teníamos de encargarlos personalmente a Miami sin despertar sospechas. Manolín, esposo de Vida, tenía un negocio que requería constantes viajes entre Antilla y Miami del par de barcos que poseía su empresa.

Pedí ver la nota que todos los presentes ya habían leído. La lista incluía artículos diversos de marcas famosas y, por lo tanto, caros: una moderna mira telescópica, unos binoculares, un reloj suizo, dos pares de botas alemanas, una canana, un par de artículos más y, al final, estaban 12 pares de espejuelos «diseñados de acuerdo con la receta adjunta», la cual venía adherida a la nota con una presilla.

Aún de pie, comenté: «Me imagino que no enviaron dinero en efectivo para hacer la compra; si lo hubieran hecho, no estuviéramos reunidos. Va a ser bien difícil recoger esa plata. Acabamos de hacer dos colectas casi al mismo tiempo y no va a haber un alma en este pueblo que nos dé un centavo. Y no estamos hablando de un par de pesos. Además, ¿doce espejuelos idénticos? ¿Saben para quién?»

Eduardo respondió: «Si asumimos que el resto de las cosas en la lista son para Fidel Castro, entonces los espejuelos deben ser para él. Donde se encuentra deben romperse los espejuelos con facilidad, ¿no crees?»

Permanecimos en silencio durante unos minutos, pensando en alguna posible solución. Minutos después la mirada de Eduardo se cruzó con la mía. Enseguida comprendí el mensaje que me estaba enviando y exclamé: «¡No, coño, no! ¡No vamos a coger el dinero de la alcancía! ¿Por qué tenemos que sacrificar eso también?»

Nuevamente se impuso el silencio. Al cabo de un rato comencé a dar pasos cortos a lo largo del ventanal. Miraba hacia afuera, a las aguas de la bahía, haciendo un tremendo esfuerzo por pronunciar la decisión que todos esperaban. Por unos instantes contemplé de nuevo aquellas aguas azules que comenzaban a agitarse con la brisa de la tarde. Desde allí, en la misma posición en que estaba, sin siquiera voltearme para mirar a los presentes, musité unas palabras de aprobación con cierto deje de vergüenza: «Está bien, se jodió la lancha. Seguiremos remando botes por toda la eternidad... si es que no nos envían a ella antes. Manos a la obra. Fui egoísta. Lo siento de veras. Llamen a Manolín para abrochar la operación».

Ninguno de los presentes conocíamos aún el incidente de la pérdida de los espejuelos de Fidel Castro en Santa Clara cuando se dirigía a Santiago de Cuba para el asalto al Cuartel Moncada. Tampoco sabíamos de los ataques de cólera del líder de la revolución en el campamento rebelde de La Plata, durante los cuales lanzaba los espejuelos contra la pared o los pisoteaba con sus botas. Al relatar esta anécdota sesenta años más tarde, un amigo me señaló: «Tuviste suerte. Muchos perdieron sus vidas siguiendo a Castro. Tú, solo tu juventud».

Las gestiones comenzaron con la apertura de la alcancía, que cobró aire de rito litúrgico. Nunca el final de un parto se esperó con ese grado de ansiedad. Contenía varios centenares de pesos, no recuerdo el monto. Manolín fue puesto al corriente del encargo y se le entregó el dinero. Como el próximo barco estaba a punto de partir, no habría que esperar mucho por el cargamento. Cuando terminamos, los tres amigos tomamos loma abajo rumbo al parque.

Días después llegó el encargo. Tratando de proteger todos los artículos lo más que pudiéramos, hicimos un paquete que llevamos a la estación del ferrocarril. Un contacto que teníamos allí se encargó de embarcarlo con el nombre y la dirección que le proporcionamos: Arturo Duque de Estrada, Calle San Fermín # 358, Santiago de Cuba. Al día siguiente recibimos un mensaje de que el paquete había llegado felizmente a su destino inmediato.

Todo parece indicar que Frank País tuvo el material en sus manos durante varios días. Portuondo y otros de sus biógrafos se refieren a un par de los artículos que contenía el cargamento enviado por nosotros. Al menos en un par de ocasiones, Frank pidió que su novia América y su madre Doña Rosario se pararan en cierto lugar, mientras él las observaba con la mira telescópica y los binoculares.

No fue hasta varios meses después que el intrincado paraje guerrillero comenzó a convertirse en lugar obligado de periodistas nacionales y extranjeros. Una de las primeras fotos mostraba a Fidel Castro, camino del Pico Turquino, luciendo el equipo que había recibido meses atrás producto del sacrificio de dos adolescentes en aras de un ideal que consideraron más valioso que el dinero prisionero en la alcancía que rompieron aquella tarde de verano.

Resultó una coincidencia que esa noche, la del domingo 23 de junio de 1957, era la víspera de la festividad de San Juan. Las celebraciones en muchas partes del mundo giran alrededor del fuego: se baila y salta junto a las hogueras, y la noche parece estar cargada de magia, pues hadas y deidades de la naturaleza deambulan por los campos. Mi amigo Dénsil y yo éramos la contradicción de la tradición. Formábamos parte de uno de tres pequeños grupos que esa noche iban a hacer temblar a los representantes de la dictadura. Un grupo, al mando de Adolfo, estaba preparado para darle fuego al puente del ferrocarril que cruzaba un recodo de la bahía antes de entrar en el pueblo. Irían en un bote y le darían candela por la parte de abajo. Otro grupo, formado por Jaime y Eduardo prenderían el muelle de cabotaje, frente a la estación del ferrocarril.

La misión de Dénsil y mía era volar los almacenes de azúcar en las afueras del pueblo. Íbamos desarmados, aunque llevábamos una jaba con cuatro cocteles Molotov. Nuestro amigo Tony Maranje nos llevó en su automóvil hasta la salida del pueblo; luego continuamos a pie. El objetivo era un grupo de inmensos almacenes de azúcar que, una vez incendiados, explotarían como pólvora. Aunque no siempre ocurría así, el objetivo estaba lo suficiente aislado como para no causar daños a personas inocentes. Caminábamos en silencio, nerviosos, absortos en nuestros pensamientos. Habíamos dejado ya las calles asfaltadas y casi corríamos ahora por unas de tierra, carentes de alumbrado público. Unos veinte minutos después divisamos los almacenes. Estaban situados al borde de una línea de ferrocarril, para facilitar su carga y descarga, justo casi a ochenta metros frente a uno de los dos prostíbulos del pueblo, de donde se podían escuchar ya las notas de la victrola. Miramos nuestros relojes de pulsera y apuramos el paso. Ya a corta distancia del primer objetivo escuchamos un ruido y ambos nos tiramos al suelo. En medio de la oscuridad, a escasos pasos, se encontraba una pareja teniendo relaciones sexuales; era obvio que la mujer era una de las prostitutas del burdel cercano. Casi junto a la pareja pudimos divisar un uniforme de soldado y un arma larga, tal vez un fusil 30.06. Dénsil y yo nos hicimos señas y comenzamos a arrastrarnos, tratando de encontrar un lugar donde escondernos. Unos pequeños arbustos resolvieron el problema. Discutimos entonces la posibilidad de apoderarnos del fusil del soldado, desistiendo porque la misión era otra. Y nos dispusimos a esperar el final de aquel encuentro sexual que, obviamente, tenía el objetivo de ahorrarse el peso que había que pagar por utilizar uno de los mugrientos cubículos del prostíbulo.

Una risa, proveniente de la victrola de «El Colonial», nos hizo volver a la realidad. Luego siguió el comienzo de la letra de la canción: «¿Por qué ríes así, si no tienes razón para amargar mi corazón?/ Tú sabes que te quiero/y en el cuartito espero llorando por ti...». No era una extraña coincidencia. Todo el mundo decía que, no solo la canción «El cuartito», compuesta por Mundito Medina e interpretada por Panchito Riset, sino todas las demás de este popular cantante, eran consideradas «canciones de bayú». Nos miramos mientras el resto de la canción rompía el silencio de aquella noche tan oscura con aquella voz aguda, pero melodiosa, que dejaba escuchar una especie de tango tropical cantado en estilo de bolero: «¿Por qué no vienes a mí?/ El cuartito está igualito/ como cuando te fuiste...». La canción tenía una parte que casi nos hizo reír: «Tu retrato con flores,/ porque aquí tú eres Dios/ en este altar sagrado/ donde te espero yo...».

Sin retirar la mirada de la silueta del soldado, apoyé mi cara sobre la palma de la mano derecha. De nuevo miré el fusil. Fue entonces que noté, a corta distancia del arma larga, un cinturón con una funda que contenía un revólver calibre 38 de reglamento, de esos que provocaban miedo de solo mirarlos; fue en ese mismo instante que sufrí un ataque de pánico: las manos comenzaron a sudar, sentí un agudo mareo, el corazón palpitaba a mayor velocidad que la acostumbrada y tenía dificultad para respirar. Después del primer síntoma se fueron desencadenando los otros, como un efecto dominó: la mente comenzó a trabajar a la misma velocidad que los síntomas que estaba experimentando. Sentí muchos miedos: a la muerte que pudiera provocarme el soldado, a caer prisionero, a las probables torturas y, por qué no, miedo al presente y al futuro, miedo a la vida misma que tirado allí, parecía no tener sentido. Pensé en lo irónico de la situación, estaba allí para cometer un acto de sabotaje que, por definición, se realiza para provocar el pánico en la sociedad y yo lo estaba sintiendo antes de realizarlo. El tiempo pasaba y tenía que dominar la situación. Razoné que es natural sentir miedo, todos los seres humanos lo experimentamos, especialmente en situaciones como en la que me encontraba. Esos sentimientos que mostraba eran el resultado de la adrenalina segregada por la glándula adrenal. Era algo puramente físico y al igual que el temor, esta puede provocar la realización de actos de valor, de verdaderas hazañas. «Para superar el miedo debes enfrentártele», había leído alguna vez. Y eso fue lo que traté de hacer. El razonamiento biológico me llevó a la siguiente deducción: sí, sentía miedo, pánico, pero estaba allí y no iba a abandonar el lugar sin cumplir antes con mi misión. La situación no era más que el miedo enfrentado al cumplimiento del deber y en mi caso, el segundo pesaba mucho más que el primero. Cerré los ojos y sentí cómo los síntomas iban desapareciendo uno a uno, como habían llegado.

Me puse boca arriba. Recordé que, dos días antes, se había celebrado en el hemisferio norte, el día más largo del año, señalado por el llamado solsticio de verano, los días comenzaban a ser más cortos. Para nosotros era la noche más larga de la vida. Durante el silencio que reinó al terminar la melodía proveniente del prostíbulo, se hicieron más sonoros los fingidos quejidos de la prostituta que anunciaban el final del evento. El soldado, luego de emitir una especie de gruñido, casi seguro por el alcohol que consumió con anterioridad al encuentro sexual, se vistió con dificultad para regresar, abrazado a la prostituta, al punto de donde seguramente habían partido. Nos miramos nerviosos mientras esperábamos que la pareja se alejara.

Nos dirigimos entonces hacia lo que considerábamos era la puerta de aquel inmenso almacén. Cuando me dispuse a entrar con ademán decidido, caí redondo al piso de concreto. A causa de la oscuridad de la noche, lo que parecía una entrada, no era más que una inmensa mancha de pintura negra. Infructuosamente buscamos algún acceso al lugar. Tratamos en el almacén contiguo con los mismos resultados, entonces decidimos lanzar los cuatro cocteles Molotov contra una de las paredes del segundo almacén. Con gran desaliento vimos que el grueso espesor de aquella pared y el material con el que estaba construida, impedían que el fuego penetrara en el interior. Permanecimos estupefactos por varios minutos hasta que, reconociendo el fracaso, tomamos la decisión de regresar al pueblo. Afortunadamente habíamos pasado inadvertidos, la bulla de la música había ocultado el ruido de los cristales rotos por el impacto, y emprendimos el camino de regreso por otra parte, más desolada aún.

Al final de la caminata nos encontramos con Tony, quien nos condujo hasta el parque, donde nos dieron la noticia del fracaso del grupo de Adolfito. Habían tomado un bote para prender fuego al puente del ferrocarril sobre un recodo de la bahía. Curiosamente el motivo había sido el mismo: lo sólida de la construcción. Los otros dos compañeros (Eduardo y Jaime), cuyas órdenes eran penetrar en el almacén del pequeño muelle de cabotaje situado en la estación del ferrocarril, habían logrado entrar y comenzar un pequeño incendio. Uno de ellos, sin embargo, había tenido que utilizar el extintor del lugar para rescatar al compañero que había quedado atrapado en medio del círculo de las incipientes llamas. Carcajadas. Parecíamos un grupito de colegiales jugando a los vaqueros, como habíamos hecho no hacía tanto tiempo atrás, en los montes de la cima de la loma de la glorieta.

Dirigiéndome al resto de mis compañeros, pregunté: «¿Queda algún coctel Molotov?» Uno respondió que tenía dos, pero sin mechas. Después de coger el pequeño bulto, me dirigí hacia otro de los bancos del parque donde estaba mi novia con varias amigas. Les pedí que fueran a la farmacia de turno y me trajeran algodón. Cuando regresaron con el encargo, le hice una señal a Dénsil y partimos. El destino no era otro que el edificio donde estaban ubicadas las oficinas del servicio de Aduanas del puerto. Se lo había comunicado a mi amigo mientras caminábamos y este había celebrado la elección de ese blanco de última hora.

Nos situamos al otro lado de la calle frente a la puerta principal y prendimos la mecha del primer coctel. Lo lancé, recorrió un arco casi perfecto previo al impacto contra la puerta de madera y expandirse en una inmensa llamarada. Dénsil hizo lo mismo y las llamas se tornaron más intensas. Tal vez producto del nerviosismo o como para comprobar que el ataque de pánico no había regresado, me senté en el bordillo de la calle y le dije a Dénsil que estaba casi seguro de que así había hecho Nerón mientras contemplaba el incendio de Roma. Dénsil no esperó a escuchar el final y después de llamarme «pirómano de mierda», salió corriendo hacia la oscuridad, en dirección a donde estaban los tanques de miel. Yo no me hice esperar. Ninguno se había percatado de un miembro de la Marina de Guerra quien, debajo de la inmensa ceiba de la esquina del edificio que tanto yo admiraba, se encontraba enfrascado en un acto lascivo quién sabe con quién. Al sentir los estallidos y vernos correr, nos hizo varios disparos que impactaron una cerca de madera, casi a la altura de nuestras cabezas. El marino no se atrevió a seguirnos y los dos saboteadores nos perdimos en la oscuridad corriendo, como hacen los diablos en esa noche especial, muy cerca de la orilla de la bahía, mientras yo exclamaba: «¿Pero es que esta gente no hace otra cosa que templar?» Casi al final de la loma que elegimos para subir a una de las calles del pueblo, vimos acercarse el vehículo de la guardia rural y tuvimos que tirarnos de nuevo al piso, esta vez no nos esperaba el suelo con yerba sino el duro pavimento. El *jeep*, que se dirigía al lugar de los disparos, no notó nuestra presencia.

A los pocos minutos estábamos de regreso en el parque. El resto del grupo nos esperaba ansiosos y muy preocupados pues habían escuchado los disparos. Al vernos llegar respiraron tranquilos y después de un breve relato, como para soltar la tensión acumulada durante toda la noche, se hicieron varios comentarios jocosos. Al final, alguien apuntó: «Hoy es víspera de San Juan, así que no se olviden de lavarse por la mañana para que se purifiquen con el agua que seguramente dejaron al sereno nuestras abuelas». Y partimos de regreso al hogar.

La noticia del sabotaje había comenzado a conocerse y todos éramos candidatos a ser al menos sospechosos. Tal vez algunos escucharían el escalofriante sonido de golpes en la puerta de la casa durante la madrugada. No importaba porque ¡se había salvado, al menos parcialmente, la noche de los fuegos!

La noticia llegaba el 1 de julio de 1957. Cuando la leí, recordé un suceso del internado al comienzo de una tarde de sábado del curso 1955-1956. Mientras esperábamos la salida para Renté yo jugaba tenis de mesa con uno de mis amigos. Cerca de nosotros se encontraba el chofer que nos iba a llevar en la guagua del colegio que manejaba diariamente para trasladar estudiantes hacia el colegio y de regreso a sus hogares. Se llamaba Daniel Sánchez Wood.

Mientras la pelotica volaba de un lado a otro de la mesa, dejando escuchar el seco sonido al impactar las raquetas, mi amigo y yo hablábamos de varios temas. Hasta que llegó el que nunca faltaba en nuestras conversaciones: la política. A ambos nos preocupaba la situación del país y hacíamos comentarios referentes a la misma. En algún momento Daniel se metió en la conversación. Su comentario era una negación del tema que nos ocupaba, pues decíamos que estaba a punto de armarse la de San Quintín. «Tú sabes, Daniel, que esta situación no tiene otra salida que la violencia y, en algún momento, vas a tener que tomar partido», le dije. Dejó escapar una carcajada mientras nos decía: «A lo mejor salgo a la calle, pero va a ser para quitarle el dinero de las carteras y los bolsillos a quienes me encuentre», replicó con un tono no muy convincente. Ni lo pensé para contestarle enfadado: «¡Ojalá que no llegues a ese día, so cabrón!» Todo quedó allí. Nunca más tocamos el tema.

Yo estaba fuera del colegio cuando los sucesos del 30 de noviembre de 1956, donde Pepito Tey murió cuando dirigía el asalto a la estación de policía en la Loma del Intendente. La fuerza pública comenzó a realizar registros en el colegio. En uno de ellos fueron extremadamente bruscos. Daniel, que se encontraba allí por casualidad, intervino para defender a los Hermanos. Se produjo un encuentro violento. La protesta de Daniel fue interrumpida por una estúpida amenaza de uno de los guardias: «Esto no se queda así. Tú no comes más pan».

Los días y las semanas transcurrieron sin que se cumpliera la amenaza. Ya Santiago de Cuba estaba sufriendo los rigores de un caluroso verano cuando apareció en la prensa una noticia. Al lado de una foto de Daniel, tirado boca arriba en el suelo, se leía: «El 1 de julio apareció en la carretera de Cuabitas, con 10 heridas de bala en el pecho, el señor Daniel Sánchez Wood, de 30 años. A su lado habían dejado un pequeño cartel que decía: «Por traidor al 26 de Julio».

Tiempo después traté de averiguar si en realidad Daniel había militado en el Movimiento y, más aún, si lo había traicionado. Nadie me supo dar una clara respuesta. Todo parece indicar que nunca ingresó en la organización y, por lo tanto, no pudo haber sido un traidor. La única posibilidad restante es la amenaza en el Colegio sobre no volver a comer pan, la cual se cumplió con una macabra crueldad.

Sucedió unos días antes del asesinato de Frank País. Alrededor del 23 de julio tuvimos frente a nosotros una orden de ajusticiamiento. Se originaba en un acontecimiento ocurrido el 30 de junio de 1957 cuando los partidos oficialistas de la dictadura de

Fulgencio Batista celebraron una concentración en el Parque Céspedes de Santiago de Cuba. Los militantes revolucionarios lo consideraron un reto y organizaron una violenta respuesta. Sin embargo, al no explotar la bomba que daría la señal para que los comandos salieran a cumplir diversas misiones, las acciones no pudieron llevarse a cabo. Tres de los jóvenes acuartelados decidieron desobedecer las órdenes. Después de ocupar un auto de alquiler por la fuerza, fueron detectados y seguidos por una microonda que avisó a otras unidades para que les hicieran una encerrona en el Paseo de Martí. El encuentro generó una balacera infernal. Al final, resultaron casi destrozados por la metralla los revolucionarios Salvador Pascual y Floro Vistel. El tercero, Josué País, falleció al desangrarse cuando era conducido a un hospital. Se impuso de nuevo la ley del talión. Los miembros de las fuerzas represivas que habían participado en el tiroteo fueron identificados y, poco a poco, resultaron víctimas de atentados donde varios de ellos perdieron la vida. La prensa, que no estaba sometida a una censura en esos momentos, dio amplia cobertura al sangriento acontecimiento. El mes de julio tocaba a su fin cuando recibimos un mensaje que me produjo escalofríos por toda la columna vertebral. La escueta nota, acompañada de una foto reciente publicada en uno de los medios de prensa, la enviaba la Dirección Provincial del Movimiento 26 de Julio desde Santiago de Cuba. Más o menos decía que, el único marinero del grupo de la foto era uno de los responsables de las tres muertes del 30 de junio pasado en Santiago y, como estaba destacado en la capitanía de la Marina de Guerra de nuestra localidad, les correspondía a los militantes de esa célula el ajusticiarlo. La nota venía con un recorte de la mencionada foto, que mostraba a nueve miembros de las fuerzas armadas. El marinero supuestamente identificado se encontraba a la izquierda del coronel José María Salas Cañizares.

Eduardo, Dénsil y yo creímos reconocer enseguida al sujeto. Llevaba muchos años en el pueblo, donde había formado una familia. Vivía con su esposa y dos hijas en una de las casitas levantadas en la orilla de la bahía, muy cerca del puente de entrada al Club Náutico. Después de la primera reacción, decidimos investigar antes de cumplir la orden. Aquel individuo distaba mucho de ser de la calaña de algunos de sus acompañantes de foto. Como se encontraba de regreso en su unidad, nos acercamos a él un par de veces mientras conversaba en el parque, pero no pudimos obtener ninguna información. Simulamos entonces un inocente paseo en bote hasta que, al vernos pasar por el fondo de su casa, Sonia, la hija mayor —amiga de dos de los ocupantes del bote y compañera de colegio de uno de ellos— nos llamó para conversar. De temas frívolos pasamos al asunto que nos preocupaba. Traté de propiciar un diálogo:

—¿Parece que tu viejo andaba por Santiago?

—Sí, tuvo que ir a la Marina; nada importante, pero estamos pasando un susto tremendo.

—¿De veras?

—Resulta que, cuando salía del edificio de la Marina, que está a orillas de la bahía, cerca de la estación del ferrocarril, había tremenda balacera por el Paseo de Martí o la Alameda. Él se ocultó hasta que se calmó todo. Aquello estaba lleno de policías y guardias. Entonces trató de escabullirse para hacer tiempo, mientras esperaba que saliera el tren de las seis de la tarde, y un coronel lo llamó para que se alineara con un grupito al que estaban retratando. No sabe por qué, parece que al tipo ese le pareció bueno poner un marinero en el grupo. ¡Qué sé yo! El caso es que papá se está cagando porque se rumora que algunos de los que están en esa foto estuvieron en el tiroteo donde mataron a tres muchachos de Santiago. Y ahora han comenzado a hacerles atentados.

—Oye, eso parece un cuento de los muñequitos.

—Pues es verdad, ¿no me digan que ustedes no vieron la Bohemia esa? Tiene varias páginas con muchas fotos y un reportaje.

—Yo la leo todos los viernes, pero, sinceramente, no recuerdo haber visto a tu papá en ninguna foto. Pero, dice el refrán que «quien no la debe, no la teme», ¿tú no crees?

—Es verdad, pero como la cosa está tan mala...

—No se preocupen, tú verás que no le pasa nada.

Nos alejamos remando, tranquilos al ver con la sonrisa que quedaba nuestra amiga. A pesar de la candidez de la muchacha, alguien cuestionó su sinceridad. «A lo mejor», dijo, «la prepararon para que nos dijera eso. Aquí todo el mundo sabe quiénes somos y en lo que estamos metidos. Yo creo que basados en esa conversación debemos pedirle a Santiago que consigan más información. Nosotros, por lo menos, no vamos a liquidar a alguien, así como así, porque salió retratado en una foto. Pero tampoco lo vamos a dejar de ajusticiar si es verdad que participó en esos crímenes».

El problema era que, esta vez, los tres compañeros, incluso desobedeciendo órdenes, habían salido a la calle a cazar, a dispararle a los militares que encontraran en el camino y, desgraciadamente, les tocó perder. El tema era delicado, pero teníamos que ser justos. Volvimos de nuevo a discutir un tema recurrente: la diferencia entre asesinato y ajusticiamiento. ¿Cuándo es que el primero se convertía en el segundo o este en el primero? El ser revolucionario no otorga una licencia para cometer un crimen, o muchos crímenes, como pasaba en numerosas ocasiones.

Entonces hicimos lo que habíamos propuesto. Para calma de los tres, y de los demás a quienes habíamos puesto al corriente de lo que estaba sucediendo, nuestra petición se cruzó con una nota de Santiago cancelando la orden. Habían corroborado por su cuenta la historia que nos había hecho la hija del marinero. Nuestra obsesión por la justicia le había salvado la vida al infeliz marinero, quien nunca llegó a enterarse de la suerte que había tenido. Yo creo que tuve más suerte que él. Esa había sido la primera vez que me había enfrentado a la posibilidad de matar a otro ser humano.

Nunca olvidaré la forma en que escuché la terrible noticia. Sucedió en la calurosa tarde del martes 30 de julio de 1957. Mi amigo Eduardo y yo nos dirigíamos hacia una importante reunión con los dirigentes de un poderoso sindicato obrero en nuestro pueblo. Frank País había enviado instrucciones a nuestra célula para que contactáramos a las agrupaciones obreras en vistas a una huelga general que él estaba organizando contra la dictadura de Fulgencio Batista.

Ya habíamos alcanzado un acuerdo con casi todos los sindicatos; nos faltaba sólo uno. Sus dirigentes nos habían pedido tiempo para consultarlo con sus jefes en La Habana debido a su militancia en el Partido Socialista Popular (PSP), la organización política de los comunistas criollos en aquel entonces. Su local estaba situado en la calle Martí, muy cerca de otro sindicato del mismo ramo, ambos en el lado opuesto a la acera por donde caminábamos.

El significado estratégico de la participación de ese grupo para que la huelga triunfara en una comunidad con un intenso movimiento portuario no había pasado inadvertido a Frank País. Si el capítulo local del Sindicato Portuario de la Federación Obrera Marítima Nacional (FOMN) acataba el llamado a la huelga, los buques mercantes no podrían transportar los cargamentos de azúcar. Los impactos económico y político podían resultar devastadores.

Los obreros descansaban en los portales de sus Uniones. Los altoparlantes colocados en su exterior dejaban escuchar la música proveniente de un par de estaciones radiales de otras ciudades. Decidimos cruzar en una esquina justo frente al otro gremio situado a unos 25 metros de nuestro objetivo final. Ya en medio de la calle, la música cesó y salió al aire la señal que anunciaba una importante noticia. El locutor de la estación CMKC de Santiago de Cuba leyó el parte con un tono desgarrador en su voz: «Hace unos minutos, el líder del Movimiento 26 de Julio Frank País resultó muerto durante un tiroteo con la policía en las calles de Santiago de Cuba... Seguiremos informando». El anuncio de apenas unas palabras nos impactó de una manera difícil de describir. Tuve que sostener a Eduardo por el brazo debido a un aparente intento de desmayo. Todos nos observaban desde los portales cercanos. Aquello de «pueblo chiquito, infierno grande» generaba el conocimiento de que estábamos involucrados en el Movimiento. Gestos de solidaridad nos llegaron de parte de algunos de los obreros mientras continuábamos nuestro camino hacia la cita.

Para sorpresa nuestra aquel día (y seguramente con mucha más para los lectores de hoy), alrededor de una docena de los presentes se pusieron de pie cuando entramos en el portal en señal de tributo hacia nuestro recién asesinado dirigente. Estibadores curtidos por el tiempo que se ganaban la vida cargando pesados sacos de azúcar en sus hombros, estaban mostrando su solidaridad a los dos jovencitos de 16 años que llegaban al local solicitando su apoyo para una huelga. Más difícil debe resultar el creer que dirigentes sindicales se tomaran la molestia de recibirnos para discutir problemas laborales, y que el jefe nacional de nuestra organización contara al morir con 22 años.

En el desarrollo del proceso que lo llevó a adquirir tal grado de credibilidad figuraban importantes factores. A la cabeza de ellos se pudieran situar la cultura rebelde y violenta del cubano, el ambiente político de la época, y su formación religiosa y académica. Pero, sobre todo, su dedicación completa a la causa por la que dio la vida. El dirigente surgió poco a poco y, en realidad, no existía otro que pudiera haberle hecho competencia. Su labor como dirigente estudiantil le permitió viajar a lo largo y ancho de la isla para asistir a congresos estudiantiles, haciéndose conocer y desarrollando contactos que luego le serían de gran utilidad en la estructura de las redes del movimiento revolucionario. Personas de prestigio accedían a sus peticiones y periodistas extranjero, como Herbert L. Matthews de *The New York Times* lo visitaban en su escondite. Lo escuchaban los militantes de organizaciones como el Directorio Revolucionario, la Triple A, Acción Libertadora, y otras. Igual sucedía con los partidos políticos tradicionales, como el Auténtico y el Ortodoxo, sin excluir al Partido Socialista Popular, con quienes mantenía contacto, a pesar de la divergencia en la táctica para derrocar la dictadura. Desde su época de dirigente estudiantil, era frecuente interlocutor de dirigentes obreros, como los de los Sindicatos de Licoreros y el Sindicato de Tabacaleros; luego lo extendió a la casi totalidad de las agrupaciones sindicales. Lo anterior lo plasmó en una posición en las direcciones provinciales y nacionales para el sector obrero. Nuestra visita al sindicato donde nos encontrábamos en ese momento es una prueba de ello.

El secretario general del sindicato y del Partido Socialista Popular (PSP), llamado Exuperancio Espinosa, acudió a darnos la bienvenida cuando ya nos encontrábamos dentro del moderno edificio. Nos expresó su pésame y nos condujo a una oficina donde aguardaban otros tres dirigentes. Más condolencias fueron seguidas por la misma negativa brindada días atrás. La lucha armada estaba en contra de la línea de su Partido, nos dijeron. Los comunistas creían en un movimiento de masas que derribaría al régimen, aunque no excluían la posibilidad de una salida negociada con el dictador. Era la misma respuesta que el PSP le había dado a Frank País cuando tocó a sus puertas la víspera del alzamiento del 30 de noviembre del año anterior. Ocho meses después, con su cuerpo inerte en una calle santiaguera, los comunistas reiteraban la vieja excusa. Dos años más tarde, se convertirían en los beneficiarios del nuevo orden político que Fidel Castro había impuesto con el apoyo y la dirección del ala secreta de ese Partido.

El dolor que sentimos aquel martes no puede ser descrito. La ingenuidad de ayer nos hizo pensar que, tal vez, el rumbo que Frank País había trazado para la revolución cubana había comenzado a desviarse aquella tarde de julio. Hoy sabemos que Fidel Castro lo había hecho ya antes de desembarcar en Cuba el 2 de diciembre de 1956. El multitudinario sepelio del día siguiente, cuyos asistentes se calculan en más de 80 mil personas, demostró que, a pesar de su corta edad, su muerte lo había convertido en bandera.

Un día decidimos vendar el rostro de Martí en horas de la madrugada. El objetivo era que los vecinos asociaran la venda sobre sus ojos con la vergüenza que sentía al contemplar la situación del país. Pasada la medianoche, nos encaminamos al área donde estaba la estatua con la venda en uno de los bolsillos de Dénsil, que era quien, apoyando sus pies en los hombros de Eduardo, colocaría la venda sobre los ojos del Apóstol mientras yo vigilaba. La estatua estaba muy iluminada, pero decidimos no romper el bombillo porque el estruendo podía alertar a los policías de guardia en la estación situada a media cuadra de la estatua. Lo que ignorábamos era que, debido a la indiscreción de alguien, ya las autoridades estaban avisadas y esperaban por nosotros. Eso lo supimos por boca del exsargento de la policía Rogelio Rojas quien, después de abandonar el cuerpo al producirse el golpe de estado, se dedicaba a prestar sus servicios como guardia de seguridad. Venía en dirección contraria a la nuestra. En cuanto nos vio, asoció nuestra presencia con lo que acababa de ver. «Muchachos», nos dijo bastante asustado, «no cumplan su plan porque los están esperando; hay un soldado oculto en cada esquina de la estatua armado con un fusil Springfield y estoy convencido de que les van a disparar». Y continuó su camino después de haber salvado nuestras vidas. En ese mismo instante desistimos del intento, pero continuamos caminando. En efecto, ocultos tras unos arbustos y unas columnas de edificios cercanos, se encontraban los cuatro soldados que aquella noche se libraron de convertirse en asesinos.

Días antes había recibido una invitación para visitar por primera vez la estación de policía proveniente del primer jefe que mostraba el grado de capitán. Una tarde del verano que acababa de terminar se encontraba un grupo de amigos en una mesa de «El baturro», que estaba situado a menos de media cuadra de la estación de policía. Estaban merendando y conversando. Yo los atendía pues el turno que mi padre me exigía durante las vacaciones me había tocado a esa hora. De pronto llegó uno de los policías y dijo que venía de parte del capitán y que el grupo debía acompañarlo. Como no se había dirigido a mí, y yo me encontraba trabajando, le pregunté si yo estaba incluido en la invitación y me respondió: «usted más que nadie». Salimos los 7 u 8 detrás del policía y en un minuto estábamos en la carpeta donde se encontraba el capitán. Nos saludó de mala gana y luego nos hizo saber que él estaba en la mejor disposición de llevarse bien con nosotros pero que no iba a permitir burlas ni sabotajes. Esa tarde lo habían llamado para informarle que, a los pies del busto del Dr. Antonio Yebra, habían colocado un paquete que parecía ser una bomba. Como él no le tiene miedo a nada ni a nadie, partió enseguida y, al arribar, le metió las dos manos al bulto para retirarlo. Para sorpresa suya, no era una bomba sino un paquete con espinas y estiércol de vaca y caballo y tanto las espinas como el otro material habían cubierto sus manos y parte de sus brazos. Alzando entonces la voz, dijo: «Yo entiendo que algunos de ustedes se las den de revolucionarios con las chiquitas y todo ese cuento, ¡PERO ESA PENDEJÁ... NO VA! Yo fui uno de los oficiales que actuó en los sucesos de la Embajada de Haití [donde había entrado la policía respondiendo a unos disparos y habían asesinado a los diez jóvenes que se encontraban asilados] y no estoy dispuesto a permitir actos como ese». Manolito Estrada, con su labia, le dijo: «Capitán, ninguno de los aquí presente hizo semejante cosa, yo se lo puedo asegurar». Pero ya el hombre había terminado. «¿Estamos detenidos?», preguntó alguien, recibiendo una respuesta negativa. Así terminó mi primera visita a la estación de policía, la cual inició un acoso por parte del capitán para amedrentarme o tal vez con otros fines más macabros. Al teniente que lo sustituyó lo recibimos con la colocación de dos docenas de petardos que, al traer la mecha deteriorada, no pudieron explotar y el estrenado oficial se quedó sin fiesta sonora de bienvenida.

La orden de la Dirección Provincial del Movimiento llegó escueta pero tajante, escrita en un pequeño pedazo de papel: cada uno de los grupos de la costa norte de Oriente (la región Oriente-Norte, en el argot de la organización) debía enviar un representante a la reunión que se efectuaría a las cuatro de la tarde del día siguiente, martes 3 de septiembre de 1957, en el café situado frente a la estación del ferrocarril del poblado de Cueto. Las localidades citadas incluían a Antilla, Cueto, Mayarí, Nicaro y Sagua de Tánamo.

A la hora indicada, los cinco delegados estaban frente al emisario llegado de Santiago de Cuba. Las instrucciones que traía no eran muy explícitas. Sólo dijo que, dos días después, el día 5, se iba a producir un levantamiento en uno de los cuerpos armados del país. El Movimiento no sólo tenía conocimiento de los planes, sino que había prestado su ayuda en su elaboración y se habían dado órdenes a pequeños grupos cercanos de participar en la sublevación. La Dirección Nacional había enviado ya a un par de delegados para que sirvieran de observadores y fueran informando sobre el desenvolvimiento de la acción. Las instrucciones para los presentes eran de prepararse en lo que fuera posible y acuartelar un grupo pequeño de miembros la noche del día 4 en espera del desarrollo de los acontecimientos y nuevas órdenes. «Dependiendo del alcance y las posibilidades de éxito», dijo el enviado para terminar, «nos tiramos en todo el país o continuamos ejecutando nuestros planes actuales». Las numerosas preguntas que hicieron los cinco delegados quedaron sin respuestas. Al final, todos desaparecieron por donde habían llegado.

Dénsil regresó a Antilla en el próximo tren que pasaba por Cueto alrededor de las cinco de la tarde para estar de vuelta a las seis. Allí lo esperábamos Eduardo y yo, ansiosos por conocer el motivo de la urgente cita pues esa no era la manera de proceder de la Dirección Provincial. Mientras subíamos la empinada calle nuestro enviado nos iba relatando palabra por palabra la reunión. Sentados en uno de los bancos del parque situado en la proximidad del extremo que daba a la estatua de José Martí, comenzamos a compartir un sinfín de inquietudes: ¿Dónde se iba a producir el levantamiento? ¿Qué cuerpo de las fuerzas armadas se iba a alzar? ¿Por qué el Movimiento estaba tomando esa actitud tan cautelosa? ¿No era esa actitud un poco oportunista? ¿No era mejor seguir con los planes actuales de fortalecer la guerrilla y formar un segundo frente cerca de allí como había planeado Frank País antes de su asesinato? Quedamos en vernos al día siguiente para informarle al jefe de célula, quien regresaba al pueblo más tarde esa noche.

Temprano en la mañana siguiente fuimos a informar a Antenor Betancourt de la reunión de Cueto. Recuerdo que era día de cobro para los jornaleros que trabajaban en la empresa de ferrocarriles de Cuba. Había una larga fila en los bajos del edificio. Cercano a la puerta de entrada, uno de los obreros les decía a sus compañeros de trabajo que sin falta ese día iba a comprar carne porque hacía mucho tiempo que no la probaba. Aquello me impresionó porque la libra de carne de primera costaba 40 centavos y la de segunda mucho menos. El hombre que había hecho el comentario vivía cerca de mi casa y le apodaban «Catatico», tal vez por su pequeña estatura. Antenor bajó con nosotros y conversamos en la acera de su centro de trabajo, a la sombra de la gigantesca ceiba que yo admiraba tanto. Lo primero que acordamos fue conseguir algún tipo de transporte, acoplar las pocas armas que poseíamos y citarnos para las nueve de la noche en casa de Antenor. Aunque era muy arriesgado, no queríamos despertar sospechas quedándonos en otro lugar. De allí Salimos a hablar con varios colaboradores. Manolo Rodríguez y su socio González, dueños de la agencia RCA Víctor, nos ofrecieron su camioneta, que dejarían estacionada frente al negocio con las llaves en un lugar acordado. Armas, teníamos pocas. Cuando, por la noche, nos reunimos con los otros dos que habíamos citado, nos dimos cuenta de que todos estábamos ya chequeados por las autoridades y pasar la noche allí era jugarse una carta innecesaria. Decidimos entonces irnos a nuestros respectivos hogares. Antenor se quedaría en sintonía con su equipo de radio y nos avisaría de cualquier acontecimiento.

Antes de despedirnos yo le conté lo que había escuchado mientras mi jefe sonreía. Entonces le dije: «Flaco, tenemos que ganar esta revolución para que todos los cubanos puedan comer carne». Cuando terminé, me puso una mano en uno de mis hombros y, sin dejar de sonreír, me dijo: «Vamos a ganar, pero yo te puedo casi asegurar que, al menos Catatico, no va a comer carne porque se va a seguir bebiendo el sueldo».

La incertidumbre nos tuvo en ascuas toda la noche, en espera del aviso que nunca llegó. La noticia se conoció antes del mediodía. Miembros de la Marina de Guerra, militantes del 26 de Julio y otros civiles comprometidos habían tomado las instalaciones del Distrito Naval Sur de la Marina de Guerra situado en Cayo Loco, Cienfuegos, y otros edificios de esa ciudad. Las fuerzas represivas no dominaban aún la situación.

En realidad, la conspiración no llegó a realizarse en toda su magnitud debido al cambio de fecha que habían hecho altos oficiales dos días antes sin dar tiempo a avisarles a todos los complotados. Una vez tomada la base de Cayo Loco, los marinos abrieron sus puertas a los dirigentes del 26 de Julio, y se recogieron armas que fueron repartidas a otros complotados en la ciudad y en el cercano pueblo de Sagua la Grande. En pocas horas cayeron en poder de los sublevados las jefaturas de la Policía Nacional y de la Policía Marítima, no así el cuartel de la Guardia Rural al encerrarse en él los soldados. Los revolucionarios resistieron con éxito los refuerzos que fueron enviados desde Santa Clara, pero el resto de los comprometidos en otros puntos del país no habían cumplido su parte. La idea original de replegarse hacia las montañas de la cordillera del Escambray no se realizó porque algunos de los jefes creyeron que debían esperar por los posibles alzamientos en otras partes de Cuba. Alrededor del mediodía surcaban el espacio varios aviones que bombardearon y ametrallaron los puntos donde se encontraban los sublevados, ocasionando víctimas a la población civil. Alrededor de las tres de la tarde los alzados abandonaron la base. La resistencia fue entonces organizada en los edificios alrededor del Parque Martí. Los que ocupaban el Colegio San Lorenzo resistieron hasta agotárseles el parque a las dos de la madrugada del día siguiente. La fuerza pública entró en el edificio y los asesinó a mansalva, como había ocurrido ya en el edificio del cuartel de la policía. En las acciones perecieron un total de 26 marinos y 11 miembros del 26 de julio, además de un número no determinado de civiles víctimas de los ataques aéreos. El jefe de la acción, José Dionisio San Román, exteniente licenciado de la Marina, fue capturado a bordo del guardacostas 101 Leoncio Prado, siendo torturado y arrojado al mar.

Se acercaba otro comienzo de curso sin tener un colegio al que asistir. Mientras yo me dedicaba a mis actividades subversivas, mis padres se encontraban enfrascados en esa tarea hasta que un día, casi horas antes de comenzar, ya yo estaba matriculado en el Colegio de las Hermanas de la Caridad del vecino pueblo de Banes.

De La Habana a Banes / Antilla

Curso 1957-1958

Comenzaba mi último curso de bachillerato de una manera bastante diferente a las anteriores. En eso pensaba una soleada mañana de septiembre de 1957 cuando subía despacio los escalones del colegio que desembocaban en un amplio patio rodeado de aulas. Regresaba a un colegio católico, pero de monjas, donde asistían hembras y varones, externos no internos, y a una distancia de 14 kilómetros de mi casa.

Para trasladarme de mi pueblo al colegio utilizaba el transporte existente. Los Ómnibus Crespi tenían una primera ruta que salía de su central en el hotel de la gallega a las 7:00 de la mañana. A pesar de que el recorrido era de tan solo 14 kilómetros, llegaba al Colegio casi al toque del timbre a las 8:00 porque la cortés guagua paraba a cualquier persona que le hiciera una seña. Como iba a viajar a diario saqué un pase que me rebajaba el costo a la mitad. Era una promoción de la empresa que radicaba en Holguín. El primer día todo salió bien. Regresé a casa en la guagua que salía de Banes a las 4:00 pm y llegaba algo antes de las 5:00 pm a Antilla.

El segundo día me levanté y, una vez listo, me dirigí hacia la estación para tomar el autobús. Pensé que ya me sabía lo que iba a suceder ese día. Estaba equivocado. La guagua salió y dobló en el parque. Alguien estaba esperando frente al edificio de la policía al otro lado de la calle. Cuando hizo su entrada me enfrié. Era el capitán de la policía. Se sentó justo detrás de mí. No dijo palabra hasta que salimos del pueblo. La guagua se detuvo frente a uno de los prostíbulos de las afueras, el «Riverside». El capitán se dispuso a bajar, no sin antes decirme: «Te sorprendí, ¿eh? Hoy me bajo aquí, pero otro día te acompaño el resto del viaje... o parte del resto». La guagua arrancó y el tipo estaba parado al borde de la carretera. Cuando me vio pasar me hizo una mueca que no entendí. Yo conocía a todos los choferes y conductores de esa empresa en Antilla. Esperaron un rato, al cabo del cual Monono, el chofer, se viró hacia donde yo estaba sentado para decirme: «Baturrito, te has buscado tremendo lío con el gordo de mierda ese». Yo no pronuncié palabra durante el resto del viaje. Iba pensando. Tenía ante mí un serio problema porque aquellos viajes eran de lunes a viernes.

Decidí no contar nada en mi casa o en la escuela. Me la tenía que jugar porque ya estaba cansado de causarle problemas a mi familia y a otros que no tenían nada que ver con mis actividades. Estaba seguro que, si decidían borrarme del mapa, lo iban a hacer de una manera u otra. Lo que buscaba era amedrentarme. Punto final al problema.

El 24 de noviembre de 1957 ocurrió un acontecimiento en mi vida personal. Merceditas y yo nos hicimos novios. Hacía poco tiempo que estábamos bailando y conversando en el Balneario. Por aquellos días llegaron al pueblo «los caballitos de Biquico», que era un pequeño parque de diversiones ambulante que visitaba el pueblo un par de veces al año. Me le declaré cerca del cielo, en una parada que hizo la estrella y nuestro sillón se detuvo en el tope. No me contestó enseguida. Tenía que esperar una semana. El domingo siguiente nos vimos en el Balneario y ella me dijo que aceptaba. Me volví el ser más feliz del mundo. Le volví a advertir que, al menos durante el tiempo que durara la dictadura, nuestra relación no iba a ser muy normal. Ella lo sabía. Dos meses después, estaba parada bajo un sol radiante, frente a la estación de policía, junto a varias decenas de mujeres para evitar que nos sacaran para asesinarnos. Desde ese momento la situación se puso más grave y ella siempre se portó muy valiente. Yo bromeaba con ella y le decía que debía ser triste ser novia de un tipo que, cuando no estaba preso, lo estaban buscando.

Al acercarse el primer aniversario del alzamiento del 30 de noviembre de 1956 y el desembarco del yate *Granma* dos días después, la organización en la costa norte oriental comenzó a elaborar un plan para la ejecución de un acto de sabotaje que conmoviera a la región. Se mencionaron varios objetivos, pero, obviamente, la selección resultó la compañía Nicaro Nickel Company. La operación se trabajó en la forma ideada por Frank País cuando organizó la zona temprano en la lucha. La dirigencia de Mayarí coordinó la recolección de dinamita entre los centros mineros cercanos. Poco a poco, los explosivos comenzaron a llegar a la célula de Nicaro que se encargaría de colocar el artefacto en un sitio neurálgico. Mientras se realizaban estas operaciones, se le pasó aviso a la célula de Antilla para que nos preparáramos a recibir por vía marítima a los ejecutores de la acción, los alojáramos esa noche y los pusiéramos en el primer tren del día siguiente para Santiago de Cuba.

Cuando todo estuvo listo, los militantes de Nicaro eligieron la noche del 28 de noviembre de 1957. Desde Antilla enviamos el punto donde iban a ser esperados: un pequeño muelle de madera situado casi al fondo del Hospital Municipal, donde comienza el barrio de Capiro.

Alrededor de las diez de la noche, cuatro militantes de la célula de acción salieron de un automóvil cargando la potente dinamita. El lugar elegido era la planta eléctrica que abastecía de electricidad los hornos de níquel y la planta procesadora situada en Ocujal, ambos pertenecientes a las dos compañías norteamericanas que las operaban en esa época. Una vez realizada la tarea regresaron al auto que estaba esperando para conducirlos a una lancha que los llevaría por la bahía de Levisa hacia la bahía de Nipe rumbo al punto donde debían estar esperándolos.

Varios minutos después de estar surcando las tranquilas y oscuras aguas se produjo la terrible explosión. Toda la zona se estremeció. Aunque los poblados cercanos sufrieron la sacudida equivalente a un rápido temblor de tierra, las ondas sonoras llegaron a alcanzar el poblado del Central Preston, situado a unos 35 kilómetros de distancia. Otra de las consecuencias fue el cierre de la planta durante 36 horas debido a la interrupción del servicio eléctrico. La represión no se hizo esperar. Más de 200 empleados, desde altos jefe de la empresa hasta los más humildes trabajadores, fueron detenidos e interrogados.

Mientras todo lo anterior sucedía, la lancha que llevaba a los saboteadores surcaba las aguas de la bahía de Nipe rumbo al punto elegido para desembarcar. La travesía demoró unas dos horas. Poco después de la medianoche, divisaron la señal hecha con un farol desde la orilla. Una vez en tierra firme, el conductor de la embarcación rellenó el tanque de gasolina con unos envases que llevaba a bordo y partió de regreso, no a Nicaro sino al Central Preston situado justo frente al lugar del desembarco.

Los visitantes fueron llevados al sótano de una casa situada a unos 30 metros de distancia para que pasaran la noche. Durmieron en unas colchonetas colocadas en el piso. Poco después de romper el alba, fuimos por ellos. Eran cuatro y salieron en parejas con diez minutos de diferencia dando una vuelta para evitar cruzar el centro del pueblo. Al llegar a la terminal del ferrocarril un contacto les tenía comprados los cuatro pasajes de ida a Santiago de Cuba, hacia donde partieron en el tren de las 6:00 de la mañana.

Eduardo y yo regresamos al escondite a recoger las armas que habían dejado en el lugar: una pistola calibre 45, un revólver calibre 38 de reglamento niquelado y otro calibre 32 algo deteriorado. Las balas no eran muchas, pero en aquella época representaban un tesoro. Nunca más supimos de nuestros huéspedes. Ni siquiera sus nombres verdaderos. Es muy probable que, de Santiago de Cuba, hayan sido enviados a la Sierra Maestra, aunque esta pudiera ser una pura especulación.

El revólver que elegí lo escondí en el bolsillo interior de una chaqueta deportiva para ser descubierto por mi madre días después. Le dije que era de un amigo. Aunque no me creyó, al día siguiente se apareció Inoel a reclamar su arma corta.

Por esos días se cumplía el primer aniversario de la caída en combate de Pepito Tey y me inspiré a componer el siguiente poema:

Tu recuerdo, Pepito, sigue intacto:
ninguna sombra de traición lo espanta.
Toda claudicación o todo pacto
sería ofender a tu memoria santa.

Fuiste evangelio vivo de pelea
de ese gran movimiento que tenemos;
un revolucionario fiel a sus ideas,
un hermano al que nunca olvidaremos.

Luchaste por el triunfo de la estrella
y, nuestra patria, que oprimida estaba,
viéndote así luchar, altiva y bella,
te tomaba en sus brazos, te besaba.

Y te hablaba al oído y te decía
cuán sublime es morir por una idea;
y en ese instante la muerte te elegía
y te inmolabas en desigual pelea.

Hoy, que se cumple un año de tu muerte,
vengo a jurarte, corazón en mano,
que sabremos correr tu misma suerte
y librar a la patria del tirano.

Desde las lomas nos llega una esperanza
y mi garganta, cansada de llamarte,
entona un himno de brutal venganza
al ver que es imposible ya escucharte.

Poco tiempo después del operativo con Nicaro, debido al crecimiento del movimiento guerrillero, que amenazaba con aumentar el aislamiento de los centros urbanos por encontrarse rodeados u ocupados por el Ejército Rebelde, la Dirección Provincial del Movimiento decidió que la comunicación de cada célula con el centro de poder santiaguero se efectuara de manera independiente; es decir, sin intermediarios.

Mis clases continuaban y yo las disfrutaba. Las monjas eran tremendas profesoras. Eran cultas y sabían la manera de manejar un colegio donde asisten alumnos de ambos sexos. Eran también religiosas modernas, aunque no conozco una definición para el término. Todas estaban contra el régimen de Batista, por eso no se opusieron a una importante decisión durante el segundo semestre.

La mayoría del estudiantado del país se había declarado en huelga permanente hasta el regreso de la paz. En mi nuevo colegio las Hermanas habían permitido que los estudiantes mayores realizáramos una asamblea para votar a favor o en contra de la huelga. Yo había sido el principal promotor de la huelga y hablé antes del voto. Les traté de explicar los motivos para celebrar ese acto democrático. Una madre se asomó por una ventana alegando que yo los estaba incitando a decir SÍ a la huelga. Era la esposa de un famoso político batistiano del pueblo. Yo me acerqué y le dije en voz baja que era mejor que se largara. La Hermana Superiora llegó en ese momento y se la llevó a conversar. La huelga recibió la casi totalidad de los votos en el pueblo natal del dictador. Las monjitas acataron la decisión democrática y el colegio cerró sus puertas ante el asombro de las autoridades locales.

Ese día regresé tarde a casa. Viajaba en medio de la oscuridad. Sentí miedo porque ya la noticia se había corrido por Banes y Antilla. Podían sacarme del ómnibus o esperarme en el paradero. Me bajé en un lugar cercano a mi casa. Todos se asustaron al oír: «Declaro terminado el curso escolar 1957-1958».

Llegaron las fiestas navideñas y el año nuevo. En el mes de enero realizamos varios sabotajes. Aquella continua labor iba a detenerse a comienzos del mes de febrero de 1958. Iban a cambiar nuestras vidas y el destino de la rebelión en nuestro pueblo.

En realidad, ya el Destino había cambiado mi pasado junto con mi futuro. Acababa de cumplir 17 años. Busqué en los libros apropiados y comprobé que los especialistas sitúan la adolescencia entre los 10 y 19 años; es decir, después de la niñez y antes de la edad adulta. Se supone que, a la edad que acababa de cumplir, debía experimentar cambios emocionales y sociales. Tenía la impresión de que, cuando abordé el tren de Antilla para ir interno a Santiago a los 10 años, yo no estaba comenzando la adolescencia. Y ahora, justo al cumplir 17, ya me consideraba un adulto. Me habían robado la adolescencia sin darme cuenta. Aprendí también que la edad más difícil de los adolescentes es la de 14 años, cuando yo conspiraba con adultos y fundaba una célula del Movimiento 26 de Julio.

SEGUNDA PARTE

Cronología de un incendio y su secuela

El incendio inoportuno

Sábado 8 de febrero de 1958: 7:00 pm.

Me encontraba en el parque haciendo tiempo antes de ir en busca de mi novia. Habíamos planeado ir al cine con unos amigos. Eduardo y yo nos unimos a un grupo formado alrededor de uno de los bancos de granito, bajo un frondoso álamo. Minutos después, un individuo nos pidió con una seña que nos acercáramos con el propósito de decirnos algo en privado. Al recién llegado, operador de un taxi, le llamaban por su apodo: «Sapito». Semanas atrás se había puesto en contacto con nosotros para comunicarnos que era jefe de un grupo de acción independiente que planeaba realizar actos de sabotajes y quería contar con el apoyo del Movimiento 26 de Julio.

Lo escuchamos. Cuando terminó, le pedimos un poco de paciencia mientras solicitábamos la debida autorización. Sabíamos que una acción en esos momentos era inaceptable debido a las instrucciones recibidas de Santiago de Cuba de mantener la zona en calma durante un tiempo para no abortar una acción importante que se estaba gestando. Ante su insistencia, y para tenerlo bajo cierto grado de control, le propusimos que su grupo pasara a formar parte del Movimiento, sujeto a su disciplina. Sapito había aceptado. Pensamos que podíamos mantenerlo inactivo durante el tiempo que necesitábamos. Cada vez que nos cruzábamos en el pueblo, nos preguntaba con señas cómo iban los planes. Pensábamos que su paciencia era casi infinita. Grave error. El sujeto nos dijo que se había cansado de esperar; que los militantes del Movimiento éramos unos pendejos y que esa noche él y su grupo iban a colocar a Antilla en el mapa. «¡Esta noche se acaba Antilla!», fue su amenaza de despedida. Mientras se alejaba, Eduardo le recordó su reciente incorporación a nuestra organización, que lo obligaba a obedecer sus normas y lo hacía candidato al castigo impuesto a quienes las violaban. Mientras exhalaba una larga bocanada de humo del cigarrillo que tenía entre los labios, Sapito se volteó para contestarle: «Yo me cago en el 26 y en ustedes y, si es así, renuncio en este momento». Se marchó con paso rápido, dejando tras de sí un alto grado de incertidumbre.

Eduardo y yo dudamos sobre nuestra asistencia a la función de cine pues debíamos avisarles a nuestros compañeros. Después de razonar unos instantes nos dimos cuenta de que en realidad no sabíamos quiénes eran los integrantes de ese grupo fantasma y cuál era su grado de credibilidad. Por otra parte, debíamos continuar con la normalidad de nuestra rutina para no despertar sospechas si llegara a producirse el siniestro. En la parte personal, yo estaba muy interesado en ver la película inglesa de esa noche titulada «El puente sobre el río Kwai», protagonizada por William Holden y Alec Guinness. Era la historia de cientos de prisioneros de los japoneses en el Siam de 1943, a quienes se les encomienda la construcción de un puente. Mi interés radicaba en que el guion había sido censurado como consecuencia de la política de persecución a los intelectuales de izquierda instaurada por el senador estadounidense Joseph McCarthy durante el período conocido como el «macartismo».

Sin pensarlo más nos fuimos al cine. Después de haberse derrumbado la parte superior (llamada «gallinero») se había construido una más moderna, cómoda y de mayor precio. Como de costumbre, nos sentamos en la parte trasera para poder dominar la única puerta de acceso al pequeño local. Eso nos daba una ventaja sobre los que pudieran venir a detenernos por dos razones. La primera era que nosotros los veíamos a ellos primero; la segunda radicaba en que el impacto de la oscuridad al entrar en el lugar nos proporcionaba un corto pero suficiente tiempo para tomar una decisión rápida dependiendo de las circunstancias: entregarnos o tratar de escapar.

Con la preocupación que teníamos aquella noche, resultaba funesto conocer uno de los inconvenientes que había surgido durante la filmación. Un camión de combustible se había incendiado en las proximidades del puente, con la dinamita ya colocada en él, y pudo haber causado su destrucción. La suspensión de la filmación se pudo evitar por la intervención de soldados del ejército singalés que habían arriesgado sus vidas para desviar el camión y salvar la importante construcción del puente. El hecho parecía anunciar un buen augurio en aquella noche amenazada con otro fuego, no casual sino intencional.

En el trayecto de regreso —durante el cual mi novia Merceditas me preguntó varias veces el motivo de mi intranquilidad durante la proyección— conversamos sobre la película. Aunque de guerra, no enfatizaba las acciones militares sino los aspectos psicológicos. La lucha entre el jefe japonés y el inglés, y mostraba la delgada línea que existe entre el deber y el orgullo, que era responsable de la tensa atmósfera en que vivían los prisioneros del campamento. Caminando de vuelta al parque iba ponderando la posibilidad de que pudiéramos estar confrontando una situación similar entre nuestro quehacer y el orgullo de un individuo al que apenas conocíamos.

Eduardo me esperaba en el área cercana al teatro, en cuyos alrededores permanecimos unos minutos, saludando conocidos, haciendo notar nuestra presencia. Nos sentamos en uno de los bancos como un par de maniquís posando a regañadientes en una vidriera comercial.

Eduardo y yo continuamos moviéndonos por la zona del parque y el teatro sin sospechar que esa noche de la amenaza de Sapito se repetiría el protagonismo de la esquina de la Iglesia. A la salida del cine un par de conocidos nos habían alertado sobre la presencia en el pueblo de varios agentes del Servicio de Inteligencia Regimental (SIR), llegados de la ciudad de Holguín en un Oldsmobile de color verde, que habían estado preguntando por nosotros. Pensamos que era una broma de mal gusto, pero, al pasar por la esquina de la iglesia católica, al final del parque, pudimos ver un auto como el descrito que comenzaba a subir por la calle lateral del templo. Eduardo me tiró del brazo izquierdo, cayendo ambos sobre la yerba un par de segundos antes de que las luces del auto nos pudieran haber alumbrado. En ese instante el tiempo se detuvo. Los escasos segundos se me hicieron horas bajo un techo de luz que pudo habernos delatado. Cuando el auto pasó frente a nosotros, levanté algo la cabeza para chocar con una desagradable sorpresa. Uno de los agentes, vestido sin uniforme militar como era la costumbre de los miembros de ese cuerpo represivo de paramilitares, pertenecía a una familia a la cual mi padre había ayudado económicamente en más de una ocasión. Me negaba a creer que ese hombre formara parte de un grupo que me buscaba con intenciones tal vez de asesinarme. El auto cruzó veloz frente a nosotros en busca de la carretera para emprender el viaje de regreso después de un infructuoso recorrido. No se les había ocurrido buscar —o tal vez no lo habían hecho para evitar ser vistos— en el lugar más obvio que era el cine. De todas maneras, me golpeó la coincidencia con el repudio al dictador: el auto, el recorrido y la esquina de la iglesia. El común denominador: ilesos.

Después de incorporarnos le comenté a Eduardo que había identificado a uno de ellos y le expliqué los pormenores. Su reacción no se hizo esperar: «¡Qué clase de hijo de puta ha salido el tipo ese! Trata de hacérselo saber a tu papá...» Después de detenerse durante unos segundos, continuó: «pero entonces tendrías que contarle cosas que no puedes». Al llegar casi al final de la colina nos despedimos con la advertencia de no abrir la puerta si la policía venía a buscarnos durante la madrugada.

Esperé en el portal hasta ver a Eduardo entrar en su casa. Entonces yo hice lo mismo. Saludé a mamá (mi padre andaba en viaje de negocios), y le dije: «Vamos a ponerles las barras de seguridad a puertas y ventanas. En febrero no hay ciclones, pero sí policías». Intrigada me preguntó qué estaba pasando y por qué esa medida si yo le había jurado que no estaba involucrado en nada. «Y te lo repito, pero uno nunca sabe...». Comenzamos a pasar y ajustar una especie de barras de hierro que impedían que las puertas y las ventanas fueran forzadas desde el exterior. En total eran ocho puertas que daban al patio interior y del fondo, además de la puerta principal. Había un total de diez ventanas. Una vez terminada la labor, ya pasada la medianoche, nos acostamos para tratar de dormir. Comenzaba a sentirse calor. La brisa de la cercana bahía no podía romper el hermetismo de la casa. Aunque no me forzó para responderle, mi madre comprendió que se avecinaba un problema grave.

161

Hora y media después, mi madre me despertó bruscamente: «Pepín, ¡se quema Antilla!» En efecto, al asomarme a la ventana de mi habitación pude contemplar una inmensa masa de fuego que parecía estar localizada por la calle Martí. Era gigantesca y tenía que haber comenzado minutos antes. Me parecía estar contemplando la puesta de un sol anaranjado que despedía un humo gris que formaba grotescas figuras antes de desaparecer en las oscuras alturas, como el humo que sale de la boca de la serpiente y de la herida de uno de los hombres condenados en el infierno de Dante, que se unen en el aire para desaparecer durante el ascenso. Aquel fuego pondría fin a la relativa tranquilidad en que habíamos mantenido al municipio durante un corto tiempo. Ese estado iba a comenzar a desaparecer, como el humo, antes del amanecer.

En ese momento escuché un par de disparos que parecían venir del frente de mi casa. Mi madre y yo corrimos hacia una de las ventanas, tratando de observar entre las rendijas de las persianas, alcanzando a ver a Eduardo cuando se disponía a sentarse en uno de los balances del portal de su casa con una pistola en la mano derecha. Los disparos los había hecho él. Luego me contó que estaba asomado a la ventana del frente cuando vio a un joven entrar en el portal del «Colegio Antilla», unas casas más abajo en la acera del frente, y asumió que se trataba de uno de los saboteadores. Cuando el individuo pasó corriendo frente a su casa, ya él lo estaba esperando y le disparó sin intención de alcanzarlo. De haber querido, el sujeto indisciplinado hubiera caído redondo porque, además de ser una distancia relativamente corta, Eduardo era «el mejor tiro» del grupo y se distinguía cada vez que realizábamos prácticas en una finca cercana. Afortunadamente, el incipiente fuego en las motas de algodón que había logrado deslizar por debajo de las puertas del colegio se había apagado segundos después. En el portal de su casa, aunque había tomado la precaución de apagar las luces, estaba mi amigo con sus 17 años —a quien las autoridades no tardarían en venir a detener— pistola en mano, haciendo el papel de la autoridad, disparando un arma de fuego como si fuera la acción más natural del mundo.

Los golpes en la puerta principal se dejaron escuchar alrededor de las tres y media de la madrugada. Mi abuela y tía maternas se levantaron alarmadas, mientras mis hermanos menores continuaron su sueño. Mi madre preguntó qué se les ofrecía. «Venimos a detener a su hijo», respondió una voz masculina al otro lado de la puerta. «Yo no voy a abrirles a esta hora. Él no se va a escapar porque no ha hecho nada ilegal. Vuelvan cuando sea de día. Si lo prefieren, acomódense en el portal hasta que amanezca». Y, desde ese momento, comenzamos a escuchar el ruido de sus movimientos alrededor de la casa, en la calle, en la acera y hasta en el techo. No es una situación agradable la de sentir durante varias horas los ruidos producidos por unos acosadores que te mantienen encerrado sin posibilidad de escapar y de quienes desconoces sus intenciones cuando llegue el momento de abrir la puerta. Yo me asomé para tratar de identificar a quienes estaban tan deseosos por detenerme, pero sólo alcancé a ver policías y chivatos rodeando la casa de Eduardo.

Mientras esperaba el amanecer se me ocurrió un paralelo. En el gran incendio de la Roma de Nerón no se supieron las causas o los perpetradores, pero culparon a los cristianos. En el de mi pueblo venían en busca de dos inocentes.

Como el pueblo carecía de acueducto y estación de bomberos, me preocupaba la posible pérdida de vidas, personas heridas o sufriendo de asfixia, sin contar la destrucción de negocios y de las humildes viviendas que abundaban en esa zona. Estaba consciente de que el Movimiento iba a recibir un duro golpe. A pesar de lo grave de la situación me quedé dormido poco tiempo después. El sueño duró muy poco. Pronto comenzó a amanecer. La llegada de un nuevo día podía traer el final para varias personas. Mi vecino y yo éramos dos buenos candidatos.

La detención

Domingo 9 de febrero de 1958: 6:00 am.

Las puertas principales de mi casa y la de Eduardo se abrieron cuando el astro rey comenzaba a asomarse por un costado de la boca de la bahía y, por pura casualidad, ambos salimos a entregarnos al mismo tiempo. Fue entonces que logré conocer la identidad de quienes habían estado asediando mi casa durante la madrugada. Eran cuatro policías y un civil, que revelaba por primera vez su condición de informante. A todos los conocía, al igual que a los dos policías y tres civiles que vinieron a unirse a nosotros junto con Eduardo. No hubo violencia. Tampoco nos colocaron las esposas, aunque nos rodearon antes de comenzar a bajar la colina. Nuestro destino era la estación de policía, localizada frente al parque. Debido a la pendiente, las firmes pisadas de doce hombres al impactar la calle de grava producían un sonido semejante al de un ejército en marcha. La bahía mostraba una tenue neblina sobre sus aguas, como si las nubes hubieran descendido para no observar los acontecimientos de un día que no se presentaba nada halagüeño. A pesar de lo temprano de la hora había personas asomadas en algunos de los portales y balcones y otras deambulando por el parque en busca de noticias. Al final de la colina miré hacia mi casa y pude divisar a mi madre recostada en la baranda del portal y, en la acera opuesta, a Mary, la madre de Eduardo. A pesar de la fortaleza emocional de ambas, con toda seguridad estaban llorando.

Al llegar a la estación nos tomaron las generales, aunque ya estaban en su poder desde hacía mucho tiempo. Los policías no ocultaban su mal humor debido al desvelo y a la preocupación que les causaban las anunciadas visitas de inspección de superiores de Holguín y Mayarí, quienes estarían interesados en castigar a los responsables de la negligencia que había permitido que se perpetrara un hecho criminal de esa magnitud. Al terminar el proceso burocrático, el jefe de carpeta llamó en voz alta a Santiaguito, encargado del Vivac Municipal. La celda se encontraba separada del área de la carpeta por una pared de madera. Santiaguito nos condujo durante el corto trayecto y nos encerró con el grupo que ya estaba detenido.

La celda tendría un área de aproximadamente 80 metros cuadrados, dividida en dos partes por un espacio parcialmente abierto. Había una cama en cada sección, extremadamente sucia y probablemente habitada por una comunidad de chinches. Una puerta trasera daba acceso a un pequeño patio interior donde había una pluma para obtener agua para beber y asearse. El servicio sanitario se encontraba en el lado opuesto de la pluma de agua y su higiene dejaba mucho que desear. El patio daba la impresión de estar en el fondo de un profundo hueco conformado por las paredes de edificios contiguos, de cuyas viviendas llegaban las voces de sus moradores y, más entrada la mañana, las notas musicales salidas de las estaciones radiales.

La entrada en la celda me provocó la sorpresa más inesperada que pudiera imaginar. Entre las dos decenas de detenidos no había un solo militante revolucionario; tal vez la excepción era un antiguo miembro de la Marina de Guerra de apellido Macía que cooperaba con nosotros y a quien habían detenido por su condición de ex militar. Enseguida hicimos un aparte con él para preguntarle lo que sabía. El sabotaje había destruido casi media manzana de la calle Martí, incluyendo el Colegio José de la Luz y Caballero, donde yo había cursado hasta el quinto grado antes de ser enviado interno a Santiago, la contigua lavandería de los chinos, varias casas particulares y las viviendas humildes que daban a la calle Van Horne. Una total hecatombe. Nos dijo también que la policía detenía a casi todo el que se encontraba en la calle a esa hora. Nos dio entonces la noticia que esperábamos sobre la suerte de Antenor Betancourt, jefe de nuestra célula. Lo habían llevado detenido alrededor de las cuatro de la madrugada y había formado un escándalo en la carpeta que lo habían puesto en libertad sin siquiera ingresarlo en la celda. Luego supimos que lo habían visto en la estación del ferrocarril tomando el tren de las seis de la mañana para Santiago de Cuba. La noticia nos llenó de tranquilidad. Lo último que nos informó fue que parte de nuestra gente se encontraba detenida en el cuartel de la guardia rural, en las afueras del pueblo.

Conocedores ya de la situación, nos dedicamos a especular sobre el incierto futuro. Ninguno de los pronósticos resultaba agradable. A media mañana uno de los detenidos llamó la atención al resto para que miraran hacia el parque. A pesar de la poca visibilidad que permitía el espacio dejado por una puerta entreabierta, se podía distinguir a una verdadera multitud de personas que permanecían de pie, en actitud vigilante, como si estuvieran garantizando la seguridad personal de los detenidos. Pude distinguir a mi novia. Vimos las caras de las muchachas que cooperaban con nosotros y otras personas amigas y hasta desconocidas. El sol ya golpeaba fuerte en aquella mañana del domingo 9 de febrero.

El hacinamiento de tantas personas en la única celda del Vivac Municipal, unido a la tensión nerviosa que producía la incertidumbre del futuro inmediato, generaba situaciones peculiares y a veces ocurrentes. Alrededor del mediodía alguien comentó que necesitaba enviar un mensaje urgente. Debido al personaje que hablaba, se podía predecir una intervención jocosa. Se acercó a los barrotes colocados en la puerta de entrada a la celda e hizo una seña a Santiaguito, quien fue junto a él para escucharlo: «Hazme un favor, consorte, vete a ver a mi mujer y dile que la policía me quitó la astilla que tenía. Que pida prestado y me apunte un peso fijo al 89 para la tirada de esta tarde. Y que se cubra con medio peso corrido. Si le alcanza, que juegue un parlé del 8 con el 9. ¿Tú crees que te puedas llegar un momentico? Ah, y dile que estoy bien y que no tengo puta idea de por qué me metieron aquí. Te lo voy a agradecer». El hombre le hizo un gesto de aprobación y salió a cumplir el encargo. Ese hecho era completamente irracional y reflejaba un aspecto de la sociedad en que vivíamos. La mayoría de los presentes estábamos escuchando y de todos salió una exclamación de asombro y aprobación. El sujeto se había puesto a analizar la tragedia de la noche anterior en términos cabalísticos con la esperanza de interpretarla correctamente para apostar dinero en la bolita: El incendio había ocurrido la noche del sábado día 8 y había durado hasta poco después del amanecer del domingo 9. Como en la charada el 8 es «muerto» y el 9 es «elefante», no vio por ahí posibilidad alguna. Sin embargo, cuando se unen los dos números en el orden correcto (si se hiciera al revés, el 98 es «piano»), el 89 es «mucha agua» y «casa vieja» y, para la mayoría, es también «candela». ¡Eran los dos números que describían el suceso de la noche anterior!

Cuando por la tarde se conocieron los números ganadores, para sorpresa de los incrédulos, el 89 había salido «fijo» (en primer lugar). Como muchos vecinos habían hecho el mismo razonamiento, esa tarde fue de excepción ya que el juego ilícito llevó la felicidad —y un bienestar pasajero— a muchas familias pobres con las consabidas pérdidas para los ilícitos bancos recaudadores. Habían tomado el riesgo de no limitar las apuestas al 89 y los apuntadores se las fueron pasando durante la mañana. Las autoridades se llevaron una buena parte y estaban felices, a pesar del serio problema que tenían en sus manos.

La coincidencia de la fecha no pertenecía de manera exclusiva a la cábala. El 8 de febrero la Iglesia Católica celebra la festividad del Beato Pedro Ígneo, que vivió en el siglo XI en Albano, en el Lacio. Le pusieron Ígneo de apellido por haber pasado ileso por el fuego. Nadie podía predecir un futuro similar para los detenidos.

A media mañana nos vino a visitar el alcalde, dirigente del partido de gobierno, Wenceslao Aguilera Silva. Laíto se veía preocupado. Con sus manos en los bolsillos, luciendo su típico sombrero, se acercó a la entrada de la celda para decirnos: «¡Cuánto lo siento, muchachos!», con lo que nos comunicaba que no podía hacer nada —gesto que todavía hoy recuerdo y agradezco.

Alrededor del mediodía llegó la esperada visita del comandante Miguel Pino Águila, del 7mo. Distrito militar del ejército localizado en la ciudad de Mayarí. Después de conversar con los policías, se acercó a la celda y nos pidió a varios detenidos que le enseñáramos las manos. Los elegidos las fuimos sacando entre los barrotes y el militar las observaba, buscando tal vez vestigios de materiales inflamables o la huella de alguna quemadura. Después se marchó. Fanático de las películas policíacas que era, me quedé maravillado de la calidad de los métodos forenses utilizados por los oficiales de la dictadura.

Mis pensamientos en una esquina de la celda fueron interrumpidos cuando se escucharon los nombres de los que íbamos a integrar el primer grupo a ser trasladado al cuartel de la guardia rural. El padre de Eduardo, llamado Eladio, empleado como contador en el ayuntamiento, consiguió que el capitán le permitiera viajar con su hijo en el auto que conduciría al primer grupo de cinco. Apretadas en el auto íbamos ocho personas. Acudiendo a mi casi continua jocosidad hice un comentario sobre lo deficiente de la atención que estaba recibiendo en cuanto a la alimentación y la calidad del transporte. El capitán se volteó hacia el asiento trasero para mirarme mientras me decía: «Muchacho, parece que no te has dado cuenta del lío en que estás metido». Inmediatamente, Eladio le replicó: «Capitán, él dirá que quien no la debe no la teme». Y continuamos viajando en silencio hasta llegar al cuartel. Al salir del auto nos estaba esperando otra sorpresa: Parte de la multitud que se mantenía vigilante frente a la estación de policía había comenzado a desplazarse en cuanto tuvieron noticias del traslado y ya estaban allí. Pude distinguir entre ellas a mi novia, a quien le hice una discreta señal.

El ambiente del cuartel de la guardia rural resultó áspero y los encargados de aplicarlo unos déspotas. Una pareja de soldados salió a escoltar a los cinco detenidos hasta el pequeño patio interior en medio del edificio de madera. «¡Acomódense!», nos dijo un soldado que montaba guardia a la docena de detenidos que allí estaban —unos seis en la pequeña celda y otros seis en el patio. Eduardo lo miró antes de decirle: «Acomódense, ¿dónde?, porque aquí no hay espacio para nada». El guardia levantó el fusil y, amenazándolo con la culata, le contestó: «¡Donde les salga del culo en ese espacio!, ¿o quieren que los ayude?» Al instante quedamos todos sentados en uno de los bordillos de los mosaicos del patiecito interior.

Los primeros que identificamos al llegar fueron Jaime y Adolfito. Comenzamos a tratar de inventar un medio para comunicarnos de manera desapercibida con los que ya estaban allí. Poco a poco, en voz baja y con señas, nos fuimos poniendo al día. Nos enteramos de que, temprano en la mañana, había llegado del Regimiento de Holguín un alto oficial que se encontraba en la oficina principal con el jefe del cuartel haciendo y recibiendo llamadas telefónicas. Era evidente que estaban preparando algo. Las visitas de los comandantes Pino Águila de Mayarí y Álvarez del Noval de Holguín eran acontecimientos nunca antes vistos en el pueblo. Esperábamos lo peor. Pero, a pesar de la tensión y el miedo, de vez en cuando salía a relucir el humor criollo. Uno de los detenidos dentro de la pequeña celda, apodado «Ratón blanco» por el color y la textura de su piel, a quien habían detenido probablemente por estar embriagado porque, cada vez que bebía, daba gritos contra el régimen, se dirigió a uno de los soldados y, con sus manos dentro de los bolsillos y un aire bastante cínico, le dice: «Oye, oficial, ¿no hay un poco de comida aquí para un preso político?» La escena, a pesar de la situación, hizo que algunos de los detenidos rieran a carcajadas. Para sorpresa de todos, no sucedió nada. Al poco rato, ya olvidado ese incidente, varios de los militantes comenzamos a hacernos señas sobre el plano del cuartel y las partes que daban acceso a los distintos departamentos. Nos habían colocado en un lugar clave para estudiar el interior del establecimiento militar, donde jamás habíamos estado, y no íbamos a desperdiciar esa oportunidad. Fue durante ese proceso que se me ocurrió el próximo comentario jocoso. En voz baja comencé a decirles a mis compañeros: «Noté que varios de ustedes pusieron especial atención en el área de la caballeriza. ¿Es que alguien se piensa emplear en el cuartel de cabo mamporrero?» Las carcajadas no se hicieron esperar. Todos conocían que, en los cuarteles de la guardia rural, donde los caballos habían sido —y eran aún en la mayoría de ellos— el único medio de transporte, la nómina tenía una posición de cabo para la persona que se dedicaba exclusivamente a ayudar con sus manos a los caballos a montar a las yeguas y facilitar la penetración. En un país machista, ese oficio se convirtió en un símbolo degradante. Llamar «cabo mamporrero» a alguien era uno de los peores insultos. Pero reírse de esa manera estando detenidos con una grave acusación no resultaba nada agradable para los soldados. Inmediatamente salieron tres de ellos moviendo sus rifles y atravesando por el medio del grupo mientras proferían insultos y amenazas. Pero no golpearon a nadie. Parecía que la muchedumbre frente al cuartel estaba resultando más eficaz de lo que se pensaba temprano en la mañana.

Avanzada la tarde, un oficial comenzó a llamar a algunos de los detenidos —todos menores de edad— cuyos padres debían presentarse en la oficina. Los esfuerzos del oficial llegado de Holguín para llevarnos a todos para el Regimiento no habían resultado exitosos. De todos los lugares donde había llamado le ordenaban que soltara a los menores de edad. Resultaba irónico que casi todos los detenidos que de verdad estábamos comprometidos en la lucha éramos menores de edad. El resto eran simpatizantes o personas que, debido a sus antecedentes políticos, estaban en una lista de posibles conspiradores.

Eduardo fue el primero en ser llamado. En medio de la entrevista se escucharon un par de voces que discutían, pero no se podía distinguir de quiénes eran ni lo que decían. Al cabo de unos veinte minutos, el resto de los detenidos tuvimos el primer indicio de lo que estaba ocurriendo cuando Eduardo salió del cuartel —después de hacer una disimulada señal de la victoria al grupo que observaba desde el patio— acompañado por sus padres. Siguiendo instrucciones, no hubo vítores ni alboroto. El pueblo allí reunido sabía que el ambiente era muy tenso y existía el peligro de que algunos de los detenidos, si eran sacados de allí, podían ser asesinados.

A mí me tocó el siguiente turno. Cuando entré en la oficina me encontré a mis padres sentados al lado del teniente jefe del cuartel, en un semicírculo alrededor del escritorio que ocupaba el alto oficial que nos visitaba del 7mo. Distrito Militar.

En dicho Distrito se había organizado también el Servicio de Inteligencia Regimental (SIR) dependiente del Servicio de Inteligencia Militar (SIM) y subordinado directamente al Jefe del Regimiento. Desconocíamos si el militar enviado de Holguín era jefe de los Servicios de Inteligencia, o segundo inspector del Regimiento de Holguín.

El Comandante Miguel Álvarez del Noval se volteó hacia el recién llegado y, con tono irónico, me dijo: «Buenas tardes, jovencito, desde hace tiempo tenía deseos de conocerlo personalmente. Tome asiento en esta silla al lado del escritorio». Parecía que se iba a repetir las escenas de la película de la noche anterior, una lucha psicológica entre el oficial militar y yo, que mostraría de nuevo la delgada línea divisoria entre el deber y el orgullo. Comenzó entonces una larga perorata. Me dijo que había estado informando a mis padres de las actividades que yo venía realizando desde hacía varios años, pero que mis padres no le creían. Abrió una gaveta del escritorio, sacó un grupo de documentos que dijo eran el archivo de mis actividades delictivas y lo tiró sobre el escritorio al tiempo que gritaba: «¡Aquí están las pruebas, y son suficiente para que te la hubieran arrancado hace rato!» Se dirigió entonces hacia mis padres para decirles:

—Su hijito está chequeado desde hace mucho tiempo. Ha sido miembro del 26 de Julio desde su fundación. Ha realizado actividades terroristas en este pueblo, en Santiago, en la Habana y quién sabe dónde más. Él se lo niega a ustedes y ustedes le creen. Los está engañando. ¡Aquí están muchas de las pruebas!

El oficial tenía razón. Aunque yo desconocía el material que contenía aquel grueso fólder, actividades había de sobra para engrosar la colección. A pesar de mis cortos 11 años al producirse el golpe de estado, había comenzado temprano mis actos ilegales y violentos contra la dictadura. El estar interno en un colegio religioso de Santiago de Cuba limitaba hasta cierto punto las acciones que fueron en aumento con los años. Esas actividades habían tenido lugar en las tres ciudades mencionadas por el oficial e incluían desde letreros pintados en paredes y aceras, redacción y distribución de propaganda, quema de cañaverales, colocación de explosivos, sabotajes al tendido eléctrico, a almacenes y al sistema de transporte. La recogida y trasiego de armamento debía tener un lugar en el archivo y otras numerosas formas de lucha que se me escapaban a la mente en aquel momento.

Mirándome amenazadoramente me pregunta entonces si iba a continuar negándolo. La respuesta no se hizo esperar:

—Por supuesto que lo niego. Yo no sé quién o quiénes están interesados en perjudicarme al punto de hacer un expediente tan grueso como ese que dice usted es el mío. Yo soy estudiante y eso parece ser un delito muy grande en estos momentos.

—¡No te hagas el santico que tú eres un delincuente! Podrás engañar a tus padres, pero a mí no. Tú sabes de lo que estoy hablando.

—Si usted tiene tanta confianza en ese paquete que llama pruebas, ¿por qué no nos muestra su contenido?

—Eso es lo que tú quisieras para enterarte de quiénes son nuestros informantes. Eres un bicho, pero fallaste. Te tengo que soltar porque esas son las órdenes que me han dado. Tenía que haber llegado aquí antes de romper el día y habérmelos llevado para Holguín inmediatamente. Mi tardanza les dio tiempo a comenzar a moverse y tocar puertas influyentes y ya ves el resultado. Hoy te suelto, pero si te agarro de nuevo, te voy a hacer pagar todas tus cuentas.

Se hizo un silencio desagradable por varios minutos mientras el oficial Álvarez del Noval buscaba unos papeles en varios lugares. Luego de mirarme fijamente, me dijo:

—Veo que hace dos meses cumpliste 17 años. Te voy a poner en libertad bajo la custodia de tus padres, pero te voy a joder por el resto de tu vida: ¡te voy a chequear como comunista! Tú vas a ver lo caro que te va a costar. Tus movimientos se van a complicar, ya verás...

—Usted puede chequearme como lo que quiera. Yo no sé lo que es ser comunista. A los 17 años es muy difícil estar enredado en teorías políticas complicadas. Además, comandante, usted está hablando como si fueran a estar en el poder durante toda la vida y...

—No, no, toda la vida no, pero, como dice la consigna: «¡Batista para 20 años!» Y ya terminamos. Te puedes largar. Y procura no tropezarte conmigo nunca más.

Al salir los tres del cuartel tomamos el auto de la familia en medio de expresiones de solidaridad hechas con señas a distancia.

Cuando llegamos a casa, mi padre dijo en voz baja: «Llegar de un viaje para encontrarme con esto. Mira que llamarle terrorista a mi hijo… Ese oficial está loco». Mamá me dirigió una mirada que interpreté como de reproche, pero no hice caso y continué mi camino para, después de abrazar al resto de la familia, regresar a echarle un vistazo al exterior por una de las ventanas del frente. Parado en el otro lado de la calle se encontraba, con cara de susto, el autor del incendio. El gesto amenazador que le hice lo envió disparado loma abajo tal vez a meditar sobre lo incierto de su futuro.

Aunque yo lo desconocía en aquel momento, Sapito había descontinuado sus planes de actividades terroristas y regresado a su trabajo de chofer de alquiler. Realizaba viajes entre Antilla y Banes. Tiempo después, en el mes de octubre, durante el proceso de expansión del II Frente Oriental «Frank País», la Columna 16 «Enrique Hart» incorporaría las regiones de Antilla y Banes al territorio rebelde. Es entonces que un antiguo miembro de nuestra célula lo secuestró durante uno de sus viajes y lo trasladó a uno de los campamentos de los alzados. En espera de un juicio, lo pusieron a lavar ropa y realizar otros menesteres hasta el triunfo de la revolución, falleciendo poco tiempo después.

Cuando lo vi desaparecer del frente de mi casa decidí tomar una siesta. Me sentía culpable de haber estado mintiendo durante tanto tiempo. Mis padres no se lo merecían. Yo no creía que el fin justificaba los medios. En un fragmento de *El príncipe,* Maquiavelo presenta la mentira como una necesidad política y el saber mentir como una virtud. Fidel había dado varios ejemplos de la importancia de mentir para hacer avanzar la causa de la revolución. Aunque yo no era partidario de esa táctica me veía obligado a mentirles a mis padres.

Me quedé dormido enseguida. Estaba exhausto para ponerme a meditar. Ahora se imponía continuar la lucha. Había que mantener la fe en la victoria. Pero no me dejaba engañar: mi futuro no tenía nada de halagüeño. La siguiente señal llegó antes de que transcurrieran 24 horas.

Entre la libertad y el acoso

Lunes 10 de febrero de 1958: 2:00 pm.

Al día siguiente de salir del cuartel estaba tomando una siesta —cosa que no acostumbraba a hacer, y mucho menos en calzoncillos— cuando sentí algo frío presionando mi desnudo pecho. Mis ojos entreabiertos divisaron una gran mancha azul. Enseguida me percaté de que había dos policías en mi habitación. Uno era el cabo Silva; al otro, no lo conocía. «¿Qué hacen ustedes aquí? ¿Quién les ha dado permiso para entrar?» les preguntó mi madre con aire de ciudadana ultrajada a los dos cabos que portaban sendas ametralladoras, una de las cuales todavía estaba colocada sobre mi costillar derecho. El desconocido hasta ese día le contestó: «Mire, tranquila, que nosotros no necesitamos permiso de nadie para nada». Y, dirigiéndose a mí, apuntó con un alto grado de cinismo: «Al fin te conozco. Me han hablado mucho de ti. Yo soy el cabo Eduardo Tamayo Salgado (más conocido por Tamayito) y me enviaron desde Holguín para meterlos en cintura».

Ya de pie, pude observar al individuo que me hablaba. Era de mediana estatura, complexión promedio y cabello castaño, pero lo que más resaltaba en su físico eran sus ojos —unos ojos verdosos que dejaban escapar una mirada penetrante y fría que parecía atravesar los míos. Sus ojos eran dos verdes bofetadas que reflejaban odio y maldad. Nunca en mi vida había tropezado con unos ojos de apariencia tan criminal. Pensé en el contraste con el madrigal de Gutierre de Cetina, el poeta sevillano del Renacimiento, del cual solo se le podían aplicar dos versos: «¿por qué si me miráis, miráis airados?» y «no me miréis con ira». Me costó trabajo sostenerle la mirada. No pude contenerme y murmuré en una voz perfectamente audible: «Tengo que averiguar por qué dos personas importantes han expresado, ayer y hoy, deseos por conocerme». El recién llegado me miró incrédulo y sólo atinó a dar una orden: «Abre tu armario». Cuando terminé de hacerlo, de epístola a Evangelio, el odioso personaje comenzó a palpar la ropa una por una, como tratando de detectar objetos sólidos como armas. Mi madre y yo cruzamos una rápida mirada. Hacía un par de semanas, ella había encontrado un revólver de reglamento calibre 38 de cañón largo escondido en el bolsillo del interior de un saco deportivo.

El revólver que no pudo encontrar el cabo Tamayo, a pedido de mi madre, lo había recogido días después mi compañero Inoel, el supuesto propietario. En una esquina del armario el cabo se encontró una foto del Papa Pío XII que me habían obsequiado en el colegio religioso de Santiago. «¿Y éste quién es?», preguntó el inculto militar. «Ese es el Papa Pío XII», le respondí, a lo que el policía replicó: «Este será el papa pinga» y se echó a reír a carcajadas. Entonces chocó con un paquete de billetes de monopolio y los miró con curiosidad. Parece que él era de los que había escuchado que el Movimiento 26 de Julio fabricaba bonos con material comestible para que sus militantes pudieran tragárselos cuando estaban a punto de ser detenidos y se metió un pedazo en la boca y lo mordió, provocando una risa irónica de mi parte. «Ríete, mariconcito, que yo te voy a enseñar una lección. Señora, su hijo no vale un carajo...». Mi madre no pudo contenerse más y le dijo: «Oiga, respete. Usted no tiene ningún derecho a venir aquí a insultar a nadie». El cabo, lleno de ira, le gritó: «Yo tengo el derecho que me dé la gana. Fíjese si lo tengo que, cuantas veces me dé la gana, voy a venir a registrarle la casa, me voy a llevar preso a su hijo, le voy a demostrar que no es tan guapo como se cree. Todos los de su grupo ya se largaron del pueblo y él se ha quedado aquí para retarnos. Pues, vamos a ver quién gana. Lo voy a perseguir y, cuando me canse, se lo voy a colgar de un poste del parque, como un pendejo que es». Dirigiéndose a mí, mientras me apuntaba con su dedo índice de la mano derecha, casi me grita: «No, no te termines de vestir que no te voy a llevar preso ahora. Pero te voy a poner una especie de toque de queda: No te quiero ver en la calle después de las siete de la noche. Si fallas, ¡TE MATO, MARICÓN!» Y lo dijo con una fuerza convincente, fijando sus ojos diabólicos en sus interlocutores. Me subió un frío

175

polar por la columna vertebral y mamá tuvo que contenerse para no echarse a llorar.

Comenzaba para mí un verdadero calvario. Recordé que, en el mismo año 1952 del golpe de estado, Germán Arciniega había publicado su obra *Entre la libertad y el miedo,* una crónica apasionada de los ideales y las luchas por la libertad y la democracia ahogados por el despotismo. El planteamiento para mí se tornaba distinto. Estaba en una libertad nominal, luchando por la libertad real y de verdad sentía miedo debido al acoso policial a que estaba siendo sometido, el cual sólo ofrecía dos opciones: salir del pueblo o ser asesinado.

De la segunda posibilidad no podía tener dudas. El cabo Tamayo tenía fama. Los compañeros de Holguín lo acusaban de ser responsable directo de al menos dos asesinatos.

A pesar de todo, me sentía optimista. Pensaba que todo se iba a arreglar de una manera u otra. Lo que estaba sucediendo eran como tropiezos en la carrera loca de las rebeliones, pero, al final, la justicia y la razón estaban de nuestra parte. Yo esperaba respuesta a un mensaje que había enviado a la Dirección Provincial del Movimiento que radicaba en Santiago de Cuba preguntando qué hacía porque todos, absolutamente todos mis compañeros, se habían marchado del pueblo. Pasaron varios días y no llegaba la ansiada respuesta. Mientras tanto, el cabo Tamayo me salía hasta en la sopa, con su mirada fría, cínica y amenazadora. Siempre regresaba a casa antes de mi toque de queda. Eso lo ponía furioso. Yo andaba con sumo cuidado debido al informe de Holguín donde lo acusaban de tener ya sangre en sus manos y ser capaz de matar por matar, sobre todo cuando estaba embriagado.

Una tarde se me pasó la hora —aunque sólo por unos quince minutos— y tenía que caminar frente a la estación de policía rumbo a mi casa. Tamayito me esperaba sentado en un banco del parque frente a la estación. Decidí intentar escabullirme por la acera opuesta. Logré cruzar la calle, el parque y la otra calle y comencé a caminar por los portales de la acera. Llegando a la entrada del teatro escuché un grito que me hizo recordar que Nietzsche había llamado a Dante «la hiena que aúlla en las tumbas»: «¡Párate ahí, maricón!» Me paralicé. Me invadió un miedo similar al que sentía muchas veces en situaciones de peligro. El cabo Tamayo venía caminando lentamente. Se veía embriagado. Yo estaba parado frente a la taquilla del cine —que estaba abriendo sus puertas en ese momento con la consiguiente afluencia de público— y, entre los que salían del contiguo puesto de café, había unos adultos jóvenes que me hicieron señas de que ellos estaban allí para defenderme. Recuerdo a Antonio Pascual, Juanito Suárez, Niño Martínez y un par más.

—¿Qué hora es? —me preguntó el odioso policía.

—Usted sabe que son pasadas las siete.

—¿Y qué te dije que iba a ocurrir cuando estuvieras en la calle después de tu hora?

Permanecí en silencio, decidido a no entablar una conversación de la que ignoraba el rumbo. Al darse cuenta, el policía me volvió a dirigir la palabra:

—Pues bien, para que veas que yo no soy tan malo como me pintan, te voy a dar una oportunidad.

En ese momento, cuando trató de descansar su brazo derecho sobre mi hombro izquierdo, mientras me decía que él quería ser mi amigo, me eché hacia atrás en un gesto de rechazo.

—¿Qué pasa, te da pena que vean que somos amigos?

—Es que usted y yo no somos ni podremos ser amigos.

El policía me dirigió una mirada mucho más inquisitiva que las anteriores. Se me ocurrió que bien pudiera poseer la habilidad de distinguir las lágrimas de la lluvia en cualquier rostro durante una noche tormentosa. Tenía el poder de penetrar las glándulas lagrimales. Entonces Tamayito comenzó a caminar hacia la esquina mientras me hacía un gesto para que lo acompañara. A cada rato me miraba con aquellos ojos que daban al traste con la metáfora de los dos luceros. Los presentes me indicaron con un gesto que caminara, que ellos nos iban a seguir para protegerme. Así fue como la comitiva había llegado al final del parque. Tamayito continuaba ignorando la presencia de los guardaespaldas voluntarios. Con un gesto lento, pero decidido, extrajo su revólver de la cartuchera mientras me decía: «Te dije que te iba a dar una oportunidad, pero en realidad es como una apuesta».

Mientras observaba la colina que se iniciaba a nuestros pies, me dijo:

—Tienes dos minutos para subir la loma y llegar a tu casa. Cuando pasen los dos minutos, si te tengo a la vista, te disparo. Y, cuando yo estoy curda, donde pongo el ojo pongo la bala.

Yo calculé la distancia con la vista, observé las áreas en penumbras y pregunté con los ojos a los testigos. Estos me hicieron ver que lo iban a sujetar para que no disparara. Cuando el cabo me decía «échate a correr porque ya se te pasaron diez segundos» comencé a caminar cuesta arriba. Sabía que, si corría, me podía aplicar la ley de fuga. No confiaba en que mis amigos lo fueran a impedir. No lo consideraba factible. Mis glándulas sudoríparas estaban trabajando a exceso de velocidad. Llegado a la mitad del trayecto, miré hacia abajo y vi que los integrantes del grupo seguían en las mismas posiciones. Y apresuré algo el paso. Pensaba que ya, aunque me disparara, no podría alcanzarme debido al estado en que se encontraba. Pero no quería que lo intentara.

Al llegar a la meta me acerqué a la baranda del amplio portal de mi casa y miré hacia abajo. Al comienzo de la colina estaba Tamayito, revólver en mano, en medio de un ataque de risa. Humillado y frustrado, entré en mi casa. Madre, tía, abuela y un matrimonio que las visitaba casi todas las noches, estaban sentados en la sala escuchando la versión radial de «La novela Palmolive», que salía de lunes a viernes a las 7:30 de la tarde. Mi entrada coincidió con las palabras del locutor que se refería a Hilda Morales como «la escritora que hace vibrar de emoción el corazón femenino». Camino de mi habitación hice una humilde contribución: «Y aquí Tamayito los hace vibrar al extremo de suspender sus latidos». Después de un corto baño me uní al grupo de los mayores (mis hermanos estaban de visita en casas vecinas) para disfrutar del programa favorito del canal 6 de la televisión la noche de los miércoles: «El cabaré regalías».

Fue durante unos comerciales que mi madre me hizo la pregunta que flotaba en el ambiente desde mi humilde entrada en escena: «¿Te vio ese hombre pasadas las 7, hijo?» Mi respuesta salió cargada de odio: «Él no es un ser humano; eso es una hiena inmunda». Y continué pretendiendo que estaba viendo el programa mientras mi mente viajaba por lugares y analizaba temas muy distantes de la genial actuación de borracho que estaba haciendo Guillermo Álvarez Guedes en la pantalla chica.

El acoso criminal de Tamayito continuó en aumento, pero yo no me decidía a abandonar el pueblo. Pasaron varios días y, en la mañana del lunes 24 del mismo mes de febrero, llegó Dénsil, militante del Movimiento que había entrado en el Seminario Católico de El Cobre meses atrás. Su visita coincidió con la expectativa que produjo en el país el secuestro en la capital del corredor de autos Juan Manuel Fangio por un comando del 26 de Julio. Traía la excusa de visitar a su familia. En realidad, quería enterarse de lo sucedido. Me mandó un aviso para vernos en la iglesia a la 1:00 pm.

Dénsil y su hermano Arnó entraron por la puerta principal mientras yo lo hacía por la lateral que daba acceso al dispensario y la pequeña escuela parroquial. Nos saludamos con un fuerte abrazo en el área dedicada al coro, bajo el campanario. Desde allí podíamos observar, a través de los vitrales que daban al parque, el movimiento de personas frente al templo.

Dénsil estaba muy interesado en conocer si los autores del sabotaje éramos los del 26, porque no podía concebir que lo hubiéramos hecho. Le expliqué todo, incluyendo un reproche a su pensamiento de que yo pudiera haber participado en la desaparición del colegio donde había cursado desde el primero al quinto grados. Casi al final, le dije: «Y ahora prepárate a visitar por primera vez la estación de policía porque por ahí vienen dos emisarios de mi amigo Tamayito a extendernos la cordial invitación». Al comprobar que no era una broma, después de mirar a través del vitral, salimos corriendo hacia la puerta para evitar que los dos policías entraran en el templo. Al final de la escalera de caracol se nos unió Arnó y los tres abrimos la puerta decididos a enfrentar a los recién llegados.

La escena frente al policía de carpeta no tuvo nada de agradable. Nos ordenó sentarnos, pero, como sólo había dos sillas y la humanidad de Arnó ocuparía más de una, permanecimos de pie. Fue entonces que el policía que estaba a nuestro lado nos empujó de forma violenta mientras nos gritaba: «¡Les dijeron que se sentaran, cojones, y se tienen que sentar!» De forma casi milagrosa, los tres encontramos la manera de acomodarnos. Esta vez no hubo toma de datos, pero sí muchas preguntas. Una que provocó la risa de los tres fue la que se relacionaba con el paradero del corredor argentino. «¿Dónde tienen a Fangio?» Después de ese papelazo, nos condujeron a la celda, pero, antes de entrar, nos hicieron un registro por arriba de la ropa que se asemejaba mucho a golpes secos sin propósito de buscar ni encontrar nada. Fuimos a caer casi en el centro de la celda, producto de recios empujones.

A diferencia de mi visita dos semanas antes, la celda solo estaba ocupada por un joven borracho, quien dormía en una de las camas en un abierto desafío a las chinches. Mi inspección quedó interrumpida por la entrada de un policía quien, en tono brusco, nos ordenó sacar todo el contenido de los bolsillos y tirarlo en la cama del fondo de la celda. Dénsil y yo apenas teníamos unas pocas cosas. Arnó, sin embargo, había regresado de tomar un examen de física en el Instituto de Holguín y aún no se había despojado de los «chivos» donde tenía anotaciones —con la pequeñísima letra que los identificaba— y fórmulas, dibujos, definiciones... El policía, pensando que había tomado posesión de valiosa información escrita en clave, salió disparado a informar a sus jefes. No regresó en el resto de la tarde.

Un par de horas después, ya pasadas las cuatro de la tarde, llamaron a los hermanos Pérez Zagarra para ponerlos en libertad. Los policías se habían enterado que Dénsil estudiaba en el seminario diocesano y no querían generar un problema con el Arzobispo de Oriente Enrique Pérez Serantes. Así que decidieron dejarlo ir junto al hermano. Él no quería marcharse mientras yo permanecería en aquel lugar, con mi padre ausente del pueblo y sin que nadie conociera de mi detención, lo cual facilitaba sacarme y hacerme desaparecer. Pero yo le insistí y logré convencerlo de que se fueran. Pude ver como un policía los acompañaba en el cruce del parque pues vivían justo frente a la estación. Sin embargo, en vez de entrar por el pasillo que daba acceso a su casa, se quedaron parados en actitud de espera. Un par de minutos después uno de los Ómnibus Crespi que cubría la ruta Antilla-Holguín se detuvo frente a ellos y el policía obligó a los dos hermanos a que se subieran. ¡Los habían expulsado de su pueblo! El incidente provocó un sinfín de conjeturas en mi ya ocupada mente. Pensaba que, tal vez, no querían que los hermanos formaran un alboroto en el pueblo para obligarlos a que me soltaran. Al menos avisarían a su familia para que fueran a interceder por mí. En ese momento, sentí la soledad y presentí que tal vez se acercaba mi final. A esas alturas, el borracho ya me había reconocido por mi visita anterior e insistía en que no me preocupara, que él me iba a defender, que no iba a permitir que me sacaran de allí. Ya no reí a carcajadas, sino que sólo esbocé una tenue sonrisa. Estaba preocupado, aunque sin perder mi optimismo.

La tarde continuó transcurriendo y sobre el patiecito y la celda comenzaron a caer las sombras que anunciaban el final del día. Me habían ignorado desde que se fueron mis amigos. Presintiendo lo peor, me senté en el borde de la cama decidido a prepararme espiritualmente. En eso estuve por espacio de una hora. El borracho, en posesión todavía de una poderosa resaca que no se iba ni con sus constantes visitas a la pluma de agua, me miraba extrañado.

Yo llegué a considerar que, a lo mejor, no tenían intenciones de asesinarme sino de desaparecerme de la escena enviándome a la cárcel. El ser menor de edad no sería un impedimento porque para los menores existían los llamados reformatorios. Ese pensamiento me aterró porque, como apunta Malraux en *La condición humana,* el presidio es el lugar donde el tiempo se detiene, pero continúa corriendo en otros lugares. Salvar la vida para estar encerrado en un horrible lugar y perderme el proceso de recuperar la libertad colectiva no entraba en mis planes. Además, la vida es tan corta y tenía tantos planes por realizar que no podía darme el lujo de desperdiciar un solo minuto. Y no había un tiempo definido para permanecer tras las rejas.

En ese momento se escuchó una alterada discusión proveniente del área de recepción. Parecía que dos o tres personas argumentaban en alta voz, pero no podía distinguir de qué se trataba ni quiénes hablaban. Al fin logré reconocer la voz de mi tío Segis. Dentro de mi estado, comencé a sentir algo de calma. La gritería cesó unos 15 minutos después, pero transcurrieron otros 15 sin que ocurriera nada. Ya era completamente de noche cuando uno de los policías vino por mí para conducirme a la oficina donde me esperaba mi tío.

Sin que nadie pronunciara palabra, abandonamos la estación y comenzamos a caminar en dirección de mi casa. Yo fui el primero en romper el silencio: « ¿Cómo te enteraste y por qué me soltaron?» El tío me dijo que «alguien» le había ido a avisar a su casa mientras dormía la siesta. Era día feriado y todo estaba cerrado. Añadió que me habían entregado bajo su custodia porque era menor de edad y mi padre no se encontraba en el pueblo. Pero yo no estaba conforme y le espeté de repente: «¿Cuánto te cobraron esos hijos de puta para dejarme ir?» El tío balbuceó algo, movió la cabeza, se sonrojó y se puso en extremo nervioso. Sin darnos cuenta, habíamos subido la loma y llegado al frente de la casa. Sin decir palabra, Segis emprendió el viaje de regreso. Nunca más me habló sobre ese incidente.

A estas alturas tuve al fin la certeza de que no podía permanecer muchos más días en el pueblo. Todos mis compañeros habían escapado y yo me había convertido en el único blanco de las autoridades, especialmente de Tamayito. Con los antecedentes que ya obraban en nuestro poder, no podía correr más riesgos por mucho más tiempo. Estaba convencido de que mi próxima visita al Vivac de la Policía Nacional o al Cuartel de la Guardia Rural iba a terminar de una manera radicalmente distinta. ¡Había llegado el momento de proceder!

Para poner mis pensamientos en orden, me fui una tarde a la cima de la colina. Después de contemplar el impresionante panorama, me senté en una esquina del banco circular de madera que rodeaba la baranda. El escenario y mi estado emocional hicieron que recordara el final de «El huésped», uno de los seis relatos que Albert Camus incluyó en su famoso *El exilio y el reino:* «Daru contemplaba el cielo, la llanura y, más allá, las tierras invisibles que se extendían hasta el mar. En aquella vasta región que tanto había amado se encontraba solo». Mi visión geográfica era algo distinta. El cielo no podía ser más azul y las llanuras no parecían tener un más allá porque se extendían hasta donde alcanzaba la vista, donde no había mar porque las aguas de la inmensa bahía de Nipe las tenía a mis pies, casi al comienzo de la colina y bordeando a todo el pueblo. Mis sentimientos sí coincidían con los de Daru. Yo también amaba a la vasta zona que me rodeaba y yo también me encontraba solo. Lo peor del caso era que esa soledad propiciaba que el odio que genera la represión se concentrara en mi persona. Y yo trataba de reprimir ese sentimiento, pensando en la lección que José Martí nos había dejado al decir que, si su Dios odiara, él odiaría por ello a su Dios. La única salida era tal vez la muerte. Pero había la otra opción que yo me había negado a ejercer hasta ese momento.

Durante los días que siguieron a mi primera detención, mis padres habían estado gestionando un escondite en contra de mi voluntad. De todos los que les ofrecieron, elegimos el colegio-convento de las Hermanas de la Caridad en el vecino pueblo de Banes. Mi padre regresó tres días después de mi última detención, el jueves 27 y, como yo había cambiado de opinión debido a mis nuevos planes, decidimos salir al día siguiente.

El escondite

Viernes 28 de febrero de 1958: 2:30 pm.

A media tarde del viernes 28 de febrero subíamos por las amplias escaleras del colegio convento posado en la parte más alta de una colina del vecino pueblo de Banes, cuna del dictador Batista. La Madre Superiora nos recibió con una dulce sonrisa: «Los estaba esperando. Bienvenidos, pasen adelante, por favor». Una vez sentados nos dijo que, aunque el objetivo era sacarme del país lo más rápidamente posible, me podía quedar todo el tiempo que fuera necesario. No debían preocuparse por mi seguridad porque ellas no iban a permitir que me sacaran del convento. Mi madre le expresó su gratitud y, después de tomar el café servido por una joven novicia (quien me dedicó una mirada de solidaridad con sus ojos de negra noche), el matrimonio decidió que era hora de marcharse, lo cual hicieron después de abrazar fuertemente al hijo que apenas había cumplido 17 años el mes de diciembre anterior.

La Superiora me condujo a la que sería mi habitación. Atravesamos un pasillo que conducía al patio central. A pesar de ser viernes —supuesto día de clases— había una calma absoluta en el lugar. «Madre, qué tranquilidad se siente cuando no hay clases», le dije. Y ella respondió: «Y tú eres el principal responsable de esta paz, ¿se te olvidó?» Medio sonriendo le pregunté: «¿Me lo está reprochando?». Pero ella reaccionó con un «No, hijo, no...».

Se refería a que, semanas atrás, la mayoría del estudiantado del país se había declarado en huelga permanente hasta el regreso de la paz. En ese colegio de monjas al que asistían alumnos de ambos sexos, en el que yo cursaba el último año de bachillerato después de haber sido expulsado de otros dos, las Hermanas habían permitido que los estudiantes mayores realizáramos una asamblea para votar a favor o en contra de la huelga. Yo había sido el principal promotor de la huelga que recibió la casi totalidad de los votos en el pueblo natal del dictador Batista. Las monjitas acataron la decisión democrática —que, en realidad, aprobaban— y el colegio cerró sus puertas ante el asombro de las autoridades locales.

A la habitación que me habían asignado se llegaba por una pequeña escalera accesible por la parte exterior del edificio. Más bien parecía una adición a la estructura principal. Yo no pude ocultar mi preocupación. Había leído el diario de Ana Frank y sus pasajes parecían tomar cuerpo ahora en aquel diminuto apéndice de concreto donde iba a permanecer durante un tiempo indefinido. La Madre Superiora me explicó los horarios de comidas y todo lo relacionado con el uso de la habitación. Cuando ya iba de retirada por la escalera, se volteó para decirme: «Veo que estás preocupado porque crees que el lugar no es muy seguro. Ellos no se atreverán a sacarte de aquí. Y, si se decidieran a entrar, corres inmediatamente para la clausura; ¿me escuchaste, hijo? No importa la hora. Nosotras nos vamos a turnar para vigilar la calle las veinticuatro horas del día. La situación del edificio, y su acceso a él, nos daría tiempo de sobra para venir a buscarte y llevarte a la clausura». Y me lanzó un beso tierno con los dedos de su mano derecha. «Dios la bendiga», musité preocupado por la nueva etapa que comenzaba a enfrentar.

Antes de entrar de nuevo en la habitación, observé los alrededores para constatar la veracidad de la afirmación de la religiosa en cuanto a la relativa seguridad del lugar. Localicé también un par de salidas potenciales que me permitirían escapar por los techos en caso de emergencia. Después de cerrar la puerta me desplomé en la cama. Estaba muy tenso, aunque algo menos que en mi pueblo donde mis perseguidores se tenían que haber enterado de mi «fuga». Una tenue sonrisa de esperanza se asomó a mis labios. El almanaque en una de las paredes marcaba el último día del mes de febrero. Era viernes 28. Habían sucedido muchos acontecimientos en los veinte días anteriores. Tenía que poner mis pensamientos en orden para tomar una decisión. Mis padres estaban muy equivocados si pensaban que me iba a marchar al extranjero. Comencé entonces a repasar los hechos.

Un toque en la puerta me devolvió a la realidad. Era la novicia que venía a avisarme que había olvidado la hora de la cena y ya estaba servida. Después de pedirle disculpas, bajé al comedor de los estudiantes —ahora vacío— y comí algo en una mesa con dos Hermanas que habían venido a acompañarme en mi primera cena del convento. Regresé —ya caída la noche— a mi habitación. Antes de acostarme permanecí un largo rato observando a través de las persianas de madera de la ventana situada a unos 30 metros de la calle. Quería cerciorarme de que mi presencia en el convento no había sido detectada todavía por las autoridades locales. Luego me acosté y me puse a pensar.

Sin darme cuenta, me quedé dormido recreando los acontecimientos que me habían llevado al escondite de la escuela convento. Eran alrededor de las dos de la madrugada cuando desperté sobresaltado. Con toda la lentitud posible, me cepillé los dientes, me puse el pijama y me volví a acostar, no sin antes mirar a través de las persianas.

El implacable reloj hizo notar su presencia a las siete de la mañana del tercer día. El día anterior había transcurrido casi sin notarlo, leyendo y meditando. Después de asearme, bajé al comedor para desayunar. Las Hermanas no me acompañaron esta vez porque estaban en misa dominical en la capilla. Al salir del comedor, me encontré con la Madre Superiora, que era también mi profesora de francés, por quien sentía —ahora más que nunca— un cariño especial. Ella me sonrió al darme los buenos días: «Bonjour, Monsieur». Yo le contesté en francés mientras me dirigía de regreso a mi cueva.

Al llegar a la habitación, me encontré varios libros sobre la cama y otros en la pequeña mesa que hacía las veces de escritorio. Los había dejado así. Debí haberlos regresado a la maleta donde habían venido al convento para dejarlos bajo llave junto a los otros. Me senté en el borde de la cama y me puse a recordar cómo había nacido, y se había desarrollado, mi pasión por la buena lectura.

De niño me gustaba leer las poesías de José Martí; luego las recitaba los viernes por la tarde para toda la escuela «José de la Luz y Caballero». Creo que fue alrededor de los diez u once años cuando me senté durante varios días en la segunda mesa de la entrada de «El baturro» y coloqué en la misma un ejemplar de *La piel,* de Curzio Malaparte. Había oído a los mayores del grupo comentar sobre el mismo y eso despertó mi curiosidad. A pesar de lo crudo del tema para mi edad, me fascinó su lectura. Los parroquianos pensaban que estaba estudiando hasta en el verano y le comentaban a mi padre sobre el futuro brillante que me esperaba si continuaba así.

Ese mismo verano continué con el escritor fascista y ateo que terminó su vida como comunista y católico. Leí a *Kaputt* y, más tarde, *El Volga nace en Europa* y *Técnica del golpe de estado* —todas lecturas muy fuertes para un niño de mi edad que había comenzado su carrera de lector con un libro que el Vaticano había colocado en la «Lista de Libros Prohibidos».

Mi interés por la guerra civil española me llevó a pedir prestado *Los cipreses creen en Dios*, de José María Gironella. La dueña me permitió llevarlo al internado cuando llegó la hora de partir por primera vez a principios de septiembre de 1951. Fue una felicidad que pudiera leerlo sin tener que esconderme porque Gironella, a pesar de una casi perceptible objetividad, presenta el punto de vista católico romano. Pocos de mis compañeros se enteraron de mi lectura. De haberse conocido ampliamente, iría a enrolar la lista de los «Abelarditos» que solo pensaban en los estudios. Yo no pertenecía a ese grupo. Luego vinieron otros libros que requerían ser escondidos. Desde aquellos tiempos he conservado mi afán por leer que ahora compite con mi necesidad de escribir.

Los días en el convento transcurrían monótonos, a pesar de que algunos condiscípulos llegaban de vez en cuando a visitarme. Me traían libros y conversábamos durante un rato, pero siempre se marchaban. Lo mismo ocurrió en las dos ocasiones que me visitaron mis padres, trayendo con ellos a mi novia, gesto que mucho agradecía, aunque fuera por solo unos instantes. Al final de la visita, ellos también se marchaban y volvía a quedarme solo. Esa maldita soledad que Octavio Paz considera «el hecho más profundo de la condición humana».

Dedicaba mucho tiempo a conversar de literatura con las Hermanas. La primera vez que sucedió fue una tarde cuando, a pedido de la Madre Teresita, le había mostrado la carátula de *La condición humana*, una novela que el escritor francés André Malraux había escrito sobre el alzamiento de Shanghái contra Chang Kaishek en 1928. Yo le había pedido su opinión sobre un párrafo que acababa de leer: «No hay vida más que en Dios; porque el hombre, a causa del pecado, ha caído hasta tal punto; se ha manchado tan irremediablemente, que llegar hasta Dios es una especie de sacrilegio. De aquí el Cristo; de aquí su crucifixión eterna...»

Sor Teresita me miró a los ojos durante un largo rato. Luego me dijo: «He leído muchas de sus obras. Es un excelente escritor. Me fascina además su vida aventurera. Esa cita tiene un profundo fondo religioso. Tendría que estudiarla para poder explicar lo que, a simple vista, parece algo sencillo. ¿Sabes por qué? Porque, en uno de sus libros, escribió: «Si de veras llegásemos a comprender, ya no podríamos juzgar»... «Y te dejo con esa aparente contradicción porque hoy me toca servir a mis Hermanas en el comedor». Se alejó mientras se acomodaba el hábito. Luego se volteó para preguntarme con una sonrisa pícara: «¿Por qué no sigues leyendo a Sartre y a Camus?»

La religiosa conocía de mi predilección por André *Malraux* y Albert *Camus*. Como Jean Paul Sartre estaba ya colocado al lado de los dos colosos, eran considerados los pilares insustituibles del pensamiento del siglo XX. Era como si ella me estuviera tendiendo una trampa para que retomara a Sartre, cuya lectura había abandonado desde mis primeros años de bachillerato. Había encontrado también algo fuera de lugar el que me recomendara continuar mi lectura de Camus. Junto a Sartre, la monjita me estaba introduciendo en el tema crucial que desconcertaba a ambos: el de la existencia e importancia de Dios —tópicos que parecían sobrar en un convento donde ambos estaban gobernados por dogmas incuestionables.

Sor Teresita quería que me instruyera en las tres escuelas del pensamiento existencialista: el ateo (Sartre), el cristiano (Kierkegaard, aunque existe la variante de Marcel y Maritain) y el agnóstico (Camus).

Del último era de quien más había leído. Los agnósticos existencialistas proponen que la existencia de Dios es una cuestión irrelevante para la experiencia humana. Para ellos, Dios puede o no existir y la respuesta no solucionaría los problemas metafísicos del hombre.

De Albert Camus había leído dos libros en el verano anterior, el mismo año en que el autor recibió el Premio Nobel de Literatura: *El extranjero* y *La peste,* y dejado a medias *El exilio y el reino.* Me fascinaba la forma en que este escritor traduce el sentimiento de lo absurdo del destino humano. Enfrascado como estaba en una rebelión, me interesaba conocer las interpretaciones de personas que habían estudiado, o al menos meditado, sobre las modalidades de la existencia y el comportamiento humano.

Volví a leer los dos primeros antes de retomar *El exilio y el reino*. Cuando llegué al final, comprendí por qué la monjita me había aconsejado que volviera a leer a Camus. Era como la repetición de la contradicción planteada en su conversación de días atrás. La complejidad de las situaciones presentadas en los libros no les impedía juzgar.

El domingo 9 de marzo llegaron un par de condiscípulos con una noticia que ya las Hermanas conocían: Fidel Castro había utilizado las ondas radiales de la estación santiaguera CMKC para que leyeran una carta suya respondiendo a una «Exhortación del Episcopado a favor de la Paz» emitida el martes 25 de febrero. Los obispos cubanos pedían el cese de la violencia y hacían un llamado a un diálogo que llevara a la formación de un gobierno de unidad nacional que tuviera la tarea de regresar el país a la normalidad. En su respuesta, Fidel les pedía a los obispos una definición de «gobierno de unidad nacional» y afirmaba que se abstendría de participar en cualquier diálogo con Batista y que el Movimiento 26 de Julio rechazaba todo contacto con la Comisión de Conciliación.

En ocasiones, perdía la noción del tiempo. Cuatro días después de la carta de Fidel Castro, al mirar el almanaque de mi habitación, me percaté que era jueves 13 de marzo de 1958 —primer aniversario del asalto al Palacio Presidencial y a la estación de Radio Reloj.

Resultaba interesante que en el momento de recordar tantos acontecimientos mientras estaba fuera de mi organización, el hecho se repetía. Me encontraba encerrado en un convento tratando de hacer realidad lo que me había fallado en La Habana.

Fue a través de un amigo y condiscípulo que logré hacer contacto con la Dirección Provincial de mi organización solicitando autorización para subir a las montañas. Sabía que estaba violando el pacto que tenía con mis padres de no poner en peligro la seguridad de las Hermanas, pero no tenía otra alternativa. Conocía también de la existencia de un reglamento establecido por el ya desaparecido Frank País para mantener un orden basado en un sistema de cuotas al enviar militantes de las áreas urbanas a la Sierra. La Dirección Nacional asignaba una cantidad a cada una de las seis Direcciones Provinciales. El objetivo era enviarlos con el equipo necesario, que demoraba en conseguirse y los solicitantes estaban en continuo aumento. Era natural. En las ciudades se vivía en perenne peligro y la lucha era en extremo desigual. En la Sierra se enfrentaba al enemigo con un arma, en el lugar elegido por la guerrilla. Aunque yo tenía cierta esperanza de ser seleccionado (mi condición de «quemado» me convertía en un efectivo prácticamente inservible en el llamado Llano), la respuesta negativa no me desanimó. Le pedí a mi amigo Saúl que volviera para exponer una variante que se me había ocurrido. Mi amigo aceptó y se marchó con una carta. Pero el mensajero se demoraba y mis padres insistían en que debía irme al extranjero. Mientras esperaba, yo continuaba con mi lectura. Una tarde, una de mis amigas me trajo un libro que yo no había alcanzado a terminar de leer. Se titula *Diálogos sobre el destino*, escrito por un científico de la salud nacido en Italia, nacionalizado español y fallecido en La Habana en 1956, dos años después de haber publicado el libro al que Jorge Mañach había honrado con un excelente Prólogo. El libro está escrito en forma de diálogos que el autor sostiene con una hermosa criolla de la burguesía intelectual, quienes tratan temas relacionados con los factores que ejercen influencia sobre el destino de Cuba.

Esa misma noche lo tomé en mis manos con intenciones de no dejarlo ir hasta que terminara de asimilarlo. Tremenda tarea.

Una idea central que Mañach expresa en su Prólogo es que el pueblo cubano carece de orientación y de un programa histórico. Vive al día, entregado a un inmediatismo que provoca falsas expectativas. Eso parece haber sido la base para el nacimiento del concepto de la «isla de corcho». No importan los vaivenes, nunca nos vamos a hundir. Pittaluga opina que Cuba debe implementar el Destino que ya tenía asignado, explicando cuál era y qué se debía hacer para alcanzarlo.

El juicio lo coloca justo al principio: «No sabemos a dónde vamos». Y luego afirma: «Hemos abusado ya bastante de este cómodo almohadón que consiste en repetir que la República es joven; que en cincuenta años no se crea una nación, ni se organiza un Estado, ni se establece una fuerte economía, ni se alcanza una gran cultura». El problema con esa afirmación, según el autor, eran los millares de españoles que se sentían ya cubanos durante las guerras por la independencia. Entonces, si se sentían ya cubanos, el comienzo de la Historia de Cuba no debe situarse con la guerra de Independencia. La lógica nos dice que no podemos saber a dónde vamos si ignoramos de dónde hemos salido. Afirma que el pueblo cubano había querido crear una Nación, que somos capaces de hacerlo, pero que no lo hemos hecho todavía. El problema radica en que, «el signo específico de una Nación consiste en tener 'conciencia de su destino'. Y Cuba no tiene conciencia de su destino». Pittaluga cree que por Cuba estaba pasando una de esas que llaman «generación hueca» (que no dejan rastro de su paso en la historia el país), porque su método es el de la violencia, de la cual viven, que disfrazan por fórmulas llamadas revolucionarias.

> *Las llamadas revolucionarias, que no son más que tópicos, lugares comunes, palabras sin sentido, incapaces no ya de levantar el ánimo de los conciudadanos hacia la visión de un futuro mejor, sino de disfrazar siquiera las intenciones aviesas y el malvivir que cunde como una enfermedad epidémica en el viejo solar del «pueblo» y lo malgasta y lo intoxica con la triste virtualidad de ejemplo... Lo cierto es que cada generación, buena o mala, deja una estela en la historia del país.*

Pensé que el autor estaba muy claro. Me adelanté unas páginas para recordar la distinción que hace entre «futuro» y «destino». Consideraba que el futuro es al propio tiempo un porvenir inmediato y una incógnita. Para él, la palabra «destino» está preñada de preocupaciones de orden histórico y filosófico ante las cuales la mente lugareña de nuestros políticos se estremece como ante una receta de aceite de ricino. Pues hay que tragarse el aceite de ricino si quieren ustedes «purgarse» de tanta desidia y de tamaña indiferencia. Sus aspiraciones con respecto a Cuba, expresadas por la cubanita que dialoga con él, no eran nada humildes:

> *Quisiera ver en mi país un reflejo de todas las virtudes de los demás, sin que por eso pierda ese carácter criollo que le viene de la facilidad de la aventura y de la comunidad de los intereses locales confinados fatalmente en una isla dotada sin duda de riquezas naturales, pero limitada en su producción agrícola e industrial por la situación geográfica y por el clima. Esta limitación forzada ha creado en el espíritu de mis conciudadanos una confraternidad en la resignación que los hace a la vez apáticos, escépticos y frívolos... Una meta es siempre un ideal. Ningún ideal se realiza por completo. Pero sin la visión de ese ideal no hay ruta, no hay brújula, no hay obra fecunda para el porvenir.*

Anoté ese razonamiento en una hoja que tenía ya llena de ideas y conceptos. No quería dejarlos ir con el libro. Terminé de leerlo casi al amanecer. Estaba cansado, pero optimista. Me quedé con una apreciación que echaba sobre nuestros hombros una responsabilidad histórica tremenda. Decía que, cuando la dictadura de Machado incrementó la represión hasta hacerla insoportable, la generación del 30 lo desafió y lo derribó. Luego «no supo organizar la libertad». Sonreí. «Es una lástima que Pittaluga se haya muerto. No va a poder admirar cómo nosotros sí vamos a saber organizar la libertad», murmuré mientras me lanzaba de picada a la pequeña cama para descansar unos minutos antes de bajar a desayunar.

Sucedió un par de días después de devolver el libro de Pittaluga. La situación se tornó más peligrosa. Una noche, cuando estaba asomado por las persianas de la ventana, vi pasar un jeep del ejército. Iba despacio y los soldados miraban hacia el «palomar» —que era el nuevo apodo que le había dado a la cueva. Al cabo de unos minutos volvió a pasar. Y otra vez... y otra... Me convencí de que ya habían detectado mi presencia y rondaban el lugar para amedrentarme o tal vez con un propósito peor. Bajé, a pesar de la hora, a hablar con la Madre Superiora, quien me aclaró que esa ronda estaba funcionando desde hacía dos días y que no me preocupara porque no iba a suceder nada. Regresé a mi habitación, pero no pude conciliar el sueño en toda la noche, excepto durante unos minutos de la madrugada cuando tuve otra pesadilla: era torero y me habían soltado los seis toros de la tarde al mismo tiempo en la primera corrida. Esta vez no iba a vencer el torero.

Comenzaron a asaltarme pensamientos tenebrosos, tenía horribles pesadillas o simplemente me atacaba el insomnio. A pesar de que tenía acceso al aire libre, aunque fuese dentro de las paredes del amplio patio, comencé a sufrir de claustrofobia, la cual se agudizaba cuando me despertaba por la madrugada. Sentía que el corazón me latía apresuradamente (el tambor en el pecho pretendía competir con los bongoseros de los rituales de santería y los carnavales santiagueros), tenía la boca seca, un sudor frío recorría todo mi cuerpo y me faltaba el aire como si me fuera a ahogar en cualquier momento. No hice comentarios sobre mi padecimiento. Sabía que era producido por la incertidumbre. Me parecía que la pequeña habitación se estrechaba más cada día. A veces salía al pequeño descanso al final de la escalera, al lado de la puerta, para tomar el aire fresco de la madrugada. En una de esas noches me pareció notar que la luna se encontraba más alta, más inalcanzable que nunca. Asocié la escena con los objetivos que teníamos programados para el final de la lucha: restitución del estado de derecho interrumpido por el golpe de estado; regreso de la Constitución de 1940; elecciones generales libres antes de 18 meses después del derrocamiento de la dictadura; instauración de la carrera administrativa; completado con una reforma agraria que llevaría a un proceso de industrialización en un relativamente corto período de tiempo. Aunque no era mucho pedir, todos teníamos presente un pasado de decepciones continuas. «Esta vez va a ser distinto», nos repetíamos constantemente para seguir confiando en el brillante futuro que le esperaba a nuestro país. Nuestros ideales no estaban a la altura de la luna de esa noche. La escena se repitió en las tres noches siguientes. Comencé entonces a fumar en exceso.

Comprendí que mi situación era muy similar a la de un preso, como la que describe Camus en *El extranjero*. Al principio, lo más duro había sido tener pensamientos de libertad. Me imaginaba en bellas playas, con las primeras olas pasando bajo las plantas de sus pies y la liberación cuando entraba en ella con todo su cuerpo. Aunque mi presidio era autoimpuesto, yo también me puse a entretener esos tipos de fantasías. Visité playas que no conocía, escalé montañas, crucé partes de la selva amazónica y, cuando ya me estaba cansando de la naturaleza, me fui a París. Allí visité museos, caminé por las orillas del Sena conversando con pintores, visité varias atracciones turísticas (como para que no dijeran que me las estaba dando de intelectual) y hasta llegué a conocer a Brigitte Bardot, el símbolo sexual de la época. Aunque era seis años mayor que yo, invoqué el principio de que para el amor no existe la edad y tuvimos una especie de romance. ¡Si la Madre Superiora supiera el uso que le di al francés que me había enseñado…! Cuando la situación se estaba tornando peligrosa, decidí regresar a mi celda del colegio convento, a continuar con el castigo impuesto que se derivaba de la falta de libertad. Ese es en definitiva el objetivo de enviar personas al presidio.

Dicen que quienes se encuentran en cautiverio desarrollan ciertas habilidades inaccesibles a quienes están del otro lado de los muros. Una de ellas les permite identificar diferentes sonidos. Esto resultó ser cierto en mi caso. Cuando me despertaba el motor de un vehículo pasando cerca del edificio, podía distinguir si pertenecía al ejército o la policía, al servicio de transporte local, a la compañía lechera o a otros. Eso llegó a ahorrarme muchos sobresaltos y a permitirme permanecer en la cama sin tener que levantarme para comprobar por la ventana la identidad del vehículo. Siempre, por supuesto, existía la posibilidad de una equivocación fatal.

Me parecía que estaba teniendo una pesadilla, que aquello no estaba ocurriendo en realidad. La claustrofobia ya me estaba haciendo daño, pero, al menos —pensaba yo— no estaba aún viendo las visiones fantasmagóricas que los encerrados comienzan a experimentar después de un tiempo.

Fue durante esos días que adquirí el hábito de bajar temprano al patio a tomar el sol en una de sus esquinas. Las Hermanas se dieron cuenta que la espera estaba haciendo mella en mi salud mental. La novicia se sentó frente a mí una mañana nublada. Me preguntó si había escuchado alguna vez la expresión *Carpe diem*. Moví la cabeza en forma negativa. Le dije que estaba dispuesto a escuchar sobre ella.

Aquella criatura me explicó que era el principio de una frase popularizada por el poeta romano Horacio, de la era antes de Cristo. El texto completo dice: «*Carpe diem quam minimum credula postero*». En la lengua de Cervantes se puede traducir como «aprovecha cada día, no te fíes del mañana». Y continuó: «Pudiera sonar como un loa al hedonismo, pero no lo es. Puede significar varias cosas para distintas personas. No todos encontramos la felicidad a través de los mismos medios. Te digo esto porque hemos visto que estás a punto de caer en una depresión. Es natural. Pero ya has perdido varios días porque ni has continuado con tus lecturas ni has compartido con nosotras y eso va en contra del consejo de Horacio. Tienes que aprovechar cada día, con optimismo, como si no estuvieran sucediendo las cosas horribles que ambos conocemos. Esa actitud nos va a acercar al triunfo. He leído que, durante el hundimiento del *Titanic*, los músicos continuaron tocando. Eso nos dice mucho, ¿no te parece?»

Solo tuve que mirarla a los ojos. Se levantó sonriente para dirigirse a la capilla. Yo eché a andar en busca de mi cueva. Como para hacer mi decisión más radical, iba en busca de un libro de Kafka que me había dejado una de mis condiscípulas que había estado de visita la tarde anterior.

El *Carpe diem* comenzó a traerme buena suerte. El día que menos lo esperaba llegó Saúl con la respuesta. Este proceso fue algo complicado. En sí no fue una orden, sino un permiso rodeado de una serie de opiniones diversas que no agregan nada a esta narrativa. El caso es que yo podría marcharme al extranjero y regresar a las montañas llevando armas para las guerrillas. ¡Ahora sí podía comenzar a planear!

De inmediato envié un aviso a mis padres comunicándoles que estaba de acuerdo en marcharme del país. Dos días después llegaron al convento por la madrugada para recogerme e ir a la capital de provincia a realizar las gestiones necesarias para el viaje. Había llegado el momento de la despedida. Mientras mis padres conversaban en el recibidor con la Madre Superiora y otras tres Hermanas, yo terminaba de recoger y organizar mis matules. Salí de mi pequeña cueva a enfrentarme con la oscuridad de la madrugada. Me detuve en el descanso al final de la misma y prendí un cigarrillo. Cuando exhalé la primera bocanada, sentí que era como un exorcismo de la claustrofobia sufrida hasta ese momento. Mi agradecimiento y cariño por las monjitas habían aumentado en forma exponencial. Recordé algo que había leído o escuchado en una canción tiempo atrás: «¿Dicen que no son tristes las despedidas?: Dile a quien te lo dijo, que se despida». Y a eso iba cuando bajaba nervioso los hasta entonces odiados escalones. En mi camino hacia la salita recibidor me desvié para hacer algo que no sabía si estaba prohibido o no, pero sentía un impulso tremendo de dirigirme a la capilla privada de las religiosas. Desde que entré en el pequeño recinto, sentí la presencia de Dios. Después de orar por unos minutos, me senté en el banco que tenía a mis espaldas. Le di gracias a Dios por el tiempo que había pasado con aquellos seres especiales y le encomendé mis futuros pasos.

Las caras de las Hermanas demostraban los sentimientos encontrados que no podían —ni querían— ocultar. Visiblemente emocionado y haciendo un esfuerzo titánico por contener las lágrimas, les dije a todas: «*C'est le tempe de marcher*», a lo que Sor Margarita —mi guía de literatura y fracasada instructora de canto y guitarra durante muchas de mis aburridas tardes— me respondió: «*Oui, mon chérie*». A una por una las fui abrazando y diciéndoles algo relacionado con mi estadía. La Superiora nos abrió la puerta y yo la crucé mientras, sin mirarlas, les decía: «*Au revoir*». De pronto me detuve y, posando mis húmedos ojos en cada una de ellas, dejé escapar un sentimiento de esperanza: «*Je voi returner le jour de la victoire*». A todas les brillaron los ojos casi ocultos detrás de las lágrimas y, como no podían hablar, me hicieron señas distintas que representaban el sueño que compartíamos: «*la victoire*».

Cuando entramos al auto, mamá me preguntó qué les había dicho para conmoverlas tanto y le respondí: «Cosas de nosotros, mamá... cosas...» y ya no pude contener más el llanto. Pensaba que, tal vez, ya no las volvería a ver. Estaba convencido de que, de ese convento, había salido una persona mejor. La novicia me había regalado un ejemplar de la novela *El filo de la navaja* de W. Somerset Maugham. Abrí el libro en una página que ella misma me había leído una tarde en el patio y leí después de encender el pequeño bombillo del interior del carro: «En épocas posteriores, los sabios de la India, reconociendo el padecimiento humano, admitieron que la salvación podía lograrse a través del amor y de las obras, pero nunca han negado que el camino más noble, si bien el más difícil, es el camino del conocimiento, pues su instrumento es la facultad más preciosa del hombre, su razón». Después de varios segundos me había dicho: «Por eso, cuando termines esta fase de tu vida que te ha obligado a dejar los estudios, regresa a la educación formal. Y no te estoy enfatizando la parte de la salvación personal sino la de tu contribución a la reforma de nuestro país, que tanto necesitamos y para la que van a escasear las personas preparadas».

Varias cuadras abajo miré hacia atrás y pude distinguir, en medio de las sombras en la cima de la colina, la morada de aquellos seres que habían aumentado mi capacidad para comprender un poco más la condición humana, transformado mi vida interior en pocas semanas. Cuando el auto salió a la carretera pocos minutos después, bajé la ventanilla para sentir en la cara los aires del ventoso marzo que anunciaban la próxima llegada del tiempo de Cuaresma.

La fuga

Miércoles 26 de marzo de 1958: 4:00 am.

El viaje a Santiago de Cuba se inició en medio de la oscuridad de la madrugada y resultó menos complicado de lo que habíamos anticipado, aunque tomó más tiempo que los anteriores debido a las paradas por los registros de los militares. La carretera no estaba muy transitada, lo cual ayudaba a hacer más cortas las filas de espera. En algunos de los puntos de registros, como Holguín, Contramaestre y Palma Soriano, no tuvimos necesidad de abandonar el auto. En otros, casi siempre estratégicamente situados entre dos centros urbanos en medio del campo, fuimos víctimas de un trato hostil que, en un par de oportunidades, incluyeron palabras obscenas. Los soldados eran por regla general los que llamaban «casquitos» por el casco militar que dejaba mostrar un rostro juvenil. Se enrolaban, o los reclutaban a la fuerza, en regiones rurales donde abundaba el desempleo. El sueldo era miserable y por unos pesos al mes tenían que arriesgar sus vidas para defender los privilegios de unos pocos.

Al pasar por las afueras de Bayamo, donde radicaba el cuartel general de operaciones de la dictadura contra los alzados de la Sierra Maestra, la espera fue más larga y cargada de angustia por la actitud de la soldadesca. Nos obligaron a salir del auto para que dos casquitos lo registraran de punta a cabo. Un teniente le preguntó a papá hacia dónde íbamos y él le contestó: «a Santiago de Cuba, a asuntos de negocios«. Entonces me dirigió una mirada hostil mientras preguntaba: «¿Y ese también es negociante?». Mi padre le respondió que yo estudiaba, pero trabajaba unas horas con él. Ya no se preocupó de seguir averiguando, lo cual nos devolvió alguna tranquilidad. Los dos que registraban nuestro auto continuaban en su faena y ya el ardiente sol nos estaba haciendo sudar más de la cuenta.

Como si fuera un delito, dirigí una mirada hacia la Sierra Maestra. Comparé la lucha entre la Sierra y las ciudades en términos de recursos en ese momento. En las lomas había un grupo de guerrilleros que no alcanzaba el centenar, con armas no muy modernas y poco parque, apoyados por otros en las zonas urbanas que, aunque más numerosos, no poseíamos mejores recursos y estábamos constantemente en la mira de los fusiles asesinos. El enemigo, sin embargo, contaba con un ejército profesional de más de 30 mil hombres, apoyados por tanques, morteros, todo tipo de fusiles y hasta aviones. Se creían invencibles. Y, sin embargo, yo estaba seguro de la victoria, la *victoire* que habían mencionado las monjitas al despedirnos esa madrugada. Había que mantener el optimismo vivo. Teníamos que continuar la lucha. Se me hizo un nudo en la garganta al pensar en lo absurdo de tener que abandonar el país y hacer maravillas para regresar por aire o por mar con armas para poder llegar hasta ese lugar que tenía ahora tan cerca. Consideraba que la decisión no era justa porque creía haberme ganado ya un lugar en la guerrilla. Por unos instantes me vino a la mente la frase «me usan, me queman y luego me ponen condiciones». Tenía cierta relación con un corto párrafo de Nietzsche que recordaba perfectamente: «El indicio más inequívoco de menosprecio por los hombres es la actitud consistente en aceptar a las gentes únicamente como un medio para el logro de los propios fines o no aceptarlas». Eso me habían repetido muchas personas mayores. Para ellos, después de varios intentos infructuosos, no valía la pena arriesgar la vida por un futuro incierto. Los discursos cuajados de patriotismo, los programas de contenido democrático y otras promesas no eran más que feromonas esparcidas con toda intención para atraer la atención de quienes estaban dispuestos a adoptar una actitud agresiva ante la cercana tentación. Al final de este tipo de encuentro, hembra y macho tomarían caminos diferentes.

Minutos después nuestro coche se desvió de esa ruta para tomar por la Avenida Garzón en dirección al Reparto Ampliación de Terrazas, contiguo al famoso Vista Alegre. Antes de que nos diéramos cuenta, estábamos frente al nuevo Consulado de los Estados Unidos, en la Calle C, entre Terrazas y M. Nos impresionó lo moderno del edificio, inaugurado meses atrás, y el mobiliario del salón de espera principal presidido por un enorme retrato del entonces presidente Dwight D. Einsenhower.

El entusiasmo con el que entramos se vino abajo cuando, después de llenar un largo formulario, la vice-cónsul nos dijo que no podía otorgarme la visa «por razones administrativas». De nada valió el explicarle bien que sólo era una visa de tránsito porque el solicitante viajaba a Buenos Aires. Tampoco las súplicas de mi madre ni la petición de ver personalmente al cónsul pues, según la funcionaria, no se encontraba en la ciudad. Aunque mis padres salieron disgustados, yo sentía renacer el optimismo. El viaje parecía que se iba a tornar a favor de mis planes.

Ahora se imponía ejecutar el segundo plan, que a mí me disgustaba mucho menos que el principal. Tenían información de varios padres que habían enviado a sus hijos jóvenes a Jamaica con diversos propósitos, pero todos derivadas de la situación del país. Antes de continuar con las gestiones, hicimos una parada para almorzar pues el amigo nos dijo que el consulado de Inglaterra estaba cerrado durante el receso del mediodía.

Yo no cesaba de observar. Se notaba el contraste entre las distintas partes de la ciudad en relación a personas en las calles y la presencia de militares. Las caras de los santiagueros se habían vuelto hoscas, temerosas, como si de un momento a otro esperaran que sucediera algo terrible. Pasamos por muchos lugares que tenían historia para mí. Recuerdos buenos y malos, pero que servían para unirme más a esa ciudad heroica.

Elegimos almorzar en el reservado del patio de «El Baturro» —en la intersección de las calles Aguilera y San Félix— no solo por la amistad que nos unía a sus dueños, Alfredo González y José Ramos, sino también por su cercanía al consulado británico, situado en la calle Heredia # 205, muy cerca de allí.

Pasado el almuerzo nos encaminamos al consulado de Inglaterra. Menos de una hora después, yo tenía una visa de turista por tres meses estampada en el pasaporte. Como no queríamos que nos sorprendiera la noche en la carretera, dejamos la compra del boleto de avión para el pueblo. Eran las 2:30 de la tarde cuando el Chevrolet de 1954 dobló izquierda en la Avenida Garzón para tomar la carretera central y alejarse del barril de pólvora en que se había convertido Santiago de Cuba. ¡Hasta siempre, Macubá!

A la derecha se encontraba el Cuartel Moncada. Recordé cómo lucía aquella mañana de la Santa Ana cuando un grupo de hombres se había lanzado a tomar la fortaleza militar. Había sucedido el 26 de julio de 1953. Fueron muchos los muertos y los asesinados.

En todo eso pensaba mientras el auto se deslizaba rumbo oeste para luego girar hacia el norte cerca de Bayamo. Solo hubo un incidente en el viaje de regreso, pero ocurrió en mi mente. Cuando atravesábamos la ciudad de Holguín, dirigiendo mi vista hacia el área donde se levantaba el Regimiento Militar No. 7, recordé la escena de mi entrevista en el cuartel de la guardia rural de mi pueblo donde, antes de ponerme en libertad menos de un mes atrás, el comandante Álvarez del Noval me había prometido circularme como militante comunista. Comencé a preguntarme si aquella amenaza tendría algo que ver con la negativa de la visa americana. ¿Sería verdad que el militar había enviado mi nombre al Buró para la Represión de Actividades Comunistas (BRAC) y éste a la embajada de los Estados Unidos en La Habana? ¿Habrá tenido la cobardía de vengarse de esa manera? Si fuera así, el sistema funcionaba a una velocidad increíble. Aunque no estaba muy convencido de que fuera esa la razón, lo cierto era que la visa me había sido negada sin ninguna explicación.

Llegamos al pueblo cuando acababa de anochecer, lo cual facilitó la entrada al mismo y a nuestra casa sin ser vistos. Me parecía que hacía años que me había marchado y sólo habían sido 26 días ese miércoles 26 de marzo de 1958, un par de días después que Enrique, Arzobispo de Santiago de Cuba, publicara una carta pastoral personal refiriéndose al frustrado intento de conciliación intentado por la Iglesia Católica semanas antes. Monseñor Pérez Serantes hacía otro llamamiento a despojarse de todo sentimiento partidista y buscar una solución pacífica a los gravísimos problemas «que la patria adolorida está confrontando». Parecía como si el compromiso con la violencia estaba muy avanzado en ambos bandos para que se pudiera hacer un alto y tratar de darle una oportunidad a la paz. Nadie se dio por enterado del llamamiento del respetado prelado.

Antes de entrar a nuestro hogar me detuve unos segundos en el largo portal para mirar hacia la bahía. La luna la iluminaba y la leve brisa traía hasta mi olfato el olor a salitre que tanto me agradaba. Miré hacia abajo, donde estaba el parque, y sentí como si algo me impulsara a acabar de entrar en mi casa. Después de los saludos de rigor, me fui a mi habitación. Al entrar en ella me golpearon recuerdos desagradables: la noticia del incendio, mi detención, el posterior registro. Permanecí inmóvil durante unos minutos. Cuando me dejé caer en la cama sentí unos deseos inmensos de largarme de allí.

El día siguiente, jueves 27, lo pasé muy nervioso. Acompañé a papá al Banco Oriente a firmar unos documentos para los cheques de viajeros que llevaría conmigo. Todos los que me vieron —sobre todo las empleadas del banco— creyeron estar en presencia de un fantasma pues mi familia había divulgado que me había marchado a la Argentina.

Del Banco Oriente caminamos un corto trecho hasta llegar a la oficina de Antonio Maranje, viejo amigo de la familia cuyo hijo Tony —algo mayor que nosotros— nos ayudaba en las actividades del Movimiento. Entre otros negocios, el señor manejaba una agencia de viajes. Creo que mi padre no se decidió a comprar el boleto del avión en una agencia santiaguera porque ya había decidido poner en práctica un peligroso plan. Mientras papá arreglaba el asunto con Antonio yo me dirigí hacia el fondo, donde estaba la vivienda de la familia, y me entretuve conversando con ellos. Cuando salimos rumbo a nuestra casa, yo ignoraba lo que ambos habían ejecutado en la oficina.

Por la noche llegó mi novia Merceditas a visitarme y despedirnos, acompañada de Nineta, una amiga de las hermanas de ambos. Todos estaban preocupados calculando el tiempo que demorarían en venir por mí. La noticia de mi regreso ya estaba circulando por todo el pueblo. Nadie pudo dormir esa noche en la casa.

Mi padre era el menos nervioso pero el más preocupado de todos. Aunque teníamos previsto salir alrededor de las cinco de la madrugada, debido a su insistencia, lo hicimos algo pasadas las tres del viernes 28 de marzo, sin siquiera imaginarnos que esas dos horas me iban a salvar la vida.

Cuando nuestro auto se alejaba del pueblo volví a pensar en el fuego. Ni siquiera había ido a ver los estragos causados por esa maldad. Debí haber visitado a los damnificados, abrazarlos, tal vez darles una ayuda económica... pero no lo había hecho. No podía exhibirme en el lugar del delito cometido por otros. Ese dolor lo cargaría toda mi vida.

Los tres pasajeros del auto apenas hablamos durante el viaje hasta Holguín. Yo iba pensativo. Aunque no había que atravesar la ciudad, la llegada a Holguín era tal vez el punto más peligroso del viaje. Mi padre, en la forma callada de siempre y sin experiencia en los trajines clandestinos, era quien había tomado la decisión correcta frente a dos supuestos. El primero era que iban a buscarme antes del amanecer y por ese motivo nos marchamos algo pasadas las tres de la madrugada. No tuvimos inconveniente alguno cuando los guardias nos pararon y nos hicieran señas de que continuáramos mientras nos miraban y mi padre ni soltaba el volante ni cambiaba un ápice la velocidad. Pareció una eternidad, pero fueron solo un par de minutos.

Lo opuesto estaba ocurriendo en esos momentos en el hogar que habíamos dejado atrás. En efecto, poco después de las cuatro, varios soldados —uno de ellos borracho— la emprendieron a culatazos contra la puerta de nuestra casa. A gritos pedían que yo saliera porque había una orden de detención en mi contra. Después de varios minutos, unos vecinos los convencieron de que me había marchado con mis padres un rato antes. Los guardias no perdieron tiempo en llamar al Regimiento de Holguín para que nos esperaran en la carretera. El cuartel le pasó la información a la posta, pero, después de dos horas de espera infructuosa, se dieron cuenta de que ya el auto nuestro había pasado. Dedujeron entonces que nos encontrábamos viajando rumbo a La Habana. Del Regimiento avisaron a la capital para que vigilaran el aeropuerto de Rancho Boyeros y me detuvieran en cuanto hiciera acto de presencia. El segundo supuesto consistía en una especulación. Mi padre creía que, de no atraparme antes de salir de la provincia de Oriente, iban a esperarme en el aeropuerto de la capital porque sabían que me marchaba del país. Por eso papá había comprado el pasaje a Kingston partiendo del aeropuerto de Camagüey y no del de La Habana. Como

Antonio Maranje era un buen amigo, emitió un pasaje falso La Habana-Buenos Aires al que dio entrada en los libros, sin dejar rastro del boleto Camagüey-Kingston que le entregó a mi padre. Si las autoridades llegaban a su oficina a averiguar, verían el pasaje falso y concentrarían su búsqueda en el aeropuerto por donde yo no iba a salir, dando tiempo a escapar por el otro aeropuerto. El malabarismo con los boletos se hizo en la tarde del jueves 27 de marzo de 1958. Los 300 kilómetros que me separaban de la libertad prometían estar llenos de escollos, peligros e incertidumbres. Había un problema más serio: El vuelo no saldría hasta después del mediodía del sábado 29.

El hecho de que nos pararan a la entrada y la salida de Holguín era prueba fehaciente de que aún no habían avisado de mi «fuga». Mis padres continuaron en silencio hasta un rato después de haber pasado la ciudad de Holguín. Mi reloj pulsera no marcaba todavía las cinco de la mañana cuando comenzamos a recorrer, ya a menor velocidad, los 77 kilómetros de carretera central que separan las ciudades de Holguín y Victoria de las Tunas. Ya estábamos más calmados, pero en extremo preocupados. Conversamos durante ese pedazo del trayecto sobre cosas triviales. Cuando me sentí menos tenso, dejé escapar una de las mías: «Tengo un hambre del carajo y estoy calculando que llegaremos a Tunas justo a la hora del desayuno. Así que vamos a parar para llenarnos el estómago y cuando venga el próximo susto tengamos algo que evacuar». Esta vez no fue sólo mi madre la que me celebró el chiste.

En Victoria de las Tunas desayunamos en uno de los tantos cafés que descansaban a ambos lados de la carretera central que atraviesa la ciudad. Nos demoramos todo lo que quisimos pues teníamos tiempo de sobra. A esa temprana hora de la mañana, ya la victrola de un bar cercano estaba funcionando. Las canciones que dejaba escuchar me pusieron melancólico: «El reloj», interpretado por Lucho Gatica: *Reloj, no marques las horas/ porque voy a enloquecer;/ ella se irá para siempre/ cuando amanezca otra vez...* Del «Cuando ya no me quieras» de Orlando Vallejo me afectaron los versos del final: *Y cuando nadie escuche/ mis canciones ya viejas,/ detendré mi camino en un puerto lejano y allí moriré...*

Pensaba en el tiempo que estaría separado de mi novia y si volvería a verla algún día. Habíamos comenzado nuestra relación cuando ella tenía 14 años y yo 16. A pesar del corto tiempo que pudimos compartir debido a la lucha, yo estaba convencido de que era la persona con quien quería compartir el resto de mi vida («si es que hay un resto...», pensé). Volvimos a tomar café después de haber desayunado y papá pagó la cuenta. Los nervios y el café me despertaron una fuerte ansiedad por fumar, pero me contuve porque, a pesar de mis 17 años, todavía me abstenía de hacerlo en presencia de mis padres. Cuando abordamos de nuevo el auto, el cielo estaba ya invadido de sol. Comencé a ponerme nostálgico al pensar lo mucho que iba a extrañar esa combinación celeste. La próxima ciudad de importancia en la ruta era nuestro destino final. Camagüey está situada a 124 kilómetros de Victoria de las Tunas. Cuando mi padre no aprobó mi sugerencia de bajarnos a conocer los pueblos por donde pasábamos, no puse objeciones. Me dolía haber llevado a esa situación a quien repudiaba tanto la «política» y respetaba el orden establecido. A cada rato me decía que los gobiernos van y vienen, y todos tratan de beneficiarse y que el trabajo es lo único que debe guiar a las personas decentes. Yo le replicaba que las personas decentes y capacitadas debían participar. Que era un error el abstenerse.

Cuando atravesábamos Guáimaro, para entretenerlos, les di una pequeña charla de historia. Allí se había celebrado en 1869 la primera asamblea constituyente de la república en armas. Aunque el evento era de suma importancia, a mí me gustaba más la anécdota de Ana Betancourt. Su esposo la había ayudado a instruirse y a participar en las luchas independentistas. Cuatro días después de firmada la constitución, durante una reunión nocturna celebrada en la plaza del pueblo, Ana se levantó para pedir igualdad de todo tipo de derechos para la mujer. ¿Se imaginan hacer eso en 1869? En su elocuente discurso dijo que la mujer era relegada a un rincón oscuro y tranquilo del hogar y que, después de haber eliminado la esclavitud de la cuna y la del color, le tocaba el turno a la esclavitud de la mujer. Cuando se terminó la asamblea, Ana permaneció en el pueblo, pero, al conocer que los españoles se acercaban a tomarlo, los vecinos —en un gesto poco divulgado— se decidieron a imitar a los bayameses (que lo habían hecho el enero anterior) y le prendieron fuego a las edificaciones y a sus viviendas para que no cayeran en manos de los españoles. Luego se alzó junto al esposo, pero cayó prisionera y fue deportada a España, donde murió cuando se disponía a regresar a Cuba en 1901. El mismísimo José Martí dijo de ella: «Mediante su palabra vibrante, transmitía al alma de sus oyentes sus sentimientos...». ¡Tremenda tipa, eh! Y, tocándole el hombro izquierdo a mi madre, le dije: « ¡Vieja, toma el ejemplo y libérate!» Los tres reímos a carcajadas mientras yo pensaba en la diferencia que existía entre los incendios de Bayamo y Guáimaro y el que había cambiado mi camino y el de muchos de mis compañeros.

Ya en ese momento el auto se disponía a entrar en el poblado de Cascorro. Me dirigí entonces a mi padre. «Para que veas que los cubanos "no somos chauvinistas", esta anécdota de Cascorro resalta el heroísmo de los españoles». Les narré entonces que el héroe de la famosa batalla que tuvo lugar allí durante la última guerra no fue un mambí sino un miembro del ejército español. Se llamaba Eloy Gonzalo García. Se le atribuía haber ido solito, llevando una lata de petróleo, a darle candela (parece que este país ha estado siempre lleno de pirómanos) al lugar donde se encontraba atrincherado un grupo de mambises. Para que pudieran recuperar su cuerpo si moría, como sucedió, se ató una cuerda a la cintura ¿Por qué la ironía del chauvinismo? Pues, si quieren caminar las pocas calles de este poblado, no encontrarán ninguna alusión a ese gesto heroico. Los cubanos, que vivimos embriagados por este tipo de anécdota, no hemos levantado ni una placa para resaltar ese hecho. Se hizo una película en 1929, pero no aquí. Y se le erigió una estatua, pero tampoco aquí; tuvo que ser en Madrid. Precisamente alrededor de ella se celebran los domingos las actividades del famoso Rastro, el mercado más popular de esa capital y uno de los mercados al aire libre más conocidos del mundo. ¿Qué les parece? Mis padres no rieron esta vez; los había puesto a meditar. Pero no por mucho rato porque, casi enseguida apareció, a un par de kilómetros al frente, el poblado de Sibanicú.

Estaba agotado y cerré los ojos para descansar, pero me quedé dormido durante el resto del trayecto hasta Camagüey. Mi madre me despertó para anunciar la entrada a la capital llamada agramontina por haber sido la cuna del general Ignacio Agramonte. Habíamos llegado, al fin, a la ciudad de los tinajones. Aunque ya era la hora de almorzar, fuimos directos al hotel. Por haberse hospedado en él en viajes anteriores, mi padre había hecho la reservación en el Gran Hotel, situado en la calle Maceo # 64, entre Ignacio Agramonte y General Gómez, en el mismo corazón de la ciudad y a unos doce kilómetros del aeropuerto. Después de inscribirnos, subimos a nuestras habitaciones contiguas situadas en el cuarto piso, el más alto del edificio. Desde la ventana de mi habitación, la ciudad se notaba tranquila. Mamá me avisó desde la suya que ya estaban listos, así que me di un aseo rápido antes de salir a almorzar en un restaurante cercano que nos había recomendado el encargado de la recepción. Luego dimos una vuelta por una ciudad que mamá y yo no conocíamos. Regresamos al hotel para descansar un rato y tomar un baño antes de ir a cenar. Eso fue todo lo que hicimos en esta salida nocturna porque no queríamos andar por la ciudad en medio de la noche. Regresamos al hotel cerca de las nueve. En el vestíbulo casi tropiezo con un oficial de la Marina de Guerra que se encaminaba hacia la puerta. Estaba seguro de no haberlos visto nunca, pero el hecho de que él se volteara para mirarme de nuevo me puso en extremo preocupado, a pesar de que el desconocido esbozó una sonrisa parecida a un saludo.

Subimos a nuestras habitaciones y, cuando cerré la puerta de la mía y le pasé el pestillo, el sonido de la explosión de la primera bomba de la noche me puso en ascuas. «¡Coño, el cañonazo de las nueve en Camagüey!» Recordé que esas actividades de sabotaje eran como un calentamiento para la huelga general que se preparaba pero que aún —pensaba yo— no tenía fecha exacta. Después de la primera, se sintió la segunda, y luego la tercera, con distintos grados de intensidad, dependiendo de la distancia de la explosión y el contenido del artefacto que la producía. Y luego perdí la cuenta. Los militantes de esa ciudad, al igual que los del resto del país, estaban expresando su desprecio por la higiene sonora. Ya no sentía miedo, sino pánico. Un escalofriante terror recorría cada parte de mi piel. Pensé que podían llegar a buscarme para asesinarme antes de que lograra escapar. Estaba en una ciudad que desconocía, donde no tenía contactos. No pude conciliar el sueño hasta casi el amanecer.

Mi madre me despertó después de entrar en mi habitación por la puerta lateral. El santoral del almanaque colgado en una de las paredes indicaba que se celebraba la fiesta de San Saturno, que me hizo recordar la famosa frase de Vergniaud (erróneamente atribuida a Robespierre camino de la guillotina), donde afirmaba que la revolución era como Saturno porque devoraba a sus propios hijos. Habíamos acordado quedarnos descansando y salir a almorzar temprano, camino del aeropuerto. Mamá se veía muy contrariada y triste. Íbamos a dar el paso final con la esperanza de que no me estuvieran esperando en el lugar de salida. Rompiendo el hábito cubano de bañarse por la tarde, después de afeitarme me metí bajo la ducha. Estuve largo rato bajo el chorro de agua caliente, casi hirviendo, que tanto me relajaba.

Salimos del hotel a encontrarnos con un bello mediodía. Figuras de algodón surcaban un cielo que se me antojaba alegre con la recién llegada primavera. Nos separaban unos doce kilómetros del aeropuerto situado al noreste de la ciudad. Cerca de él había un famoso restaurante campestre. Entrar en un lugar lleno de público tenía sus ventajas y desventajas, pero yo solo evaluaba las últimas. Mi madre lo notó y me dijo: «No te preocupes; aquí nadie nos conoce». Aunque le hice señas a uno de los encargados del comedor para que nos sentaran en una de las esquinas del amplio salón, este vino a excusarse por tenerla reservada y nos acomodó casi en el mismo centro. Justo al terminar de ordenar, cuando el camarero recogía los tres menús, ocurrió algo que desafiaba todas las leyes de probabilidades. Se escuchó una voz cercana que llamaba: «¡Baturro!», que era el nombre de uno de los negocios de mi padre y que muchos usaban para referirse a su persona. El llamado nos puso anonadados a los tres. ¿Quién podía llamar a mi padre por su apodo en aquel lugar? Para salir de dudas, los tres nos volteamos hacia la mesa de donde había salido el llamado. Nos quedamos lívidos. Haciéndonos señas para que fuéramos a unirnos a ellos estaba nada más y nada menos que la madre de Fidel y Raúl Castro: la señora Lina Ruz, acompañada por su hijo Ramón, uno de los mayorales de la finca, y un señor desconocido para nosotros. No perdí tiempo en decirle a papá: «Ve a saludarla y ten cuidado de que no te oigan esos dos tipos que acabo de descubrir; fíjate en los dos mulatos en guayabera con espejuelos oscuros que deben ser de los agentes del SIR o del SIM que siguen a esa familia. ¡Me cago en la misma mierda!» Mi padre se levantó y fue hacia la mesa en cuestión, saludó a Lina, a Ramón y a los otros dos y conversó un momento antes de hacernos un gesto para que nos acercáramos. No nos quedó más remedio que ir a saludarlos. Lina insistía en que nos sentáramos con ellos. La situación era grave pues, de hacerlo, los agentes comenzarían de inmediato a indagar quiénes eran los recién llegados que estaban reunidos en esa mesa. Le hice una seña a mi padre y éste se inclinó para decirle en voz baja muy cerca del oído: «Doña Lina, tendríamos sumo gusto, pero estamos camino del aeropuerto a embarcar al hijo que lo vienen persiguiendo y...». No pudo terminar la explicación porque la señora le dijo que no se preocupara, que sentía mucho haber cometido esa indiscreción y que me deseaba toda la suerte del mundo. Ella se acordaba de las veces que yo había acompañado a mi padre en sus viajes a Birán —y así me lo hizo saber en su saludo— y ahora me guiñaba un ojo en señal de buena suerte. Los tres regresamos a la mesa donde ya nos estaban esperando los pollos típicos que habíamos ordenado, junto a la ensalada y los tostones. Terminamos en un santiamén y, sin ordenar postre ni café, se pagó la cuenta y ni siquiera miramos hacia la mesa de los Castro Ruz para disimular con los agentes, a quienes les pasamos por delante en busca de la salida. Unos minutos después el auto cruzaba frente a la entrada principal del aeropuerto y continuaba hacia el estacionamiento.

La entrada en la terminal estuvo llena de aprehensión. No sabíamos si nos estaban esperando dentro del edificio. Con la práctica que había adquirido a través de los años, miré a lo largo y ancho del local y luego me fui concentrando en personas sospechosas. Nada me pareció fuera de lugar. Identifiqué a los consabidos agentes del SIM, pero eso fue todo. Con pasos lentos, mirando de reojo a las personas que se encontraban cercanas, me dirigí al mostrador para hacer los trámites de rigor. Despaché un par de maletas, mostré el pasaporte y entregué el boleto. No pude aguantar una sonrisa media cínica al recibir la mitad del boleto para el regreso que no pensaba utilizar nunca porque ya tenía programada mi vuelta sin boleto. Mis padres me esperaban en una parte del salón y hacia allí me encaminé. Conversando de tópicos ligeros nos dispusimos a esperar el anuncio de la salida del vuelo. Desde allí pude identificar de nuevo a los tres agentes que parecían estar allí de guardia permanente. También pude reconocer a mi vecino Poyato, a pesar de lo hinchada que tenía su cara a consecuencias de los golpes durante su visita a la estación de policía de Nicaro, donde trabajaba. Sabía que lo habían puesto en libertad con la promesa de que saliera del país, y eso estaba haciendo hacia Venezuela. La coincidencia de estar ambos esperando el mismo vuelo —aunque con destinos diferentes— nos podía causar problemas. No nos acercamos.

Miré hacia la pista y comencé a reírme de manera nerviosa. Les expliqué a mis padres que un avión Douglas DC-3 de la Compañía Cubana de Aviación que estaba en un lugar de la pista me había hecho recordar un chiste. Contaban que, al final del período presidencial de Batista en 1944, cuando la compañía incorporó esas naves a su flotilla, invitaron al entonces presidente a dar un paseo en uno de ellos. Al llegar al final de la escalerilla, antes de entrar en la nave, el guajiro de Banes golpeó tres veces con su cabeza el borde de la puerta de entrada porque allí, explicó luego, había un aviso al respecto. En ese lugar estaba pintado el modelo del avión: DC-3. Yo comencé a reír nuevamente al pensar que el «DC-3» había sido interpretado como «dese tres» [golpes]. En ese momento el salón de espera fue invadido por el conocido ruido que produce la apertura del micrófono. Sentí un frío en el estómago que no esperaba.

La voz de una empleada de la compañía de aviación se dejó escuchar: «Señores pasajeros, su atención por favor…» y continuó anunciando la salida del vuelo con destino a Caracas y escala en Kingston, Jamaica. Había llegado el momento de la despedida. Alguien —no recuerdo ni el momento— nos tiró una foto con la cámara que le ofreció mi madre. Los tres lloramos al abrazarnos. Como desde los diez años estudiaba en colegios lejos de mi pueblo y mi familia, nunca hubiera creído que esta separación iba a ser tan dura. No demoré en comenzar a andar lentamente por la pista en dirección al avión. El radiante sol se mezclaba con una brisa que levantaba mi corbata hasta acariciarme la cara. Subí despacio por la escalerilla, como si quisiera retrasar la partida. Al llegar al final, me viré para enviarles un beso con la mano derecha. Luego, antes de entrar en la nave, simulé darle tres golpes con la cabeza al borde de la puerta antes de voltearme para verlos de nuevo. En esta ocasión, además de las lágrimas, ambos mostraban una amplia sonrisa.

Esa fue la imagen que me llevé de mis padres en el momento en que cambiaba mi vida clandestina por la de exiliado. Recordé los seis relatos reunidos en *El exilio y el reino* de Albert Camus que yo había terminado de leer en el convento. Especulando sobre el tipo de exilio que me esperaba, me quedé dormido cuando el avión ya volaba sobre el cielo espumoso que dibujaban las preciosas aguas del Mar Caribe.

TERCERA PARTE

El exilio sin reino

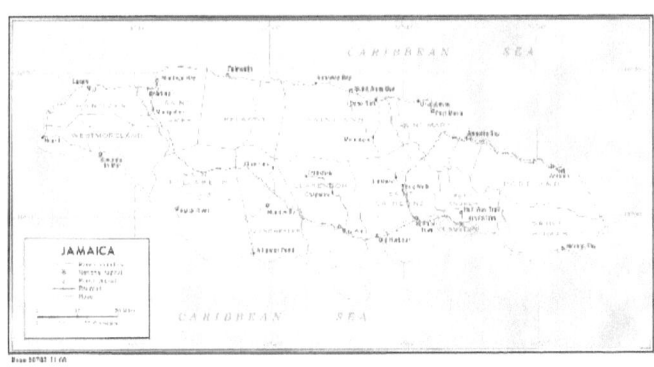

La llegada a Kingston

Una aeromoza me despertó con delicadeza: «Joven, ya vamos a comenzar el descenso. En unos minutos estaremos aterrizando en el aeropuerto de Kingston». Mis ojos se entreabrieron y, al ver la borrosa mancha azul producida por su uniforme, sentí miedo. Sentí el mismo que aquella tarde del 9 de febrero anterior cuando dos policías estaban poniendo punto final a mi siesta. Poco faltó para que diera un brinco en el asiento. Miré alrededor y comprobé que estaba en la cabina de pasajeros de un avión. Mi reloj pulsera no marcaba aún las cuatro de la tarde. El vuelo estaba supuesto a durar algo más de media hora. «No voy a estar tan lejos de Cuba; será fácil regresar», pensaba mientras me frotaba la cara, ajustaba el cinturón de seguridad y miraba por la ventanilla que tenía a mi derecha.

Allá abajo me esperaba uno o más de los exilios descritos en la narrativa de Camus. Me había quedado dormido pensando en ellos. Dormí tan profundo que no había escuchado el anuncio del próximo descenso. Aunque ya no corría un peligro inmediato, volví a ponerme tenso. Tal vez porque era mi primer viaje en avión y la primera vez que salía al extranjero. Debido a mi inexperiencia, me sorprendió el impacto de las ruedas de la aeronave contra el concreto de la pista. Pronto recuperé la estabilidad y me dispuse a esperar el momento de desembarcar.

Ingresé al pequeño grupo dispuesto a desembarcar cuando dieran permiso. El resto de los pasajeros, incluyendo a mi amigo Poyato, seguía hacia Caracas, Venezuela. Nos despedimos a distancia: «Suerte» y «Cuídate» fueron las dos palabras que balbuceamos. Todavía hablábamos en voz baja y por señas. Los sistemas totalitarios imponen normas de conducta que son muy difíciles de eliminar.

Un sol que ciega me golpeó de manera brutal cuando me acerqué al borde de la puerta. Era como si hubiera llegado a Santiago de Cuba, mi querida Macubá. El grupo de pasajeros fue caminando hacia la terminal. Los trámites fueron rápidos; los agentes resultaron extremadamente amables. En medio de un esfuerzo por entendernos divisé a Blas Ledesma esperándome cerca de la puerta de salida. Esbozando una amplia sonrisa me hizo señas con su mano derecha. Blasito era tal vez la razón de mi llegada. Cuando en Santiago de Cuba me negaron la visa de Estados Unidos para hacer una corta escala en Miami rumbo a Buenos Aires, mis padres recordaron que Blas estaba en Kingston aprendiendo el idioma mientras esperaba la reapertura de la Universidad de La Habana, donde deseaba entrar en la escuela de medicina. La familia había vivido muy cerca de nosotros en Antilla. A la muerte del padre, su viuda Delfina se había trasladado con sus dos varones al cercano pueblo de Banes donde residía toda su familia. El año anterior yo había estado interno con Blasito y su hermano Pepín en el «Instituto Cuba».

Nos dimos un largo y apretado abrazo. Blas había estado al tanto de mi reciente calvario. Lo habían llamado para consultarle mi intento de salida hacia allá y la posibilidad de que me recibiera y orientara al llegar a Kingston. «Sospecho que te escapaste en un hilito, ¿o me equivoco?», fue lo primero que me dijo. Le respondí con una sonrisa de afecto, nervioso todavía, y con una promesa: «No, coño, no te equivocaste. Luego te cuento con lujo de detalles». En ese momento, una de las oficiales de Inmigración nos hizo una señal mientras se dirigía hacia nosotros. «El joven aquel me pidió que les dijera que les agradecería que lo esperaran». Ambos miramos y la pregunta fue la misma: «¿Tú lo conoces?» La respuesta fue también igual: «No». En ese momento el joven en cuestión había llegado hasta nosotros: «Buenas tardes. Yo también vengo huyendo. No conozco a nadie aquí, no tengo dónde quedarme, no hablo ni papa de Inglés y tienen que llevarme con ustedes, no me importa a dónde». Le dimos un abrazo y Blasito le abrió la puerta del taxi al que estábamos a punto de subirnos cuando nos envió el recado.

Cuando el taxista salió a la carretera, Pepito (que así llamaban a José González) y yo gritamos al unísono: «¡Oye, oyeeee... dile al chofer que se pase para la derecha!» Nos explicó entonces que, siendo Jamaica una colonia inglesa, conducían por la izquierda como los británicos. Muy cerca de allí, mientras el taxi volaba por aquella carretera, pudimos observar a una serie de individuos colgando de una soga trabajando en la ladera de una montaña. «¡Pero es que eso es una violación de los derechos humanos!», exclamé. Blas me contestó: «Pues pórtate bien aquí porque estos ingleses no andan creyendo en pendejadas».

Blasito vivía al otro lado de la ciudad, en un barrio llamado *Half Way Tree*, cuya arteria principal era una amplia avenida del mismo nombre. Atravesamos parte de Kingston. Se notaba alegre, había grupos de personas reunidos en las aceras conversando y hasta en la calle. Durante el trayecto experimenté algo que me habían pronosticado y no había creído: personas orinando en los bordillos de las aceras, hombres y mujeres, y nadie protestaba. Al fin llegamos frente a la casa. Como Blas tenía moneda nacional, insistió en pagarle al taxista. El vuelto parecía la compra en una ferretería pues estaba compuesto por un puñado de monedas con apariencias de tuercas. Nos reímos camino del portal. La familia que le estaba rentando una habitación a Blas estaba compuesta por una mujer blanca de origen europeo, creo que alemana, de un cuerpo agraciado por la providencia y un carácter bastante jovial. Al momento de nuestra llegada su esposo, que era profesor universitario, no se encontraba en la casa. Tenían un chico llamado Abey, de unos cuatro años, muy blanco, sin ninguna señal de la raza paterna, que era jamaiquino. La señora accedió a que Pepito y yo nos quedáramos en su casa hasta que la familia Wedderburn, unas cinco casas más abajo, en la misma calle Westminster Road, nos pudiera acomodar. Esa era también la situación de Blas, quien estaba viviendo allí hasta que los Wedderburn finalizaran las obras de remodelación.

El señor de la casa llegó pasadas las cinco de la tarde. Abey se lanzó al patio del frente a esperarlo, colgándosele del cuello. El padre lo cargó y así entraron en la sala del pequeño chalé donde ya la cena estaba servida en el comedor. Era un hombre alto, de mediana complexión, pelo ensortijado, labios algo gruesos, bella dentadura, ojos grandes y mirada lánguida. Fueron momentos bastante incómodos debido a nuestra ignorancia del idioma, aunque Blas ya se estaba convirtiendo en un experto y nos servía de traductor. Se notaba que el hombre de la casa era todo un intelectual: por sus modales, el tono de la voz, su Inglés exquisito que no era ni local ni británico. No se cansó de hacernos preguntas sobre la situación política de Cuba: ¿Es Batista tan malo? ¿Es Castro la solución? ¿No existe otra alternativa? Le respondíamos como podíamos. La señora, sin mostrar señales de mala educación, no ocultaba sus deseos de que terminara la cena. Fue recogiendo la mesa y llevándole los trastes a una sirvienta que esperaba en la cocina. El esposo la miraba de vez en cuando y ella trataba de evadir el contacto visual. Aunque no suelo ser buen observador en estos casos, era obvio que allí estaba sucediendo algo. No hice preguntas indiscretas. Semanas después me enteré de que ese «algo» era el responsable de nuestra mudada unas casas más abajo en la misma calle. Al fin alguien dio por terminada la embarazosa velada y cada uno tomó un rumbo distinto. Sin preocuparme de la higiene bucal, para la que habría tiempo a la hora de acostarme, salí a fumar mientras contemplaba el contraste entre la negrura de la noche y las brillantes estrellas en el firmamento. Me invadió una inmensa nostalgia por lo que había dejado atrás al romper la tarde. Tenía que regresar pronto… ¡y con armas! No conocía a nadie en el giro, no tenía en mi poder el dinero necesario, pero lo iba a hacer. A eso había venido al extranjero.

Blas y Pepito interrumpieron mis pensamientos. Los tres nos sentamos en un pequeño muro de concreto que servía de cerca a la entrada de la casa. Estábamos de frente a la calle. Comenzamos a conversar. Pepito nos contó su historia. Su familia vivía tranquilamente en Guisa, en la Sierra Maestra, donde su padre era propietario de una bodega. Pepito y su hermana estudiaban fuera. Resultaba interesante que su hermana era muy amiga de María Esperanza, la novia de José Antonio Echeverría, el fundador del Directorio Revolucionario que muriera peleando al lado de la Universidad el 13 de marzo del año anterior. La chica iba a pasarse las vacaciones a su casa en las montañas. La tranquilidad se vino abajo con el desembarco del yate Granma el 2 de diciembre de 1956. Pepito comenzó a darles ayuda a los alzados, principalmente alimentos y dinero. Un día que los vio desesperados por la falta de armamentos, les regaló una escopeta propiedad de su padre. Resulta que el joven rebelde que la portaba fue muerto en un combate y los guardias ocuparon su escopeta. Ni Pepito ni el beneficiario del regalo se habían molestado en borrarle el número de serie. Por eso, al hacer el correspondiente chequeo, apareció el origen del arma. Pepito fue detenido por el teniente González (no parentesco con su familia) quien lo mantuvo en el cuartelito de Guisa por ser amigo de la familia. Un día dieron órdenes de que lo trasladaran al centro de operaciones contra los alzados de la Sierra Maestra, situado en las afueras de la ciudad de Bayamo y bajo el mando de un oficial que no tenía una buena reputación respecto al respeto por la vida humana: el comandante Merob Sosa García. Todos en Guisa habían escuchado historias de las torturas que se realizaban en un lugar conocido por «La pesa». El teniente González aseguraba que eso no iba a suceder esta vez y le aconsejaba a Pepito que dijera que iba de parte del teniente González.

Pepito no salió muy convencido del cuartel a tomar la guagua que trasladaría a la famosa granja a varios prisioneros y alzados heridos. De nada valieron sus palabras de que iba recomendado por el teniente de su pueblo. Las palizas se sucedían casi a diario. Cuando ya no podía más, lo pusieron en libertad y, horas después, lo visitaba el teniente en su habitación. Cuando lo vio no pudo creerlo. Era obvio que lo habían golpeado hasta cansarse. Al decirle Pepito que sí, que había repetido mil veces que iba recomendado por él, el oficial encolerizó: «Deja que ellos me recomienden a alguien…» Cuando su estado mejoró, arregló los papeles y llegó a Kingston, donde no esperaba permanecer mucho tiempo pues estaba relativamente recién casado y extrañaba con locura a su esposa y sus mellicitas.

En ese momento, un auto con las luces largas dobló la esquina de la calle a nuestro lado derecho y se lanzó veloz calle abajo. Yo, que no tengo ninguna habilidad de acróbata, me lancé hacia atrás cayendo en la yerba en la posición opuesta. Mis compañeros de plática se viraron para preguntarme cuál era el motivo del acto circense. No me dio pena decirles la verdad. Cuando fueron al pueblo a buscarnos para asesinarnos, las luces de un auto cruzaron buscando mientras Eduardo y yo nos lanzábamos al suelo. La experiencia se había repetido meses después. El impacto emocional fue tan grande que el miedo a esos autos lo he conservado hasta el día de hoy y me da la impresión de que hasta percibo el sonido seco de los disparos viniendo hacia mí.

Continuamos conversando un rato más y luego nos fuimos a dormir. Era mi primera noche de descanso tranquilo después de lo que yo creía había sido una eterna pesadilla.

Días después nos mudábamos los tres al hogar de la familia Wedderburn. La casa era amplia para poder acomodar a todas las personas que vivían en ella: la madre, cuatro hijas, dos hijos y un par de nietecitos cuyo padre residía en Nueva York.

Casi acabado de llegar me habían informado que los cubanos se reunían los sábados en la acera y cafetería de una tienda por departamentos situada en medio del centro de la ciudad. La tienda, situada en el 83-85 King Street, no era otra que la famosa F.W. Woolworth, a la que los cubanos llamamos «Ten cents» en la calle Galiano de nuestra capital. La de King Street era la primera en Jamaica y había sido inaugurada en 1954. Tenía dos plantas ocupadas por los distintos departamentos, aunque a los cubanos nos interesaba la cafetería en el piso superior, donde nos sentábamos después de cansarnos de conversar parados en la acera, justo junto a la puerta principal del establecimiento. Por regla general, llegábamos a media mañana y no abandonábamos el local hasta bien entrada la tarde. Allí se recibían a los recién llegados, se intercambiaban noticias y se hacían planes para las salidas clandestinas. El lugar era bastante cómodo y, como consumíamos y nos portábamos bien, nunca nos llamaron la atención.

Como había llegado un sábado, tendría que esperar una semana completa para ir al famoso «Ten cents». No perdí esos días. El mismo lunes me encaminé a la escuela donde estudiaba inglés la inmensa mayoría de los 400 jóvenes que residían en Kingston en ese momento y donde se suponía que yo matriculara, cosa que no hice. Hablé con jóvenes en las aulas y en el patio a la hora del receso. Todos expresaban su rechazo a la dictadura [«Por culpa de ella es que estamos aquí, ¿no?»] Pero la actitud cambiaba de manera radical cuando les preguntaba si estaban dispuestos a regresar a Cuba a pelear. Las justificaciones eran diversas pero la respuesta era siempre la misma: NO. El caso es que aquí me parece oportuno adelantar que, una vez conectado con varios compañeros del

«Movimiento 26 de Julio» deseosos de continuar la lucha, regresamos al colegio a reclutar futuros expedicionarios. El final del proceso fue inesperadamente brutal: el número 19 lo completamos con un chino jamaiquino. Y en ese momento abandonamos la idea de una expedición numerosa y comenzamos a trabajar a la vez en dos tipos de operaciones para el regreso a Cuba, pero ambas demandaban un largo proceso.

Todavía no estaba familiarizado con las actividades de los cubanos en Kingston. Poco antes de mi llegada, debido a mal comportamiento, habían sido expulsados del país dos cubanos que, según se supo después, fueron asesinados al llegar al aeropuerto de Camagüey. Lo cierto es que un pequeño grupo se dedicaba a hacer maldades que la policía no podía permitir.

En algunas noches hacían que operaran los dispositivos de alarma de fuego en distintos puntos de la ciudad y esta se llenaba con el ruido de las sirenas que iban en busca de fuegos inexistentes. Otra de sus ocurrencias era ir en bata de casa a la entrada del cine Carib y allí posar desnudos como estatuas a la salida de la última función.

Hubo una época en que Carlos, Blas y yo asistimos a las reuniones de la entrada del cine Carib. Allí disfrutábamos de las tertulias y no sentíamos tanto la morriña por el terruño, como decía mi abuela Clarisa. Cuando decidíamos regresar, pedíamos botella. Casi siempre alguien paraba. Una noche nos recogió un matrimonio inglés de la tercera edad. Tenían una conversación interesante y querían saber de Cuba. En medio del camino entraron en un «Dairy Queen» en el área de la torre de Half Way Tree. Nos invitaron y, desde esa noche, nos deleitábamos con los famosos «banana splits» en una época en que no se conocía el significado de la palabra «caloría».

En la casa, Blas y yo teníamos una constante lucha tratando de convencer a Pepe de que estaba arriesgando su vida si regresaba a Cuba. Pero él no veía un futuro en Kingston. Allí no pintaba nada y extrañaba a su esposa y sus mellizas. Lo escuchábamos hablar por teléfono con Cuba constantemente hasta que, un buen día, nos anunció que tenía todo preparado. Había sacado pasaje hasta Camagüey, donde lo recogería una avioneta propiedad de un arrocero conocido que lo llevaría a Manzanillo y, de ahí, a su casa en Guisa. « ¡Estás loco p'al carajo!», le dije en alta voz. Pero no hubo forma de convencerlo de que no iba a poder llegar. Su reacción fue preguntarme si lo iba a llevar al aeropuerto o si tenía que pedir un taxi. Raymond y yo lo acompañamos. Allí nos despedimos con un largo abrazo. Resultaba bastante irónico que nos estábamos despidiendo en el mismo lugar donde semanas atrás nos habíamos conocido. Estaba seguro de que no iba a poder llegar con vida a su hogar.

Me equivoqué. Pepito llegó sano y salvo y sobrevivió la lucha guerrillera. De ello no me enteré hasta el año 2016 en un almuerzo auspiciado por la Fundación José Antonio Echeverría. Lucy, la hermana de José Antonio, me dijo que estaba esperando a María Esperanza, la que fuera novia de su hermano. Entonces le conté la historia de Pepito y ella comenzó a reírse mientras me anunciaba que la hermana de Pepito también asistiría acompañando a su amiga de toda la vida. Cuando llegaron me presentaron a ambas y pasé un rato muy agradable poniéndome al día desde aquella despedida en el aeropuerto de Kingston.

Cuando Pepito se marchó trajimos a vivir a la casa a un amigo de Deleyte (un barrio rural perteneciente al municipio de Antilla) llamado Carlos. En general la pasábamos muy bien allí porque todos y cada uno de los miembros de la familia Wedderburn hacían lo indecible porque nos sintiéramos como en nuestra casa. Por ejemplo, algunas de las noches, cuando nadie tenía que salir, nos sentábamos en el portal a conversar de cuanto tópico existe en el libreto. Un tema que salía a relucir con frecuencia era el de la dominación inglesa sobre la isla. Una noche Raymond me dijo que él era británico. En vez de echarle una carcajada, le dije que yo también lo era. Esta vez fue él quien se rio. Entonces le pregunté:

—¿Puedes ir a Inglaterra cada vez que quieras? [Me respondió afirmativamente].

—Y yo también [le contesté].

—¿Tienes un pasaporte inglés? [Me respondió que sí]

—Yo no lo tengo [le aclaré]

221

—¿Puedes entrar en Inglaterra con solo mostrar tu pasaporte? [Me dijo que no, que necesitaba que le pusieran una visa]

—Y yo también necesito esa misma visa. Así que yo también soy «*british*».

Todos en el portal reímos a carcajadas. Yo aproveché para decirle que la idea de convertir el término «British West Indies» en «West Indies Federation» era un invento mal hecho. Lo acaban de anunciar y esperan que sus miembros alcancen su independencia como una sola nación. «Pero, mi amigo, le han dado poderes limitados y tendrán que enfrentar numerosos problemas. Mientras tanto, tú seguirás necesitando una visa para visitar Inglaterra».

Mientras realizaba mis gestiones con los alumnos del colegio de idiomas, le había escrito a mi amigo Fernando Vecino. Me contestó enseguida y luego continuamos nuestra correspondencia hasta que se marchó. En una de esas cartas me dijo que había dejado la universidad y estaba dedicado totalmente a tratar de regresar a Cuba para incorporarse al grupo de los alzados. Había recibido entrenamiento en México porque existía la posibilidad de que partiera desde allí una expedición del Movimiento 26 de Julio al mando de Pedro Miret y él me garantizaba que ambos iríamos en ella. Semanas después se cambió la táctica y se decidió que esa expedición no debía realizarse. A fines del mes de mayo Vecino me avisó que se iba por su cuenta. Visitó en Miami a Haydée Santamaría, quien le dio credenciales para que las mostrara en Santiago de Cuba. Tomó un avión que arribó a Camagüey el 30 de mayo. Acompañado por sus abuelos maternos viajó por ferrocarril a Santiago de Cuba y unos días después logró subir a la Sierra Maestra junto a un pequeño grupo.

Aunque continuó el rumor de una futura expedición del país azteca, eliminé esa posibilidad porque no parecía factible. Los días entonces se volvieron más lentos. No veía progresar mi objetivo. Conocí a muchos cubanos exiliados. Reconocí el nombre de algunos de ellos; a otros, los conocía de Santiago de Cuba. Comenzamos a hablar nuevamente de un plan para realizar un intento de salir en una expedición hacia la isla. Me pasaba algunas tardes en la casa donde paraban Eduardo y Arnaldo Yasells o en la de Francisco Martínez, donde nos reuníamos a conversar y analizar posibilidades. Pero el plan no acababa de prosperar, mucho menos de materializar. Eran solo palabras. Entonces comprendí que, en realidad, tenía dos opciones que pudieran ser candidatas al desarrollo de dos planes. Pero, antes de eso, comprendí la necesidad de darle vida al Movimiento por medio de la organización que ya estaba estructurada y de cuyo apoyo iba a depender en gran parte el éxito de cualquier plan. La tensión aumentaba de manera considerables mis deseos de fumar.

En Jamaica no vendían cigarrillos confeccionados con hojas de tabaco fuerte. En pocas palabras, no había cigarrillos cubanos. Cuando los escasos paquetes que había comprado en Camagüey se terminaron, me vi forzado a explorar otras marcas. Traté varias sin éxito. Y eran caros. El más popular se llamaba «Dunhill». Lo fumaban personas de buena posición económica. Venían en una cajita rectangular con una fina envoltura interior. Las ansias de fumar después de un par de días de abstinencia me llevaron a comprar una cajita. Fue en un bar de Cross Roads que estaba justo en la parada de la guagua que yo esperaba, en la calle a un costado del Cine Carib. Prendí uno allí mismo. Inhalé mi primera dosis de nicotina en dos días. El efecto fue reconfortante, agradable, resucitador. Me di cuenta de dos cosas: sufría de una terrible adicción y «la fuma» era muy cara para mi diario bregar. Es cierto que mis padres me giraban suficiente dinero, pero, después de pagar los esenciales, yo entregaba el resto para nuestras actividades. Esto no lo sabía nadie en el grupo. Cuando se me terminó la primera cajita no volví a comprar, a pesar de que casi siempre llevaba dinero de sobra en mis bolsillos. Me parecía que estaba cometiendo un gran pecado si tomaba unas monedas para calmar mi necesidad de fumar.

Mi relación con el fumar había comenzado a la edad de ocho años. En el grupo que montaba bicicleta por las tardes había dos amigos que nos ofrecieron un cigarrillo cuando descansábamos en el área de los tanques de miel cercana a los muelles. No me gustó ni un poquito, me produjo un efecto que combinaba un mareo con arqueadas peor que la embriaguez, aunque todavía no había experimentado con el alcohol. Poco a poco me fui acostumbrando.

Como tomaba los paquetes de la vidriera del café de mi padre me podía dar el lujo de probar todas las marcas. Pero en Kingston no existía «El baturro» para abastecerme sin afectar los fondos de la causa.

El dilema lo solucioné una tarde cuando salía de la casa de Francisco después de una reunión. Cuando me disponía a cruzar la calle, bajé la vista evitando dar un mal paso en el bordillo de la acera y mis ojos chocaron con un cigarrillo. Aunque algo torcido, estaba completamente entero, no se había prendido nunca. No lo pensé dos veces. Hice una genuflexión casi religiosa y lo tomé con una merecida delicadeza. No sentí un ápice de vergüenza. Me lo fume completico. Ese fue el comienzo. Yo trataba (y creía que lo había conseguido) ocultar esas acciones. Pasaron los meses. El día antes de partir hacia Montego Bay para irnos a Cuba uno de mis compañeros me dijo: «Oye, comienza a comprarte la fuma no vaya a suceder que el propietario del yate que vamos a pretender alquilar va a tener dudas sobre nuestra capacidad de pago cuando vea a un mendigo recogiendo cabos de cigarro de la calle». No supe qué decir. «¿De qué hablas?», atiné a casi balbucear. Estaban todos presentes. Otro me dijo: «Siempre lo supimos, pero decidimos no decirte nada». Terminaba así mi vida de fumador mendigo.

La casa del 26 de julio

Mucho antes de que lo anterior sucediera, después de vivir en la calle Westminster Road durante varios meses, había decidido mudarme de casa. Ya Carlos y Blasito se habían marchado y yo, a pesar de la estrecha amistad que había desarrollado con Raymond y su familia, me sentía solo. Poco antes había llegado a Kingston Rafaela Mariño, viuda del maestro holguinero Rubén Bravo Álvarez, asesinado por los esbirros de la tiranía. Fela llegaba con su madre y cuatro hijos —tres hembras y un varón. Seis bocas que alimentar donde no se podía trabajar legalmente. Nos pusimos de acuerdo para ayudarla formando algo parecido a una casa de huéspedes que, en realidad, era un segundo hogar en tierra extranjera. Llegamos a vivir cerca de una decena de militantes además de la familia. La casa era amplia y todos ayudábamos monetariamente y en las labores de la casa. Era también la dirección oficial del Movimiento 26 de Julio.

Las gestiones aisladas, sin coordinación con la dirección de nuestra organización en el exilio que radicó primero en Miami y luego en Caracas, terminaron con la incorporación de nuestro grupo a la red de Comités que ya operaban fuera de Cuba. A Kingston llegó, procedente de Caracas, Luis M. Buch Rodríguez para presidir la reunión de constitución del grupo. Luego describiría los pormenores en un libro: al contestar las preguntas del autor:

> *En Jamaica había una considerable colonia de exiliados cubanos, alrededor de quinientos. La proximidad con la provincia de Oriente, las facilidades de comunicación que había entonces, propició que muchas familias orientales, temiendo que sus hijos se vieran involucrados en las actividades conspirativas o que fueran víctimas de la represión, los mandaran a Jamaica. Ello condicionó que en esa isla, que todavía era colonia inglesa, el exilio cubano fuera, predominantemente, de jóvenes orientales, cuya característica principal era la inexperiencia revolucionaria. Esa característica pesó bastante en la labor del Comité del Movimiento 26 de Julio, pues solo una vanguardia de aproximadamente una veintena de compañeros tenía algún tipo de experiencia revolucionaria.*
>
> *De todos modos, en Jamaica logramos constituir un Comité del Exilio, para cuya coordinación fue designada Rafaela Mariño, la viuda de [Rubén] Bravo, el holguinero que fue asesinado durante las Pascuas sangrientas ordenadas por el coronel Fermín Cowley Gallegos. Rafaela Mariño rindió una labor destacada al frente del Comité. En materia de recaudación económica, con la venta de bonos especialmente habilitados para aquel país y con otras acciones de contribución financiera, se logró estabilizar la recaudación de unos doscientos dólares semanales. En Jamaica se trabajó también en la adquisición y el traslado de un importante cargamento de armas para la Sierra Maestra, pero finalmente, esta operación no resultó. De todos modos, allá se logró hacer mucha propaganda a favor de la causa, y el territo-*

rio se utilizó como punto de apoyo para las operaciones aéreas a la Sierra Maestra.

Necesito aclarar que Rubén Bravo no fue asesinado durante las llamadas «Pascuas Sangrientas» dirigidas por el coronel Fermín Cowley Gallegos en varios municipios de la costa norte de Oriente durante los días 23-26 de diciembre de 1956. Bravo fue asesinado el 9 de diciembre del año siguiente en unión de otros cinco holguineros acusados de participar en el atentado que costó la vida a Cowley Gallegos el 23 de noviembre anterior.

Otro punto que no representa la realidad es la cantidad de fondos que se logró recaudar. Nunca llegamos a la cifra de 200 dólares semanales. En realidad, cuando le ofrecíamos bonos a cualquier jamaiquino la respuesta que recibíamos era que tenían que consultarlo con su ministro o párroco. Luego regresaban con una respuesta negativa porque ellos no podían contribuir con una causa que resultaba en la pérdida de vidas humanas, por muy hermoso que fuera su objetivo. Así que tuvimos que dirigirnos a organizaciones más liberales o a personas pudientes que no tuvieran los escrúpulos de la gente humilde que practicaba su religión. La otra fuente de ingresos eran los cubanos exiliados, a quienes teníamos que prácticamente perseguir para que nos entregaran su contribución mensual. En pocas palabras, teníamos que zancajear para conseguir las cantidades que mensualmente enviábamos a Caracas y que nunca llegaron al monto erróneo señalado por Luis Buch en el libro mencionado.

La incorporación oficial de nuestro grupo a la organización del exilio no solo nos dio un carácter serio sino un contacto constante con la dirección de la organización que, a través de la radio, se mantenían en contacto constante con la Sierra Maestra.

El posible lote de armamentos

En medio de esos trajines surge una oportunidad con la que no habíamos ni siquiera soñado. El núcleo local del Movimiento 26 de Julio había hecho contacto con un jamaicano que tenía una barbería en el centro de la ciudad de Kingston, quien nos había confiado que tenía una conexión con un coronel retirado de las fuerzas armadas inglesas que podía apoderarse de parte del lote de armamento que daban de baja cada dos años y lo arrojaban al mar. Dicho contacto parecía ser legítimo. Para cerciorarse de ello, le pedimos al contacto que consiguiera que el oficial amigo suyo, o uno de sus representantes, asistieran a una reunión con un par de nuestro grupo. Después de esperar tres días llegó la respuesta afirmativa.

La cita tuvo lugar en uno de los bares respetables del área del puerto. El *Jamaica Arms* era utilizado esporádicamente para este tipo de reunión. Elegimos un día en medio de la semana, en el tiempo entre el almuerzo y la cena, por ser el espacio con menos afluencia de clientes. Para no tener fallos en la interpretación de lo que se discutiera, debido al idioma, yo le pedí a un amigo cubano con larga residencia en el país que me acompañara. Federico aceptó con gusto. Llegamos al lugar del encuentro unos minutos después de la hora señalada y nos dirigimos hacia la mesa que nos habían indicado con anterioridad a la cita. Los dos anfitriones se pusieron de pie para saludarnos. Hubo estrechones de manos: «Mucho gusto, yo soy Alex», les dije, para ocultar de algún modo mi identidad. . «Y yo soy Fred», agregó mi amigo. Enseguida me di cuenta de que nuestros anfitriones se habían sorprendido por lo joven que era. El contacto, llamado Charles, ya yo lo conocía. El otro era un militar retirado a quien llamaban Randy, y fue quien me hizo la maldita pregunta: «¿Qué edad tienes, Alex?» Manteniendo la compostura al escuchar la nueva versión de mi nombre le respondí: «Tengo 17 años». El ex militar hizo una especie de gesto que se podía interpretar como admiración o incredulidad. Sentí la necesidad de explicarle: «La revolución que estamos librando en nuestro país es una rebelión de los adolescentes. Es muy difícil que los extranjeros lo comprendan, pero es así». Como modo de excusarse, Randy ordenó una ronda de tragos. Casi todos pedimos cerveza.

Comenzamos a conversar sobre asuntos triviales, llegaron las copias del menú y ordenamos el almuerzo. El nerviosismo y la ansiedad no me permitieron disfrutar el pescado que tenía frente a mí. Fue durante el café que comenzamos a discutir el tema que nos había reunido. Charles explicó cómo había hecho contacto con Randy y los años que hacía que se conocían. Este tipo de operación la habían realizado un par de veces. No había nada que temer. En ese momento yo intervengo para preguntar de qué clase de material y qué cantidad estaban hablando. Randy miró con disimulo en varias direcciones y extrajo su pipa de uno de los bolsillos de su camisa y el tabaco de uno del pantalón. Después de prender la pipa me di cuenta de que tenía frente a sí, debajo de una servilleta, un pequeño pedazo de papel de color amarillo. Fui moviendo la servilleta lentamente hasta dejar el papelito al descubierto. Allí venía escrito el cargamento que ofrecían: 100 fusiles, 10 ametralladoras calibre 30, tres bazucas y 80,000 tiros. El precio total era de $38,000 más el 10% de comisión para el intermediario. Aunque no estaba mal me pareció que era muy poco dada las necesidades y la etapa en que se encontraba la lucha. Así se lo hice saber a través de Frederick, pero la respuesta vino tajante: «Ustedes no son nuestros únicos clientes y sólo tenemos acceso a cierta cantidad de armamento y equipo. Lo sentimos mucho». Le respondimos que estaba bien y que les daríamos una respuesta definitiva cuando nos avisaran de Caracas.

Ya estaba cayendo la noche y llegando los parroquianos de la cena cuando abandonamos el lugar. El inglés y el jamaiquino salieron primero; luego les seguimos mi amigo y yo. Ya afuera le pregunté a Federico su opinión: «Tú sabes que yo no estoy muy al tanto de lo que hacen ustedes, pero creo que, para lo que deben tener en la Sierra, este cargamento les va a venir de maravillas. Recuerda que la avaricia rompe el saco». Yo tuve que asentir mientras abordaba el coche de mi amigo que, minutos después, me dejaba en la puerta de la casa.

De Caracas habían llegado instrucciones de comunicarles telefónicamente en cuanto tuviera lugar la reunión. Eso se realizó esa misma noche. Parece que esperaban resultados positivos porque la persona con la que hablé me informó que un emisario llegaría a Kingston por la mañana. Yo no podía estar más contento.

El mes de octubre estaba ya corriendo cuando fuimos de nuevo al aeropuerto a recoger al enviado por Caracas. El emisario no era otro que Luis Buch. Después de los saludos de rigor, lo llevamos al motel donde se hospedaría durante el tiempo que demandara la operación. Allí hablamos con más calma antes de partir en busca del aeropuerto que el contacto nos había dicho se encontraba a unos 50 kilómetros de la capital y permanecía abandonado desde que fue construido durante la Segunda Guerra Mundial. No demoramos mucho en darle el visto bueno.

De regreso en el motel, Luis me pidió la lista con los precios. Yo le entregué la que me había dado el jefe y él la fue pasando a una pequeña libreta de notas. Ya acomodados en su habitación del hotel, me dirigí a él en una especie de exploración:

—¿Usted cree que no haya inconvenientes en recoger esa suma de dinero?—, le pregunté con cierto contenido de ingenuidad.

La respuesta fue tajante:

—No tienes que preocuparte. Ya está recogida.

Le hice entonces la pregunta que había estado reprimiendo:

—¿Usted cree que haya cabida para algunos de nosotros?

No me respondió de inmediato. Luego dijo:

—Siempre consideramos primero el peso para poder aterrizar allá y luego la necesidad del solicitante— y sonrió como si no debiera ser un problema. Yo regresé al tópico:

—Yo estaba «quemado» y no me permitieron subir, pero me dijeron que, si salía al extranjero y regresaba con armas, entonces no había problemas.

Se volteó para decirme:

—Eso me suena a chantaje, o algo parecido. ¿De quién salió esa orden?

—De la Dirección Provincial del Movimiento.

Pensó durante unos segundos antes de indagar:

—¿De la de Oriente? Lo digo por tu acento que no puedes ocultar.

— Sí, vino de allí, mientras estaba escondido en un convento de monjas con el ejército y la policía rondando el lugar para sacarme en cualquier momento.

Aunque Luis Buch no tenía obligación alguna de darme explicaciones, trató de hacerlo sin revelar nada que no debiera:

—Mira, desde los tiempos de Frank País han existido problemas con los compañeros que quieren y los que tienen que subir a la Sierra. Frank llegó a hacer inventarios y le pidió a Fidel que le enviara las listas de los que llegaban y las armas que portaban. Entonces nació la política de que todo el que iba para el frente tenía que haber sido aprobado por las Direcciones Provinciales y llevar al menos su arma. Eso era fundamental para Fidel. No quería que subiera nadie que no llegara armado.

—Yo lo sabía, pero a mí no me pidieron UN arma sino MUCHAS armas. Insisto en que tenga presente mi solicitud.

—Por supuesto.

El desencanto llegó pocos días después. Cuando todo estaba listo, la operación tuvo que suspenderse debido a que la indiscreción de uno de los militares ingleses envuelto en el transporte había alertado a las autoridades, quienes decidieron no realizar el cambio de armas de ese año al ignorar el alcance de la operación que les esperaba. Años después, en un libro de Luis Buch (1995) aparece: «Una expedición desde Kingston, Jamaica, se malogró a última hora, ocasionando solamente gastos de viaje».

Mi entrevista con Luis Casero

Pocos días después de haber regresado Luis Buch a Caracas arribó otro Luis a Kingston, pero procedente de Miami. Luis Casero Guillén era uno de los hombres de confianza del expresidente Carlos Prío Socarrás, derrocado por el golpe de estado de Batista. Luis Casero era oriundo de Santiago de Cuba, donde había ocupado la alcaldía. Al asumir Prío el poder lo nombró ministro de obras públicas. Como pertenecía a la Organización Auténtica (OA), el brazo armado del Partido Revolucionario Cubano (Auténtico), y había estado presente en el Palacio Presidencial durante el golpe de estado, decidí ir a visitarlo. Me intrigaba también el motivo de su visita a un lugar que no tenía nada de importancia para los dirigentes oposicionistas cubanos.

Me fui solo a mi entrevista, previamente concertada por teléfono. Aunque no nos conocíamos, estábamos en el mismo negocio. Nos sentamos en una especie de terraza al frente del modesto motel. Creo que nos observamos mutuamente por un corto tiempo. Me imagino que el Sr. Casero se estaría preguntando qué hacía un chiquillo de 17 años pidiéndole una especie de entrevista o reunión. Me imagino que lo intrigó el hecho de que yo le había dicho que pertenecía al ejecutivo del Club del 26 de Julio local y asumí que la OA podía haberse enterado de nuestra transacción en progreso. Pero todo eso eran puras especulaciones.

«Mil gracias por recibirme, Sr. Casero». Me respondió que era un placer, que admiraba a los adolescentes y hasta los niños que estaban luchando por la libertad y que estaba solo de pasada.

A mí siempre me había fascinado la historia del golpe porque se había comentado en la calle (y en los elegantes pasillos también) que el señor presidente se encontraba en un famoso prostíbulo de la capital consumiendo cocaína con unos amigos y amigas y que no estaba en condiciones para tomar las decisiones que debió haber tomado. Decidí preguntarle a uno de los testigos presentes.

—Sr. Casero, siempre se ha rumorado sobre las razones para esa falta de coraje para tomar la decisión correcta. ¿Qué le sucedía al presidente?

El antiguo ministro del gabinete de Carlos Prío me miró fijamente como queriendo desenterrar un motivo ulterior en mi pregunta. Luego pareció más confiado. Se inclinó hacia delante para acercarse a mí y casi susurró:

—El presidente no estaba en Palacio cuando nos llega la noticia del golpe. Es más, se apareció unas tres horas después, cuando Batista ya había tenido tiempo para contactar cuarteles, organizaciones obreras, sus antiguos servidores y organizar Columbia por si se producía...

—Con toda franqueza y respeto, ¿cuál era su estado físico y mental? ¿Estaba en sus cabales?

Esa era una pregunta que debía aclarar el gran misterio del golpe.

—El presidente no estaba bien. Se notaba que andaba algo desorientado. Le hacíamos proposiciones para resistir y él no tenía la habilidad para tomar una decisión. Llamamos a los cuarteles de Matanzas y Santiago de Cuba y ambos permanecían fieles a la Constitución. Propusimos ir a Matanzas pero el presidente no se decidía. Al fin, cuando el reloj cercano marcaba las 8:15 de la mañana, alguien propuso lo que tal vez el presidente estaba esperando: «¡Vámonos de aquí!» Y esa fue una decisión sabia considerando el estado de ánimo de los allí presentes, incluyendo el de Carlos Prío.

—Gracias por su candidez y confianza, ministro. Ahora viene algo que le parecerá un exceso de confianza cuando lo acabo de conocer en persona: «¿Qué hace por estos lares?»

—Estoy cumpliendo una misión relacionada con la organización en la que milito. La OA no cesa en su lucha contra la dictadura. A diferencia de las organizaciones revolucionarias principales, la OA no está envuelta en la línea de la violencia armada. Estamos trabajando con otros grupos para tratar de que prospere una conspiración militar. Pero, háblame de un sinfín, dime de dónde eres y qué haces aquí.

—Yo soy oriental, como usted. Nací en Antilla, a orillas de la bahía de Nipe, pero estudié en De La Salle de Santiago de Cuba y luego en un pequeño colegio privado de El Vedado. Pero me siento santiaguero también. En cuanto a su segunda pregunta, tuve que exiliarme debido a la persecución y estoy en gestiones de regresar para unirme a las guerrillas.

No me preguntó nada al respecto. Seguimos conversando por un largo rato. Me invitó a cenar, pero me excusé. En realidad, no creo que fue sincero en cuanto al motivo que lo había llevado a Kingston. Cuando consideré que estaba abusando demasiado de su generosidad, nos despedimos.

Obviamente la visita del exministro a Kingston no tenía nada que ver con nuestras gestiones que, como mencioné arriba, fue suspendida por los ingleses debido a una indiscreción. Luis M. Buch Rodríguez la describiría luego de la siguiente manera:

El Comité del Movimiento 26 de Julio en Kingston, Jamaica, por mediación de un ciudadano jamaicano propietario de una barbería había hecho contacto con un coronel retirado de la Armada del Reino Unido para adquirir un lote de armas y municiones sustraídas por él de equipos dados de baja, que de acuerdo con los reglamentos del Ejército británico se destruían arrojándolos en alta mar.

Se estudió cómo se podría realizar la operación de conducirlo a la Sierra. Se conoció que a 50 km de la capital había un aeropuerto abandonado construido durante la Segunda Guerra Mundial. La pista estaba situada en un descampado, sin que existieran vecinos cercanos que pudieran sospechar la presencia de intrusos, ni construcciones que hicieran peligrar el aterrizaje de una nave aérea.

La hora de arribo del avión al aeropuerto de Kingston se daría mediante cifrados y, una vez comunicada su llegada, los equipos se trasladarían en automóvil al punto convenido.

Los contactos con el coronel retirado se efectuaron con fluidez. El cargamento consistía en 100 fusiles, 10 ametralladoras cal. 30, 3 bazucas y 80,000 tiros, con un valor que totalizaba 38 000 dólares, más el 10% de comisión para el intermediario.

La operación llegó a oídos de la Organización Auténtica (OA). Luis Casero Guillén llegó a Kingston e hizo contacto con el intermediario y le planteó su propósito de comprar armas, lo que produjo una gran preocupación al excoronel.

El día en que se iba a realizar la reunión con el excoronel para precisar los últimos detalles y realizar el pago convenido, el intermediario no concurrió a la cita. Posteriormente nos informó que el excoronel había desistido al haber recibido una petición de una persona ajena al Movimiento 26 de Julio interesada en la compra de armamentos.

Carlos Prío Socarrás, por sus ambiciones o malas intenciones, malogró la expedición aérea de Jamaica.

Creo que Buch fue injusto con el Sr. Casero y con el expresidente Prío. No pude llegar a esa conclusión después de nuestra larga conversación. Si fue un truco el decirme que ellos estaban en el asunto de las conspiraciones con los militares y no necesitaban armamento para eso, no lo sé. Pero me parece absurdo que la OA se interesara por un pequeño cargamento de armas y mucho menos joderle la operación al 26 de Julio. En cuanto a Prío, hay que recordar que fue el expresidente el que le dio a Fidel Castro el dinero para comprar el yate con el que se trasladaron los 82 expedicionarios a Cuba. Todo esto, por supuesto, está escrito *a posteriori*.

La llegada de un piloto de la sierra

Una mañana fui despertado por dos compañeros que parecían venir a anunciarme el final de los tiempos. Los periódicos de ese día anunciaban la llegada a Kingston de una avioneta procedente de la Sierra Maestra. Su piloto, que decía llamarse Guillermo (Willy) Figueroa, aparecía en una foto vistiendo todavía el uniforme verde olivo de los guerrilleros de Fidel Castro. En cuanto aterrizó fue secuestrado por las autoridades de Inmigración.

No había comenzado a despuntar la tarde cuando entró en la casa una llamada de Caracas. Era Luis Buch. Creo que habló primero con Fela Mariño. Luego le pidió que me pusiera al teléfono. Fue bien claro. El recién llegado tenía que partir hacia Caracas en cuanto se lo permitieran las autoridades porque estaba programado para ser el piloto de una importante misión. Me iba a enviar dinero para que lo albergara en una casa de huéspedes y me pidió que lo guiara durante su estadía, que debía ser lo más breve posible, y lo embarcara hacia Venezuela. Y punto. Esas eran las órdenes.

Yo fui a verlo a un lugar que no recuerdo. Ya alguien le había informado de mis gestiones y me estaba esperando. Le transmití mi conversación con el Dr. Buch y, —¡Oh, ingenuo de mí!— le entregué el dinero recibido menos el importe del pasaje a Caracas. Me pidió que le diera unos días. En una reunión que organizó nuestro amigo común José Manuel (Pepín) Martínez, quien había sido mi compañero en el internado de Santiago de Cuba y había estado alzado, se mostró el uniforme del ejército rebelde y ambos hablaron de lo duro de la vida en las montañas y la necesidad de que todos los cubanos en el exilio cooperaran para acelerar el derrocamiento de la tiranía.

Parece que el piloto, al sentirse libre, fue perdiendo las ansias de contribuir al aceleramiento del fin de la dictadura y el acelerador que pisaba era el de un carro deportivo convertible que alquiló con parte del dinero que yo le había entregado. En el asiento al lado del chofer, con sus cabellos negros batidos por el viento, siempre podíamos ver a una hermosa trigueña oriunda de Santiago de Cuba.

No demoró mucho en entrar una llamada de Caracas. «¿Qué carajo está pasando ahí?», me preguntó la voz al otro lado de la línea telefónica. Esta vez no era Luis. Le expliqué que el sujeto en cuestión había pedido que le permitieran descansar para reponerse un poco antes de continuar la lucha. Me respondió que los revolucionarios tenemos un compromiso donde no hay cabida para el descanso. «Dile que tiene un par de días para presentarse aquí», fue la frase de despedida. Fui a ver a Willy y le comuniqué la orden. Se disgustó muchísimo. Era obvio que estaba disfrutando al máximo su estadía en la isla después de haber aterrizado con un tanque de combustible donde solo quedaban unas gotas cuando las ruedas de la avioneta chocaron con la pista del aeropuerto de Kingston. Antes de partir, habían calculado el combustible que iba a necesitar y era exactamente el que dictaba la capacidad del tanque. Había sido un despegue azaroso y un viaje donde dominaron los nervios del piloto, que pudo cumplir su misión, pero que ahora se negaba a partir para continuar tan pronto en aquella lucha donde se puede morir en cualquier momento.

Las llamadas no cesaron. Pero llegó el momento en que el dinero que yo le había entregado a su llegada se terminó. Un día pagué lo que debía en la casa de huéspedes y lo llevé al aeropuerto. Ya yo le había comprado el boleto y hecho la reservación. Estuve conversando con él hasta que llegó el momento de la despedida. «A lo mejor te tenemos por acá pronto», le dije. Él sonrió mientras me preguntaba: «¿Entonces están preparando un trabajito?» No le respondí. El comprendió e inició su lenta marcha en busca de la escalerilla del avión. En esta oportunidad no iba en la cabina del peligro sino descansando el poco tiempo que le quedaba antes de que la gente de Caracas lo enviara en otra misión.

Visita al Primer Ministro

Apenas resuelto el asunto Figueroa se nos presentó otro algo más delicado porque estaba envuelta la diplomacia. La noticia llegó alarmante desde Caracas. Armando Hart, miembro de la Dirección Nacional del Movimiento 26 de Julio y preso en el Castillo del Príncipe, iba a ser liberado de la cárcel y se sospechaba que existía un plan para asesinarlo una vez que abandonara la prisión. Se había pasado aviso a todos los Comités del Exilio para que se pusieran en contacto con las máximas autoridades del país donde radicaba el Comité y alertar a su gobierno del macabro plan. Una vez que los gobiernos del mundo se enteraran, iba a ser casi imposible que se llevara a efecto el asesinato.

Jamaica era una colonia inglesa. A pesar de ello existían partidos políticos y se elegía a un jefe de ministros. Norman Manley había sido el candidato del People's National Party y elegido a ese cargo en las elecciones de 1955, tomando posesión el 2 de febrero de ese año. Para ser sincero, no teníamos idea del lugar donde había que localizarlo para pedirle una cita. Creo que fue Lorna la santiaguera, conocedora del laberinto de la burocracia quien logró hacer contacto con alguien cercano a la esposa del jefe de gobierno, y prima de este. Edna Manley era abogada y hacía las funciones de «primera dama» en un país que se mantenía como colonia del imperio británico.

Nos dieron una cita en la residencia de la familia Manley. Como él se encontraba de viaje, ella nos recibió en horas de la tarde. La casa, los muebles, la servidumbre, la vestimenta, todo parecía indicar que estábamos llegando a la mansión del mismísimo rey. Pero la señora resultó muy afable y sencilla. No recuerdo cuántos ni quiénes éramos, pero me quedó la imagen de estar pretendiendo que tomábamos el té y veo la imagen de Fela y la mía. El resto pudo haber estado compuesto por Eduardo, tal vez Lorna por el idioma y alguien más. «Ustedes dirán», nos dijo después de las presentaciones y saludos preliminares. Le dimos las gracias por recibirnos y le explicamos el propósito de estas visitas en muchos países del mundo. Le contamos del preso y su posición en el Movimiento. Nos preguntó por Batista y luego por Fidel. Conversamos unos minutos más y nos despedimos. Aunque no prometió nada en concreto, nos dijo que, de aprobarlo su esposo, se enviaría una nota al gobierno de Cuba alertándolo sobre la posición de Jamaica en ese asunto.

Regresamos a la casa y estuvimos mucho tiempo comentando sobre detalles de nuestra reunión. Llamamos a Caracas para informar de la misma.

Los dos Raymond

Raymond Wedderburn y Raymond Machado fueron mis dos íntimos amigos jamaiquinos durante mi estadía en esa isla caribeña. El primero era negro; el segundo, blanco. Ambos estaban relacionados con Cuba, aunque de maneras diferentes. El padre y el abuelo de Raymond Wedderburn fueron cortadores de caña en las zafras azucareras cubanas durante varios años. Machado era sobrino nieto del dictador cubano Gerardo Machado y Morales, derrocado en 1933 al final de un proceso revolucionario. Su padre era dentista y se marchó con su familia hacia Jamaica, donde estableció una exitosa práctica dental. Ambos Raymond eran jamaiquinos por nacimiento. ¡Y ambos estaban orgullosos de ello!

A Raymond Wedderburn lo conocí cuando Blas, Pepito y yo nos mudamos de casa de la alemana a la casa de su familia, en la misma calle Westminster Road. Era el menor de seis hermanos, dos de ellos varones. Aunque todos en la casa eran muy hospitalarios, Raymond era en extremo simpático. Enseguida nos adoptó como hermanos. Era un mulato de algo más de 20 años, bien parecido, fuerte, de normal estatura y que siempre estaba sonriendo. No dudó en unirse a nosotros en la habitación y convertirse en nuestro fiel compañero de cuarto.

Mi primer encuentro con Raymond Machado fue distinto. Lo conocí en una fiesta. Las hermanas de Raymond eran de un carácter festivo muy intenso y las invitaban todos los fines de semana a alguno de esos eventos. Poco después de habernos mudado, Jennifer y Noelia nos anunciaron que las teníamos que acompañar a una fiesta el siguiente sábado pues nos tenían una sorpresa. En cuanto llegamos, un joven de la raza blanca, alto, de mediana complexión y bien parecido se nos acercó para besar a ambas muchachas y presentarse con nosotros en idioma Inglés: «I have heard about you guys. Believe me, it's a great pleasure...» Y, en ese momento, comenzó una sincera amistad.

Tenían otros atributos comunes. Ambos eran amantes de las fiestas. Simpáticos y jodedores. Generosos. Lo interesante era que, a pesar de esas cualidades comunes y de ser amigos míos, nunca estuvimos juntos los tres, aunque se conocían, ni yo tampoco busqué la oportunidad porque mis trajines me impedían hacer muchas cosas y esta fue una de ellas.

Wedderburn poseía un auto de la marca Ford de los finales de los años 40. Como los coches norteamericanos tienen el volante a la izquierda, y allí se maneja por la izquierda, el pasatiempo de Raymond era conducir lo más cercano a la acera que pudiera y estirar el brazo para tocarles las nalgas a las chicas que caminaban despreocupadas por el borde de la acera. Luego se volteaba hacia ellas muerto de risa y les tiraba un beso con una de sus manos. Nosotros lo amenazábamos con contarle eso a su novia oficial, una bella china medio aristócrata que nunca sonreía y no le permitía que se propasara con ella.

Era una lucha de titanes el vencer a Raymond para que me permitiera salir a mis gestiones para conseguir armamento y regresar a Cuba. Él lo entendía, pero tenía un espíritu fiestero fuera de lo normal.

Recorrimos juntos casi toda la isla. Como trabajaba para la empresa Singer, tenía que salir a cobrar las máquinas de coser que vendía a crédito y lo acompañé en un par de ocasiones. Fueron dos experiencias inolvidables. Conversábamos sobre muchos temas y me ayudaba en elegir posibles lugares de zarpar hacia Cuba y, en uno de esos recorridos, identificamos a la academia militar de los sacerdotes jesuitas donde podíamos tratar de sustraer armas para nuestro proyecto.

El Raymond verdadero se mostraba durante las fiestas. No se perdía una. Bailaba con todas y tomaba. Con moderación, pero tomaba. A veces en exceso. En esas ocasiones, dejaba que manejara el carro uno de nosotros.

Raymond Machado tendría unos 19 años. Era alto, algo delgado y muy bien parecido. Las chicas se volteaban para mirarlo, pero él no le daba mucha importancia a la admiración de las mujeres, aunque era en extremo mujeriego. Si el Raymond jamaiquino bebía, el «cubano» le ganaba por un largo trecho. Se embriagaba con frecuencia y, a veces, perdía el sentido de la moderación. Manejaba un MG rojo convertible. Una tarde iba conduciendo embriagado y yo lo acompañaba. Había bajado la capota porque amenazaba lluvia y estábamos saliendo de la ciudad en dirección oeste. Cruzando una montaña, el coche patinó y se salió de la carretera cuesta abajo. Dimos un par de vueltas antes de llegar al final. Logramos salir y Raymond trató de atacarme porque me culpaba del accidente. Logré calmarlo y me cedió el volante para regresar a Kingston. El arreglo fue muy costoso, pero nosotros salimos con apenas unos rasguños. Nunca olvidó ese accidente y, cada vez que nos veíamos, que no era con tanta frecuencia, me pedía disculpas por su comportamiento.

A diferencia de la familia Wedderburn, nunca conocí a ningún miembro de la familia Machado. No recuerdo el motivo. Tampoco visité nunca su casa. No acostumbraba a hablar de sus familiares. No conocí a ninguna persona que fuera de su intimidad. Lo conocía todo el mundo, pero él, a pesar de su popularidad, mantenía una extraña distancia, incluyendo con las chicas que se llevaba a la cama.

Ya de regreso en Cuba mantuve correspondencia con ambos. Por más que los invité e insistí nunca se decidieron a visitarme. Las cartas comenzaron a espaciarse más y, casi sin darnos cuenta, dejamos de comunicarnos. Nunca más supimos de los otros. Un par de mis amigos regresaron de turistas cuando ya se encontraban en su segundo exilio, pero no consiguieron localizarlos. La vida es así. Han transcurrido exactamente seis décadas desde nuestra despedida y todavía recuerdo las veces que compartimos en medio de mi trajín de lucha contra el tiempo que, al final de la jornada, perdí.

La frustrada expedición del «*Fire Star*»

A la tercera va la vencida. El nuevo intento estaba precedido por dos fracasos: la ilusión de organizar una expedición masiva y la frustrada compra de armas provenientes del ejército británico. Este sería mi último intento. No por agotamiento revolucionario sino porque el tiempo volaba y, según las noticias que escuchábamos por Radio Rebelde, los alzados iban extendiendo el territorio libre a diario. El tiempo de llegar, aunque fuera para el empuje final, estaba tocando a su fin. Se imponía un esfuerzo que contara con grandes probabilidades de éxito.

Estimo que sería en los comienzos del mes de noviembre de 1958 cuando nos reunimos en una de las habitaciones de la casa de Fela para planear el regreso a Cuba. Estábamos presentes Tito Mirabal, Elio (Pachi) Purón, José (Pepe) Rovira, Juan (Guanga) Hernández, y un servidor. Luego se incorporaría Víctor Maché. Un grupo de seis era lo que se necesitaba para ejecutar el plan que se me había ocurrido no hacía mucho y que era producto de mis recorridos por la isla con Raymond realizando su trabajo.

Lo ineludible era que sería por mar, que no íbamos a poder cargar con un armamento voluminoso y que estábamos solos. Napoleón decía que para hacer la guerra hacían falta tres cosas: dinero, dinero y dinero. Nosotros no poseíamos ninguna de las tres. Pero teníamos que resolver varios aspectos antes de poder zarpar: el dinero, las armas y la embarcación. Casi nada.

El dinero: Hacía pocos días que había llegado a Kingston, procedente de Caracas, un compañero oriundo de Mayarí, que había estado alzado en el II Frente Oriental «Frank País». Tuvo que exiliarse después de ser herido y bajar a recibir atención médica. Era mayor que nosotros, pero su generosidad y deseos de regresar impulsaron a Juan Hernández —más conocido por «Guanga» en su pueblo— a entregarme todo el dinero que traía: «Vine para acá porque este lugar está más cerca de Cuba y sabía que tenía que haber gente preparando para irse. El dinero es todo lo que tengo. Solo les pido que no me dejen». No recuerdo la cantidad, pero eran varios cientos de dólares. Lo aceptamos y lo pusimos a vivir en la habitación que compartíamos tres, previo pago a Fela por el techo y la comida. Además de las contribuciones individuales, que era casi nada, yo estaba en poder de dos cheques falsos y uno verdadero. Luego llegaría otra copia del original sin valor. Me explico: Debido a la situación producida por la guerra, mi pueblo estaba casi aislado y a mis padres se les dificultaba en extremo enviarme el dinero mensual para cubrir mis gastos en Kingston. Debido a una leyes estrictas, los que poseíamos visa de turista no podíamos trabajar. Así que mis padres comenzaron a recibir recados que el cheque de octubre no había llegado y el banco comenzó a enviar copias para que la institución bancaria local pudiera localizarlo. No cambié el verdadero porque se me ocurrió que los tres cheques falsos y el verdadero nos iban a resolver un buen porcentaje del presupuesto expedicionario. Estaba decidido a cometer la locura de tratar de que me pagaran el verdadero y los falsos, lo cual, si sorprendido en el acto, acarreaba una larga condena por estafa.

Las armas: Dedicamos algo del dinero que poseíamos para comprar algunas armas que nos permitieran adquirir las otras. Acudimos al mercado negro. Compramos un revólver calibre 38, un fusil 30.06 y alguien me regaló una pistola calibre 45 sin balas y sin martillo, lo cual la hacía inservible pero su color negro y el ruido que hacía al rastrillarse le paraba de punta los pelos al más valiente. Luego se consiguió una escopeta calibre 12 y ya estábamos completos para adquirir el resto de las armas. En mis viajes con Raymond había descubierto una academia militar dirigida por los sacerdotes jesuitas. No recuerdo el nombre ni el lugar exactos porque, una vez localizada, otros del grupo se encargaron del resto de los planes y el asalto nocturno, donde tomaría posesión de las armas que utilizaban los cadetes y marcharían a un lugar predeterminado para ser recogidos por la embarcación.

El barco: No había otra opción que robarlo. Iríamos a Montego Bay y nos la agenciaríamos para tomar un yate y navegar hasta el punto de recogida de los que estarían esperando con las armas robadas de la academia. De ahí tomaríamos rumbo Norte hacia Cuba.

Fácil, ¿verdad? No, no podía ser fácil. En primer lugar, la planificación anterior nos tomó varias horas en la habitación. Cuando terminamos todos comprendimos que teníamos que trabajar a toda velocidad porque no podíamos darnos el lujo de perder un solo día.

Al día siguiente comenzamos la labor. Además de localizar los bancos donde realizar las operaciones, me tocaba la elaboración del plan de adquisición del barco. Me fui con uno de mis amigos hasta Montego Bay, conversamos con los que alquilaban yates de recreo, luego recorrimos la carretera hasta casi el extremo oriental de la costa norte y regresamos a Kingston. Llegamos con una idea que trataríamos de hacer realidad. Dos del grupo de las armas llegaron también de visitar la academia y los alrededores y seleccionar la ruta de escape hacia la costa norte donde debíamos encontrarnos en un lugar que yo les indicaría. Toda esta información se la pasamos al grupo completo en otra reunión, donde se trató otro asunto importante. Considerando la posibilidad de un fracaso, según las leyes locales, en casos similares si el jefe del grupo se declaraba culpable el resto podía salir en libertad condicional hasta la celebración del juicio. José (Pepe) Rovira, el mayor del grupo de los que llevábamos unos meses viviendo allí, se ofreció de voluntario. En realidad, sin haber recibido un nombramiento oficial, Rovira venía actuando como jefe desde el comienzo del plan. Era de Dos Caminos de San Luis en Oriente y había estado alzado. Tuvo que bajar y entonces se exilió con el propósito de regresar.

No transcurrieron varios días para que me llegara la hora de probar mis nervios y mis dotes de actor, de las que carecía. Tenía que cambiar un cheque y pasar tres falsos. Había estado observando los bancos elegidos y escogí un día de la semana que no recuerdo. Me vestí con un traje obviando la corbata. Adopté aires de un hombre de negocios de 17 años (de edad no de experiencia «bisnera») y contraté a un taxi. «To the Bank of Nova Scotia in downtown, please». No le pagué antes de bajarme; solo le dije que me esperara algo más adelante y entré en el banco donde trabajaba un colombiano conocido llamado Pedro, quien me atendió casi sin poder hablar. Hizo los trámites debidos y regresó con el cheque firmado para hacerlo efectivo. Ya él estaba al corriente de lo que sucedía y, mientras me pagaba, me dijo: «Me entregaste uno de los malos, so cabrón». Luego nos enteramos que, al día siguiente, tomó el primer vuelo hacia Bogotá. Salí del banco y despedí al taxista después de pagarle. Tomé un bus para ahorrar algo. Llegué a la casa contento con $125 en un bolsillo.

Todavía tenía que cambiar el resto. Con el primer triunfo me embullé y al día siguiente entregué una copia falsa a la taquillera de la sucursal del Barclays Bank del centro. Lo miró extrañada y se lo fue a entregar al jefe quien lo observó a trasluz. Consideré echarme a correr. Estaba a punto de sufrir un ataque de pánico como el que experimenté la noche de los fuegos de San Juan. Entonces vi como el supervisor se inclinaba sobre un escritorio para firmar el cheque.

Me detuve en la acera; estaba confiado. Yo diría que algo eufórico. Entonces decidí terminar esa misma mañana. Miré alrededor y divisé una institución financiera a corta distancia. No la había estudiado con anterioridad, pero decidí tomar el riesgo. Caminé lentamente mientras observaba las entradas y salidas de clientes. Saludé al guardia de seguridad que estaba detrás de la puerta y me dirigí a una de las taquillas. Detrás de ella se encontraba una preciosa mulata muy joven. Llegué a la ventanilla y le mostré mi pasaporte y los dos cheques, uno bueno y otro malo. Ella los tomó y me preguntó si tenía cuenta para depositarlos o si prefería efectivo. Le dije que lo último. Me entregó una pequeña forma que no había tenido que llenar en los casos anteriores. Puse mi nombre, una dirección falsa y lo firmé. Entonces le estampó un cuño al papelito y con este, mi pasaporte y los dos cheques se dirigió a un cubículo rodeado de cristal donde trabajaba el que parecía ser su jefe. Al ver los cheques, el hombre se puso de pie y se acercó a mí. Fue entonces que me di cuenta que el falso no solo era eso sino que esta copia tenía impresa a lo largo del cheque la inscripción: COPIA SIN VALOR. El supervisor me preguntó dónde habían sido expedidos los cheques y por qué eran distintos si tenían la misma fecha. Le dije que en la ciudad de Holguín, pero, como el primero que enviaron se había demorado tanto, enviaron el segundo que correspondía al siguiente mes y los fondos deben haber provenido de otra cuenta en el mismo Banco. Fue una suerte que ninguno sabía una papa de castellano. Minutos después, cuando estaba ya cercano a la puerta de salida, la voz de la chica se dejó escuchar en todo el recinto: «¡Mr. Alvarez!». Me sentí atrapado. Ya me estaba viendo, colgando de las lomas cercanas al aeropuerto dando pico y pala para cumplir mi condena por estafa. Cuando giré la vi con una bella sonrisa sujetando mi pasaporte mientras me decía: «You are going to need it at the time of departure». Le di las gracias y en mi interior pensé que, esta vez, no lo iba a necesitar para salir del país. Y apresuré el paso, tomé un ómnibus y llegué a la casa cuando ya todos habían almorzado. «Ya podemos sumarle $500 a lo que tenemos. Creo que cumplimos la meta».

El resto de las gestiones se hicieron rápidamente. Agrupamos mochilas, botas, uniformes, cantimploras y otros artículos. Parte lo teníamos ya, algunas cosas nos las regalaron y el resto lo compramos. Había que ahorrar.

Nos reunimos por última vez. El plan que habíamos desarrollado terminaría con la reunión de los dos grupos alrededor de la medianoche del próximo domingo. El grupo de las armas saldría el domingo por la madrugada. Ese día la academia no tenía mucho movimiento. Los cuatro que componían este grupo se situarían en un lugar cercano que ya habíamos elegido a esperar que cayera la noche. Entonces efectuarían el robo de la forma planeada. Al salir, se dirigirían a Port. Antonio y se esconderían en un pequeño bosque al oeste del muelle, donde esperarían el yate que les haría una señal que ellos debían contestar con el farol que llevaban. Entonces, se trasladarían al muelle con la carga, dejarían el auto rentado en el lugar elegido antes de abordar el yate y partir.

Los tres que componíamos el grupo de adquisición del yate teníamos que salir de Kingston hacia Montego Bay el sábado por la madrugada. Habíamos rentado un coche que entregaríamos al final de los 175 kilómetros de carretera. Juan, Pachi y yo partimos cuando todavía era de noche. Les habíamos entregado nuestras mochilas al otro grupo, dirigido por Rovira. En ellas estaban todas nuestras pertenencias. Los tres íbamos bien vestidos pues tendríamos que hacer el papel de turistas venezolanos que deseaban alquilar un yate para navegar por la costa norte y doblar en el extremo oriental para seguir a Kingston a recoger unos familiares. Oculta en un pequeño bolso de mano iba mi pistola sin martillo. Al menos serviría para inspirar temor porque solo nosotros sabíamos que era inservible. Conversamos de muchos temas durante el trayecto. En medio del camino entre Kingston y Ocho Rios pudimos contemplar el amanecer desde la cima de una de las montañas que tuvimos que atravesar. Después de un rápido descanso para tomar café en Ocho Rios, comenzamos a bordear la costa siguiendo la carretera que nos llevaría a nuestro destino. A Montego llegamos a tiempo para desayunar en un café frente al mar. Fue un momento relajante. Le preguntamos al camarero sobre la posibilidad de alquilar un yate y nos dijo que había muchos que ofrecían varias opciones y que era por la noche cuando se cerraban esos convenios en los bares, especialmente el de al lado del café. No comprendimos el motivo de esa liturgia pero, una vez que terminamos de desayunar, nos fuimos a recorrer la playa en busca de una embarcación que nos llamara la atención. Como teníamos que pasar esa noche allí, alquilamos una habitación en un modesto hotel de dos pisos sin elevador. Cada uno de nosotros cargaba un pequeño maletín con un par de mudas de ropa y nuestros artículos de aseo personal.

Salimos a almorzar tarde. Después nos fuimos a los muelles. Inspeccionamos por dentro y por fuera varias embarcaciones y preguntamos precio para el viaje que deseábamos hacer. Nos dimos cuenta de que estábamos casi arrancados. Hasta que llegamos a un yate que nos llamó la atención. Comenzamos a conversar con un señor que parecía estar encargado del mismo. Era un inglés de unos 40 años, fornido, rubio y con aires de lobo de mar. Nos invitó a subir a bordo. Aunque no necesitaríamos mucho espacio, la proa y la popa eran amplias, tenía un camarote con dos literas y un área contigua que hacía las veces de cocina y comedor, aunque bastante reducida. Noté el olor a pintura que despedía la nave por todas partes y el inglés me dijo que acababa de salir de los astilleros y este sería, si nos decidíamos a alquilarlo, el primer viaje del

«Fire star». Juan y Pachi no entendían la conversación que con múltiples esfuerzos estaba llevando con el individuo. Cuando les conté me dijeron que eso podía ser de mala suerte. Le dije entonces que nos veíamos en el bar en horas de la noche. Algo me decía que ese era el barco que nos iba a llevar a Cuba.

Poco después de las nueve de la noche entramos en el famoso bar de los negocios. Como estábamos pretendiendo ser millonarios venezolanos, no pedimos tragos individuales sino una botella de vodka. La chica que nos iba a atender me preguntó la marca. Pensé en mi interior que debiera decirle «la más barata», pero en esa época yo no conocía de esa bebida. Miré a la hilera de botellas alineadas en el bar cercano y distinguí varias. Sin saber lo que estaba pidiendo, le respondí: «Smirnoff, please». Ordené también jugo de naranja y agua tónica.

La muchacha no demoró en traer lo que habíamos pedido. Pronto comenzamos a beber. Instantes después llegó el inglés acompañado por el que nos presentó como el capitán de la embarcación. Era un mulato de mediana edad, pero alto y fuerte con una dentadura perfecta y una gorra de marino en sus manos. Los invitamos a que tomaran asiento. Lo hicieron, pero no se sirvieron bebida. Discutimos el precio. Recuerdo que el regateo se basaba en lo que nos quedaba de dinero y no en el valor del paquete que estábamos comprando. Resolví el problema ofreciendo pagar la mitad cuando abordáramos y la otra mitad cuando nos encontráramos con nuestros padres en Kingston. «Trato hecho», dijeron ambos. Antes de marcharse nos recordaron que debíamos estar en el muelle a media mañana, que era domingo.

Decidimos permanecer en el lugar un rato más. Un pequeño conjunto local estaba tocando calipso y yo era un fanático de ese ritmo, aumentado ahora debido a los casi ocho meses que llevaba viviendo en la isla.

I have an island in the sun... Ni que la hubiera solicitado; iban an interpretar mi favorita. Escrita por Harry Belafonte, había sido el tema de la película del mismo nombre estrenada el año anterior... *My heart is down, my head is turning around...* El film había resultado controversial en los Estados Unidos por presentar un romance interracial... *I had to leave a little girl in Kingston town*... Vuelvo a pensar en la posibilidad de haber visto a Bob Marley años después.

Ya era casi la medianoche y la botella de vodka había llegado a su final, como el turno del grupo musical que recogía sus instrumentos para hacer lugar al pianista que llegaba para entretener a los parroquianos de madrugada. Después de pagar la cuenta salimos a encontrarnos con la humedad de los primeros indicios de la madrugada. Fue en la acera que noté que Pachi estaba completamente borracho. Aunque tomar alcohol en exceso no es ningún pecado, yo lo consideraba una falta muy grave en las circunstancias en que estábamos. Logramos pasar la antesala del hotel y subir al segundo piso. Cuando llegamos arriba respiramos tranquilos. Nos aseamos y acostamos a tratar de dormir. ¡Este domingo que acaba de comenzar nos vamos para Cuba!

Cuando recogimos nuestros escasos trapos y enseres bajamos a la carpeta para liquidar nuestra cuenta. Entonces salimos a desayunar. Yo me había convertido en fanático de los «patty» jamaicanos y ordené dos de ellos. Para el lector desconocedor este plato sería una empanadilla o empanada. Pero un *patty* es un *patty*. Y esos dos los devoré como mi última despedida. «¡Vámonos para Cuba, cojones!» les dije a mis dos compañeros mientras nos levantábamos y comenzábamos a caminar en dirección al muelle donde estaba anclado el «Fire Star».

Saludamos y pagamos y nos quedamos de una pieza cuando notamos la presencia de otro miembro de la tripulación. El muchacho de unos 16 años tenía la piel curtida por el sol, lo que revelaba su experiencia marina. Ya eran tres los que teníamos que enfrentar cuando llegara el momento. Comenzamos a navegar. Aquella nave era una belleza en el agua. Impresionante el sentir que uno iba bailando a la par de ella guiada por el ritmo que imponían las olas. Pachi y Juan resultaron tempranas víctimas del acuático ritmo. El primero, debido a la resaca, no del mar sino de los tragos de la noche anterior; el segundo, como consecuencia de ser la primera vez que navegaba. Con un disimulo difícil de ocultar, los ayudé a bajar al camarote y los instalé en las literas, no sin antes decirles: «Procuren dormir el mareo rapidito porque yo solo no puedo enfrentarme con esos tres gorilas con una pistola que no sirve para un carajo, ¿me oyeron?»

Subí a cubierta y traté de entablar una conversación con los tres miembros de la tripulación. Me invitaron a pescar. Por supuesto que la tecnología del moderno yate no se parecía en nada a la usada en mi pueblo que consistía en ponerle carnada a un pequeño anzuelo y tirar el cordel al agua esperando que el peso de la plomada fuera suficiente para que se alejara de la superficie. Y, si había suerte, a levantar un ronquito, un tamboril, o algo parecido que se utilizaría luego como carnada porque no tenía las cualidades apropiadas para ganarse una sartén. En la popa de este monstruo había dos asientos que giraban y tenían al lado una variedad impresionante de cañas de pescar. Fui directo y me senté en una de las sillas con un aire de pescador que hubiera impresionado al mismo Ernest Hemingway. Estoy seguro de que Gregorio Fuentes hubiera perdido su papel protagónico en *El viejo y el mar*. Se me pegó algo que no pude levantar porque, cuando pedí ayuda, ya era demasiado tarde. Frustrado, abandoné el sillón de pescador profesional y bajé al camarote. Mis dos expertos navegantes estaban casi despiertos. Les dije que se espabilaran y me prometieron tratar de subir en unos minutos. Regresé arriba. Fue cuando les informé que la noche anterior en el hotel habíamos llamado a Kingston y nos habían informado que un par de primos iban a esperarnos en Port Antonio para seguir con nosotros a la capital. El capitán no puso ninguna objeción.

Avanzaba el yate y con él las horas. El chico de última hora había estado pescando desde la proa y nos ofreció almuerzo después de haber utilizado la cocina. Nos dijo el nombre del plato, pero no lo recuerdo. Estaba delicioso. Los nervios no impidieron saborearlo. Cuando terminamos, ya la tarde estaba bastante avanzada y navegábamos a la altura de Ocho Rios. Poco tiempo después estábamos frente a Port Maria. A medida que nos acercábamos a nuestro objetivo me entraban más dudas de que los cuatro hubieran podido entrar en la academia y sustraer el armamento y que luego hicieran las cosas como habíamos planeado. Rovira me inspiraba mucha confianza, pero la tarea era en extremo difícil. Para calmar mis nervios me tomé un par de tragos de una de las petacas que llevábamos en nuestro equipaje. Los tres del barco rechazaron con gentileza la invitación.

Ya estaba oscuro cuando el barco se detuvo y el muchacho lanzó el ancla al mar. «Llegamos. Esas lucecitas que ves son de Port Antonio». Aunque era un poco antes del tiempo fijado, algo me decía que bajara a ver si ya estaban ahí. Antes de bajar, le pedí a uno de mis compañeros que hiciera señales con el farol. Del manglar de la costa no respondió ni la llama de un fósforo. «Vamos a bajar», le dije al capitán. Afortunadamente, el yate podía atracar sin problema de falta de calado. Una vez que esto se hizo, los tres bajamos al muelle y nos encaminamos al bosquecito. No estaban. Como no era medianoche todavía decidimos regresar al yate. En medio del camino nos encontramos a una mujer que nos preguntó si estábamos buscando a unos amigos. Le contestamos de manera afirmativa. Entonces nos soltó la noticia que menos deseábamos escuchar: Vinieron unos cuatro o cinco cuando ya era de noche y se pararon en el monte sobre un hueco que habían excavado y colocado cosas. Actuaron de manera tan sospechosa que alguien los denunció, vino la policía y se los llevaron detenidos para Kingston. Le dimos las gracias, aunque creíamos que esa no era la gente que estábamos buscando. La mujer siguió su camino.

Es increíble lo rápido que cambian los planes en estas situaciones. Nos hacíamos decenas de preguntas para las que nadie nos podía dar una sola respuesta. Como si seguíamos allí peligraba nuestra seguridad, decidimos ir a conversar al barco. Allí decidimos intentar tomar el yate por la fuerza utilizando la pistola inservible. Ya estaba amaneciendo. Le dijimos al capitán que habíamos decidido continuar porque los primos no aparecían. Esperé a que el yate estuviera alejado de la costa. En un momento en que los tres estaban en el área de la proa, me situé en medio del barco, saqué la pistola de mi bolso de mano y los apunté mientras decía de manera convincente: «¡Vamos para Cuba!» El inglés intentó hablar, pero lo mandé a callar. Mis dos compañeros estaban de pie cerca con una actitud amenazadora. Enseguida cambiaron el rumbo. Con voz calmada, en tono casi paternal, el capitán nos dijo: «Creo que conozco sus razones, pero les pido que me permitan hablar. No tenemos gasolina ni para llegar a Montego Bay, mucho menos a Cuba. Voy a demostrarlo en un segundo, ¿me lo permiten?» Le respondí de manera afirmativa con un gesto de mi cabeza y él caminó unos pasos, introdujo una varilla en el tanque y la sacó. Cuando nos la mostró, todas las esperanzas se vinieron abajo. Los tres tripulantes estaban parados frente a nosotros, a una distancia de unos seis metros.

Esta vez fue el inglés quien habló: «Estamos dispuestos a dejarlos bajar en Annotto Bay, que está cerca y podemos atracar en el muelle para que tomen un taxi y regresen a Kingston. Les prometemos no decir nada a la policía hasta que se haga imprescindible, porque quiero que sepan que este asunto debe estar ya en manos de Scotland Yard». Miré a mis dos compañeros y ambos asintieron. Yo me excusé con los tres y les agradecí la sugerencia para resolver el problema. Nos miraron con una mezcla de admiración y lástima. ¡Qué sé yo!

Nos tiramos al muelle antes de que el «Fire star» estuviera atracado por completo. Ahora se imponía «echar un patín». Yo llevaba el maletincito con la pistola y comenzamos a pasárnosla como si fuera una pelota de football. Nos reíamos a carcajadas porque ninguno quería estar en posesión de la única prueba del delito que existía. Al final, ya pasado el muelle y estando en medio del poblado, me quedé con ella. Una de las mujeres que iba camino del mercado exclamó que seguro éramos parte del grupo de cubanos que habían detenido por la madrugada en Port Antonio. No esperamos más. Le hicimos señas a un taxi que no había escuchado a la observadora y entramos rápidamente. Yo ocupé el asiento al lado del chofer y, cuando le dije que nos llevara a Kingston, comenzó a dar explicaciones de que no podía, que esto y lo otro... Saqué la pistola y se la coloqué con presión en el lado derecho del cuello, mientras le decía: «Calm down and drive. If you see the police and stop, I'll kill you». El asustado chofer no pudo hablar. Solo hizo varios gestos afirmativos con la cabeza y manejó hasta la capital con una destreza increíble. Como tomamos la carretera que representaba la ruta más corta, no tuvimos que pasar por Spanish Town, donde estaba el patíbulo para ejecutar los sentenciados a muerte.

Le dimos indicaciones de parar a unas dos cuadras de nuestra casa. Le pagamos y hasta se ganó una propina que nos terminó de arruinar por completo. Caminamos lentamente, como si no quisiéramos enfrentar el sentimiento de derrota con el que salimos de Cuba. Cuando entramos, todos los presentes se quedaron lívidos. Nos informaron que a los otros cuatro los tenían detenidos y a nosotros nos estaban buscando. Ya lo sabían todo y, como para complicar aún más el problema, «eso está en manos de Scotland Yard». Yo dije que iba a bañarme para estar presentable porque seguro que vendrían al caer la noche. Que nadie dijera nada porque íbamos a negarlo todo. Estaba mintiendo porque había decido escapar.

La expulsión

No me equivoqué. Apenas se escapaba la tarde tocaron a la puerta. Era un agente de Scotland Yard. Creo que fue Lorna la que le abrió la puerta. Le mostró su identificación y le pidió autorización para entrar. Detrás de él pasó al interior otro agente que estaba medio escondido en el portal. Yo escuché todo desde mi habitación y corrí hasta la ventana. Cuando saqué al exterior una pierna para saltar los dos metros que me separaban del terreno, choqué con dos agentes que me apuntaban con sendas ametralladoras y una sonrisa que parecía decir: «Inténtalo». Regresé mi extremidad inferior al interior de la habitación. La escena me pareció demasiado exagerada para el delito. Eso me preocupó grandemente.

En la otra parte de la casa, en el área de la sala y el comedor, estaban los dos agentes de Scotland Yard. El que parecía dirigir el operativo era un rubio alto, fornido, que vestía un traje azul marino con corbata azul clara y ademanes finos. Tomó asiento en uno de los extremos de la mesa del comedor y se dirigió a los presentes: «Creo que en este momento están presente en la casa todos los que viven aquí, ¿es eso cierto?» Fela se adelantó para contestarle que así era. En la casa vivíamos 12 personas y todos nos encontrábamos presente. El agente dijo entonces: «Vengan uno a uno con su pasaporte y se sienten en ese asiento». Así lo fueron haciendo todos. Una vez sentada la persona le entregaba el pasaporte al agente. Este ratificaba el nombre, le preguntaba dónde se encontraba el sábado y el domingo y luego escribía su nombre y número de pasaporte en una libretica que conservaba junto a él. Así fueron desfilando todos los inquilinos. Me quedé para el final. Después de haber sido testigo de las entrevistas con Juan y Pachi, sabía lo que me esperaba.

Me senté en la silla mientras le daba las buenas tardes. El oficial me pidió el pasaporte. Le dije que se me había perdido (Era obvio que lo habían sustraído de mi mochila) hacía apenas una semana. Me miró profundamente con unos ojos que me recordaron la primera vez que choqué con los de Tamayito: también eran verdes, pero no mostraban odio sino capacidad de observar. Me quedé frío. «¿Dónde se le perdió?» Le respondí que no lo sabía, pero sospechaba que había sido en un autobús cuando regresaba a casa después de cambiar un cheque en el centro. El inglés sonrió: «Tú eres el tercero que ha perdido el pasaporte en esta casa. Puede ser. Dime ahora dónde cogiste ese bronceado». Mi respuesta fue corta: «En Copacabana». Me dijo que tenía que haber ido los dos días de la semana para ponerme de esa manera. No le respondí. De repente, en algo totalmente inesperado, me preguntó: «¿Quién es Mercedes Fernández?» Me sorprendió la pregunta. Pensé muy rápido hasta recordar que tenía unas fotos de ella en mi mochila. Aproveché para ganarle una: «Es mi novia». Al preguntarme dónde estaba en estos momentos le dije: «No lo sé. ¿Sabe por qué? Porque vive en Cuba y puede haber perecido debido a las bombas inglesas que ustedes le vendieron a Batista y las están usando contra la población. Shame on you!»

Todos los inquilinos de la casa se encontraban alrededor de nosotros. Se hizo un silencio embarazoso. El oficial se puso de pie mientras decía: «Ustedes siete han cometido una falta muy grave. Lo sabemos todo. Los otros cuatro están en la cárcel y mañana van a ser presentados frente a un juez. Hernández, Purón y Álvarez tienen que presentarse en las oficinas de Inmigración el próximo martes a las 10:00 de la mañana. Pregunten por Mr. Williams. Buenas noches».

No nos detuvieron porque no había pruebas concretas contra ninguno de nosotros tres. Mi preocupación era la selección que iban a hacer de las dos opciones que tenían: deportación o expulsión. El primer caso era un pasaje a una muerte segura. Ya había sucedido una vez meses atrás cuando un muchacho fue montado en un avión con destino a Camagüey y asesinado apenas desembarcó. Aunque no habían vuelto a deportar a nadie, siempre existía esa posibilidad. La opción de la expulsión era bien compleja. No teníamos dinero y eso no solo dificultaba la compra de los pasajes sino la concesión de una visa por falta de solvencia en el país que se arriesgara a estamparnos una visa en nuestros pasaportes, que esperábamos fueran devueltos.

A la hora señalada del martes los tres nos encontrábamos en la antesala de la oficina de Mr. Williams, el jefe de Inmigración por la parte jamaiquina. Nos recibió enseguida. Era un mulato cercano a la edad de jubilación, educado y noble de corazón. Los cubanos no nos cansábamos de crear problemas de distintos tipos y él nunca se daba por vencido defendiéndonos. Esta vez el problema era muy serio. Con su voz afable nos explicó nuestra situación legal. Nos dio la noticia de que el grupo de los cuatro había sido presentado en la corte y, como uno de ellos asumió la responsabilidad, los otros tres habían sido puestos en libertad. Le pedimos visitarlo y nos dijo que luego nos diría el trámite que había que hacer. «En cuanto a ustedes, y los otros tres, se ha decidido expulsarlos de todos los territorios ingleses por toda la vida. Tienen 30 días para hacer las gestiones y abandonar el país». En el medio tiempo, debíamos presentarnos todos los martes a la misma hora para firmar acreditando que estábamos en el país.

Nos fuimos directo a la cárcel a visitar a Pepe Rovira. El recinto no era el Hilton, pero tampoco estaba en el otro extremo. A él lo encontramos con buen espíritu, hasta nos hizo un chiste y todos reímos. Cuando ya nos retirábamos nos lanzó un chiflido antes de decirnos: «¡No se atrevan a irse para Cuba sin llevarme, porque los mato!» Por supuesto que no, le contestamos.

Una vez en la calle, me di cuenta de que tenía ante mí una nueva fase de mi exilio. Debía enfrentar una serie de obstáculos que parecían insuperables, a pesar de mi corta edad y mis acciones irresponsables. Estaba obligado a encontrar una visa y dinero para al menos comprar un pasaje en avión para el lugar que ignoraba iba a ser mi destino. El primer acontecimiento positivo fue la devolución de nuestros pasaportes y el resto de las pertenencias ocupadas en las mochilas enterradas en Port Antonio. Eso ocurrió durante la visita a Inmigración del martes siguiente. Ya teníamos algo para comenzar. Desde que fui expulsado casi a diario enviaba mensajes a mis padres pidiendo ayuda económica para poder abandonar el país. Pero no llegaba respuesta. Estaba seguro que ellos no estaban recibiendo los mensajes.

El primer intento para obtener una visa lo realicé a través del Cónsul de la República Mexicana, que era un sastre conocido cuyas oficinas estaban en la misma sastrería. Por ser un conocido, no me pidió ningún documento acreditando solvencia. Conocía mi situación y una mañana de sábado, antes de invitarme a un trago en el famoso bar *Jamaica Arms* —nuestra base conspirativa en el centro cercano al puerto cuando había dinero para pagar la bebida— me estampó la visa con un gesto de aprobación.

Cuando regresé a la casa tenía una noticia esperando por mí. Luis Buch había llamado de Caracas para informarnos que un grupo de cubanos exiliados iban a ser liberados de una cárcel en Haití y debíamos ir a esperarlos al día siguiente. Buch iba a girar dinero para que los acomodáramos y les proporcionáramos asistencia médica. Pensé en la carga que se nos venía encima en la situación en que nos encontrábamos. Hice algunas averiguaciones y recordamos que, semanas atrás, unos siete cubanos (casualidades numéricas) habían sustraído una embarcación para ir hacia Cuba y, poco tiempo después, uno de los haitianos en la nave trató de escapar para denunciarlos y, ante esa amenaza, le dispararon y lo mataron. Fueron apresados y conducidos al temido castillo que era el principal centro de detención en la tierra de François Duvalier, donde no reinaba la amabilidad hacia sus huéspedes. El Movimiento se había movido y, por medio de relaciones, lograron que los pusieran en libertad. Los fui a recoger al aeropuerto al día siguiente. En efecto, eran también siete. Entre ellos había algunos de los que tenía algún conocimiento. Venía Pedro, hermano de Marcelo Salado, otro Pedro hermano de Amaury Fraginals, José Luis Padrón, Falcón (Cáscara) que había sido el segundo del jefe de acción en La Habana bajo Armando Cubría; los otros tres escapan ahora a mi memoria. En verdad venían en mal estado. Habían sido golpeados. Uno llegaba con unas costillas rotas, pero todos traían las huellas de varias golpizas. Los abracé uno por uno y les dije las condiciones en que estábamos y que ya debía haber llegado el dinero de Caracas. En fin, los puse al día. Casi todos me dijeron algo así: «Oye, me imagino que sigues con la idea de ir para Cuba. Nos anotas en la lista, coño, porque lo vamos a intentar otra vez». En aquella situación parecía casi una burla. Más que una burla sentía que nos estaban clavando una puñalada profunda. Caracas sabía nuestra situación. Bien podían habernos conseguido las visas de Venezuela y habernos enviado los pasajes. En fin de cuentas, nosotros éramos contribuyentes de las arcas del Movimiento en el exilio. ¿Por qué no lo hicieron? En vez de sacarnos de allí, nos mandan a ayudar a siete compañeros que venían en peores condiciones que nosotros. Nunca salí de la duda. Tal vez me causaba temor preguntar el motivo porque nunca lo hice. Del otro lado, los compañeros de Caracas continuaban trabajando con nosotros como si lo hiciéramos desde un cómodo despacho sin preocupaciones.

El caso es que les buscamos hospedaje primero y, una vez acomodados, los llevamos a un médico amigo que no nos cobraba. Les repartí lo que Luis me había indicado y conservé la otra cantidad para gastos de emergencia. La situación para ellos era mejor que para nosotros los orientales pues todavía había comunicaciones con La Habana, de donde eran casi todos ellos.

Aunque poseía ya una visa no me entusiasmaba la idea de irme a México. La expedición que se suponía saliera de allí se había esfumado en varios viajes en avión cargados de armamentos. No tenía ninguna esperanza de llegar a Cuba vía México. Sin embargo, me ilusionaba la idea de ir a Miami, centro de toda la actividad anti-Batista del exilio. Con esa idea, me fui a la Embajada de los Estados Unidos acompañado de dos de mis amigos. Había olvidado ya el incidente cuando estaba detenido el 9 de febrero de ese año y el coronel Álvarez del Noval me dijo que iba a chequearme como «comunista», agregando que iba a joderme por toda mi vida. Días después en el consulado de Santiago de Cuba me negaron una simple visa de tránsito sin explicaciones. Una vicecónsul solo nos dijo que era «por razones administrativas». Ahora estaba en la embajada de Estados Unidos en Kingston a punto de recibir la misma reacción. Una señora con la posición de cónsul salió en persona a informarme que, efectivamente, mis sospechas eran válidas y no podía concederme la visa.

El regreso no planeado: final de un exilio sin reino

Fue entonces que se me ocurrió una idea loca, pero plausible. Hacía apenas unos días había llegado a Kingston la motonave cubana «Pinar del Río». Estaría anclada en el puerto durante varios días antes de partir hacia Canadá. Solo tenía que hacer contacto con alguien que deseara ayudarnos para introducirnos de polizones en la nave y, ya en alta mar, tomarla por la fuerza y obligar al capitán a acercarse a Pinar del Río, bajarnos en los botes y tomar rumbo a tierra y luego a la Cordillera de los Órganos, donde se había establecido meses atrás otro Frente del Movimiento 26 de Julio.

En la cafetería de Woolworth's, donde se celebraban las reuniones sabatinas, conocí a varios miembros de la tripulación, incluso pude saludar con alegría a uno de mis amigos del pueblo. Jorge Tur había conseguido un empleo en la cocina y estaba muy contento. No le mencioné nada de mi plan para no perjudicarlo con la posible pérdida de su empleo, que necesitaba con creces. Conversé con muchos. Un día tomé la decisión de franquearme con uno de ellos.

Resultó que, aunque en ese momento solo sabía que era de apellido Brene, el individuo no era otro que José Ramón Brene. Aunque al principio no me pareció que tuviera vocación marinera, luego supe que había estado empleado en buques mercantes y petroleros durante el tiempo suficiente para permitirle visitar Estados Unidos, Francia, Brasil, África del Norte, Argentina, Bélgica, la Unión Soviética y otros países. Después de aceptar ayudarnos nos reuníamos en la cafetería de nuestro «cuartel general» y siempre acabábamos hablando de política. Sin embargo, en ninguna de nuestras conversaciones tocó el tema del comunismo. Después del triunfo de la revolución regresó a Cuba para convertirse en uno de los más importantes dramaturgos del teatro cubano. Nos dejó infinidad de obras. Recuerdo «Santa Camila de la Habana Vieja», con la que debutó. Mi favorita sería «El gallo de San Isidro», la historia del famoso chulo habanero Alberto Yarini. Y muchas más, con las que ni soñaba yo cuando lo tenía frente a mí en aquella cafetería de Kingston planeando meter media docena de polizones en el barco donde trabajaba.

Nos reunimos varias veces. En uno de los últimos encuentros trajo a uno de sus amigos del barco. Necesitábamos contar con alguien que nos fuera entrando al muelle y al barco y otro que nos estuviera esperando abordo para guiarnos enseguida al lugar donde nos iban a esconder. Se acercaban las fiestas navideñas y ya comenzaba a correr el rumor de que íbamos a marcharnos del país, pero nadie sabía cuándo ni por dónde. Poco a poco fuimos conformando el grupo de futuros polizones. Desgraciadamente teníamos que dejar a Pepe Rovira en la cárcel. Nos fuimos a despedir una tarde lluviosa. Estaba muy fuerte. Al final todos nos pusimos bastante tristes, pero no estaba a nuestro alcance el cambiar aquella situación.

Resulta difícil recordar a cada uno de los miembros del grupo, en el que predominaban los recién llegados de Haití: Pachi Purón, Falcón, Pedro Fraginals, Salado, Padrón y este servidor. No podíamos llevar ni un pequeño bulto para no despertar sospechas. Los dos marineros nos dieron las instrucciones cuando ya el mes de diciembre del año 1958 estaba tocando a su fin. En este punto los recuerdos se cruzan y es difícil ver en la lejanía la madrugada que subimos al *Pinar del Río* para ir a asumir nuestro papel de guerrilleros. Tres días me vienen a la mente: el 30 o el 31 de diciembre y el primero de enero. Pudo haber sido cualquiera de los tres. Para cada uno tengo imágenes dentro y fuera del barco. El problema gira alrededor del hecho de que el dictador Batista huyó al amanecer del primer día de 1959. Dos recuerdos son contradictorios. Uno es el recibir la noticia en casa de Fela y las visitas que comenzaron a llegar. El otro es el sentir cuando se abría la tapa del tanque de agua vacío donde estábamos y escuchar una voz que anunciaba el fin de la tiranía. Ambos son incompatibles. El plan era entrar en el buque, después de recibir la noticia de que ya habían recibido la orden de zarpar hacia Canadá, el día 30 o el 31.

Recibimos instrucciones de reunirnos en un lugar del área de los muelles cercano a la motonave. Nuestros dos conspiradores comenzaron a llegar por separado y se llevaba uno cada vez. Había que cruzar una especie de garita, donde había un guardia de seguridad, para poder entrar al muelle. Yo encabecé el desfile. Me llevaba Brenes. Adopté una actitud de estar algo embriagado mientras mi compañero mostraba el pase que le permitía acceso a una zona de seguridad. No recuerdo la excusa para no tener que mostrar yo ninguna identificación. Casi sin darnos cuenta estábamos frente al barco. La iluminación era bastante pobre y los nervios se hacían notar. Mi amigo comenzó a subir por aquella especie de escalera que se movía constantemente. Yo iba detrás. Al final de esta estaba parado un jamaiquino al que la tripulación llamaba «*guachimán*», que en realidad era el «sereno» contratado por la compañía naviera. Le dimos una especie de gruñido como saludo y entramos en la nave que nos iba a sacar de aquel lugar donde ya nuestra seguridad comenzaba a peligrar. Cuando estábamos en la cubierta apareció una tercera persona, agregada a última hora para acelerar la entrada con los otros dos, que me llevó hasta un lugar donde se inclinó para abrir una compuerta. Cuando me asomé decidido a bajar choqué con una oscuridad total. Miré al joven y este me dijo: «Los tanques de agua no necesitan luces». Me sonreí de la ocurrencia y rogué al cielo para que al menos estuviera vacío. Cuando llegué al piso sentí cerrarse la compuerta y una oscuridad total, abrumadora, se apoderó por completo de aquel lugar. No demoró mucho en llegar el segundo, y el tercero y el resto hasta que el grupo estuvo completo. El tiempo no pudo haberse calculado mejor porque, antes de la media hora, nuestro compinche principal se asomó por el hueco de la compuerta y nos dijo que iba a pasar la inspección de los aduaneros y teníamos que mantener el más absoluto silencio. Así lo hicimos. Se terminaron las bromas en voz baja, nos recostamos a la pared debajo de la compuerta y nos decidimos a esperar. Sentimos pasos y voces que se acercaban al área del barco donde estaba el tanque. Un frío me recorrió la columna vertebral al sentir el ruido de la compuerta cuando la abrieron y la luz de una linterna comenzó a recorrer partes del tanque vacío de agua. Sentimos la voz de uno de los aduaneros decirle al marinero que los acompañaba que todo estaba bien y ya podía cerrar. Creo que todos dejamos de respirar como para ayudar a ese último momento. Nos quedamos sin siquiera balbucear. Algunos nos sentamos para calmar los nervios. Creo que transcurrió algo menos de una hora cuando sentimos que aquello se movía. No había duda de que estábamos saliendo del puerto para adentrarnos en la ahora negrura del Mar Caribe.

No demoraron mucho tiempo en venirnos a buscar. Nos sentimos libres al pisar la cubierta. Fuimos directos al comedor, donde nos esperaban varios de la tripulación, entre ellos Jorge, mi amigo del pueblo, quien no tenía la más mínima sospecha de que nos íbamos a volver a ver en alta mar. Nos bañamos y en el comedor nos sirvieran una tardía cena que estaba deliciosa. Fue entonces que nos avisaron que no había necesidad de usar la fuerza. Al caerse Batista —tal vez fue una coincidencia— el telegrafista recibió una comunicación que, en vez de ir al Canadá, debían dirigirse hacia La Habana porque el barco iba a cambiar de dueño. Todavía no había amanecido cuando, en fila india, nos dirigimos al lugar de mando, donde al vernos, el capitán de origen español se dio la sorprendida del siglo: «Pero, cómo, qué hacéis aquí... quiénes sois vosotros?» Le contestó Falcón mientras lo saludaba militarmente: «Capitán, somos sus nuevos marineros, a sus órdenes» Enseguida le explicamos. El hombre entendió y dijo que le diéramos nuestros nombres y pasaportes a un oficial. Le dimos los primeros, pero no los segundos. No sabíamos lo que estaba pasando en Cuba y estábamos seguros de que los pasaportes eran nuestra única forma de identificarnos. Así se lo hicimos saber antes que el grupo se dispersara en busca de medios para esperar el tiempo que demoraríamos en llegar a la capital cubana.

Yo me alejé para pararme en un lugar de la popa y ver el amanecer desde alta mar, cosa que nunca había experimentado.

Estaba profundamente deprimido. Había llegado tarde. Después de tantos años de lucha, el destino me había hecho una mala jugada. Me había negado la oportunidad de participar en el empuje final. Me sentía más como un observador que un protagonista. Egoísmo de mi parte. Debía estar contento porque la pesadilla terminaba. Pero no podía sentir ese grado de felicidad que ameritaba la ocasión.

Apoyado en uno de los tubos que servían para proteger a quienes estaban en la cubierta, miraba en dirección a la isla que acababa de dejar. Me pareció escuchar que Harry Belafonte se estaba despidiendo por mí con el bello reggae en estilo calipso titulada *Jamaica farewell* (Hasta luego a Jamaica). El recuerdo de la letra de la canción estaba vívido. Comencé a llorar, primero casi en cámara lenta, luego fue un torrente con sollozos que apagaban los motores del barco con su bulla ensordecedora. Estaba terminando mi exilio físico y social, como el de Daru, el maestro que Camus nos muestra en «El huésped» de su *El exilio y el reino*. Presentí que mi vida de exiliado no había terminado con la salida ilegal de Jamaica, que me esperaba otro de los exilios que retrata Camus: el personal o interior. Como en el relato «Los mudos» de esa misma obra, Fidel Castro había hecho un llamado a la huelga general utilizando el argumento de no dejarse «escamotear» la revolución. Los obreros del relato habían regresado a sus labores casi de inmediato; los cubanos demorarían hasta que Fidel llegara a La Habana y les informara que era hora de retomar las labores productivas. A pesar del tiempo que llevaba luchando, casi antes de que comenzara mi adolescencia, mi interior me decía que había fallado, que ahora la vida me iba a imponer un exilio personal, para mí solo, que no debía revelar ni romper. Por primera vez en mi vida me asaltó un pensamiento nihilista, pero lo rechacé. Lo personal había que echarlo a un lado; lo importante era convertir el triunfo en el impulso para la construcción de un nuevo país. Sentí voces y eran mis amigos que, después de encontrarme, me estaban avisando que era hora de ir al comedor a desayunar. Alguien sacó una camarita para que el grupo se retratara. Yo me brindé de voluntario para no salir en las fotos.

El resto del viaje no fue diferente. Deambulaba por el buque sumido en mis pensamientos. Es que no podía creer que la lucha hubiera terminado. Me imaginé un montón de escenarios futuros, pero ninguno me servía de consuelo. Pasaron las horas, con otros dos viajes al comedor para el almuerzo y la cena, y una subida al puente de mando, donde conversé un buen rato con el capitán. Cuando la nave dobló por el cabo de San Antonio, en la parte más occidental de la isla, pude divisar unas montañas; tal vez ese hubiera sido mi destino si las cosas no hubieran cambiado tan drásticamente.

Llegamos al puerto de La Habana tarde en la noche. Estaba oficialmente cerrado. Se podían distinguir los autos a gran velocidad surcando el malecón habanero. Ninguno de los polizones estaba resignado a permanecer abordo hasta que la divina providencia decidiera que podíamos bajar. De nuevo Falcón, por medio del telegrafista, habló con la persona que estaba recibiendo los mensajes de todos los que estaban anclados allí. Le explicó quiénes éramos y el individuo prometió que una lancha iría a recogernos, pero que ninguno de los marineros podía acompañarnos. No tuvimos que esperar casi nada antes de ver a la prometida lancha acercarse al barco.

Lancé una última mirada en dirección sureste para imaginarme un Bob Marley con apenas 13 años corriendo por las polvorientas calles de St. Ann, cantando: «*One bright morning when my work is over, man will fly away home*» [Una mañana brillante cuando mi trabajo haya terminado, el hombre se irá volando a casa].La de aquel día era en verdad una brillante mañana y mi labor había terminado y volaba hacia mi hogar, pero yo no hubiera querido volar a casa, sino al reino...

Atracamos en un muelle cerca del que asumí era el edificio principal de la administración del puerto. Nadie nos pidió ver nuestros pasaportes para que fueran validados con una entrada oficial. El caso es que allí pudimos saludar a varios compañeros. Era como una asamblea de sobrevivientes. Estábamos allí en carne y hueso pero, oficialmente, no habíamos llegado.

CUARTA PARTE

L'illusion lyrique

El término simbólico

Phillippe Vigier, historiador francés del siglo XX, llamó «La ilusión lírica» a la vida política de Francia entre el 22 de febrero y el 12 de diciembre de 1848. Afirmaba Vigier que el verdadero fin de la monarquía ocurrió con la instauración de la Segunda República basada, según él, en una cierta «ilusión lírica» porque los primeros meses de este período se caracterizaron por la impresión general de una adhesión entusiasta y unánime de los franceses a la república y a los principios de igualdad y fraternidad. La ilusión lírica es la república considerada por la mayoría de los franceses como una gran fiesta fraterna que se celebra con fervor casi religioso. Luego se creyó que había sido el escritor francés André Malraux quien había acuñado la frase para referirse al sentir de los intelectuales y artistas que habían acudido a combatir como voluntarios en la guerra civil española. Desde entonces la frase se ha venido aplicando a la simpatía que numerosos intelectuales muestran hacia ciertas causas políticas, generalmente de izquierda.

Los trajines en la capital

A ese mundo irreal habíamos llegado los polizones. Nos separamos en el edificio donde nos había dejado la lancha que nos fue a buscar a la motonave Pinar del Rio. Yo estuve en varios grupos haciendo distintas tareas. La primera me pareció demasiado importante para no dedicarle el primer lugar. Me uní a un pequeño grupo, en el que se encontraba Pedro Fraginals, para localizar a su hermano Amaury, de quien se decía lo habían asesinado en la estación de policía donde se encontraba detenido. Acertamos en la primera estación que alguien sugirió. Allí fui testigo de un prolongado y emocionante abrazo de dos hermanos a quienes, además del lazo familiar, los unía la lucha que acababa de terminar.

De allí fuimos a un par de embajadas. Alguien en el grupo estaba muy interesado en detener a Eusebio Mujal, el dirigente de la

Central de Trabajadores Cubanos (CTC), y estuvieron indagando. Visitamos el edificio Rosita de Hornedo, a la entrada del Reparto Miramar, y subimos hasta uno de los pisos más altos para tocar en un apartamento donde residía el embajador de Colombia. Mujal no se encontraba entre los asilados, aunque el embajador, contrario a toda práctica de asilo político, ofreció que alguien entrara para que se percatara que estaba diciendo la verdad. La realidad era que, en ese momento, ningún gobierno había reconocido al incipiente consejo de ministros que se había ido gestando desde mediados de diciembre y Cuba no tenía que rendirle cuentas a nadie.

El tiempo que transcurrió hasta la entrada de Fidel Castro en La Habana el día 8, al frente de la Caravana de la Libertad, resultó muy intenso. Las noticias corrían como pólvora, a través de la radio, la televisión, la prensa y la famosa «Radio Bemba» que continuaba funcionando a pesar de no existir la censura. Las cosas se complicaban algo con la huelga general que había sido decretada para evitar el traspaso del gobierno a manos leales al difunto régimen, pero la ciudad capital, y al parecer el resto de la isla, estaba volviendo a la normalidad en medio de un ferviente y casi unánime entusiasmo popular.

Yo fui con Pachi a visitar a Cruz Alonso, propietario del Hotel San Luis, situado en la calle Belascoaín, muy cerca del Parque Maceo en el malecón habanero. Cruz Alonso era un buen amigo de mi padre. Había sido comerciante en Antilla hasta que decidió trasladarse con su familia para la capital y comprar dicho hotel, en el que se hospedaban cuando viajaban a la capital. Hombre de ideas progresistas, hizo de su hotel el refugio de cuanto exiliado latinoamericano tocaba a sus puertas en busca de albergue. Políticos famosos, exiliados de sus países de origen, encontraron allí refugio antes de regresar a ocupar posiciones importantes. En la parte doméstica, Cruz Alonso era un militante del Movimiento 26 de Julio, trabajando en el Movimiento de Resistencia Cívica. Se alegró al verme «vivo» (palabra que iba a escuchar infinidad de veces) y enseguida se puso a nuestra disposición. Nos dijo que iba a ser en extremo peligroso viajar hasta Oriente y que iba a hacer una serie de gestiones para tratar de facilitarnos de alguna manera el viaje. Regresamos al día siguiente y nos tenía unas cartas, donde se afirmaba que Pachi y yo nos dirigíamos a Oriente con la misión de fundar «células de base», no definidas en ninguna parte de las credenciales.

Como todavía demoraba algo la llegada de la Caravana de la Libertad a La Habana, continuamos en nuestras labores de ayuda. Nos unimos a un grupo de conocidos que había ocupado un edificio de oficinas llamado «Pintec» situado en el entronque de la Calzada de Rancho Boyeros con la avenida de Santa Catalina. Desde allí partíamos a detener ladrones, a los que dejábamos en el campamento de Columbia. Cuando era la hora, nos daban almuerzo en la cercana estación de radio COCO.

Yo había hecho contacto con mi hermana Clarita en la residencia para estudiantes universitarias donde se hospedaba para informarle que estábamos organizando un pequeño grupo para marcharnos al pueblo. Los hermanos Matos estaban en busca del transporte.

Ya en muchas partes de la ciudad se podían admirar los jóvenes barbudos bajados de las montañas, y los que habían permanecido en las zonas urbanas, luciendo los brazaletes de sus organizaciones respectivas, custodiando edificios, guiando automóviles a gran velocidad e intercambiando disparos con antiguos miembros de los cuerpos represivos atrincherados en varios edificios de La Habana.

En un momento dado mi grupo recibió un llamado para ir a reforzar a unos compañeros enfrascados en un tiroteo en la llamada Plaza del Vapor, en la céntrica esquina de las calles Galiano y Reina. En el famoso edificio se encontraban atrincherados varios individuos que disparaban desde unas ventanas de los pisos superiores. Abajo, tanto en la calle Reina como en Galiano, jovencitos con largas melenas y barbas incipientes, y un pequeño grupo de civiles que nos habíamos unido, contestaban los disparos. Yo lo hacía con un fusil M-1 y guarecido detrás de una de las gruesas columnas de la acera de la «Peletería Reina». Las dos veces que me cambié de columna sentí como unas picadas de mosquitos al chocar en mis piernas los pedacitos del granito del piso del portal que levantaban los impactos de las balas.

Al final de aquel evento Pachi y yo nos dirigimos al Hotel San Luis para recoger la versión final de las credenciales que Cruz Alonso había gestionado tan gentilmente. En algún momento pasamos por una de las oficinas del Directorio Revolucionario. Ocupaba una mansión abandonada por sus propietarios en la calle 17 de la barriada de El Vedado. Conversé con Orlando Pérez, quien me instó a que partiera para Antilla de inmediato pues estaba recibiendo noticias nada buenas. Entonces me apresuré visitando a los miembros del grupo que iba a viajar pronto para el pueblo.

Casi de forma milagrosa, porque las fábricas estaban cerradas en apoyo al llamado de huelga general hecho por Fidel Castro, comenzaron a aparecer, en las puertas de casas y apartamentos, dos pequeños letreros de metal. Uno decía: «Gracias, Fidel». Y el otro: «Esta es tu casa, Fidel».

El recorrido de la Caravana de la Libertad iba a demorar exactamente una semana desde su salida de Santiago de Cuba. Contrario a la advertencia del General Alberto Bayo, veterano de la guerra civil española y entrenador de sus hombres en México, el ahora indiscutible líder de la revolución cubana no había encontrado el más mínimo percance para arribar ileso a su destino.

El campamento de Columbia estaba abarrotado de público y Cuba entera estaba frente a radios y televisores. Fidel Castro había querido terminar su marcha triunfal en el mismo lugar donde se había consumado el golpe de estado del 10 de marzo que había iniciado la dictadura que el pueblo cubano acababa de derrotar. Si inolvidable había resultado el día hasta ese momento, la noche lo iba a superar con creces. Toda Cuba esperaba ansiosa sus palabras. Fidel había estado pronunciando discursos a todo lo largo de la isla, pero esta noche le hablaría a Cuba entera. Se le veía eufórico en la pequeña tribuna levantada en el polígono. Lo rodeaban varios de los comandantes rebeldes y dirigentes del movimiento clandestino. Poco a poco, la multitud fue haciendo silencio y Fidel Castro comenzó: «Compatriotas: Yo sé que al hablar esta noche aquí se me presenta una de las obligaciones más difíciles...».

Pocos minutos después de haber comenzado a hablar, sus comentarios sonaban en extremo sectarios por los halagos que

Fidel dedicaba a su organización, el Movimiento Revolucionario 26 de Julio, en detrimento de otros grupos que habían contribuido al triunfo. Luego Castro los había mencionado, pero también denunciaba que, una de esas organizaciones (se refería al Directorio Revolucionario 13 de marzo) había sustraído numerosas armas que habían sido escondidas en distintos lugares de la capital. Y lanzó una pregunta que lo iba a perseguir en el futuro: «Armas, ¿para qué?». Algo después hacía una seria promesa: «¡Jamás defraudaremos a nuestro pueblo!».

Antes de partir hacia Oriente, Pachi y yo teníamos que cumplir con un sagrado deber. Esa gestión la habíamos dejado para el final para asegurarnos de que íbamos a poder localizar a Luis Buch, a quien habían nombrado ministro de la presidencia del nuevo gabinete. Les recordamos que, en una cárcel de Jamaica, había quedado Pepe Rovira y que teníamos el compromiso de gestionar su libertad. Nuestro interlocutor nos aseguró que comenzarían las gestiones en cuanto amaneciera. Parece que así lo hicieron porque Pepe llegó a Cuba días después.

Antillanos hacia Antilla

El grupo de antillanos dejó La Habana horas después de finalizar el discurso. Ya se habían puesto de acuerdo en los puntos donde se iba a recoger a cada persona. Habían localizado a Argos Matos y uno de sus hermanos que consiguieron un jeep cerrado Willys, en el que nos metimos Purón, Clarita, Aleida Durán, los hermanos Matos, y yo. Íbamos armados y con papeles, pero, en cada registro, sufríamos una decepción porque los rebeldes que cuidaban las postas levantadas en toda la carretera central eran campesinos analfabetos. Se disculpaban, pero nos pedían bajarnos del vehículo para registrarlo. Hay que agregar la cantidad de puentes destruidos donde había que tomar los largos desvíos llenos de baches o fango a consecuencia de las lluvias para imaginarse el tiempo de duración de aquel viaje. Nadie recordaba si habían sido dos o tres días lo que demoramos en entrar en Holguín, ciudad situada a 678 kilómetros de La Habana.

Tuve intenciones de visitar al antiguo cuartel de la guardia rural. Siempre había deseado ver al cabo Tamayito detrás de las rejas. No me impulsaba la venganza. Solo quería ver la diferencia en su comportamiento cuando me había hecho la vida imposible y por el que tuve que abandonar la tierra que tanto amaba para emprender una aventura en el exterior que me había hecho llegar tarde al empuje final. En realidad, él había sido el responsable de mi actual exilio interno. Días después me informaron que el cabo Eduardo Tamayo Salgado había sido fusilado el 21 de enero de 1959. Pensé en aquel momento que se había hecho justicia. Hoy creo que no fue así. Todos aquellos que fueron ejecutados eran cubanos y, a pesar de las acusaciones que pesaban sobre ellos, merecían la protección de la ley y el derecho a una defensa decorosa.

Ya estábamos en la recta final. Nos separaban de Antilla solamente unos 83 kilómetros, que fueron los más lentos y difíciles de todo el trayecto. Padecimos una cantidad exagerada de registros, dificultades para conseguir combustible y un hambre atroz que no había con qué calmarla. Llegamos a Antilla cerca de la medianoche. Decidimos ir a «El baturro», la cafetería de nuestro padre, que estaba a punto de cerrar sus puertas esa noche. Papá no podía creerlo. Tenía frente a él a sus dos hijos mayores. Invitó a todos los del grupo a cenar y estuvimos conversando por un buen rato. Luego nos despedimos de nuestros amigos y nos fuimos a casa con nuestro padre. Yo estaba regresando al lugar de donde había escapado de una muerte casi segura algo más de nueve meses atrás. Nuestra madre, tía, abuela, y hermanos menores estaban allí. Todos nos abrazamos antes de comenzar a conversar. Había mucho que contar, pero estábamos muy cansados. Yo había regresado a casa, pero no al reino porque eso ya era imposible. Me acosté tranquilo y, por qué no decirlo, entusiasmado por la tarea que iba a comenzar dentro de unas pocas horas.

El difícil comienzo

Me desperté con energía y confianza en el futuro. Había llegado la hora de comenzar a hacer la revolución, aunque no tenía un concepto claro de la misma. Un mes después de cumplir 18 años, sentí que podía compartir la frase de Baudelaire: «Tengo más recuerdos que un hombre milenario».

Organizamos la «Casa del 26 de Julio», de la que alterné su coordinación con Mario Santana. Elegimos una dirección con los distintos cargos y abrimos una oficina en la calle Miramar, frente al Club Náutico. Una foto ampliada de René Ramos Latour (Daniel), cuya casa natal se encontraba a unos 40 metros de la oficina, presidia el lugar donde se celebraban las reuniones y tenían lugar las discusiones más fuertes, producto de las ambiciones de los hombres.

El trabajo se multiplicaba a diario. A la coordinación del Movimiento se agregó la sección de propaganda (que implicaba la publicación de un periodiquito semanal), las listas de trabajadores de Obras Públicas, la delegación del Departamento de Asistencia a las Victimas de la Guerra (DAVG), y el acomodo a cuanto ser y organización pasaba por el pueblo o plantaba con carácter permanente. Lo peor, sin embargo, era una pugna por la dirección de la política del pueblo, paralela a la que ya existía en el país. No se sabía las funciones del 26 de Julio, el comisionado municipal y el Ejército Rebelde. Detrás de todo estaba el ala secreta del partido comunista que, junto a Fidel Castro y un pequeño grupo, habían ido implementando un plan para la sovietización de Cuba. Yo no solo ignoraba dicha «calumnia» sino que rechazaba todo comentario relacionado con el tema.

Un día a fines de febrero ya no pude más y me fui a Santiago de Cuba a plantear el problema. No necesité cita para una entrevista con Carlos Chaín (Gustavo) que realizaba las funciones de gobernador provincial bajo el título de comisionado. Me acompañaba Roberto Navarro. Analizábamos el problema que no tenía solución inmediata (porque el rumbo de la revolución ya estaba trazado a espaldas del pueblo y de los militantes) cuando entró en la oficina el jefe militar de la plaza, el comandante Manuel Piñeiro (Barba roja). El individuo tenía conocimiento de las elecciones que acababan de tener lugar en todos los sindicatos de mi pueblo y me preguntó por los resultados. Le dije que el 26 había arrollado en todos, menos uno, de tradición comunista. Entonces me pregunta, «¿y cómo están los comunistas de tu pueblo?» Yo lo miré. Estaba sentado en un sillón con las piernas a todo lo largo y me miraba mientras se acariciaba la barba roja que le había dado el apodo que todos conocían. Yo le contesté: «No hay problema, comandante. Bajo control». Se quedó en la oficina escuchando, pero sin opinar hasta que nos despedimos.

Aproveché la visita para saludar a antiguos compañeros y amigos antes de regresar al pueblo en las mismas condiciones en que había partido. Mi inocencia política no tenía límites.

El trabajo continuaba. Cada día traía nuevos problemas. A fines de marzo le tocó el turno a uno de carácter personal. Estaba conversando con mi madre en la cocina cuando llegó papá a bañarse y cenar antes de ir a darle una vuelta al café pues se había pasado el día en Holguín. Yo le estaba explicando no recuerdo qué plan fantástico de la revolución cuando mi padre nos interrumpe para decir: «Y, hablando del tema, aun después que ya se terminó, la lucha esa todavía me está costando dinero. Me llamó el señor Goicochea para ver si yo quería devolverle al banco el dinero de tus operaciones en Jamaica. Aunque era voluntario, por supuesto que le pagué…». Yo le pedí disculpas y él siguió hacia el baño. Mamá ni quiso enterarse.

La invasión a Quisqueya y el encuentro con Camilo

Yo no protestaba de la intensidad de mis trabajos porque estaba cumpliendo con mi deber. Tuve que hacer un paro de varias horas a fines de la segunda semana de junio de 1959. Creo que era el sábado día 13. Los toques fuertes en la puerta principal de mi casa despertaron a mis padres. Mi madre vino a mi habitación para anunciarme que me buscaban Antenor Betancourt, nuestro antiguo jefe de célula y actual comisionado municipal y el teniente Enrique Interián, jefe del puesto del ejército rebelde. Salí a medio vestir. Les hice la pregunta normal y me contestaron que necesitaba acompañarlos a un lugar fuera del pueblo. Diez minutos después íbamos los tres en el jeep del ejército, con Interián al timón, entrando por el camino hacia la península del Ramón. El flaco Antenor iba muy serio. Recordé lo circunspecto que se ponía cuando salíamos a realizar sabotajes. Habíamos pasado Canalito y El Júcaro y continuábamos adentrándonos más en la jungla de la pequeña península. «¿Se puede saber dónde coño vamos después de despertarme a las cuatro de la madrugada?», pregunté. Sin voltearse, Antenor me dijo desde el asiento de pasajero: «A echarles un vistazo a los expedicionarios que van a derrocar a Trujillo». Tragué en seco. Ya se habían producido dos intentos que el gobierno había rechazado: uno a Panamá en abril y otro a Nicaragua en junio. Pero Santo Domingo era distinto. Yo había escuchado de un compromiso que Fidel Castro había hecho con los dominicanos y todo parecía indicar que iba a soltar a los combatientes muy pronto. Tuve que interrumpir mis pensamientos porque nos habían vuelto a parar. Era la tercera vez. Sacamos identificaciones, se mostró un papel especial y nos dejaron entrar. Ya estábamos en el campamento situado en el final de la península. No logré contarlos, pero me pareció que allí había más de 150 hombres. Mientras Enrique y Antenor entraban en una casita que parecía la jefatura de la operación, yo me puse a dar vueltas observando y, cundo podía, haciendo preguntas. Me acerqué a un chico muy joven. A una pregunta me respondió que tenían un compromiso y él iba porque su padre ya estaba mayor para esos trajines. «¿Quieres probar mi M-1?, me preguntó extendiendo el fusil mientras hablaba. Yo hice unos seis u ocho disparos con un promedio malísimo. Él sonrió y pudo acertar casi todas las veces. Sentí lastima. Lo abracé y le dije que le deseaba dos sacos de suerte. Él echó una carcajada mientras corría hacia el puentecito donde estaba anclado uno de los barcos de aquella aventura. La mayoría eran dominicanos, pero había muchos cubanos y también de otras nacionalidades. Sentí que me llamaban. Enrique y Antenor ya estaban arrancando el vehículo para regresar al pueblo, mientras que los expedicionarios estaban casi listos para salir a enfrentarse con la historia.

En el viaje de regreso hablamos poco. Interián le preguntó a Antenor si me había revelado el lugar a donde nos dirigíamos. Le dijo que no. «Al Club Náutico, pero hay una sorpresa». Esperaban que les preguntara, pero no lo hice. Entramos al pueblo y fuimos directos a estacionar frente al balneario. Al final de la escalera había dos soldados de posta. Nos identificamos y nos dejaron pasar. Había bastante gente en el salón que yo trataba de distinguir mientras caminábamos por el largo puente de madera. Al fin llegamos. No eran tantos, pero casi todos vestían uniforme verde olivo. Eran altos oficiales. Me esperaba una gran sorpresa.

«¡Coordinador!». Era un llamado que me hacían desde la esquina derecha del lugar donde me encontraba. El autor del grito era una persona que nunca me había visto y no creo estuviera interesado en el cargo que desempeñaba, aunque estaba enterado. Era, nada más y nada menos, que el legendario comandante Camilo Cienfuegos. Llegué junto a él. Me esperaba con su amplia sonrisa. Me preguntó cómo estaba; le dije que muy bien y muy contento de conocerlo. Me puso una de sus manos en mi hombro derecho y me pidió que mirara hacia el mar. En ese momento pasaba velozmente la lancha de la Marina de Guerra. Se produce entonces el siguiente diálogo:

—Coordinador, ¿tú sabes quién está manejando esa lancha?
—No, comandante.

Se echa a reír y me dice:

—Nada menos que Juan Almeida. Si los negros no saben nadar, ¿tú te imaginas lo que me pasaría si esa lancha se vira y yo tengo que llamar a Fidel para decirle: Fidel, se me ahogó el negro Almeida».

Yo permanecía callado. Era obvio que Camilo estaba bromeando, porque cada vez que la lancha pasaba veloz frente a nosotros él le gritaba a Almeida que parara y se bajara. Si era cierto que Almeida era el conductor, el caso es que pronto desapareció en dirección del edificio de la Marina y no regresó a almorzar con el grupo.

Camilo y yo conversamos un par de minutos y luego nos separamos para ir a saludar a personas distintas. Mientras charlaba con Enriquito, el hermano de Antenor, que era teniente o capitán del ejército rebelde, recorrí el lugar con la vista buscando a su hermano. Lo vi en la esquina donde yo había estado con Camilo. Algo me dijo que fuera hacia allá. Estaba llorando. Me dijo que tenía deseos de darle un culatazo a Enriquito y llevárselo de allí.

Al preguntarle el motivo de ese impulso me dijo: «Pepín, me acabo de enterar que mi hermano va en la invasión. Sale mañana de Preston en el avión con los jefes. Los van a matar a todos». No supe qué decirle. Al cabo de un rato, regresamos para unirnos al resto del grupo.

Pronto nos sentamos a almorzar una mariscada cocinada por Juanito, el encargado de la barra y la cocina. Barba roja se sentó frente a mí después de saludarme muy afectuosamente. Por preguntas a otros, comentarios que escuché y personas que yo conocía, no era muy difícil darse cuenta de que la mayoría de los cubanos que enviaban a pelear eran hombres de Camilo Cienfuegos. Acontecimientos posteriores parecen darle alguna explicación a este hecho.

El grupo de unos 20 hombres salió al mismo tiempo. Varios iban conversando mientras caminaban hacia el pueblo por el puente. Al llegar al borde de la escalera que llevaba a la calle, Camilo y yo coincidimos y subimos juntos. Yo iba a su lado derecho. De pronto, de la acera izquierda alguien le grita: «¡Camilo, duro con Chapitas!». El héroe de Yaguajay frunce el ceño y se dirige a mí en voz baja: «Chico, ¿cómo es que lo saben?». Yo esbocé una leve sonrisa y, mientras le señalaba al grupo de militares, le pregunté: «¿Y por qué no, comandante?». El grupo iba para el ayuntamiento, pero, al llegar al parque, yo viré a la derecha para mi casa y Camilo a la izquierda para ir a una peluquería donde afirman que le recortaron un poco la melena.

La invasión fue un total desastre. Solo sobrevivieron unos pocos. Enriquito Betancourt no estaba entre ellos.

Promesa cumplida

Meses después llegó el primer aniversario del alzamiento de Santiago de Cuba el 30 de noviembre. Era el primero en libertad. En una de las cartas cruzadas entre Vecino y yo uno de los dos había sugerido reunirnos en el primer aniversario después de liberada Cuba junto al sepulcro del inolvidable Pepito Tey.

Yo había viajado de Antilla con Roberto Navarro. Nos reunimos en el lugar elegido. Allí, en medio de un silencio casi sagrado, elevamos una oración al cielo por el eterno descanso del hermano que yacía allí, y por todos los otros esparcidos por todo aquel cementerio. Uno de los presentes hizo el comentario de que, por haber cometido el grave delito de sobrevivir a aquella lucha —donde tantos habían entregado sus vidas— los presentes teníamos un doble compromiso con la revolución.

De la tumba de Pepito Tey nos encaminamos a la de la familia País, luego a la de Renato Guitart y otros atacantes del Moncada que habían sido enterrados junto con él, después a muchas otras de combatientes caídos en la lucha clandestina o en las montañas. Por último visitamos el mausoleo de José Martí. Allí nos despedimos fundidos en un fuerte abrazo. Estábamos tristes por la ausencia de tantos y tantos que habían caído, pero felices porque habíamos cumplido la promesa hecha años atrás. Y el futuro estaba por delante para cumplir con aquellos que habían caído en aras de una causa tan justa.

Del cementerio Santa Ifigenia partimos en los dos autos en distintas direcciones. Uno se dirigió hacia la residencia de la familia País, ocupada ahora solamente por Doña Rosario. El otro auto, con Roberto y conmigo fue utilizado para recorrer varios sitios históricos de la ciudad mientras esperábamos que se acercara el inicio del acto público.

El acto de clausura era al mediodía al final de la avenida Garzón, a la entrada del Reparto Vista Alegre. El lugar escogido para situar la tribuna no podía ser mejor. Estaba situada al final de una pequeña elevación que dominaba una larga y ancha explanada encerrada por el edificio del Instituto de Segunda Enseñanza, la avenida Victoriano Garzón y la entrada al Reparto Vista Alegre. La tribuna miraba al oeste, y el Reparto quedaba justo detrás de la misma.

Fidel vs. Vista Alegre

Fidel Castro iba a hacer el resumen. Ambos estábamos invitados a la tribuna pero yo decliné porque queria tener la experiencia de estar junto al pueblo. Mal antojo. Pasé cuatro horas bajo el sol ardiente y el tipo no aparecía. Y yo no podia salir del hueco donde estaba.

El pueblo comenzó a acudir al lugar de la cita desde horas tempranas de la mañana. Los dirigentes comenzaron a tomar sus puestos en la tribuna algún tiempo después. Algunos de ellos habían sido protagonistas de los hechos que conmemoraban ese día. El Instituto había sido testigo de sus luchas estudiantiles, habían sido golpeados en esa explanada y llevados a prisión desde allí. Los entornos les traían también muchos recuerdos. Contiguo al Instituto, en el Reparto Terraza de Vista Alegre, se encontraba el edificio del Colegio Sagrado Corazón, lugar escogido para colocar el mortero que dispararía contra el Cuartel Moncada. Cerca de la tribuna podían ver el edificio del Lido Club, en cuyos altos estaba el hogar de Emiliano (Nano) Corrales, lugar de incontables encuentros clandestinos y donde, en la noche del 27 de noviembre de 1956, se habían reunido los jefes de los comandos para recibir de Frank las instrucciones para actuar aquella mañana del 30 de noviembre. En el Reparto Vista Alegre, hacia donde varios dirigieron sus miradas, les habían dado albergue generoso en momentos de apuro.

Las horas pasaban y el acto no comenzaba porque esperaban al participante más importante. Roberto y yo nos habíamos situado en el mismo medio de la multitud, justo frente al centro de la tribuna, en primera fila. La muchedumbre, ansiosa e inquieta, se balanceaba peligrosamente, haciendo chocar cuerpos con cuerpos. Cuando, después de mucho tiempo de este ejercicio, cansados, sudorosos y con unos deseos muy grandes de descargar las vejigas, ya estábamos casi decididos a salir de aquel lugar como fuera, quien parecía fungir de maestro de ceremonias, o anunciador oficial, se acercó a los micrófonos para informar la llegada de una caballería de campesinos que había salido, horas atrás, de la zona de Palma Soriano. En efecto, docenas de campesinos, algunos enarbolando banderas cubanas y del 26 de Julio y el resto blandiendo sus afilados machetes, comenzaron a desfilar por un pequeño pasillo que se había logrado abrir justo al frente de la tribuna, donde nos encontrábamos. No teníamos otra opción. Cada uno se aferró a las ancas de un caballo y partimos hacia la libertad. En medio del camino, el caballo al que me sujetaba alzó el rabo y comenzó a expulsar un rosario de cagajones que fueron cayendo sobre los zapatos y el pantalón del consternado ser que escribe. Pero logramos salir. Nos dirigimos entonces al edificio del Instituto, donde nos dejaron pasar a los baños a limpiarnos la ropa y los zapatos junto a las piernas y los pies. Cuando salimos del lugar, nos dirigimos a un pequeño kiosco levantado para la ocasión y compramos varias cervezas, sentándonos en un lugar detrás de la masa de santiagueros que mostraba ahora su entusiasmo por la llegada —aunque tardía— del jefe máximo de la revolución. Sentados sobre la tibia yerba de la explanada, podíamos divisar fácilmente la figura de Fidel Castro, de pie en la tribuna, esperando que se calmaran los vítores y las exclamaciones de júbilo para comenzar su esperado discurso. Las azoteas de las casas y edificios cercanos comenzaron a llenarse de santiagueros.

La tarde declinaba ya cuando Fidel inició su alocución. Como era ya su costumbre, la primera parte fue de introducción, de preparación a la audiencia para lo que quería expresar más adelante. Contrastó la obra iniciada por la revolución con los horrendos crímenes perpetrados durante el régimen anterior. Entonces, utilizando el insulto y el ridículo, la emprendió con los que él llamó «latifundistas» y «ricachos». Las acusaciones que levantó contra ellos, entre otras muchas, incluían:

- gastar dinero en caros perfumes y ropas, y perros mascotas a expensas de sus empleados y las hambrientas familias campesinas.
- contribuir a la causa revolucionaria contra Batista con cantidades insignificantes de dinero, esperando que los jóvenes e inexpertos revolucionarios que pelearon vinieran a tocar a sus puertas pidiendo consejos sobre cómo gobernar, basados en su ayuda mínima a la revolución, porque no soportaban a Batista y porque también pensaron que, después de la victoria, podrían mantener sus latifundios y continuar con sus vidas de privilegiados.
- debido al tiempo libre que tenían, solo pensaban en ir a fiestas, picnics, juegos de canasta, mientras chismeaban y planeaban actividades revolucionarias.

- darse golpes de pecho posando como grandes cristianos cuando en realidad eran un rebaño motivado por el egoísmo y la hipocresía.
- estar promoviendo el descontento al propagar celosos regionalismos.

Los vecinos del Reparto Vista Alegre comenzaron a abandonar las azoteas desde casi el comienzo del discurso, apagando también las luces de sus casas. Era como una señal de protesta por lo que ellos consideraban injustos insultos. Cuando quedaban muy pocos vecinos escuchando el discurso, Fidel lanzó el más fuerte de todos sus insultos.

Para ello utilizó el juego de palabras que tanto le gustaba y fascinaba a su audiencia. En esta oportunidad dijo que los ricos pensaban que ellos constituían la «sociedad» cuando, en realidad, representaban la «suciedad». Y agregó: «Si esa gente no fue a la Sierra Maestra a luchar contra los ladrones y asesinos de Batista, ¿qué derecho moral tienen para oponerse a los que terminaron con esos males?». Hace entonces una confesión, harto sabido ya por todos los presentes, diciendo que él provenía de la clase privilegiada pero había aprendido cuál era la situación de los pobres y los humildes. Dijo que la revolución se estaba haciendo por y para esa gente e iba a continuar hasta que el pueblo quisiera. Afirmó que el pueblo sabía eso, y por eso estaban dispuestos a defenderla de los contrarrevolucionarios, Trujillo, y los intereses privilegiados que tratan de destruirla. Dijo Fidel Castro que, después de once meses, la revolución estaba más fuerte que nunca y que «cada día tendrá más campesinos con más machetes en las concentraciones revolucionarias». Afirmó entonces que el pueblo no quería la política y los políticos que los han engañado por 50 años. Retó a los políticos a que fueran a los lugares donde se reúnen los campesinos y los trabajadores para que vieran la respuesta que iban a recibir.

A pesar de saber de la fuerte simpatía con que contaba el comandante Huber Matos en la zona, Fidel Castro no evitó el referirse al caso de manera directa. Lo denunció como traidor que intentaba lanzar un pequeño movimiento contrarrevolucionario.

Del Idealismo al Desencanto

La noche había cubierto ya totalmente el escenario del multitudinario acto. Habían transcurrido tres horas desde el inicio de su discurso y se acercaba el momento de concluirlo. Dijo que los dirigentes revolucionarios estaban convencidos de que su programa era justo y serviría para elevar los niveles de vida de las familias humildes. Ratificó la determinación de continuar en la lucha, y expresó que las grandes concentraciones de Camagüey tres días antes, y la de Santiago en ese día, demostraban el respaldo a la revolución en esas dos provincias.

Una prolongada ovación coronó el discurso del máximo líder de la revolución. La muchedumbre se iba dispersando poco a poco, en distintas direcciones, mientras que, en el interior de la mayoría de los hogares del reparto Vista Alegre, sus moradores experimentaban los primeros síntomas del rechazo. Muchos se sintieron ofendidos; otros, despechados. Pero casi todos consideraron que Fidel Castro los había traicionado. Además de las jugosas contribuciones de dinero mencionadas por Fidel, la entrega de sus vecinos a la causa había sido total. No sólo la habían ayudado, sino que también habían sido protagonistas, muchos de primera fila, en la lucha revolucionaria. Y ahora se producía esa ruptura. Vista Alegre había contribuido con un sinfín de luchadores en las filas de acción del Movimiento 26 de Julio —algunos habían entregado sus vidas— y del Movimiento de Resistencia Cívica, quienes recogieron, además de dinero, medicinas, armas, equipos y toda clase de artículos para enviarlos a los luchadores de la Sierra. Sus hogares —esos mismos que ahora apagaban sus luces en respuesta a los insultos de Fidel— habían dado albergue, corriendo grandes peligros, a los dirigentes del Movimiento que necesitaban esconderse de la fuerza pública. Casi todos los miembros de la Dirección Nacional, incluyendo al inolvidable Frank País, pasaron incontables días en las casas de esos «latifundistas» y «ricachos» que acababan de recibir el desprecio del jefe del estado cubano.

Permanecí sobre la yerba un largo rato después de terminado el acto. Sentía que la confusión se apoderaba de mi mente. Tenía sentimientos encontrados. Me incorporé. Como había hecho ya en un par de ocasiones, cuando me habían venido las dudas, pensé que aquella victoria había costado mucha sangre para venir a ponerla ahora en peligro. Ya habría tiempo de subsanar esos errores. Valía la pena seguir confiando en la revolución y en Fidel.

De regreso a los libros

Pocos días después ocurrió un hecho que iba a cambiar mi vida de manera radical. Me encontraba conversando en el parque cuando me llamó aparte Enio Gómez, mayor que yo, maestro de bachillerato del Colegio Antilla, a quien yo profesaba una gran amistad. Nos sentamos en un banco. Enseguida me lanzó una pregunta difícil: «¿Cuáles son tus aspiraciones? Te lo pregunto porque, si sigues como vas, acabarás como otro tira-tiros, sin educación formal y en medio del rebaño». Como un rayo fulminante me vino a la mente el consejo de la novicia del colegio convento de Banes cuando, al momento de la despedida, escribió en el libro de Somerset Maugham que me había obsequiado: «Por eso, cuando termines esta fase de tu vida que te ha obligado a dejar los estudios, regresa a la educación formal. Y no te estoy enfatizando la parte de la salvación personal sino la de tu contribución a la reforma de nuestro país, que tanto necesitamos y para la que van a escasear las personas preparadas». Le conté a Enio el evento y sonrió mientras me decía: «Sacaste excelentes notas en los exámenes del primer semestre, pero vino la huelga y ahora el Ministerio de Educación dice que hay que examinarse los dos semestres. Tienes tres semanas para prepararte y sacar todos las asignaturas del quinto año de bachillerato. Yo me tomé la libertad de matricularte. Pasa por el colegio para darte una copia de las fechas y así puedes organizar tus estudios».

Así lo hice. Aunque dedicaba algo de tiempo a mis labores oficiales, me sumergí en los libros. Estudiaba día y noche. Una tras otra, iban cayendo las asignaturas y cada examen me acercaba más a mi ingreso en la universidad. Llegó el final. Había cursado los cinco años de bachillerato en cuatro escuelas. Aunque no quería, asistí a la ceremonia de graduación. Se dio una casualidad. Cuando venía entrando del brazo de mi madre, el fotógrafo tiró la foto cuando mi novia Merceditas estaba justo al lado de mi madre. En el escenario, tomando parte en el reparto de diplomas y las felicitaciones estaba Ricardo, su padre, mi futuro suegro.

Enseguida partí hacia Macubá. Era mi segundo viaje después del triunfo de la rebelión. En el primero no había podido hacer nada. Este era para matricularme en la escuela de derecho y descansar unos días visitando amistades. También necesitaba buscar alojamiento. Creo que fue Mario Rodríguez, mi amigo de Holguín y compañero de aventuras de Guardalabaca, quien me recomendó la casa de huéspedes de una señora llamada Yolanda situada en la calle Reloj casi esquina a Enramada. Allí me instalé en una habitación compartida donde pasé todo el curso escolar.

La lucha entre lo sentimental y lo material

En aquellos meses yo combinaba mis clases en la Universidad de Oriente por las tardes con unas horas de trabajo en las mañanas en las oficinas de un Departamento que asistía a personas afectadas por el conflicto. Su sede principal se encontraba en el antiguo palacio provincial de Santiago de Cuba, justo al lado de la Escuela de Comercio donde se había iniciado la manifestación de aquel domingo donde hirieron y detuvieron a Waldemar. Cuando entré una mañana en la oficina de la directora, Ibia me dijo: «Ahí está la mamá de Waldemar». Salí al salón con un nerviosismo grandísimo. Ella me había reconocido de sus visitas al Colegio y las fotos. No pronunciamos palabra alguna. Nos abrazamos llorando. De aquella sencilla mujer, que vivía en las montañas del municipio de Alto Songo, en un poblado llamado Jarahueca, no escuché ni quejas ni reproches. Nos despedimos con otro abrazo acompañados, yo estoy seguro, por la presencia de su hijo. Esos casos eran los que me mantenían unido al proceso revolucionario.

En realidad, me dolía que estuvieran despojando a mi familia de las propiedades acumuladas durante muchos años de trabajo, pero yo creía que era por el bien común. Eran leyes que se dictaban y no había excepciones. No podía haberlas. Ya llevaba tiempo circulando el rumor (yo lo consideraba una calumnia) de que Fidel Castro y los principales cabecillas de aquella revolución eran comunistas. No importaba que Fidel Castro lo negara a cada momento. Era verdad, pero yo no lo quería creer.

Todo había comenzado muy pronto para mi familia. Apenas iniciado el mes de febrero mi padre me pidió que lo acompañara a la playa Guardalabaca. El año anterior él había comprado un lote para construir una casa de vacaciones para la familia y también toda la tierra disponible al final de la playa conocido como Peña Pescuezo. Era una inversión genial. Era obvio que el centro de actividades iba a tener lugar en esas tierras. Antes de llegar al mismo notamos que había movimiento de construcciones y un buque de la Marina de Guerra anclado en las aguas cercanas. Tocamos en un lugar con un letrero de «Oficinas». Salió mi amigo Raúl Cruz, de Banes, con sus manos sobre su cabeza. Nos explicó que lo habían traído de Banes y nombrado jefe de la obra y que no se había pedido permiso para nada. Nos aconsejó contactar a alguien que no recuerdo para tratar de negociar un pago. Durante el regreso mi viejo me expresó su preocupación por que el despojo había comenzado muy pronto. Yo iba callado.

A esas propiedades siguieron otras. Cada vez que anunciaban una reunión del consejo de ministros mi padre decía que había que protegerse del macanazo que venía esa noche. Luego me enteré que mi padre le había propuesto a mamá venderlo todo y mudarnos para España. Ella no había aceptado. ¿Cómo iban a llevarnos si nosotros éramos cubanos? Era una forma simplista de ver las cosas en aquellos tempranos tiempos.

La mudada hacia La Habana. Se asoman las dudas

En el año de 1960 llegó un momento en que mi familia decidió mudarse para La Habana. No había nada más que hacer en Antilla y, por primera vez en nuestras vidas, íbamos a vivir todos juntos. Se compró una casa en el Reparto Casino Deportivo y preparamos la mudada. Yo los ayudé en lo que pude, pero no había entregado mis obligaciones y todavía tenía pendientes un par de exámenes en la Universidad. Eran los primeros días del mes de octubre.

En su discurso del 28 de septiembre de 1960, ante una multitud congregada frente al Palacio Presidencial a su regreso de un viaje a las Naciones Unidas, Castro anunció la creación de los Comités de Defensa de la Revolución, más conocidos por sus siglas CDR. Después de culpar al Embajador norteamericano de la explosión de varios petardos durante su intervención, dijo lo siguiente:

> *¡Vamos a establecer un sistema de vigilancia revolucionaria colectiva! Y vamos a ver cómo pueden moverse aquí los lacayos del imperialismo.*

El plan probablemente ya había sido diseñado para «que todo el mundo sepa quién vive en la manzana, qué hace y qué relaciones tuvo con la tiranía, y a qué se dedica; con quién se junta; en qué actividades anda».

Aunque la dirigencia cubana se atribuía la creación de este sistema de vigilancia, lo cierto es que el veterano de la guerra civil española general Enrique Lister Farján había llevado la directriz a Cuba cuando la KGB soviética dirigía la formación de los cuerpos de inteligencia el año anterior.

En la mudada ocurre una grata coincidencia. La familia de Mercy (ya no era Merceditas) decide independientemente mudarse para la capital, pero cuando liquidan todo se van a pasar unos días a casa de sus familiares en Mayarí. En ese tiempo, yo manejo a mi familia a La Habana y regreso a Santiago primero y luego a Mayarí, donde tomamos un ómnibus de la ruta Santiago-Habana alrededor de las 7:00 de la noche. La guagua llegó a Santa Clara en horas de la madrugada. Nos bajamos a tomar algo. En ese momento le eché una mirada a los periódicos que me produjo un duro golpe. Anunciaba la prensa que en la causa 829 de 1960 el tribunal revolucionario de Las Villas había sentenciado a la pena de muerte por fusilamiento a cinco alzados en la cordillera del Escambray. Entre los cinco fusilados ese 12 de octubre se encontraba Porfirio Remberto Ramírez, presidente de la Federación Estudiantil Universitaria de Las Villas, luchador contra la dictadura de Fulgencio Batista.

Aquello me contrarió grandemente. Todos habíamos sido testigos del deseo generalizado de construir un país mejor, de fortalecer la nación cubana. Esa unidad no duró mucho. La lucha que se inició con mi familia, algunos de mis amigos y mi fuero interno, duraría casi tres años.

El sueño estaba intacto pero la cambiante realidad se mantenía golpeando duro y yo estaba preocupado por las medidas que se ejecutaban que eran contrarias a la agenda revolucionaria, como la habíamos entendido durante la rebelión: las elecciones prometidas fueron suspendidas indefinidamente, la toma de los sindicatos por dirigentes comunistas era sancionada por el gobierno, la nacionalización del sistema educacional, la confiscación de la propiedad privada independientemente de la honradez de su origen y la denigración de quienes se negaban a seguir apoyando al régimen, incluso aquellos cuyas credenciales revolucionarias eran incuestionables, como era el caso del Comandante Huber Matos y otros en un número cada vez mayor. Íntimos amigos comenzaron a abandonar el país o regresaban a la lucha armada, ahora contra el gobierno revolucionario, la mayor parte de los últimos terminaba en la cárcel o el paredón de fusilamiento.

Busqué y encontré la tranquilidad en mi fe inquebrantable; los sacrificios del pasado no podían haber sido en vano ¡mis compañeros muertos habían dado mucho más que dinero! Las injusticias individuales tenían que considerarse en contexto, como pequeñas imperfecciones o manchas temporales en el sol. La realización del proyecto revolucionario de Cuba compensaría con creces los inevitables errores cometidos ante los enormes desafíos. La realidad es que, a pesar de esas convicciones, mi novia se había dado cuenta durante el resto del viaje de que yo ya había comenzado a dudar.

Como había vivido en la capital durante el curso 1956-1657 no me costó mucho orientarme y adaptarme. Matriculé el segundo año de derecho en la Universidad de La Habana y conseguí un empleo en el departamento legal del Ministerio del Comercio Interior (MINCIN), situado a un costado del palacio de los capitanes generales en la Habana Vieja.

Una tarde me citaron a la oficina para que conversara con dos profesores. Ambos eran viejos militantes comunistas. Me dijeron que había sido elegido para participar en el primer círculo de estudio marxista-leninista debido a mi militancia en el 26 de Julio y mis notas. Lo tomé como una distinción, aunque pensaba que hubieran podido bautizarlo de otra manera. Al fin y al cabo no se cansaban de jurar que «aquello» no era comunismo. Mi participación siempre era la nota discordante en las discusiones porque yo creía que en realidad nos estábamos instruyendo. Mucho más tarde, cuando ya no participaba, me di cuenta de que estaban formando lo que ellos llaman «cuadros». Es decir, dirigentes para el partido comunista.

A pesar de mi pasado revolucionario no me fue fácil conseguir un empleo al llegar a la capital. Es cierto que nunca lo pedí, pero mis compañeros en altos puestos sabían que yo había llegado y tenía que trabajar. Fico estaba en las mismas condiciones. Fue a ver a Celia Sánchez y esta le dio una carta para que el Ministro nos empleara a ambos. Fico cayó en el departamento de planificación y yo en el departamento legal. Como tenía horario de estudiante, podía dejar el trabajo a la 1:30 pm, irme a casa y salir para las clases que comenzaban a las seis de la tarde.

Del MINCIN recuerdo dos acontecimientos. El primero se relaciona con las medidas de expropiación del comercio minorista, que comprendía la incautación de hasta los más pequeños negocios. Al lado de nuestro departamento estaban las oficinas centrales de la empresa consolidada de almacenes de ropa (o algo parecido) y los interventores y administradores salieron a implementar las resoluciones de expropiación. Hubo dos problemas serios con dos propietarios de almacenes de ropa. Uno de ellos le dijo al enviado del ministerio que saliera del edificio y entrara rompiendo la ventana, que así era como habían entrado siempre los ladrones en su almacén. El segundo, después de leer la Resolución, extrajo un revólver de una gaveta y le hizo un par de disparos en el pecho.

La otra anécdota no es tan trágica como la anterior. Ya hacía algo más de tres meses que yo había tomado mi decisión de abandonar el país y estaba haciendo las primeras gestiones. El 12 de marzo de 1962 el gobierno promulga la Ley No. 1015 estableciendo un sistema de racionamiento de alimentos y productos industriales. Aquel ministerio estaba repleto de personas incapacitadas que temblaron ante la tarea que tenían por delante y lo enfurecido que estaba el pueblo. De pasada recuerdo que el jefe de la empresa consolidada de frutas y vegetales —tal vez la mayor y más complicada del ministerio— estaba dirigida por un barbero de Pinar del Río.

Para enfrentar la situación del desconocimiento de los consumidores se creó una unidad de «Quejas y Sugerencias», al frente de la cual pusieron a un colega de apellido Naranjo. Para formar su equipo fue a mi departamento y me reclutó para que dirigiera la operación y yo elegí a un par de secretarias. Nos dieron un pequeño local y nos acomodamos. Las cartas comenzaron a llegar. Nosotros tratábamos de darles una respuesta honesta y orientadora. Pero eran muchas y seguían llegando y los administradores no querían perder más personal en esa tarea. Entonces nos pusimos a analizar el contenido de las cartas (cuyos tonos ya iban subiendo) y nos dimos cuenta de que eran de tres o cuatro tópicos. Entonces redactamos cuatro cartas y les enviábamos a los protestantes la que creíamos le servía mejor. Por supuesto que nadie resolvía su problema y entonces lo tiramos a relajo. La carta más general decía (¡cómo podría olvidarlo!): «Hemos trasladado su queja al consolidado correspondiente para su más rápida solución». Las respuestas que recibíamos hubieran formado un excelente manual de quejas. Unas eran en extremo ocurrentes; otras, despiadadas; pero todas estaban llenas de ese humor político criollo que ha caracterizado el comportamiento de los cubanos durante todo el castrismo. Al cabo de unas semanas, el ministerio decidió cerrar el timbiriche de mentiras.

El duro año de 1961

El año 1961 había llegado con la amenaza de una invasión. Desde mi arribo a La Habana, un pequeño grupo de antiguos alumnos de colegio de Santiago que habíamos participado en la rebelión nos reuníamos en el Palacio Presidencial. La razón era que Pepito Cuza había sido nombrado jefe de la casa militar de palacio. Federico iba a la azotea a practicar judo con los escoltas y yo me quedaba conversando con Pepito, acompañados a veces por Iván.

Una tarde de principios de abril de 1961 nos encontrábamos en la oficina de Pepito conversando. Alguien sacó a relucir el tema de la detención de nuestro amigo Carlos Jesús. Lo acusaban de haber utilizado su auto para regar propaganda contra el gobierno. Pepito dijo que, aunque él no «tiraba toallas», fue a hablar con el fiscal del caso y lo había convencido de su culpabilidad. Surgió entonces una discusión sobre la sospechada ideología comunista de la revolución, que recibía excesiva atención por el grupo que llegaba a la puerta porque, situados frente al ascensor, esperaban la llegada de Fidel Castro, retrasado como siempre, para una sesión del consejo de ministros. No me equivoco si afirmo que había más de dos docenas de personas con los más altos cargos oficiales. Días después, el máximo líder declaraba el carácter socialista de su revolución.

La otra actividad de nuestro grupo de seis o siete era encontrarnos los domingos para ir a tomar un par de tragos antes de ir a almorzar a uno de los restaurantes famosos. Esa fue tremenda experiencia. Hablábamos del «monotema» y, a medida que caían domingos del almanaque, las discusiones se tornaban más enardecidas. Los miembros del grupo se iban separando porque habían perdido la fe en aquel proceso debido al engaño que todavía no se había hecho público.

Yo había hecho un compromiso con Pepito Cuza y Fernando Vecino de que me avisarían cuando salieran a enfrentar a los invasores porque yo no pertenecía a ninguna unidad militar o de las milicias. Aviones habían bombardeado las principales bases de la Fuerza Aérea de Cuba y el 15 de abril fueron enterradas las víctimas. En la puerta del cementerio Fidel Castro se refirió al carácter socialista de la revolución. Entonces ordenó el acuartelamiento pues la invasión venía en camino. Yo me quedé esperando.

Gran desencanto en mi casa, acompañado de una dosis de hostilidad hacia mí. La confesión de socialista para mí no estaba completa y me dispuse a esperar. Tenía que darle otra oportunidad.

Hacía tiempo que mi hermana mayor Clarita, bajo el nombre de guerra Norma, estaba conspirando contra el gobierno de Fidel Castro. Pertenecía a un grupo de estudiantes universitarios agrupados bajo el Directorio Revolucionario Estudiantil. La inmensa mayoría de los militantes procedía de las filas de la acción católica y otras organizaciones religiosas. Debido a su inexperiencia, y al desconocimiento de la eficiencia del aparato de seguridad al que se estaban enfrentando, cometían errores que, al comenzar a utilizar sus hogares en sus labores conspirativas, ponía en peligro al resto de los residentes de la familia. Yo le advertía a mi madre del peligro que representaban sus actividades para todos en la casa, con el Comité de Defensa de la Revolución (CDR) plantado casi a boca de jarro en la acera del frente.

Entonces no era tan niño

Hay anécdotas que necesitan un chiste de introducción porque son tan inverosímiles que hay que leerlas con la resaca de una risa. Esta es una de ellas y se relaciona con las labores conspirativas de mi hermana mayor.

Cuentan que en un pueblo de España se forma una bronca al final de una colina al tiempo que un sordo viene bajando y otro viene subiendo. El que sube le pregunta al que viene bajando y se encuentra algo lejos: «Oye, ¿y qué pasó allá arriba?». El testigo le responde gritando: «¡Una riña!». El sordo que sube no lo escucha y le vuelve a preguntar: «¿Qué dijiste?». Entonces recibe una nueva palabra: «Una disputa». El que sube, complacido, le dice: «Entonces no era tan niña».

Llegó el momento en que la casi totalidad del trabajo conspirativo estaba encaminado a ayudar a los que, procedentes del extranjero, habían llegado para servir de apoyo a la invasión que se avecinaba.

Una tarde se me acercó mi madre para pedir mi consentimiento a una ayuda que tenían que hacer. Resulta que Clarita se había comprometido a esconder en nuestra casa a un jovencito de

15 años que le habían fusilado al padre y lo iban a meter en una Embajada. Al principio me negué. El delito conllevaba la pena de muerte por fusilamiento. «Recuerda cuando las monjitas te escondieron en el convento», me reprochó. A una pregunta mía, me dijo que serían unos días. Hay que recordar que yo todavía, aunque cargado de dudas, apoyaba a «aquello». Acepté y fui a sentarme en el portal delantero para hacer tiempo antes de irme a mis clases. Minutos después se estaciona un auto justo frente a nuestra casa, al lado de la acera, se baja una chica cargando una maleta, entra por el jardín, toca el timbre, sale mi hermana, le entrega la maleta y le dice: «El viene esta noche y mañana viene el barbero». Regresa al coche que parte velozmente. Yo continúo sentado allí, sin haber recibido ni las «buenas tardes» y es que me doy cuenta que la esposa del presidente del CDR está asomada al balcón observando toda la operación clandestina. Todavía hoy me pregunto por qué no vino a hacer sus averiguaciones. Porque aquello estaba bien claro. Yo entré a la casa y confronté a mi hermana y a mi madre:«¿Pero contra quién se creen ustedes que están luchando?» Ellas no respondieron. Entonces les digo: «Le dices al niño que se pele en la Embajada, ¿me oíste?». Y salí disparado a coger la guagua, no sin antes saludar a la vecina que continuaba observando desde su balcón. Lo gentil de su sonrisa me recordó cuando yo regresaba a casa caminando por la acera del centro deportivo Cardona, al final de la cual había una escalera de madera que facilitaba el cruce a la calzada de Vento para entrar en el Reparto Casino Deportivo, donde vivíamos. Al acercarme a la escalera pude distinguir a uno de mis vecinos jóvenes en pleno acto sexual con la susodicha. Los cuerpos semidesnudos, y los gritos femeninos con más decibelios que los cargados por las consignas revolucionarias y los actos de repudio, auguraban una situación más que embarazosa de haber sido sorprendidos por una inoportuna invasión imperialista.

Regresé a casa pasadas las 11:00 de la noche. Cuando abro la puerta, me encuentro que hay sesión de televisión a lleno completo. Busco con la vista al niño y a la única persona nueva que encuentro es a Juan Manuel Salvat, miembro del ejecutivo del Directorio Revolucionario Estudiantil, residente en Miami, pero de huésped en nuestra casa. Me pareció percibir un bulto sobre sus piernas que con seguridad era un arma corta. Di las «buenas noches» muy cortésmente y subí a mi habitación, que ahora mi hermano Fernando (Toto) y yo compartiríamos con una de las personas más buscadas por el G-2 de Cuba en toda la isla.

Al día siguiente me explicaron por qué habían decidido cambiar al niño por el Gordo, que es como cariñosamente le llamamos sus amigos. Les dije que fueran a hacer ese cuento a la calle Zanja, porque era un cuento chino. Yo continuaba mi rutina de mi trabajo y mi universidad. Cada vez que yo regresaba a casa, nuestro huésped no estaba. Era en extremo peligroso porque, solo en nuestra cuadra, vivían dos comandantes del ejército (Belarmino Castilla —Aníbal— y Víctor Bordón) y uno de la policía (Aldo Margolles), acompañados por sus respectivos custodios.

Un día conversamos. Me dijo que ya iba a dejar la casa porque Bordón era de muy cerca de su zona. Salvat era de Sagua la Grande y el comandante era de Quemado de Güines, separados por tan solo 18 kilómetros. Le pareció que uno de sus escoltas lo había estado observando ese día. Acudiendo a mi tono jocoso —aunque el problema era extremadamente serio— le dije a mamá que le pusiera un vestido bonito a mi abuela y a la tía porque pronto íbamos a gritar «¡Viva Cristo Rey!» en el paredón de fusilamiento. El Gordo se marchó y lo extrañamos … con tranquilidad, como afirma el dicho. Yo había asumido que, una vez terminado su trabajo, había regresado a Miami. La historia, según me enteré muchos años después, había sido muy diferente.

Salvat permaneció en la capital cubana en espera de la invasión. El régimen castrista, evitando un apoyo popular cuando llegaran los invasores, detuvo a cuanta persona le parecía sospechosa. Los centros deportivos, las cárceles, todo lugar donde cupieran personas, se llenaron de prisioneros. Juan Manuel Salvat cayó en una de esas redadas el 18 de abril, un día después del desembarco. Estuvo detenido primero en el temible G-2 y luego en La Cabaña de los fusilamientos. Cuando todo pasó lo pusieron en libertad junto a decenas de miles que habían sido guardados. Salvat se fue a refugiar en la casa de uno de sus compañeros.

Este relato me lleva a otra importante parte de mi vida en aquellos tiempos. Yo me mantenía alejado de esos trajines y, por ende, poco sabía de los quehaceres de aquellos jóvenes que se jugaban la vida porque habían visto una realidad que yo no pude o no quise ver. Había conocido a muy pocos de los comprometidos. Cuando, una vez «virado» volvimos a compartir, les confesé lo mucho que los admiraba y me lamenté por haber permanecido ciego casi tres años. Como estas Memorias quiero que sean un tipo especial de exorcismo, quiero pedirles perdón a los héroes del clandestinaje anticomunista, a los alzados del Escambray y la Sierra Maestra, a los presos políticos plantados que supieron erguirse frente a los carceleros y a todos los cubanos que prefirieron vivir y morir luchando contra la corriente.

Durante el transcurso de los combates, Clarita, y el resto de la familia, habían permanecido pegados al radio en espera de lo que, por la naturaleza de la acción, era imposible. Una prima lejana que había pasado ya el umbral de la tercera edad compró champán para celebrar el inmediato triunfo. El anuncio no se hizo esperar: «El imperialismo había sufrido su primera gran derrota en América». Mis padres no esperaron para tomar la decisión de sacar del país a mis tres hermanos.

Ese desenlace afectó profundamente a mi hermana mayor. De la familia del novio de entonces, que radicaba en Venezuela, recibió la visa y el pasaje. Yo la acompañé una mañana a realizar las gestiones, que concluyeron cuando recibió en sus manos el boleto para salir en el vuelo del martes 25 de julio de 1961. La habían colocado entre la llegada del cosmonauta soviético Yuri Gagarin el día 24 y la celebración del 26 de julio al día siguiente de su partida.

El lunes 24 de julio llegó a La Habana Yuri Gagarin. Fidel Castro lo recibió al pie del avión bajo una incesante lluvia veraniega. Luego, en un auto descapotable, recorrieron las calles de la capital saludando al pueblo que se había aglomerado para ver al héroe de la Unión Soviética.

Después de mirar en la televisión la retrasmisión de un par de actos en honor al ilustre visitante, todos se fueron a descansar. Me puse a leer durante un rato sin conciliar el sueño. Me entristecía la partida de mi hermana mayor y, mucho más, debido a sus edades, la de los menores. Desde pequeños habíamos estado poco tiempo todos juntos porque asistíamos a colegios diferentes fuera del pueblo. Ahora nos separaba la política. Todos los reproches caían sobre mí porque no acababa de «abrir los ojos». Nunca les dije que, desde el mes de abril, se habían acrecentados las ligeras dudas de antaño que me iban a conducir a un total rompimiento en el mes de diciembre de ese año.

Con los nervios hechos trizas partimos hacia el aeropuerto internacional «José Martí» de Rancho Boyeros. Todos íbamos tensos. Era muy probable que tuvieran a mi hermana en una lista para detenerla y llevarla a los calabozos donde estaba ya la mayoría de los conspiradores de la organización en la que militaba.

Esa mañana había vuelos de la Pan American hacia Miami y de KLM hacia Caracas. Ambos estaban muy cerca. Los dos utilizaban la misma jaula de cristal a la que llamaban «pecera». La misma estaba situada casi en la mitad del pasillo central de la terminal. Allí, aislados del exterior, los pasajeros eran procesados por oficiales del Ministerio del Interior. Afuera, separados por un grueso cristal, se agrupaban familiares y amistades. En ese lugar los migrantes eran sometidos a toda clase de abusos, incluyendo los esperados insultos y el humillante registro corporal.

Yo estaba maravillado de la actitud de mi hermana mayor, quien no aparenta el menor de los nerviosismos. Estaba serena, observando todas las esquinas y los movimientos de civiles y militares. Apenas conversaba. La hora de la despedida no demora en llegar. El desfile apenas iniciado tiene que parar. Por los altoparlantes se escuchan las notas del himno nacional. Todos se detienen. Y todos lloran. Casi seis décadas después, Clarita me confesó que todavía se estremece cuando recuerda aquella escena.

Para amenizar el proceso de salida los altoparlantes comenzaron a funcionar de nuevo. Esta vez no hay música. Hay palabras llenas de odio en el discurso de Fidel Castro especialmente dirigido a los que se marchan. Han elegido segmentos del discurso homenaje al periódico Revolución, celebrado en el salón de embajadores del Hotel Habana Libre, el 25 de marzo de 1961:

¿Por qué no van a destruir la energía eléctrica yanqui, las fábricas y los cañaverales yanquis? ... Y no tienen sensibilidad suficiente, y son tan cobardes, que se van, son tan ratones, que se van, son tan miserables, que se van, son tan cínicos y despreciables que se van...

Con mi hermana se han ensañado. Una oficial la registra en busca de artículos valiosos, sin encontrar una cadenita de oro que la tía Esperanza le había cosido en el interior de un abrigo que yace descansando en un lejano asiento de la pecera. Pero sí encuentra los cosméticos, a los que somete a una operación quirúrgica en busca de explosivos o cualquier material incendiario. Ella permanece en silencio observando la meticulosa operación. Su final coincide con el del discurso: ¡PATRIA O MUERTE! ¡VENCEREMOS! En ese momento el discurso comienza de nuevo, esta vez, por el final del párrafo anterior y con mayor volumen: *Y NO TIENEN SENSIBILIDAD SUFICIENTE, Y SON TAN COBARDES, QUE SE VAN, SON TAN RATONES QUE SE VAN, SON TAN MISERABLES QUE SE VAN, SON TAN CÍNICOS Y DESPRECIABLES QUE SE VAN...*

Desde fuera de la pecera se escucha la perorata del comandante en jefe. Me viene a la mente una pregunta: ¿Qué castigo pudiera imponerse al sumo sacerdote —al orisha— del rito fidelista? Tal vez el más indicado sería el que se aplicó a un sujeto semejante en Babilonia. Nadir, famoso demagogo de su época, fue encarcelado por incitar a la rebelión con sus arengas y condenado a escuchar sus propios discursos de manera ininterrumpida. La leyenda cuenta que Nadir sólo soportó sus largas peroratas durante dos meses.

La criminal jornada termina cuando se escucha, a través de los altoparlantes, el esperado aviso anunciando la salida del vuelo de la KLM a Caracas. En ese momento un oficial del G-2 la viene a buscar y la conduce a la oficina de ese organismo en el aeropuerto. Los minutos se vuelven horas. Al final, se les ve venir caminando. Ella va delante y sube la escalerilla con obvio disgusto.

Minutos después el avión surca el espacio rumbo a la libertad. En el caso de Clarita no pudo haber sido más oportuno. Días después, alrededor de la medianoche, alguien tocó en la puerta con toda su fuerza. Era un militar que traía un papel en su mano derecha. Era una orden de detención contra mi hermana mayor que ya se encontraba en Caracas.

No demoró mucho en que les llegara el ansiado telegrama a mis hermanos menores. Fernando y María de los Ángeles, de 17 y 13 años, respectivamente, estaban a punto de añadir más soledad a aquella casa que sus padres habían adquirido el año anterior con la esperanza de vivirla juntos muchos años. El telegrama anunciaba la salida para el día: 9 de octubre de 1961, víspera del vigésimo cuarto aniversario de bodas de sus padres y setenta y seis días después de la salida de la hermana mayor. Nadie en la casa pudo conciliar el sueño esa noche. La madrugada se negaba a escapar. Al fin fue amaneciendo lunes.

El rompimiento de este día tenía una seria variante: la decisión de separarse de los dos menores del hogar se había tomado basada en un rumor. En los comienzos de ese año decisivo de 1961 comenzó a circular una información que aseguraba la implementación de una ley que privaría a los padres del derecho de educar a sus hijos. Le llamaban la ley de la «patria potestad». Fidel Castro había reaccionado de forma violenta en un discurso pronunciado el 11 de febrero de 1961. Comenzaba narrando cómo una de las madres de unas becarias había llegado a la escuela reclamando llevarse a sus hijas porque le habían dicho que se las iban a llevar para Rusia. Según Castro, esa era una táctica de los que se oponían a la revolución para sabotear el programa de becas. Seis meses después, el 19 de septiembre, el líder de la revolución reaccionaba de nuevo contra lo que él llamaba un «truquito» de quienes se oponían a su gobierno. Afirmaba que sus enemigos circulaban que dicha ley para arrebatarles a los padres la patria potestad ya estaba redactada y dio lectura a la misma. Según Fidel Castro, todo era una patraña.

Los hermanos estaban citados para abandonar el país el 9 de octubre. Esa mañana todos esperaban que yo saliera a sentarme en el lugar del chofer. La sorpresa y el disgusto fueron grandes: «Yo no quiero ser cómplice de esto», les dije con voz entrecortada. «Esa ley inexistente se la están auto aplicando ustedes mismos.

No necesitan del gobierno. Los llevaría con gusto si ustedes dos fueran con ellos. Pero, verlos irse de aquí solos a un mundo que desconocen y sin saber cuándo van a volver a reunirse, no me estimula a sentarme frente al timón». Abracé a mis dos hermanos y subí a llorar a mi habitación de la cual acababa de desertar mi compañero. Luego mis padres contaron que el trayecto había sido infernal y la estadía en el aeropuerto desgarradora. Los dos vuelos eran casi exclusivamente para los niños del programa Pedro Pan, que se marchaban sin sus padres dentro de un proyecto auspiciado por la Arquidiócesis de Miami. Dicho proyecto logró sacar de Cuba a 14,048 niños, algunos de los cuales no volvieron a reencontrarse con su familia. Por otra parte, hay que reconocer que el gobierno de Castro no tuvo necesidad de promulgar ninguna ley pues la privación de la patria potestad la implementaron con sus planes de becas, el programa de la escuela al campo y en el campo, los estudios en el extranjero, los servicios militares y otros planes que, en realidad, alejaban a los niños y adolescentes de sus hogares, privando a sus padres del derecho a formarlos.

Aunque sigo pensando en lo difícil de la decisión que tuvieron que tomar esos padres, incluyendo los míos, y hoy me arrepiento de no haberlos acompañado al aeropuerto. No recuerdo haberles pedido perdón a mis padres y hermanos. Ya es tarde respecto a mis padres. Pero no es así con mis hermanos menores. Siento en el alma haber cometido aquella falta altanera que, en mi interior, consideraba como una declaración de carácter político. Así fue como atravesé el umbral de la total soledad. Pasarían unos cuantos años antes de poder volver a reunirnos. Mientras llegaba ese día, yo tenía que sufrir las consecuencias de mi decisión de quedarme y, luego, la horrible realidad de mi decisión de irme.

Ese año de la partida de mis tres hermanos fue de una radicalización insospechada que obligaba a definiciones. Los abusos continuaron. El eunuco bautismo del carácter socialista de la revolución fue hecho viril en el amanecer del 2 de diciembre de ese año cuando Castro especificó que su socialismo era de naturaleza marxista-leninista. El proceso de traición había culminado. Cayeron las caretas. El cielo se tiñó de rojo. Las notas del himno de la internacional comunista se escucharon con mayor frecuencia. La «revolución insospechada», como la llamó Mario Llerena, había llegado a su fin, acompañada por *l'illusion lyrique* que, al desaparecer, iba a dejar un inmenso vacío en mi trajinada existencia.

La temida esperada confesión
Toba Beta, el multifacético personaje de Indonesia dijo una vez: «Si eres traicionado, libera rápido la desilusión. De esa forma, la amargura no tiene tiempo para echar raíces».

2 de diciembre
Hoy, ¡al fin!, me he rebelado contra el gobierno.

El «Hoy, mamá ha muerto», con el que Albert Camus comienza su novela *El extranjero*, expresa el disgusto del protagonista porque su disfrute de una vida rutinaria se había interrumpido con la muerte de su madre. En mi caso se trataba del final de una larga etapa de mi vida, centrada en una ilusión, cuya última fase había estado repleta de especulaciones y temores y cuyo fin daría paso a un incierto cambio en mi vida.

Junto a la mayoría de los estudiantes de mi aula de tercer año de la escuela de derecho, yo me había marchado de la universidad en cuanto terminé el examen. El viaje en ómnibus resultó interminable. Llevaba meses ponderando sobre la posibilidad del final de la etapa idílica de la revolución.

Cuando entré en mi casa ya todos se habían retirado a descansar. Era cerca de la medianoche. Prendí el televisor, pero no las luces; la comparecencia había comenzado hacía escasos minutos. En ese momento Castro estaba explicando: «El movimiento revolucionario es uno solo, no hay dos, ni hay tres, ni hay cuatro movimientos revolucionarios… y hay, al fin y al cabo, revolución o contrarrevolución». Siempre había aborrecido las dicotomías excluyentes, y esta era, además, de carácter obligatorio: revolucionario o contra revolucionario.

Lo que siguió fue una larga exposición para justificar la vía que él había elegido para conquistar el poder. Después de un largo rato comprendí que el líder estaba tratando de hilvanar una nueva interpretación de la lucha contra la dictadura de Batista, y las acciones tomadas una vez en el poder, para justificarlas a la luz de la doctrina marxista:

De esta manera, el proceso revolucionario cubano iba cumpliendo una serie de leyes, que son leyes fundamentales de todo proceso revolucionario. Primero, la conquista del poder con las masas, es decir, la conquista del poder con el pueblo; y, segundo, la destrucción del aparato militar de la clase económica dominante.

Luego le tocó el turno a la burguesía nacional, seguida del Embajador de los Estados Unidos, la misión militar norteamericana, y otros enemigos. Negó la existencia de caudillismo, aunque reconociendo que, cuando llegaron al poder, «muchas de aquellas decisiones se tomaban al calor de los acontecimientos, y eran decisiones de tipo no colectivas». Se refiere entonces a la ausencia de espíritu revolucionario entre los miembros del primer gabinete (nombrado todo por él, debió haber aclarado) y de organizaciones del mismo tipo. Cuando comienza a enumerar las organizaciones que sí representaban los intereses del pueblo, la primera que menciona es el Partido Socialista Popular, seguido por el Movimiento 26 de Julio y luego el Directorio Revolucionario. En esas tres organizaciones, según él, estaban representadas las fuerzas revolucionarias de la sociedad. Omite Fidel Castro a otras organizaciones, tal vez de reducida militancia, pero que habían aportado también su cuota de sacrificios y sangre. Fidel Castro tenía que referirse a ellas. Consideró que atacando a los miembros del Segundo Frente Nacional del Escambray ya era suficiente. Y lo hizo de manera despiadada. Dijo que no habían despertado una tradición revolucionaria como en la Sierra Maestra y que eso había repercutido al final de la guerra.

Después de reconocer la necesidad que tienen todos de estudiar, se declaraba «un convencido revolucionario». Y, a continuación, entra de lleno en el tema que ha venido preparando desde el comienzo de su presentación: «A mí me han preguntado algunas personas si yo pensaba cuando lo del Moncada como pienso hoy. Yo les he dicho: 'Pensaba muy parecido a como pienso hoy'. Esa es la verdad».

Continúa con una inesperada confesión:

«Me considero hoy más revolucionario de lo que era todavía el Primero de Enero. ¿Era el Primero de Enero revolucionario? Sí, creo que era revolucionario del Primero de Enero. Es decir, todas las ideas que hoy tengo las tenía el Primero de Enero».

Después de reconocer su analfabetismo marxista, ¡por fin!, confiesa:

«¿Creo absolutamente en el Marxismo? ¡Creo absolutamente en el Marxismo! ¿Creía el Primero de Enero? ¡Creía el Primero de Enero! ¿Creía el 26 de Julio? ¡Creía el 26 de Julio!»

Luego de una confesión de lealtad teórica, vuelve a su fórmula excluyente:

«Es decir, que la Revolución no era Revolución o tenía que ser traición. La Revolución tenía que escoger entre dos términos: traición o Revolución».

Lo que vino después era aún peor:

«Y nosotros, que nos recordamos de los hombres que han muerto por esta Revolución, que nos recordamos de nuestros compañeros caídos en la lucha... »

Yo estaba teniendo otra visión. Comencé a ver desfilar por la pantalla del televisor, los rostros sonrientes de muchos de mis compañeros asesinados o muertos en combate, los cuerpos de mis hermanos torturados, sangrantes, inertes... Sentí deseos de vomitar, pero logré contenerme.

Habló y habló, pero ya yo no estaba escuchando. Mareado de asco pude darme cuenta de que se estaba acercando el final... permanecí inmóvil en el balance, con la vista fija en el televisor. Pasaron los minutos, no supe cuántos, hasta que el ruido de la estación al salir del aire me sacó del estupor. Tratando de hacer un mínimo de ruido, subí a mi habitación. Cuando entré en ella, al ver una de las dos camas vacías, sentí la soledad de la ausencia de mi hermano menor. Miré al otro lado del estrecho pasillo y recordé que mis dos hermanas tampoco estaban. Los tres se habían marchado del país hacía ya varios meses, a raíz del fracaso de la invasión de Bahía de Cochinos.

Rodé la puerta del closet para buscar afanosamente entre papeles y publicaciones que había ido acumulando. Cuando encontré lo que buscaba me senté en el borde de su cama y comencé a leer. Eran citas que había coleccionado con el fin de defender la honestidad de Fidel Castro y lo que él consideraba el rumbo bien definido de la revolución. Una tras otra, despacio, como si no me las supiera de memoria, las fui repasando. Releí dos citas importantes de *La historia me absolverá*, donde se declara martiano y hace un llamado a hablar con entera claridad. Le seguía una entrevista con el periodista Jules Dubois, fechada en mayo 24 de 1958 donde niega que el 26 de Julio fuera socialista y que intentara nacionalizar empresas. Luego venia una entrevista con J. Meneses, periodista español, en julio de 1958, en la que igualaba al imperialismo soviético con el norteamericano. En su discurso del 2 de enero de 1959 en Santiago de Cuba negaba que le interesara el poder ni pensaba ocuparlo. El 5 de enero de 1959, en su discurso en Camagüey hace elogios a la libertad de reunión y de elegir a los gobernantes. En unas declaraciones a la prensa en La Habana el 7 de enero de 1959, afirmaba ser un amante de la democracia. El día 13 de ese mes, también en la capital, niega ser comunista, pero reconoce que no tiene que declararse anticomunista para agradarle al extranjero. Lo mismo afirma ese mismo día ante el Club de Leones, agregando que la revolución es genuinamente democrática y cubana. En declaraciones a Fernando Benítez, el 22 de enero de 1959 en La Habana, niega otra vez ser comunista. Al periódico *Revolución*, el 23 de enero, le asegura que no caerá en la órbita del comunismo internacional. En el programa «Ante la Prensa», de la cadena CMQ-TV, La Habana, el 2 de abril de 1959, advierte que cuando se empiece a clausurar un periódico, no se podrá sentir seguro ninguno, lo mismo cuando se persiga a un hombre por sus ideas políticas, y afirma que la democracia es un derecho para todos.

Lo mismo había repetido en su viaje a Estados Unidos. En su discurso en la Sociedad Norteamericana de Editores de Periódicos, en Washington, DC, USA, el 18 de abril de 1959, casi grita no ser comunista y que los mismos carecen de fuerza para ser factor determinante en su país. Niega ser comunista en declaraciones a la prensa días después, aunque reconoce que hay algunos comunistas en su gobierno.

Terminé de leer las citas que había ido acumulando con miedo a darles el uso de esa noche. Noté que faltaban algunas pues recordaba claramente aquello de «libertad con pan; pan sin terror», «ni dictaduras de derecha ni de izquierda», «la revolución es tan cubana como las palmas y si quieren ponerle un color, no tiene otro que el verde olivo». Al comparar todas aquellas citas con las declaraciones de esa noche se podía afirmar que Fidel Castro era el mayor mentiroso de la historia de Cuba.

Me incorporé con dificultad (era mucha la carga) y fui hacia la puerta de la habitación de mis padres tratando de no hacer ruido. Tomé las llaves del auto y abandoné la casa con rumbo desconocido. En la novela de Camus, el nuevo huérfano había tomado un autobús que lo dejó, 80 kilómetros después, a la puerta del asilo donde había fallecido su madre, para estar presente en el velorio y el entierro. Yo no podía hacer lo mismo. Las revoluciones no tienen velorios ni entierros. Se velan en el interior de los dolientes, pero no se pueden enterrar. ¿Cuántos velorios individuales habrá en Cuba en este momento? Sonreí al imaginarme llegando a una de las funerarias de La Habana y preguntar en cuál capilla se estaba velando a la revolución y a qué hora era el entierro.

Faltaba poco para que amaneciera el sábado 2 de diciembre, quinto aniversario del desembarco del yate *Granma*. Llevaba ya conduciendo durante un largo rato. El tráfico era escaso. La Habana dormía. ¿Se despertarían al día siguiente con la misma sensación del 10 de marzo? Casi sin darme cuenta entré en el túnel de la bahía y me dirigí hacia las playas del este. Fui directo a Santa María del Mar, estacioné el coche y caminé hacia la playa. La noche estaba clara y fresca. Me senté en la arena y, por primera vez esa noche, me eché a llorar. El llanto era de tristeza. Lo producía el dolor de pensar que todos aquellos que habían entregado sus vidas habían sido engañados. Por mi mente desfilaron muchos, los que había conocido y querido y los que, sin conocerlos, había querido también. Niños, adolescentes y jóvenes que lo habían entregado todo y habían sido traicionados.

Me levanté, sacudiéndome la arena adherida a los pantalones, para caminar mientras meditaba sobre las opciones que tenía. A mi modo de ver tenía cuatro caminos posibles: la lucha, la espera de un milagro, la simulación o el exilio. La primera, la de comenzar de nuevo el combate, me pareció la justa. «Fustas recogerá quien siembre fustas», había dicho Martí. El traidor se merecía un temporal de ellas. Sin embargo, mejor dicho, que hecho. Era obvio que la revolución (¿se podrá seguir llamando así?) tenía al pueblo. Independiente de la reacción de los días siguientes, el combate sería muy desigual. Tal vez no importaba la soledad. Pensé en luchar solo, fusil al hombro recorriendo alcantarillas y saliendo de noche a cazar traidores. Pero no valía la pena inmolarse sin la menor posibilidad de triunfar. Ya no sentía el entusiasmo de la adolescencia. A pesar de que cumpliría 21 años en una semana, me sentía cansado. El reciente golpe había sido brutal, desgarrador, demoledor. Eso me hizo desechar la opción bélica.

Cuando me senté en la arena de nuevo pude discernir entre la niebla una silueta que se acercaba. «¿Tienes candela, compañero?», me preguntó un miliciano. «Sí, cómo no», le respondí mientras buscaba en un bolsillo de la camisa. El miliciano se había sentado ya a mi lado. Yo encendí un fósforo y se lo ofrecí. Fue entonces que descubrí que aquella figura, que deambulaba armada con un fusil por aquella playa, pertenecía a un adolescente. Le calculé unos catorce o quince años. «La misma edad que tenía yo cuando andaba organizando células del Movimiento», pensé al tiempo que le preguntaba:

—¿Y estás de guardia aquí tú solo?

—Sí, yo solo. El compañero que tenía que venir no apareció. Ahora estoy aburrido porque no tengo con quién conversar. Menos mal que apareció usted, con fósforos, pues desde hace rato tenía deseos de fumar.

—Mira, quédate con ellos, yo tengo también una fosforera.

—Gracias, compañero.

—Dime, ¿qué edad tienes?

—Cumplí quince el mes pasado.

—Entonces, felicidades atrasadas.

—Gracias, ahora me voy, cuídese.

Y se marchó exhalando una larga bocanada de humo. Me quedé mirando al militar adolescente hasta que se perdió en las sombras lejanas de la noche que ya comenzaba a escapar. Me habían impactado su edad, el haber usado el «usted» (parece que me encontraba viejo) y el empleo excesivo del «compañero». Pensé entonces en que las luchas entre cubanos no habían terminado, como habían creído todos, el primero de enero del 59. Aquella criatura estaba armada y lo habían entrenado para disparar, para matar. ¡Vestido de miliciano y armado con apenas 15 años! Parece que, para este pueblo, la lucha nunca termina. De nuevo se acentuaba la sabiduría de las reflexiones que había leído en los *Diálogos sobre el destino* de Gustavo Pittaluga. La nueva generación retomaba la violencia como método, la cual continuaría disfrazando con fórmulas llamadas revolucionarias, que no son más que tópicos, lugares comunes, palabras sin sentido... Se duplicaba también, estaba ya seguro, la situación que siguió a la implantación de la dictadura de Gerardo Machado: la generación del treinta lo desafió y derribó, pero luego no supo «organizar la libertad». En este caso la comparación no tenía valor porque ellos venían ya preparados para organizar el terror.

Pensé en la espera de un milagro como la segunda opción. Pero había que ser realistas. Y el reverso del milagro lo había ofrecido Fidel la noche anterior.

La tercera opción era tomar el camino que muchos de mis compañeros iban a tomar, estaba seguro de ello, porque no aceptarían ni las dos primeras ni la última. Se pondrían una careta y bailarían al compás de la música que les tocaran. Como si estuvieran en un carnaval santiaguero. Pero yo no podía; me lo impedían mis principios, mi historia, mis muertos.

Sólo me quedaba la cuarta opción: abandonar el país. Si no veía el milagro, ni se podía luchar con al menos una leve esperanza de triunfar, y no tenía la menor intención de convertirme en un simulador, entonces me tenía que largar. Sentí que se me hacía un nudo en la garganta y esta vez el llanto brotó mezclado con involuntarios quejidos. Lloré desconsoladamente. Esta vez fue por la ruptura que aquella alternativa representaba. Era una ruptura sobre otra. Tendría que pensarlo mejor, pero estaba casi decidido a que esa era la alternativa viable. Entonces me di cuenta de que, esa madrugada, había llorado tres veces, por tres razones diferentes que tenían el mismo origen. Traté de encontrar un paralelo con las tres negaciones de Pedro antes que cantara el gallo, como le había asegurado Jesús, y su llanto posterior, pero no pude... o no quise. Había mucha similitud con las dos noches: Getsemaní, la traición, Judas, las negaciones, el llanto...

Fue entonces que me di cuenta de que tendría que enfrentarme a quienes me habían pronosticado, casi con infinita crueldad, los sucesos de aquella noche negra. ¿Qué les diría a los que me repitieron una y otra vez que Fidel Castro era comunista y que nos había engañado? Como ya eso representaba otro gran peso, lo pasé por alto, lo dejé para después, aunque sabía que no se iba a alejar de mí por mucho tiempo.

Había estado caminando por la playa casi sin notarlo. Decidí regresar al estacionamiento para recoger el coche y volver a La Habana. Miré de frente al sol que ya había salido por el horizonte y pensé en unos versos que había leído hacía mucho tiempo pero que recordaba muy bien. Eran de Carlos Baliño, quien había fundado, junto a José Martí y otros, el Partido Revolucionario Cubano y quien, treinta años más tarde, se uniría a Julio Antonio Mella para establecer el Partido Comunista de Cuba. Los versos denotaban la fe del autor en una futura instauración del sistema comunista en Cuba, lo que había provocado en mí una risa burlona. Ahora me parecieron cruelmente proféticos, a pesar de haber sido escritos en 1926:

No os asombréis,
se mezclan en el cielo,
en un reflejo que la vista hiere,
con la aurora de un régimen que nace
el ocaso de un régimen que muere.

No tenía dudas de que el sistema que Fidel Castro había elegido para perpetuarse en el poder encaminaría al país hacia el totalitarismo y la miseria. Esa era la norma y Cuba no iba a ser la excepción. La decisión que acababa de tomar era dura: me marcharía del país. Entonces tuve la misma experiencia del Meursault de *El extranjero* de Camus cuando lo metieron en la cárcel: comencé a tener pensamientos de hombre libre.

El gatico abre los ojos

Uno de los chistes que corría en los primeros tiempos de la revolución se refería al travieso de Pepito diciéndole a su maestra: «Señorita, la gata de mi casa tuvo gaticos y todos son fidelistas». La maestra le aprobaba el comunicar esa noticia, que Pepito la estuvo repitiendo durante toda la semana. Al final de la misma Pepito le dice: «Señorita, la gata de mi casa tuvo gaticos». La maestra le recuerda: «Sí, ya me lo dijiste y también que son fidelistas». El niño le replica: «No, maestra, no son fidelistas: ¡Ya abrieron los ojos!».

Confieso que fui un gatico con bastante retraso visual. Sin adelantarme a los acontecimientos me parece oportuno relatar aquí un incidente ocurrido casi al final de los años 60 en el centro de la capital. Iba caminando Neptuno arriba cuando escuché que me llamaban. Era un chico de mi pueblo que, extrañado, me dice: «Supimos que Clarita, Toto y la Nena se habían largado y ahora te encuentro, ¿qué te pasó?». No tenía tiempo para una larga explicación, así que le pregunté si había escuchado lo de los 20 mil muertos de Batista y me respondió que sí. «Bien», le dije, «pues yo pertenezco a los otros 20 mil». «¿Y quiénes son esos?», indagó. La respuesta no se hizo esperar: «Los 20 mil comemierdas que creímos que esto era bueno».

El 12 de marzo de 1962 el Consejo de Ministros promulgó la Ley 1,015 que establecía un sistema de racionamiento para casi todos los productos alimenticios e industriales. La famosa «libreta» hacía su aparición en la vida de los cubanos para jamás abandonarlos. Ese período lleva ya 58 años. El 12 de julio del año siguiente fueron creadas las Oficinas de Control para la Distribución de los Alimentos (OFICODA). El verdadero objetivo era el control de la población por medio de los datos recogidos sobre cada consumidor. La información era pasada al Ministerio del Interior (MININT). Esa es una de las razones de la vida eterna de la libreta en el sistema castrista.

Nuestra boda y la secuela

Después del milagro óptico, no perdí tiempo. Le pregunté a Mercy si estaba dispuesta a casarse conmigo y abandonar el país, a pesar de que no tenía a nadie en el extranjero ni ninguno de sus familiares directos estaba considerando en ese momento irse, la respuesta fue afirmativa. Comenzamos a preparar los documentos. El siguiente paso era el matrimonio.

El «compromiso» había comenzado cuando Mercy tenía 14 años y yo 16. Ahora nos casábamos casi cinco años después. La firma de documentos de la boda civil tuvo lugar en una oficina del Edificio Someillán, frente al malecón habanero, el 22 de junio de 1962. Dos días después, se celebraba la ceremonia religiosa en la iglesia San Juan Bosco en la avenida Santa Catalina del barrio de La Víbora. Habíamos elegido la festividad de San Juan por varios motivos. San Juan había bautizado a Jesús antes de que comenzara su vida pública. Nosotros íbamos a iniciar una nueva. Había cierto paralelo entre el siguiente peregrinar de Jesús y nuestra vida de emigrantes. Pasamos varios días en el Hotel Riviera antes de partir hacia Varadero. Uno de esos días, después de desayunar, entré en la tiendecita para descubrir que las obras completas de Pablo de la Torriente Brau, que estaban anunciadas desde hacía meses, estaban ya a la venta. Mi recién estrenada esposa hizo cuanto esfuerzo pudo para mantenerme alejado de la lectura pero yo lograba encontrar tiempo para leer a un personaje cuya vida me intrigaba pero me decepcionó el estilo de sus letras. En Varadero nos pasamos una semana. Ya se comenzaban a notar los efectos del desorden y, como la calificó mi padre muy cerca de su estreno, la «desorganización organizada». No había mucha diversión pero nos amábamos mucho y la pasamos muy bien hasta que regresamos a la capital.

Renuncié a mi puesto de trabajo, abandoné las aulas universitarias (donde estaba cursando el tercer año de la carrera), terminamos de recopilar los documentos necesarios y los presentamos una madrugada en una estación de policía para que nos pusieran en la lista de espera de los dos vuelos directos Habana-Miami. Los abusos que padecen los que en Cuba expresan su deseo de emigrar son muchos y a veces inverosímiles. Estos aumentan cuando la persona, como era mi caso, había participado en el proceso de lucha contra la dictadura de Fulgencio Batista, sobre todo si había militado en el Movimiento 26 de Julio. Fui condenado al ostracismo, rechazado y discriminado. Todo se soporta porque, cualquier día, se escucharía la motocicleta que trae el bendito telegrama que autoriza el comienzo de las gestiones finales que lo convertirían en emigrante, no en exiliado, como había ocurrido en mi primera salida.

Nosotros habíamos informado a quienes nos preguntaban al respecto, que no nos regalaran artículos para el hogar porque no íbamos a utilizarlos ya que nos marchábamos del país. Entonces llovieron los cheques y el efectivo. Pensamos que nos llegaría el turno pronto y que no íbamos a poder gastar todo el dinero. Recia equivocación. Comenzamos a salir con otras dos parejas que se habían casado hacía unos meses. A Iván y Walkiris los conocíamos de nuestra época en el internado de Santiago. César y Eneida eran compañeros de trabajo de Iván. Los primeros tenían presentado para marcharse; los segundos no pensaban irse.

Mercy y yo salíamos tres o cuatro veces a la semana. En aquellos tiempos no abundaban los espectáculos nocturnos ni los lugares abiertos para cenar. Pero siempre nos la ingeniábamos para pasarla bien. Descubrimos la capital nocturna. La misma que describía el documental PM, sacado de la circulación por el mismo gobierno que lo había filmado. Fuimos infinidad de veces al Salón Rojo del Hotel Capri, donde el show «Caperucita Roja» presentaba a la vedette Juana Bacallao como figura estelar y una excelente orquesta. La cena era también buena. Llegamos a conocer a varios integrantes del grupo de baile y a los músicos. En el «Club Atelier» de la calle 17 en el Vedado conocimos una noche a Luis Aguilé, el cantante y compositor argentino que vivió varios años en La Habana y luego partiría hacia España. Lo vi la víspera de su partida en 1963 cruzando la calle Lealtad y me dijo que nos esperaba esa noche porque iba a ser histórica. Cantó por última vez en la tierra que quiso tanto. Y lo probó con la popularidad que le dio a la canción «Cuando salí de Cuba» que los exiliados cubanos convertimos en una especie de himno del desterrado. En uno de los salones del Hotel Riviera bailamos con la orquesta de Pacho Alonso, santiaguero, y muy pocos sabían que había sido compañero de Frank País en la Escuela Normal para Maestros de Oriente. Escuchamos a Martha Strada cantando en el cabaret «La roca», en las calles 21 y M del Vedado, su popular balada «Abrázame fuerte».

Muchos más lugares hay que agregar a la larga lista, como el «Scherezada», en los bajos del «Edificio Focsa», con una oscuridad total y unos asientos en el piso. «La zorra y el cuervo», en 23 entre N y O. Conciertos en el Amadeo Roldán, en la calle Calzada del Vedado, eran bastante frecuentes seguidos por una ligera cena en «El Carmelo» en la acera del frente.

También incursionamos en lugares no tan sofisticados en el área del puerto y en la zona de la playa de Marianao. Teníamos ansias de llevarnos todos los recuerdos que pudiéramos de La Habana. Todavía no habíamos logrado nuestro objetivo cuando el dinero comenzó a bajar y a bajar y nos quedamos como el famoso «gallo de Morón» (cacareando sin plumas). Este hecho coincidió con otro de peores consecuencias.

Cuando el famoso telegrama que anunciaba nuestra salida estaba por llegar sucedió algo ausente en nuestros planes. En el mes de octubre de 1962 el mundo estuvo al borde de una catástrofe nuclear originada por la colocación de misiles en territorio cubano. La crisis se resolvió a fines de mes, pero con una terrible consecuencia: los vuelos directos entre La Habana y Miami fueron suspendidos.

Suspensión de vuelos y nuevos esfuerzos

Desde ese mismo día comprendimos que iba a transcurrir un largo tiempo antes de ser reanudados, si es que eso llegaba a ocurrir algún día. Dicha suspensión dejaba en la calle y sin llavín a decenas de miles de cubanos que esperaban salir pronto del país por esa vía. Mi esposa y yo nos dedicamos a buscar cómo salir por España o por México, que habían quedado abiertas.

La vía de España parecía ser la mejor. En poco tiempo nos estamparon las visas en los pasaportes, recibimos del extranjero el importe de los pasajes y nos fuimos en busca de una línea aérea que quisiera y pudiera depositarnos en el aeropuerto de Barajas. Tiempo perdido. A los migrantes no se nos permitía usarlas en aquellos tiempos. Hicimos gestiones y gestiones y ninguna resultó positiva. Así que nos tuvimos que olvidar de las gestiones de la madre patria.

La otra vía era México. Mis esfuerzos por obtener una visa de tránsito me iban a revelar una de las partes ocultas y oscuras del proceso migratorio cubano de aquella época. Muy pocos se enteraban de lo que ocurría dentro y fuera del consulado y la embajada de México en La Habana desde que Fidel Castro arribara al poder el 1ro. de enero de 1959. Esos hechos deben conocerse para que no se repitan. Se escribe con un dolor nostálgico porque una parte de nuestros hermanos de la tierra de Benito Juárez no solo nos abandonaron, sino que se aliaron al régimen que regulaba las salidas del territorio nacional de quienes lo desearan. Aparejado venía un paquete de medidas encaminadas a convertir las vidas de los migrantes potenciales en verdaderos infiernos. La violación de sus derechos humanos era sistemática y de una crueldad aterradora. El respeto a los derechos humanos debe estar alejado de las simpatías políticas.

En honor a la verdad, no todas las administraciones aztecas tuvieron el mismo comportamiento. México había comenzado sus relaciones diplomáticas con Cuba el mismo año de inaugurada la independencia de esta última en 1902, cuando estaba sometida aún a una administración norteamericana. Su comportamiento neutral en cuanto a los asuntos cubanos se rompió al llegar la revolución al poder el 1º de enero de 1959. No se puede criticar el hecho de que todas y cada una de las administraciones mantuvieran su Embajada en La Habana durante la fuga de las otras. México no estaba haciendo otra cosa que ejerciendo el derecho a su soberanía al no ceder a las presiones de los Estados Unidos. Este fue el único país de América Latina que no rompió relaciones con Cuba como se había acordado por la Organización de Estados Americanos (OEA) en su reunión de Punta del Este, Uruguay, el 31 de enero de 1962.

Cuando decidimos intentar salir por la vía de México se encontraba de Embajador en Cuba Don Gilberto Bosques, quien había presentado sus cartas credenciales en diciembre de 1953. Su declarada simpatía por Fidel Castro y su gobierno no ayudaba en nada a los cubanos que deseaban utilizar la vía de México para abandonar el país.

Desde sus inicios, nuestro intento de emigrar vía México estaba destinado al fracaso. Hacía poco tiempo que había llegado a engrosar el grupo de mexicanos en sus dependencias diplomáticas de la capital cubana una joven llamada Zoila Arroyo, originaria del estado de Guerrero, de familia humilde y que había conseguido la codiciada plaza por exámenes de oposición. Un primo de Mercy llamado Pedro Rodríguez, más conocido por Andy, era estudiante de arquitectura en la Universidad de La Habana. Había conocido a un estudiante universitario mexicano llamado Jaime Soriano en un evento al que ambos asistieron y es este último el que le presenta a la joven Arroyo. Zoila y Pedro comenzaron a salir al cine y el teatro y a otros eventos culturales y algunos realizados en la sede diplomática. No demoró en llegar a La Habana el joven Soriano con un nombramiento de cónsul. Mi esposa y yo nos vimos envueltos en ese grupo por razones familiares. Asistíamos de vez en cuando a reuniones en el apartamento de Zoila donde, no hay que decirlo, discutíamos de política con varios de los asistentes. Cuando el primo y la mexicana decidieron contraer matrimonio, acudieron a mi persona, quien les consiguió al abogado y notario para la ceremonia civil y al sacerdote para el evento religioso. Los inscribí en nuestra Parroquia y fui su instructor en el curso obligatorio de la religión católica que tenían que recibir. En ambas ceremonias me hicieron el honor de invitarme a firmar como testigo.

Todo lo anterior contribuyó a que se estrecharan aún más los lazos amistosos y familiares. Zoila vivía la situación y un día, sin habérselo pedido, nos dijo que iba a México para tratar de empujar la visa que teníamos solicitada desde hacía meses en Gobernación. Regresó descorazonada. No había podido hacer nada. Le dieron una tonta excusa. No solo era ella honrada, sino que creía que sus compañeros en La Habana y en Gobernación también lo eran. Debido a ello, la tenían en la más completa ignorancia sobre las marañas que tenían lugar, sobre todo en el consulado.

La sección consular de la embajada mexicana en La Habana estaba situada en la calle 21 entre K y L, en la barriada de El Vedado. Abría solamente en horas de la mañana, pero, como era una muchedumbre la que necesitaba entrar, la fila comenzaba a formarse en horas de la noche anterior. Esto originó varios encuentros con la policía y demostraciones del poder de invención de los futuros migrantes para burlar las acciones de las autoridades.

Al principio las personas que deseaban entrar al consulado en la mañana siguiente se reunían en los alrededores del consulado. Allí se formaba un grupo de cubanos de todos los niveles sociales. Yo era un asiduo concurrente a la fila. Me había encontrado con un gran número de amigos y conocidos: Nena, una compañera de Santiago de Cuba; Ana Gloria Varona, la pareja de baile de Rolando, a quien había conocido en las aulas del Instituto Cuba cuando ella asistía a la academia de arte dramático del actor Santiago García Ortega. Un día choqué con Juan Granda (Cucuso), mi amigo de Holguín y Jamaica, quien me preguntó por qué hacía esa cola. Entonces me dijo que el guardia portero vivía en su edificio de apartamentos y le daba dinero para que lo dejara pasar sin estar en la fila. La corrupción se extendía también al exterior.

Pero el grupo iba aumentando y con ello el ruido de las conversaciones y los pasos en la calle y las aceras por la madrugada. Los vecinos se quejaron y los buscadores de visa fuimos desalojados un par de veces. Regresamos con el propósito de no hacer ruido. Nos fue bien por unos días. Una madrugada yo estaba sentado en el portal sin barandas de un edificio de una planta donde había un par de apartamentos. Al frente del mismo colgaba un letrero: COMITÉ DE DEFENSA DE LA REVOLUCIÓN, seguido del número y el nombre. Éramos como una docena, incluyendo hombres y mujeres. De pronto, sentimos un grito y vimos como un negro gigantesco se lanzaba sobre nosotros con un machete en su mano derecha. Todos, aterrados, salimos corriendo, al igual que la multitud que estaba en la calle y las aceras. Cuando nos calmamos nos pusimos a reflexionar. Uno del grupo dijo: «¿Quién coño se cree este haitiano que es?». Alguien le respondió irónicamente: «Tú no sabes. A lo mejor pertenece a una brigada de *Tontón macoutes* de Duvalier y está aquí de sabática». Todos reímos la ocurrencia. El individuo volvió a la carga: «Vamos a regresar a nuestra fila y que se atreva ese sujeto a volver a salir a amenazarnos». Regresamos a nuestros puestos y volvió a salir el haitiano. El individuo que había proferido la amenaza se le lanzó arriba, le arrebató el machete y le dio un par de planazos en las nalgas. Todos estábamos aterrados. El haitiano regresó a su apartamento y antes de cinco minutos la policía tenía rodeada la zona como si fuera un operativo contra un alzamiento popular. Algunos fueron detenidos pero los restantes pudimos escapar. Nos reunimos en el parquecito que precedió a la heladería Coppelia y acordamos un cambio de táctica. Desde el día siguiente, el último en llegar se colocaría en la parada de bus cercana a la verja del consulado y le diría el número que le tocaba al recién llegado. Entonces se encaminaría al parquecito a esperar que amaneciera. La policía no tuvo inconveniente en ver a una persona esperando en la parada... hasta que se dieron cuenta de que no había transporte por allí por la madrugada. Entonces fueron al parquecito de L y 23. Todos cruzamos la calle y ocupamos las paradas de guaguas que tenían «confronta» (rutas después de la medianoche) pero los policías nos fueron preguntando uno a uno la ruta que esperábamos y, cuando llegaba una de ellas, nos obligaban a subir. Había que inventar otra táctica.

Fue alrededor de esos días que una limosina del Ministerio de Relaciones Exteriores llevó una mañana a unos periodistas extranjeros a la fila ya formada en el exterior del consulado. A esos individuos les interesaba conocer cómo algunos ciudadanos ejercían su derecho al sufragio con sus extremidades inferiores. A un par de los que hacían la cola, recostados a la cerca de hierro, se les ocurrió cogerse sus partes íntimas frente a la cámara mientras que otro les mostraba el dedo prohibido. Diez minutos después de largarse llegaron tres carros patrulleros con un par de jaulas que se colocaron a ambos extremos de la cuadra. Ese día corrí sin parar como nunca en mi vida. Llenaron ambas jaulas. Pero, en horas de la noche, estaban otros de vuelta intentando hacer la cola, pero fueron expulsados con palabras soeces y tuvieron que retirarse.

La noche siguiente hubo una reunión general de emergencia. Había que buscar un lugar donde la policía no pudiera agredirnos. Alguien sugirió la idea de los velorios. Relativamente cercanas al consulado mexicano había dos funerarias, la Rivero y la Caballero. La nueva táctica dictaba que la persona que llegaba última se parara en la esquina del consulado a esperar a la próxima persona y le diera el número y la funeraria que le tocaba. Por ejemplo, «Eres el 78 – Caballero» y esa le pasaba al siguiente: «79 – Rivero», y así sucesivamente. Los que ya tenían su número iban para la funeraria que le correspondía. Fue bastante fácil introducir el nuevo sistema. Por regla general, familiares y amistades se encuentran conmovidos durante el velorio y ven con agrado que llegue un grupo de creyentes a rezarle un rosario al difunto o difunta. A veces —había que pasarse la madrugada en la funeraria— se necesitaba rezar otro rosario y leer las Sagradas Escrituras. Una de las ventajas era que, en la cafetería de las funerarias colaban café un par de veces y de vez en cuando vendían refrescos y bocaditos.

El nuevo sistema era un éxito. Nunca tuvimos problemas... hasta una noche fría. Fuimos llegando y, cuando teníamos un grupo de unas veinte personas, elegimos una de las capillas y entramos. Nos colocamos alrededor del sarcófago y una de las mujeres se acercó a la que parecía la viuda y le preguntó si tenía inconveniente en que el grupo dirigiera el rezo del rosario. La señora, que en realidad era la viuda, le dijo que no tenía inconveniente y que les agradecían el gesto, sobre todo en una noche en que no habían asistido muchas personas debido a las bajas temperaturas. Apenas habíamos comenzado cuando uno de los presentes lanzó un grito desde el balance donde estaba sentado y comenzó a acercarse a nosotros en el momento en que entraban otros seis o siete devotos para unirse al grupo. ¿QUIÉN CARAJO SON USTEDES? MI PADRE Y YO SOMOS COMUNISTAS Y ATEOS. LÁR-

GUENSE DE AQUÍ. Parte del grupo fue a reforzar al de la otra funeraria y otros se quedaron deambulando por los alrededores temiendo tropezarse con un carro patrullero y todo aquel montaje se viniera abajo. Nada pasó y yo logré entrar otra vez en el Consulado.

Ese fue mi día de suerte... al menos eso pensaba. El funcionario que me atendió me dijo: «¡Al fin llegó tu visa, compadre!». Se refería a que mi primera solicitud se había perdido y tuve que hacer una segunda petición que era la que había llegado. Contento le entrego el pasaporte y, apenas le echa un vistazo, me dice: «Hay un problema. Tu visa viene condicionada a la visa de Jamaica pues ustedes están supuestos a recibir una visa de tránsito y esa aparece vencida. Por lo tanto, no te puedo estampar una visa mexicana si no tienes vigente la del país al que se dirigen». Hice un esfuerzo titánico por contenerme. Tomé el pasaporte en mis manos y le dije: «Yo tengo relaciones en el consulado de Inglaterra. Puedo ir hasta el Paseo del Prado, renovar la visa, y regresar aquí. ¿Me puedes hacer el favor de darme una cita por si ya están cerrados cuando regrese?». El individuo me dijo con la mayor naturalidad del mundo: «Es que hoy es viernes y no trabajamos por la tarde porque nos vamos de juerga». Respiré profundo y salí como si estuviera endemoniado. Resolví el problema en menos de dos horas. Me causaba casi risa que me otorgaran una visa tan rápida cuando apenas cuatro años atrás me habían expulsado de todos los territorios ingleses por toda la vida. Sin contar el delito de estafa por haber pasado tres cheques falsos con el propósito de obtener fondos para la compra de armas antes de trasladarme a Cuba para pelear en la Sierra Maestra contra la dictadura de Fulgencio Batista. Decidí irme a casa a descansar y esperar al domingo por la noche para ir a hacer la fila.

El lunes estaba entre los cinco primeros que entraron al consulado. Noté que me miraban de manera extraña. Jaime Soriano, el cónsul, me saludó desde cierta distancia. Yo saqué los pasaportes con la flamante visa para Jamaica y el tipo que me iba a atender me sacó un libro que no había visto antes mientras me decía que había surgido otro problema que no había percibido el viernes: ¡La visa mexicana tenía fecha de vencimiento del día anterior! Las visas mexicanas no respetan el fin de semana para vencerse. Me acerqué al funcionario y casi le grito cerca de la cara: ¿Y QUÉ DIABLOS TÚ QUIERES QUE YO HAGA? Soriano estaba en camino de su oficina y me pidió que fuera con él. Ya en su oficina me aseguró que él se iba a encargar de avalar una nueva solicitud y que esa nueva visa llegaría pronto. Era mucho. Demasiado. Lo dejé con la palabra en la boca. Una vez en la calle dirigí mis pasos a la esquina de la calle 21 con K, al otro lado de la acera del consulado. Allí estaba, con el maletero de su coche abierto para configurar una especie de kiosco, un personaje famoso entre las personas que deseaban irse del país y tenían algún tipo de problema.

Yo había conocido a Luis Cortina a través de mi amigo Iván Fernández, oriundo de Mayarí y compañero de internado. Ambos vivíamos ahora en La Habana y salíamos con otra pareja mientras esperaban la salida. El encuentro con Cortina se produjo cuando Iván me llevó a casa de Cortina para que me resolviera un problema. Al entrar por el puerto de La Habana nadie me había pedido papeles y necesitaba mostrar que no estaba todavía en el extranjero sino en Cuba. Luis buscó un cuño entre su colección y me estampó una fecha de entrada. ¡Ya estaba legal en Cuba! Por ir con Iván no me quiso cobrar. Desde aquel día comenzamos a coincidir en los lugares que ambos frecuentábamos: Yo con la idea de irme del país y él en busca de negocios relacionados con las salidas.

Después de saludarlo le dije bien claro: «Luis, necesito que me vendas la visa mexicana para los tres miembros de mi familia». Me miró casi sonriente porque notó mi estado de ánimo. En una actitud de nobleza me dijo: «Pepín, tú eres mi socio, pero yo me atrevería a afirmar que tú eres la única persona en este país a quien yo no puedo venderle una visa mexicana». Lo miré extrañado. Entonces completó su razonamiento: «La pariente de ustedes en la cancillería se cree que todos sus compatriotas son honrados. Al verlos con una visa se va a dar cuenta de que no la obtuvieron de manera legal y nos puede desbaratar el negocio, ¿me entiendes?». Tuve que darle la razón. A veces es perjudicial rodearse de personas honradas.

Desde allí, a unos diez metros, se estaba desarrollando un evento vergonzoso. Eran alrededor de las dos de la tarde. Un grupo de mujeres esperaba fuera del consulado en busca de una oportunidad de hablar brevemente con alguno de los funcionarios. En eso salió el cónsul Soriano a quien esperaba una limosina con varios funcionarios del Ministerio de Relaciones Exteriores. Una de las mujeres se le abalanzó casi gritando: «¡Señor Soriano, por favor, concédame un par de minutos!». Jaime Soriano se volteó hacia quien se había dirigido a él y le preguntó con cierto cinismo: «Señora, ¿usted almuerza?». La pobre mujer le contestó afirmativamente. Entonces recibió un «pues, yo también» mientras entraba en la limosina riéndose casi a carcajadas.

En medio de todos esos trajines la gente se enteraba de sucesos que no eran reportados por la prensa. Por ejemplo, la residencia del embajador era utilizada para asilarse por medios violentos: un camión golpeaba la puerta del jardín y, al abrirse debido al impacto, saltaban del mismo un grupo de cubanos en busca de asilo político. Cuando reforzaron dicha puerta, algunos llegaban con largas escaleras y no les tomaba mucho tiempo alcanzar el tope de la cerca y dejarse caer en los jardines. Luego reforzaron la cuadra completa.

Una cosa era la residencia del embajador y otra las oficinas de la cancillería situada al otro lado de la calle en el Reparto Alturas de Miramar. Los potenciales asilados entraban para cualquier gestión y luego se negaban a abandonar las oficinas y solicitaban ser trasladados a la residencia del embajador que era donde se alojaban los asilados. Los diplomáticos mexicanos adoptaron una solución ridícula: tanto el embajador como los oficiales recibían y atendían sus citas en la acera frente a la cancillería, sin importarles el radiante sol ni el tiempo que necesitaban para atenderlos.

Nacimiento de Mercita

Casi al año de habernos casado había nacido nuestra primera hija. Vino al mundo con una grave discapacidad que arrastraría los 50 años que vivió junto a su familia. Mercita nació el 6 de junio de 1963. Llegó cargada de amor, aunque iba a representar serias dificultades mientras vivió en Cuba y, sobre todo, una gran preocupación al momento de la salida hacia Estados Unidos. Se comenzaron a hacer gestiones con la Cruz Roja Internacional y otros organismos nacionales e internacionales para tratar de conseguir un levantamiento del requisito con el objetivo de trasladarla a los Estados Unidos para comenzar un tratamiento. Todas las peticiones cayeron en oídos sordos.

Mercita, sin haberse enterado, iba a disfrutar de las grandezas del socialismo fidelista durante 5 años, 8 meses y 1 día. No existen palabras para describir los sacrificios que demanda una criaturita como ella en un país donde falta desde los más esenciales bienes materiales hasta la generosidad.

Durante nuestra primera visita al consultorio del Dr. Carlos M. Ramírez Corría, un neurocirujano de fama internacional, Mercy quería saber el alcance del daño cerebral de nuestra hija. No pudo más y le hizo la pregunta que tenía lista para él desde hacía días: «Doctor, ¿ella va a ser normal?» Él la miró y le respondió: «No te preocupes, tú vas a ver que todo se va a resolver». Pero no le había contestado su pregunta. Le repitió esa respuesta en las citas que siguieron, como para que fuéramos nosotros mismos quienes la contestaran con lo que ya era evidente: «No, ella ni es ni va a ser "normal"». Obviamente, el doctor no quería darnos el disgusto de sopetón. La aceptación tenía que venir por sí sola, lentamente, como para que encontrara dos almas dispuestas ya a reconocer la triste realidad.

Ocurrió días después. La madre contemplaba a nuestra hija mientras dormía. En eso, yo entro en la habitación y mi esposa me pregunta: «¿Tú crees que algún día la niña llegue a caminar, a hablar algo?» Luego agregó casi sollozando: «Es que la veo dormidita y no puedo creer que no sea normal. Yo me rompo la cabeza pensando cómo nos vamos a comunicar con ella, cómo va a ser la vida de nosotros con ella…» Sin saberlo, Merceditas había dado el primer paso, había pasado, casi sin darse cuenta, de la negación al reconocimiento de la realidad. El acto de reconocer viene seguido de una fase más difícil. Existen dos opciones: o te escondes como si estuvieras viviendo en la edad de las cavernas, o sales a enfrentarte a un medio social que puede variar de indiferente a tremendamente cruel. Si el proceso de reconocer fue relativamente rápido, el de aceptar tomaría mucho más tiempo.

Semanas después, en una bella tarde, la madre decidió sacar a su hijita a dar una vuelta en un pequeño carruaje. No llegaron lejos. Justo fuera del portal, entrando en la acera, se encontraba la vecina recién mudada a la casa de al lado. Apenas comenzada la conversación, salió del interior de la casa su hijo de ocho años y se les acercó. Cuando notó que la bebita era «diferente», comenzó a dar vueltas a su alrededor para poder observarla mejor. Sus ojos mostraban el asombro, porque, a decir verdad, en aquella época ya comenzaba a notarse su retraso. «Oye, y esta niña, ¿qué tiene que se ve tan rara?, ¿por qué vira los ojos?» El esfuerzo de comenzar la segunda fase se vio truncado ahí mismo. La pobre madre dio vuelta al coche y entró en la casa llorando con amargura. Todos vinieron a consolarla. Pero ¿qué le podían decir si todavía se escuchaba el regaño de la madre y las risotadas del niño? Merceditas la colocó de vuelta en el moisés y corrió llorando a la iglesia, que estaba a unas tres cuadras, y permaneció allí rezando por largo rato. Resultaba obvio que la implementación de la segunda fase iba a demorar algún tiempo.

Ese tiempo transcurrió en medio de las múltiples ocupaciones que demandaba su presencia frente a las necesidades que se multiplicaban casi a diario. Poco tiempo después sucedió un evento ansiado por todos. Yo había salido al portal de la casa esperando encontrarme con mi esposa e hija. Estaba vacío. Intrigado, le pregunté al resto de la familia, pero nadie sabía dónde estaban. De pronto, escuché el sonido de la campanita que acompañaba al trotar del caballo que tiraba del coche donde, por una pequeña cuota, su dueño Isidro paseaba a los niños por todo el reparto. Mercita le tenía miedo. Cuando estaba sentada en el portal y lo escuchaba venir, comenzaba a llorar desconsoladamente. Esa tarde, cuando el cochecito de Isidro pasó frente a nuestra casa, pude contemplar a ambas sentadas en medio del grupo de niños. Las pude ver riendo y llenas de satisfacción cuando la madre me saludaba. Ese hecho representaba una doble victoria. El temple de mi esposa había logrado hacerle que desapareciera eso que llaman «pena» y a la vez había conseguido que la beba perdiera el miedo. Desde ese día, cada vez que se sentía el sonido de los cascabeles junto al trotar del animal, la niña comenzaba a reír, anticipando un paseo en medio de la algarabía de los otros niños, cuya cercanía ahora disfrutaba. La vida, a pesar de todos sus sinsabores, no tiene que hacer que uno se sienta miserable. Solo hay que enfrentar los retos. Esa tarde, sin sospecharlo siquiera, Merceditas había cruzado un importante umbral y a la vez le había ganado una pelea al mundo cruel.

En aquella época, nosotros estábamos involucrados en las labores de la parroquia donde vivíamos. Eso no era fácil en la Cuba de los años 60. Todos los colegios católicos habían sido confiscados en 1961, al tiempo que eran expulsados cerca de 200 sacerdotes y religiosos, y se desarrollaba un plan para establecer una iglesia independiente de Roma. En numerosas ocasiones, los discursos del jefe del gobierno contenían fuertes ataques contra la Iglesia que los presentes respondían con consignas como: «¡Fidel, seguro, a los curas dales duro!» Airadas turbas se congregaban a la entrada de los templos para lanzar piedras a sus puertas e insultos a los fieles que se encontraban dentro de estos.

Su bautismo tuvo lugar en una de las iglesias de la parroquia. La religión era un punto importante para relacionarlo con su existencia. En realidad, resulta muy difícil explicarla a través de la fe religiosa. Las interrogantes de naturaleza filosófica y teológica son en extremo complejas. Comencemos por la cuestión de la intervención divina. Muchos creen, siguiendo literalmente la lectura de la Biblia, que Dios lo dispone todo y determina hasta la caída de cada cabello. Con referencia a eso, yo en particular creo que, de ser cierto, le iba a echar tremenda filípica al Señor por haberme dejado casi calvo antes de envejecer.

Ambos padres creemos que su venida al mundo no tiene nada que ver con la voluntad divina. Es un hecho aleatorio; es decir, un suceso fortuito, como sacarse la lotería. Lo que más nos molestaba al principio era el supuesto consuelo ofrecido por personas con bocas anchas y mentes estrechas: «Deben estar orgullosos porque Dios no le entrega esta carga a quienes no tienen la capacidad para cuidarla. Son criaturitas que el Señor pone en buenas manos para que les den amor durante su paso por este mundo». Eso nos irritaba grandemente. Dependiendo de nuestro estado emocional, la reacción giraba alrededor de este pensamiento: «Dios no tiene nada que ver con esto. ¿Sabes por qué? Porque hay personas que no califican para ello y, sin embargo, paren este tipo de criaturitas. Muchos recién nacidos, aun siendo normales, van a parar a un latón de basura en un oscuro callejón; otros son llevados enseguida a una institución porque sus padres no se sienten con la fuerza que se necesita para cumplir esa supuesta voluntad del Señor. ¿Fue esa la intención de Dios? No lo creemos».

Entonces acuden al argumento de la fe. «Está bien», te dicen, «pero estos hechos forman parte de lo que llamamos "los caminos (o los renglones) torcidos de Dios" y nosotros no tenemos la capacidad para entenderlos. En eso se basa la fe». Yo creo que Dios ni tuerce caminos ni escribe con renglones irregulares. Quiero que lo entiendas bien: DIOS NO TUERCE CAMINOS. En Proverbios 19:3 dice bien claro: «La insensatez del hombre tuerce su camino, y luego contra Jehová se irrita su corazón».

La tercera parte del argumento de la mano de Dios tiene que ver con el siguiente razonamiento: «Reconozco que Dios no es quien determina el hecho, pero si tienes fe, y lo pides, puede hacer el milagro de sanarla. La Biblia está repleta de milagros». En este tema nuestras opiniones están divididas hasta cierto punto. Pero yo voy a explicar la mía. Recuerdo que, meses después de haber nacido, alguien de la Parroquia nos trajo una botellita con la figura de la Virgen de Lourdes, llena de agua de la fuente milagrosa que brotó en ese poblado de Francia. Se la rociaron por todo el cuerpo mientras oraban por su sanación. Obviamente, no se produjo el milagro. He escuchado hablar de personas que se curan cuando las introducen en la piscina de ese santuario, cuyas aguas no están muy limpias que digamos, pues los análisis muestran un alto grado de contaminación. El problema es que los milagros casi siempre ocurren con un determinado tipo de padecimiento que tiende a desaparecer. Los milagros se concentran en la eliminación de un cáncer y cosas por el estilo, pero yo nunca he visto la recuperación de un brazo o una pierna a quienes les falta una de esas extremidades. Esos son milagros difíciles. Y los difíciles los hizo ya Jesucristo cuando estuvo en la Tierra. En el caso de nuestra hija, el verdadero milagro es aceptar lo que llegó por pura casualidad, cuidarla y amarla, no porque Dios la haya enviado, sino por amor a Él y, sobre todo, por amor a ella.

La pesada cruz cayó sobre los hombros de una pareja de jovencitos, capaces de cargar con ella, pero necesitábamos ayuda, lo cual nos regresa al tema religioso. Existe un paralelo entre esta situación y la de Jesús, Hijo de Dios, necesitado de ayuda para seguir cargando su pesada cruz.

Cuentan los evangelios que, al darse cuenta los soldados que Jesús no podía continuar con aquel peso forzaron a un forastero que pasaba por allí a que lo ayudara. ¿Quién era esa persona y cómo lo impactó su contacto con Jesús? El hombre se llamaba Simón y parece que procedía de Cirene, una región del norte de África. Era también judío. Venía del campo y el encuentro tuvo lugar fuera de las murallas de Jerusalén y bastante cerca del montículo del Calvario, donde iban a crucificar a Jesús y a otros dos condenados. Simón Cireneo no sabía a quién iba a ayudar, pero acertó a leer la inscripción que señalaba el delito: «Jesús Nazareno: Rey de los Judíos». De mala gana tomó la parte posterior de la cruz. En ese instante, Jesús se viró para mirarlo y cuentan los evangelistas que aquella mirada y el deplorable estado físico del condenado, conmovieron el corazón de Simón. Afirman también que, después de presenciar los acontecimientos del final de la vida del Hijo de Dios, aquel hombre se convirtió.

Nosotros necesitábamos muchos Simones para que nos echaran una mano con la cruz. Y los hemos tenido. A diferencia de Simón, ninguna de estas personas fue obligada a ayudarnos a cargarla.

Todas las gestiones para salir del país tuvieron un desalentador final el 26 de noviembre de 1963, cuando el Consejo de Ministros del gobierno revolucionario aprobó la Ley del Servicio Militar Obligatorio (SMO). Los cubanos estaban sujetos al SMO desde los 15 años hasta los 27 años, no pudiendo abandonar el territorio nacional durante ese periodo de tiempo. Yo no había cumplido aún los 23. La ley me obligaba a esperar cuatro años antes de poder gestionar nuestra salida del país.

Si la Ley del SMO resultó funesta para nuestros planes de emigrar, no demoró mucho en hacer su aparición una medida draconiana que organizaba en la lejana provincia de Camagüey las llamadas Unidades Militares de Ayuda a la Producción (UMAP). Entre marzo y abril de 1965 miles de jóvenes fueron literalmente secuestrados. Sacados de sus hogares, empleos, centros de estudios y seminarios religiosos y enviados a realizar trabajos agrícolas en verdaderos campos de concentración. Debido a mi edad, un par de años por encima de los primeros reclutas, yo pude evadir el primer llamado en ambos cuerpos militares, donde se violaban los derechos humanos de manera sistemática. El poderoso Estado socialista no tenía que rendir cuentas a nadie sobre esas constantes violaciones. En nuestra parroquia limpiaron al caer más una docena dentro del primer llamado.

Camarioca y su peligrosa secuela

El 28 de septiembre de 1965 Fidel Castro anunció la apertura del puerto de Camarioca para que los familiares de cubanos que desearan marcharse y residieran en los Estados Unidos pudieran venir a recogerlos. Nosotros nos anotamos en una lista hipócrita que solo buscaba identificar a personas desafectas. No logramos salir.

Pocos días después del cierre de Camarioca estaba estacionado en un lugar del centro cuando vi venir a un antiguo condiscípulo del internado de Santiago de Cuba. Era Gustavo Almaguer, a quien cariñosamente llamábamos «Gustavito». A pesar de la diferencia en edades, habíamos sido buenos amigos. Después de conversar durante unos minutos me preguntó si el auto era nuestro. Le dije que sí. «¿Todavía se quieren ir después del fracaso de Camarioca?», me preguntó. La respuesta no se hizo esperar: «¡Por supuesto!». Entonces me preguntó si éramos nosotros dos solos o si había alguien más. Le dije que teníamos una niña de unos dos años, pero no le di más explicaciones. Se puso a pensar. Entonces me dijo que estaba preparando una salida ilegal y que él y su socio de aventura estarían dispuestos a llevarnos a cambio de un favor. No tenían cómo moverse y yo les podía servir de chofer porque eran muchas las diligencias y un auto aceleraría la salida. Yo vi el cielo abierto y le dije que ya estábamos comenzando.

Me pidió que lo llevara a Luyanó, donde vivía su esposa y él no podía estar porque lo podían detener. Estacioné en una calle que atravesaba la Calzada de Luyanó. Se bajó y estuvo hablando por un teléfono público durante varios minutos. Luego se alejó a encontrarse con su esposa y ambos vinieron a donde yo estaba y nos presentó. Se despidieron y Gustavito se sentó de nuevo en el carro. En el camino me preguntó si no tenía miedo de hacer esa travesía con una beba de dos años. Le dije que tenía más miedo de quedarme. Entonces hizo un gesto brusco antes de decirme: «Oye, nos vamos a robar una lancha por Cojímar y creo que le tendremos que dar un coñazo al marino que la cuida». Yo le dije que no me importaba.

Le serví de chofer durante varios días. Alrededor del tercer día, cuando estábamos cerca del Reparto Los Pinos, donde nos estábamos quedando en aquellos días, me dijo que no lo había llevado a presentarle a mi esposa e hija. Lo llevé. Cuando vio a Mercita le preguntó a mi esposa por su padecimiento. Mercy le explicó. Hizo un gesto como de lástima y nos marchamos. En el carro me anunció que el siguiente sábado nos recogería alrededor de las once de la noche. Que solo cargáramos con lo esencial para la niña y que ellos se ocupaban del agua y la comida. Nos despedimos con un abrazo. Tuve la sensación de que no iba a recogernos. Y así fue. Junto a mi suegra, con la niña en sus brazos sentadas en un balance, vimos amanecer el domingo. Luego nos enteramos del éxito de su salida. Creo que su decisión le salvó la vida a nuestra hijita. Nosotros nos quedamos en la isla esperando la próxima oportunidad.

«Y me hice maestro...»

El primer llamado había tenido lugar entre marzo y abril de 1965. Para evitar el segundo llamado de las UMAP, mi cuñado Ricardo, que se encontraba en el Seminario estudiando para sacerdote, me aconsejó buscar trabajo en el aparato estatal. Con menos fe que Tomás cuando no vio las llegas del Señor resucitado, no recuerdo las veces que utilicé el teléfono. Ya estaba marcado como «traidor». La única oportunidad se presentaba en el sector escolar. Mi nivel universitario me facilitaba la adquisición de una plaza de maestro de enseñanza primaria. Nos fuimos lejos, hasta el municipio de Guanabacoa, al otro lado de la bahía habanera, para eludir la presencia de conocidos. Mi experiencia docente estaba presente en las clases de catecismo que impartíamos en la parroquia los sábados por la tarde, la cual no puse en el formulario que me entregaron.

La inspectora Sonia, una bella mujer en todo el sentido de la palabra, me asignó al colegio «Osvaldo Hernández», en el antiguo Reparto Bahía, ahora «Chibás». El salario caía bajo la categoría de «maestro popular» (sin título y experiencia) y ascendía a 86 pesos y 34 centavos mensuales. Tenía que tomar tres rutas de guaguas para ir y venir, así que me levantaba a las cinco de la madrugada para poder llegar antes de las ocho. Por la tarde salía después de las 4:00 pm y llegaba a mi casa alrededor de las 7:00 pm. Varias veces a la semana tenía que asistir a unos seminarios que tenían lugar en la ciudad de Guanabacoa en el antiguo colegio de los Escolapios. En esos casos, llegaba a mi hogar muy cerca de la media noche.

Esto ocurrió en el curso 1966-1967. Me costaba trabajo preparar los temas porque trataba de escapar del adoctrinamiento. Yo enseñaba las asignaturas de ciencias en 5to y 6to grados. Una maestra llamada Celia enseñaba letras. Enseguida me gané la confianza de los alumnos y las alumnas mientras que las maestras (solo había otro maestro varón) continuaban intrigadas sobre mi presencia en aquel colegio donde no llegaba a ganar ni 100 pesos, teniendo historia revolucionaria y casi tres años de universidad.

Había buscado un lugar lejos de mi casa para evitar relaciones personales antiguas y, el primer día de clases, uno de los alumnos, ya formados en fila antes de entrar al aula, viene a decirme: «Profe, aquella señora al final de la cerca dice que lo conoce y desea saludarlo». Yo no podía creerlo. Comencé a andar hacia ella y la reconocí a medio camino. Había vivido en Antilla. Su apellido era Llibre. Su hermano Antonio había estado con Fidel Castro en el campamento de «La plata» y servido en el tribunal revolucionario no. 1 de la fortaleza de La cabaña, donde fueron condenadas al paredón de fusilamientos numerosas personas. Después del saludo de rigor, las preguntas sobre las familias y otros temas yo tenía que regresar al aula. Me dijo: «Yo no sé qué tú haces por aquí pero si algún día tienes algún problema ahí está la puerta de mi casa. Mi marido es capitán del G-2 y no vas a tener problemas». Yo le dije que muchas gracias por la generosa oferta pero que no iba a tener necesidad de usarla. Gracias.

A pesar de los sacrificios, ese año fue uno de los mejores porque todo era un reto que, a su vez, retornaba satisfacciones. Los alumnos veían en mí un maestro diferente, que no seguía el catecismo, aunque lo respetara, que siempre estaba ahí para ellos y sus padres y que los visitaba cuando estaban enfermos y también cuando nos invitaban a Mercy y a mí a sus cumpleaños.

Hubo tres trimestres en el curso escolar y las tres veces me otorgaron el premio de «maestro vanguardia». Como pensaba renunciar a principios del siguiente curso, no tomé las vacaciones de verano y las dediqué a repasar a los que habían suspendido el examen de sexto grado a nivel de la Regional. Mi compañera de rotación Celia también lo hizo. Ella y su esposo estaban integrados a la revolución. Ella se guiaba por sus principios y no claudicaba. Cuando terminamos el curso de verano y vino lo que llamaban «la prueba de nivel» nos tocó calificar, y suspender a alumnos de otras escuelas. Las maestras vinieron a amenazarnos y nosotros nos mantuvimos firmes. Luego la que estaba de delegada del ministerio se acercó a nosotros con un paquete de exámenes para pedirnos que los «redondeáramos» lo cual hicimos con sumo placer: el pase era 7 puntos. A los que tenían 5.8 lo subíamos a 6; a los de 4.2 lo bajábamos a 4, y así sucesivamente. Trataron otros trucos, pero no conseguían lo que querían. Al final, nos dijeron que las dos guaguas que estaban estacionadas en la acera eran para llevar a esas estudiantes que habíamos suspendido a la escuela para maestros situada en Minas del Frio en la Sierra Maestra. Celia les dijo que era una lástima que no pudieran hacer el viaje. Yo me preocupé pues me iba del país y no tenía nada que me garantizara en aquella bronca de grandes ligas. Celia me dijo que debíamos marcharnos ya. En ese momento, la que fungía de jefa dio la orden de abordar las guaguas y todas aquellas chicas que no tenían conocimientos para aprobar un simple examen de sexto grado, se fueron a convertir en las maestras del futuro. No dejé de pensar en ello mientras me trasladaba en las tres guaguas que debía tomar para llegar a mi casa. El nuevo sistema estaba gestando un futuro de mentiras e incompetencia.

Cuando iba a comenzar el siguiente curso me aparecí con mi renuncia. Todos los involucrados se disgustaron pero eran personas decentes y me desearon buena suerte. Los muchachos lo tomaron un poco distinto. Cuestionaban al sistema que obligaba a personas como yo el querer abandonar el país. Yo traté de explicarles y me salió una cantinflada ridícula.

Las UMAP desaparecieron en julio de 1968, cuando yo estaba enfrascado en el curso a los que habían suspendido la prueba de nivel para para pasar de la escuela primaria a la secundaria. Fue mucha la presión llegada del extranjero y de los círculos intelectuales cubanos.

Poco tiempo antes de haberse creado este monstruo de trabajo forzado y torturas, del otro lado del mundo, en el país que se había convertido en guía y benefactor de la patria socialista cubana, un intelectual llamado Alexander Solzhenitsin había publicado en 1962, gracias al permiso oficial que intentaba alejarse del estalinismo, la novela *Un día en la vida de Iván Denisovich*, que narra la crueldad de los campamentos de trabajo soviético a donde eran enviados quienes se oponían al sistema. El mundo comenzó a conocer las torturas a que habían sido sometidos los presos políticos en la Unión Soviética. Las de Cuba permanecerían ocultas por largo tiempo. Su costo es todavía el resultado de cierto grado de especulación.

Luego se conoció que, por aquellos campamentos, habían desfilado, con distintos períodos de estadía, unos 25,000 cubanos desde que se inauguraron en noviembre de 1965 hasta que fueron cerrados a finales del año 1968, casi tres años después: 700 jóvenes cada mes; 175 jóvenes por semana; 25 jóvenes por día; 1 joven cada hora… acumulando vejámenes y torturas, una y otra vez, rotando de campamento como una macabra muchedumbre de seres exiliados en su propia tierra, sin conocer la causa de su condena ni la duración de la misma.

En la obra que Armando Lago no llegó a publicar antes de morir, titulada *Cuba: the human cost of social revolutions* (Cuba: el costo humano de las revoluciones sociales), se lograron documentar un total de 258 muertes en los campamentos de las UMAP. Los testigos afirman que la cifra es mucho mayor. Aun así, los que perdieron la vida representan el 1 por ciento del total de reclutas durante el tiempo que duró el proyecto. Más de 7 muertos cada mes.

El resto del rastro que dejaron no ha podido ser calculado. Quedaron los campamentos en espera de una nueva ola de cubanos explotados. Todos los cubanos entre los 27 y 65 años, que habían presentado sus documentos para marcharse del país se convirtieron en los nuevos inquilinos de las barracas de las UMAP. Yo fui uno de ellos.

Las llamaban «Brigadas sin Nombre», aunque sus reclutas eran conocidos como «los yonsons», por el apellido del entonces presidente de los Estados Unidos Lyndon Johnson. Alejados de sus hogares, eran obligados a realizar labores en la agricultura hasta que llegaba el aviso de la salida del país.

La agricultura

Cuando estaba casi seguro (en Cuba la única seguridad que existe es la Seguridad del Estado) de que nuestro número estaba cercano a ser llamado, comencé a acercarme a las oficinas de Inmigración en El laguito del Country Club. A mitad de la colina en cuyo tope estaba la casa con las oficinas me situaba dos o tres veces a la semana para preguntarles a los bienaventurados del día si estaban pidiendo el papel que certificaba la estadía en los campos de trabajo agrícola de Camagüey. Era para desesperarse: uno sí y otro no. Los regímenes comunistas no son proclives a la organización por muchos motivos. En este caso, los emigrantes potenciales teníamos siempre esa espada de Damocles que podía ser bajada al momento de la salida y producir una desgracia de grandes proporciones. No pude más y me presenté.

Recuerdo bien el día y el escenario. El viernes 25 de octubre de 1968, en vez de subir la escalera que conducía al vestíbulo de las oficinas, continué dándole la vuelta al edificio para llegar al patio detrás de la antigua mansión. Allí había tres mesas con un empleado militar sentado en una silla atendiendo los casos que iba presentando el público después de estar esperando en unas colas que parecían infinitas. Elegí uno de los tres y comencé a caminar hasta situarme en el último lugar de esa fila. Fui avanzando poco a poco pero siempre hacia adelante. El problema en Cuba es que a veces se avanza en la dirección opuesta, pero ahora iba bien. Casi llegando a mi mesa, un oficial de Inmigración alzó la voz para que todos escucháramos el caso de un joven que se había escapado del campamento y, a la hora de presentarse para salir con su familia, dejaron ir a los suyos y a él lo egresaban ese día al campamento hasta que les diera la gana darle la salida. «Que lo oigan todos para que se aprendan esto de memoria: Con nosotros no se juega». Pensé en lo absurdo de aquella situación, en lo injusto, e hice un esfuerzo por controlarme porque ya estaba de pie frente a un gorila cubano que daba terror mirarlo. Comencé a meterle la guayaba del futuro plan quinquenal: «Yo vengo a presentarme porque me voy del país y no me han llamado para ir a la agricultura». Así de simple. Me miró extrañado y, después de escuchar mi nombre y apellido, se dirigió al edificio en busca de información. Cuando regresó unos 20 minutos después, venía tan rojo que parecía una reproducción carnal de la bandera del 26 de Julio. Se produce entonces el siguiente diálogo:

—¡Aquí aparece que utétáecapao!

—¿Que yo estoy qué? —le pregunté pensando otra cosa.

—Depué de la crisis de otubre uté fue llamado a trabajá al coldón de la habana y ese pelsonal fue llevado luego a Camagüey y utéetá aquí.

El individuo tenía razón. Después de la suspensión de los vuelos debido a la crisis de los misiles en octubre de 1962, me llegó el telegrama equivocado. No era el de la salida hacia Miami sino hacia Camagüey. El error que cometieron fue darme el telegrama en forma verbal. Un domingo, al final de la faena que desarrollaba el grupo al que pertenecía, el teniente nos dijo: «El próximo domingo no vengan a Santiago de las Vegas sino a la esquina de la Avenida Rancho Boyeros y la Calle 100». Como aquello olía a las sabanas de Camagüey no me presenté. Nunca me vinieron a buscar. Estábamos ya a fines del año 1968 y yo me aparecía con una clase de guayaba difícil de creer. El tipo no tenía deseos ni de discutir ni de llamar a un supervisor para formar un lío y tomó un lápiz e hizo unos apuntes en un papel. Mientras me lo entregaba sin mirarme me dijo: «Aquí mimo el lune al mediodía con el equipo. ¡Plósimo!» Después de caminar unos pasos me di cuenta de que yo no sabía de qué se componía el equipo y regresé para preguntarle. El gorila no me hacía caso. Me agaché para que me viera y nada. Al fin, sin mirarme, me preguntó qué quería. «Que me diga qué cosa es el equipo». Mi respuesta lo puso aún más encolerizado:

—¿Uté nunca ha ido a la agricultura?

— No, nunca.

—Entonce averigüe con alguien que alla ido. ¡Y acábese de il ya!

Me largué de allí pensando en quién me podía explicar qué era el equipo. Por supuesto que yo tenía una vaga idea, pero necesitaba estar seguro. Federico me lo aclaró, en medio de risotadas, esa misma noche. «Estás jodido, mi socio», sentenció antes de abrir una botella de ron que había conseguido para celebrar el comienzo del cumplimiento de todos los planes de producción agrícola en el lugar donde me asignaran.

El lunes 28 de octubre, noveno aniversario de la «desaparición» de Camilo Cienfuegos, estaba yo en el inmenso solar trasero de las oficinas de inmigración en el famoso laguito. Me acompañaban mi esposa y su hermana Mirta. Para ser sincero, no abundaba el material de cierta educación y nivel económico, lo cual era una prueba más de que la llamada revolución tenía opositores en todas las clases sociales del país. Mirta y mi esposa miraban y observaban buscando jóvenes y hombres que parecieran buena compañía y, a eso de la media tarde, cuando ya habían identificado una media docena de amigos potenciales, llegó el transporte. Eran más de media docena de guaguas importadas de Checoeslovaquia. Me sentí importante ante aquel gesto. Era obvio que no contaban en ese momento con nada peor. Errores de la planificación socialista.

Durante el largo viaje fui haciendo amigos y escuchando historias. Había personas que regresaban de un pase de varios días después de permanecer dos años alejados de sus hogares. Otros eran «reincidentes» porque, después de haber sido liberados de los campamentos de las Unidades Militares de Ayuda a la Producción (UMAP) ahora iban a ocuparlos por haber presentado los documentos para abandonar el país. Cada vez que escuchaba esa expresión me venía a la mente la famosa frase después del naufragio del buque *Titanic*: «Yo no abandoné mi barco, su señoría, mi barco me abandonó a mí».

No estaba muy lejano el amanecer cuando la procesión checa se detuvo en medio de un campo, al lado de un pequeño cuartelito militar. Nos dieron órdenes de bajarnos de los ómnibus y subirnos a unos camiones que mandaron a buscar. Luego nos enteramos de que habíamos llegado al pueblo de Esmeralda y al sector militar que acababa de tomar posesión de nuestras vidas. «Buenas noches, Esmeralda».

La caravana se puso en marcha. Yo iba con unos amigos de reciente viña en el primer camión. Al cabo de unos 4 kilómetros todos se detuvieron. Un militar se bajó de un jeep y gritó que quería 20 para dejarlos en esa primera parada. Todos nos miramos. Decisiones. Nos tiramos. La caravana arrancó y continuó viaje. Hubo un error: nos bajamos 19. El campamento era en extremo pequeño. Nos asombró la cantidad de víveres almacenados en lo que parecía ser la cocina y el hecho de que no se había unido a nosotros ninguno de los militares que supervisaban aquellos campamentos. «Aquí hay algo que no está bien, caballeros. Vamos a averiguar», dijo uno con sobrada experiencia en los campamentos. Nadie le hizo caso y de inmediato se comenzaron a organizar las actividades y designar al cocinero, ayudante de cocina, cartero y jefe de brigada. Comenzamos a hacer tres comidas al día. Solo fuimos al campo un par de veces a hacer el paripés de que estábamos chapeando y el resto del tiempo unos jugaban barajas, otros, dominó y otros charlaban a la sombra en el campamento. Las vacaciones pagadas duraron un mes exacto. Un domingo se apareció un oficial junto a un funcionario de una granja estatal vecina y un par de carretas y nos ordenaron recoger nuestras pertenencias y subir a las carretas. Ahí dio comienzo a nuestra verdadera vida de trabajadores agrícolas.

A «Boado» llegamos alrededor de las cinco de la tarde de un sábado de fines de noviembre. A causa del deplorable estado del terreno debido a las lluvias, el tractor que tiraba de una carreta sin barandas había demorado casi tres horas en recorrer unos nueve kilómetros.

El campamento al cual arribamos después del lento viaje tenía mejor apariencia que el que acabábamos de abandonar. Estaba compuesto por seis unidades de mampostería: tres largos albergues, un amplio comedor con su cocina, una unidad algo aceptable para el aseo y una pequeña enfermería donde se realizaban también las labores de oficina. Todo estaba en una extensión de unos diez mil metros cuadrados rodeados de una cerca de doce pelos de alambre. No en balde aquello había sido utilizado, hasta no hacía mucho, como uno de los campamentos de la UMAP.

Allí recluían hombres desafectos al régimen —aunque la categoría oficial los calificaba de «antisociales»—, llevados a la fuerza a realizar labores agrícolas en la provincia de Camagüey y hacinados en verdaderos campos de concentración. Allí muchos fueron humillados, incomunicados, golpeados, violados y mutilados. En palabras de los sobrevivientes, «nunca recibieron un tratamiento humano».

Boado conservaba todavía pruebas fehacientes del mal trato a que habían sido sometidos los reclutas acusados de violar las normas del campamento. Había una especie de pozo, cubierto por una tapa, donde los mantenían encerrados durante largas horas. Un poste, casi a la altura del mástil de la bandera, servía para suspender en la altura a quien se negaba a saludarla, «privilegio» casi exclusivo de los Adventistas del Séptimo Día y de los Testigos de Jehová.

Al vernos llegar, el responsable del campamento corrió velozmente hacia el patio central vociferando que no se bajara nadie. Luego preguntó por las camas y la comida al individuo que los traía. Este trataba de explicarle que todo se había tenido que quedar en Acosta, el campamento que habían dejado, porque allí se iban a albergar unos becarios que llegaban a hacer trabajo voluntario. Como Rodríguez, que así se llamaba el jefe del nuevo campamento, no entraba en razones, ambos decidieron dirigirse a las oficinas de la granja estatal a plantear el problema. Al resto de los viajeros, que habíamos permanecido parados en la carreta observando a aquel individuo dando saltos y gritos en medio de la conversación, se nos ordenó bajar y esperar.

Ya estaba a punto de oscurecer cuando regresó Rodríguez con la orientación de acomodarnos como pudiéramos: «¡Acoténjense!». Y fue así como aquella veintena de hombres nos dimos a la tarea de encontrar un camastro desocupado entre los ciento y pico moradores de Boado o de reparar los que estaban abandonados en una esquina del campamento. Enfrascados en tan ardua faena fuimos sorprendidos por tres recios campanazos y un sonoro grito de: «¡Al comedol... Tutirimundachi!».

Ya había oscurecido, pero continuaba la pertinaz llovizna que nos había acompañado desde la salida del campamento Acosta. El comedor, a pesar de ser amplio, estaba completamente abarrotado. Para los recién llegados resultó interesante y casi repulsivo, el poder observar, en medio de los resplandores producidos por una docena de «chismosas» (versión rudimentaria del candil) estratégicamente colocadas, las figuras de todos aquellos que, lejos de sus familias, trabajaban en un lugar apartado de la provincia de Camagüey para ganarse el derecho a abandonar su país.

La idea de formar estas brigadas de trabajo había surgido, como era de esperarse, del propio Fidel Castro. Aunque ya operaban desde el mes de julio de 1968—sustituyendo a las brigadas de la UMAP—, Fidel Castro se refirió a ellas en su discurso del 28 de septiembre de 1968:

> *Los que optaron por la «dulce vita» yanqui y sacaron sus papeles y sus pasaportes [...] están actualmente, mientras les llega el telegramita [con la autorización para salir del país], [...] ganándose el pan con el sudor de su frente.*

El máximo líder se refirió a sus miembros como «los Johnson», por el presidente de Estados Unidos, Lyndon B. Johnson, en el poder en aquel entonces, pero en los campamentos, dependiendo del autor del insulto, les llamaban de otras muchas maneras.

El hecho, además de criminal, constituía una flagrante violación del artículo 13 de la Declaración Universal de los Derechos Humanos firmada por los países miembros de las Naciones Unidas el 10 de diciembre de 1948. Este dice muy claramente que «Toda persona tiene derecho a circular libremente y a elegir su residencia en el territorio de un Estado» y agrega que «Toda persona tiene derecho a salir de cualquier país, incluso del propio y a regresar a su país». En ninguna parte afirma que hay que ganarse el derecho a abandonar su país realizando trabajos forzados en la agricultura, mal alimentados y peor pagados, muy lejos de sus seres queridos y por un período de tiempo indeterminado, el cual podría extenderse a varios años.

En el centro de aquella extraña asamblea se encontraban Rodríguez, el jefe del campamento y su ayudante Luciano. Rodríguez era un mulato de unos treinta y cinco años, seis pies de estatura, de complexión fuerte, ceño siempre fruncido y expresión dura. Al hablar, como le faltaban varios dientes y estaba detrás de dos chismosas colocadas sobre la mesa casi debajo de su cara, esta adquiría un carácter grotesco. Luciano era también mulato, pero más claro, en extremo bajito, fuerte y de mirada tonta. De haber sido ciertas las ideas del médico italiano César Lombroso, quien afirmaba en su teoría del criminal nato que determinados rasgos físicos podían revelar a un criminal actual o en potencia, Luciano hubiera representado la imagen del típico «lombrosiano» pues mostraba muchas de sus características antropométricas: fosas occipitales hundidas, pequeña cavidad craneana, frente huidiza, arcos temporales pronunciados, mandíbula fuerte y marcada, y asimetría en la cara.

La reunión comenzó cuando Rodríguez, con su hablar torpe, pidió a los recién llegados que se sentaran en el banco delantero, frente a donde se encontraban él y Luciano. Luego inició la primera de las tantas filípicas que tuvimos que escuchar de boca de aquel peculiar sujeto. Informó que había ido a hacer averiguaciones y el resultado no podía haber sido más desalentador: los recién llegados habían consumido, en menos de quince días, los abastecimientos de un mes dejados allí para un grupo de voluntarios tres veces mayor. No había nadie en el pequeño grupo que hubiera cumplido las normas de trabajo establecidas. Eran, además, indisciplinados. Y luego, alzando la voz, exclamó:

—¿Qué se piensan utede? ¿Que etán en un plan turítico? ¿Vinieron a comel y no a trabajal? ¡Conmigo hay que cumplir la nolma; si no, no hay salida del paí! ¡Aquí hay que andal derecho polque conmigo no se pue' jugal! ¡Yo soy una bola de humo!

Luciano, en silencio durante toda la reunión, solo atinaba a mover su cabeza en un gesto afirmativo adornado por una extraña sonrisa.

Luego Rodríguez se dedicó a preguntar los motivos por no haber cumplido las normas de trabajo. Uno de los jóvenes le respondió que no podía porque padecía de una úlcera estomacal y a pesar de haber pedido la baja por enfermedad, no se la habían concedido. Rodríguez enfureció:

—¡Aquí no hay enfelmo. Esos van pa'lopital! Recuéldense de eto: ¡Aquí yo no quiero úrsulas!

Y para ratificar aquello de que era una bola de humo, al día siguiente, que era domingo y por consiguiente, el único día de asueto semanal, nos ordenó trabajar chapeando el área del campamento, para lo cual nos suministró unas mochas y machetes oxidados y sin filo que dificultaban la tarea.

Pero aquella primera desagradable y escalofriante impresión iba a ir desapareciendo, poco a poco, en el transcurso de las semanas siguientes. La vida en el nuevo campamento se fue desenvolviendo con relativa normalidad, si es que aquello podía considerarse normal. Temprano en la mañana, a veces de madrugada, la campana llamaba a levantarse y luego de un poco de café aguado, marchábamos a realizar labores agrícolas cañeras de diversos tipos: corte de semilla y su transporte, siembra, fertilización, limpia manual, resiembra y cosecha. No había una sola de esas tareas que resultara fácil para aquellos hombres tan alejados de la vida rural. Trabajábamos de sol a sol, devengando un salario miserable cuando se cumplía la norma estipulada para cada actividad, que muy pocos lograban, sin recibir casi alimentos y sobre todo, con la constante amenaza de que, por cualquier motivo, podíamos perder el derecho que nos estábamos ganando a base de trabajos forzados, a abandonar el país. Generalmente el traslado al campo se realizaba a pie. A veces, cuando el lugar estaba demasiado lejos, nos transportaban en carretas para que no se perdiera tiempo en comenzar la labor. Al final de la jornada teníamos que regresar caminando porque nunca iban por nosotros.

En uno de esos regresos yo venía solo. Me había enfadado con el jefe de brigada. Yo argumentaba que nos habían tirado allí pero que no iban a recogernos y debiéramos regresar. No lo convencí y había decidido volver al campamento sin siquiera comenzar el corte de caña. La táctica de seguir la línea del tren no funcionó esta vez. Estaba completamente perdido. Atravesé una guardarraya y, al salir a un camino desconocido, choqué con un grupo de casitas rodeadas por alambres de púa. Me dio la impresión de que era un presidio. Igual que el que habitaba. En una de las esquinas estaba sentado en la tierra un señor mayor tratando de extraerle las últimas bocanadas de humo a un tabaco que estaba a punto de quemarle los labios. Me acerqué y le di los buenos días. Me respondió pidiéndome «candela». Le regalé una cajita de fósforos y me senté a su lado, separados por los alambres. Lo pude ver más de cerca. Solo contemplé sus ojos tristes. Le pregunté qué era aquello. «Este es el secreto mejor guardado de Cuba», me respondió, agregando «¿lo quieres oír?». No tuve que responderle. En cuanto nos acomodamos, el anciano miró a su alrededor y, bajando la voz, comenzó a ponerme al día en una materia que toda Cuba desconocía en aquel entonces y que estaba relacionada con la migración interna. Después de exhalar la última bocanada de humo comenzó una descripción espeluznante:

«Los que conocemos estos hechos les llamamos "pueblos cautivos". La idea original, como siempre, fue de Fidel Castro. Desde que se alzaron muchos antiguos combatientes en las montañas del Escambray, en el centro de la isla, montó un operativo para acabar con ellos. Pero era obvio que la población campesina los estaba ayudando. Igual que ayudamos a los que derrotaron la dictadura de Batista. Castro quiso imitar, pero lo superó, a Valeriano Weyler, el que puso en práctica la reconcentración campesina cuando la guerra de independencia. Nos desalojaron de nuestras tierras, quemaron nuestras viviendas y nos montaron en trenes para relocalizarnos en zonas situadas a cientos de kilómetros de nuestros hogares. Nunca se había visto en Cuba nada igual. ¿Dónde se ha visto que se vacíe toda una cordillera y se traslade a toda esa gente para otras provincias? A mi familia la enviaron a Ciudad Sandino, en lo último de la provincia de Pinar del Río. Luego levantaron este caserío aquí en Camagüey y pedí el traslado porque aquí trajeron a una de mis hijas que tiene una nena con necesidades especiales y yo la ayudo porque ya estoy jubilado...».

Yo había perdido el habla. Nunca había escuchado nada semejante. Le pregunté entonces al anciano sobre el alcance de ese proyecto. Se puso a sacar cuentas en la mente y luego respondió:

«No existe nada publicado. Lo que conocemos, usted sabe, es por Radio Bemba, de persona a persona. En los siete años transcurridos desde 1961 se han construido 21 pueblos cautivos. Están ubicados en la provincia de Pinar del Río, pero también levantaron varios en las de Camagüey y Matanzas. Somos miles los desplazados y nadie lo sabe. Total, si lo supieran no iban a hacer nada por nosotros».

El anciano no parecía tener deseos de continuar. Me incorporé con dificultad. Había agregado mayor peso al que venía cargando durante varios años. Luego no recordaba si me habían despedido. Nos miramos y eso fue suficiente. Yo apreté los puños para aguantar la rabia. No pude ni llorar. Desde aquel día comencé a sugerir aquel camino para llegar a los campos de trabajo. Todos en mi campamento aprendieron el significado de «pueblo cautivo», «desplazado» y cuanto calificativo venía a la mente. Comenzaba a razonar que Cuba se había convertido en un inmenso laboratorio para estudiar todo tipo de migración, ya sean voluntarias (con todos los abusos que conllevan) o forzadas (que ya el vocablo lo dice todo). Desde ese día comencé a reconsiderar los sentimientos de reconciliación que siempre había cultivado.

Los campamentos de los llamados Johnsons eran también albergues de cautivos. Siempre presente estaban los insultos, las amenazas, así como los gritos por parte de los burócratas y mayorales de la granja estatal y los militares del sector, sin faltar los campanazos de un enajenado, ayudado por un individuo que poseía un leve retraso mental.

A pesar del cansancio producido por el trabajo excesivo, por las noches nos reuníamos en una de las barracas y allí cantábamos, recitábamos, tocábamos distintos instrumentos musicales, tratando de alegrarnos un poco. En una de esas ocasiones, nadie supo cómo logró entrar, alguien descubrió a Rodríguez disfrazado en medio del grupo. Todos callamos mientras él se levantaba diciendo: «Sigan. Yo tenía que averiguar lo que etaba pasando en estas reunione. Acuéldense que Rodrígue etá en toda parte». Y se marchó casi sin poder contener la risa.

A los pocos días se celebró —nunca dijo cuántos— el cumpleaños de Luciano. Esa noche, como era usual, Rodríguez se perdió del campamento y los jefes de brigadas, que ya llevaban algún tiempo lidiando con los dos responsables y sabían cómo manejarlos, le habían preparado una pequeña fiestecita. Con las luces apagadas todos nos fuimos trasladando al comedor; cuando Luciano entró con los que habían ido a buscarlo, se encendieron las chismosas y de todas las gargantas se dejó escuchar un sonoro *happy birthday* que ponía a los intérpretes en la disyuntiva de seguir gritando en el idioma prohibido o reírse a carcajadas. Luego se interpretaron varios números y al final, después de hacerse rogar, cantó Luciano.

Con aire profesional se dirigió, alumbrado por las chismosas que amenazaban con apagarse en cualquier momento, al frente de la audiencia. Antes de cantar, dio las gracias por la sorpresa y dijo que eso lo obligaba a complacerlos. «Por eso», anunció, «voy a cantarles «La violetera» de Sarita Montiel». Y comenzó: «Como aves precursoras de primavera, en Madrid aparecen las violeteras...».

No cantaba mal. El público, sin embargo, hacía muchos esfuerzos tratando de contener la risa porque Luciano se había tomado muy en serio aquello y porque su ingenuidad le impedía darse cuenta de que aquella confraternización con los «traidores a la patria» podía costarle muy cara. Si en aquellos momentos hubiera llegado de manera inesperada —como solía hacer— el teniente del sector militar a cargo de aquellos campamentos, no hay duda de que el cantante hubiera ido a parar de nuevo a la cárcel por alternar con los «apátridas». Porque, dicho sea de paso, Rodríguez y Luciano se encontraban en aquel lugar cumpliendo condenas impuestas por tribunales militares: Luciano por delito de malversación cuando, siendo miembro de la policía, robó en la peletería que administraba. Nunca pudimos conocer el motivo de la condena de Rodríguez, que había sido miembro del ejército.

Cuando terminó con «La violetera» los presentes aplaudieron a rabiar y alguien, desde una esquina del local, le gritó: «Canta ahora «Fumando espero», Luciano». Y la cantó: «Fumar es un placer genial, sensual. Fumando espero a la mujer que quiero, tras los cristales de alegres ventanales...».

Tras los aplausos, alguien le gritó: «¿A que no te sabes "La bien pagá"?». Después de esbozar una sonrisa de triunfador, se aclaró la garganta y comenzó: «Ná te debo, ná te pío; me voy de tu vera, olvídame ya... Bien pagá; si tú eres la bien pagá, porque tus besos compré y a mí te supiste dar por un puñao de parné; bien pagá, bien pagá, bien pagá fuiste mujer...».

Después de terminar la canción con un brusco gesto del brazo —imitando a la hermosa cantante y diva del cine español de la posguerra— Luciano no esperó por una nueva petición que, tal vez porque ya notaba el aburrimiento en los rostros que podía distinguir en medio de las sombras, comenzó a cantar la que sería su última interpretación de la noche: «Caminito que el tiempo ha borrado, que juntos un día nos viste pasar; he venido por última vez, he venido a contarte mi mal...». Los presentes estaban prestando más atención porque la letra les decía mucho a aquellos jóvenes y hombres maduros en la audiencia: «Desde que se fue, triste vivo yo, caminito, amigo, yo también me voy. Desde que se fue, nunca más volvió. Seguiré sus pasos. Caminito, adiós».

«¡Luciano, esa parece que la cantaste para nosotros!», le gritó alguien cuando terminó. En efecto, todos se habían dado cuenta —con excepción, tal vez, del intérprete— de lo mucho que reflejaba la letra de la canción la realidad de los allí presentes. Se hizo un silencio total. Especialmente la última estrofa nos había entristecido, sobre todo el «nunca más volvió» porque no estaba en la mente de la mayoría de los presentes. Fuimos saliendo poco a poco, lentamente, como si estuviéramos ya emprendiendo el ansiado viaje que jamás habíamos planeado ni deseado, temerosos ahora después de haber escuchado la canción que contenía el presagio de un viaje sin retorno.

Días después llegó la orden de traslado que había estado flotando en el ambiente durante más de una semana. Rodríguez y Luciano disfrutaban dando órdenes y a la hora de abordar las carretas (sería demasiada generosidad el utilizar camiones), Rodríguez cargó con su más preciado tesoro: la campana. Sin ella parecía no ser nadie, era algo así como un complemento de su personalidad. La presencia de aquella campana —y el uso que se le daba— resultaba en sí una triste ironía.

El 10 de octubre de 1868, Carlos Manuel de Céspedes había iniciado, en su ingenio La Demajagua, la lucha por la independencia de Cuba. Lo había hecho con toques de la campana de bronce que se usaba para llamar al trabajo a su dotación de esclavos y para congregar a todos los vecinos en casos de peligro. Céspedes sumó a los sonidos de la campana su decisión de liberar a los esclavos. La campana de La Demajagua se convirtió, desde ese momento, en el gran símbolo de la independencia de Cuba. Ahora, exactamente un siglo después, una campana muy parecida se utilizaba para llamar a una parte del pueblo, convertido de nuevo en esclavo después de ser liberado, a realizar trabajos forzados para ganarse un derecho otorgado por todas las constituciones cubanas que se redactaron desde aquella primera de Guáimaro. ¡Triste labor la de aquella campana! Como la que tuvo que realizar una fría madrugada al llamar a formación apenas pasada la una, en presencia del teniente del sector militar y varios militares portando ametralladoras que rodearon a los cautivos para amenazarnos a rectificar el cañaveral que habíamos resembrado la tarde anterior y donde, en lugar de los esperados canutos, se habían encontrado latas, bolsas viejas de polietileno y otros desperdicios.

Al llegar al caserío de Monte sufrimos una decepción. El nuevo campamento solo constaba de un albergue pequeño y los que llegaban éramos muchos. Era imposible acomodar alrededor de noventa hombres (el número había disminuido con la salida de un grupo hacia la Habana con varios días de pase y otros que por fin habían abandonado el país) en un establo con capacidad para cincuenta animales o unas cuarenta personas. «Eto e' una deconsideración. Ahí yo no meto mi pelsonal», exclamó Rodríguez después de un pequeño recorrido por la instalación. Y, dicho esto, se fue veloz a reclamar en la oficina de la granja estatal. Cercano el oscurecer regresó con la orden: «¡Acotéjense!».

El nuevo albergue estaba situado en medio de un diminuto batey, oportunidad que aprovechó Rodríguez para, a cada rato, sonar varios campanazos y dar el grito de: «¡A folmal!»; entonces se lucía. Se paseaba delante de las brigadas de trabajo en formación, dando órdenes, amenazando, gritando, ante la mirada asombrada de los vecinos. Luego de las descargas, un par de habanos, colocados en uno de los bolsillos de la guerrera por alguno de los que lo conocían ya bien, surtía un efecto tranquilizador y la calma retornaba al campamento.

¡Los habanos eran la locura de ambos! Por uno de ellos, había quien se daba sus escapadas hasta el cercano pueblo de Esmeralda. Y, por varios, había quienes iban los domingos a otro pueblo, Florida, a llamar por teléfono a sus familiares en la capital. Este tipo de trueque se generalizó de tal manera que hubo quien, por un traje «que no voy a llevarme», consiguió dos días más de pase en la Habana y otro, a cambio de un radio transistor que iba a buscarle a Rodríguez, se pasó más de una semana en la capital. ¡Cómo les gustaban los habanos a estos sujetos! Con el transistor a cuestas y el habano sujeto en un extremo de sus labios, Rodríguez se pasaba el día de un lado para otro. Con él llegaba caminando hasta el caserío llamado Los Martínez, a deslumbrar a una campesina rubia de quien estaba enamorado. El transistor, además de alegrarlo, sirvió para que revelara su presencia. A los pocos días de haberlo recibido, como las pilas no eran recargables, el antiguo dueño se consiguió otro pase para ver si «resolvía» otras en la capital.

Era un acuerdo tácito. Por las noches, después del café y los habanos... «Caballero, ¿quién tiene por ahí un tabaco que le sobre?» pero ¿cómo podía sobrar algo que estaba estrictamente racionado si no era comprado en el mercado negro?, se encendían los radios —a los que no se les gastaban las pilas tan fácilmente, las cuales aparecían de inmediato— y se sintonizaba la Voz de los Estados Unidos de América. Por la madrugada, antes de salir para el campo, se escuchaba una emisora de Miami donde se daba lectura a la lista de los números de los núcleos familiares que iban saliendo. El humo de los tabacos, en estas ocasiones, surtía un efecto casi de anestesia que impedía darse cuenta del acto delictivo que aquello constituía. Al día siguiente, los dichosos cuyos números se encontraban en la recta final, vigilaban atentos el camino por donde podía aparecer, en cualquier momento, el familiar que venía con el esperado documento del sector autorizando su traslado a la capital por haberle llegado el permiso de salida (el «telegramita» que mencionara el déspota en su discurso). Cuando esto sucedía, los que no habían sido agraciados, se tiraban deprimidos en las sucias hamacas o en los destartalados camastros a punto casi de perder la esperanza. Día tras día esperaban la llegada del Moisés que los conduciría a la tierra prometida.

Había —no podían faltar— quienes abusaban de los arranques generosos de Rodríguez. En una ocasión, dos individuos que habían ido al pueblo de Florida «a sacarnos unas muelas que no nos permiten trabajar», se pasaron de rosca llegando al día siguiente. La noche anterior, después de los consabidos campanazos y la formación, Rodríguez anunció que, al otro día, iba a someter a los infractores a una «colte milital». Y agregó: «Conmigo no se juega. Aquí donde utede me ven, yo conozco de leye. Y les voy a aplical lo tre cólicos: el militar, el civil y el cólico de defensa social».

Al otro día por la tarde, después de la jornada de trabajo, nos formó a todos y comenzó diciendo: «Desde ahora, voy a cambial. A mí no me conocen. Desde ete día, voy a empezal a sacal las uña». Y, dirigiéndose al individuo que llevaba los registros de trabajo de los brigadistas, le dijo: «Computadol: trae una mesa, una silla y lo papele. Queda abielta la coltemilital. Encabeza el acta. Yo voy a actual de acusadol. Luciano, tú ere el defensol. Lo acusado que se paren ahí...».

Lo que siguió después era una escena que parecía sacada de una novela surrealista, que producía en los presentes una risa incontrolable. Rodríguez, sujetando con arte entre sus dedos de la mano derecha lo que quedaba de un habano, comenzó haciendo la acusación. Detalló, con su lenguaje característico, los pormenores de lo que calificaba como una fuga. Luego le tocó el turno al defensor. Luciano parecía no haber entendido su papel pues más bien parecía un fiscal. Con voz suave iba hablándoles a los acusados a la vez que los hundía aún más. A cada palabra de aquel idiota, había que morderse los labios o esconderse detrás del compañero que estaba delante en la formación para no ser visto soltando una carcajada silente. Cuando Luciano terminó su labor de defensor, Rodríguez dijo: «Ahora que hablen sus propio compañero. Y que ello digan la condena que hay que imponel aquí». Un profundo silencio siguió al reto. Entonces continuó: «Considerando que es la primera ve, voy a suspendel la sentencia que iba a dictal. Pero lo papele los gualdo y a la prósima, los mando pa'l sector y vamo a vel qué pasa. Dede hoy, se acabaron la ida a Emeralda y Florida. Y voy a revisal a vel quién no cumple la nolma y ¡cocinero!, dede mañana me toca la campana una hora ante por la madrugada. Y p'al campo». Después de mirar fijamente a todos los presentes, como para ratificar aquello de que le estaban saliendo las uñas, terminó el espectáculo con la frase: «Se cierra la coltemilital».

Al día siguiente, para demostrar que había cambiado, se apareció de improviso en el campo, pero no sorprendió a nadie vagueando porque la música que venía con él lo delataba. A los pocos días, se olvidó por completo del incidente y se le volvieron a ocultar las uñas.

Una tarde, discutiendo con los jefes de brigada el motivo por el cual no se cumplían las normas de trabajo, uno del grupo le dijo que, en esa granja, para cumplir una norma de limpia, por ejemplo, había que chapear «de aquí a la Esquina de Tejas en la Habana». Al oír esto se volvió hacia el contable preguntándole: «¿Eso es cielto, computadol?». Al recibir una respuesta afirmativa, salió velozmente hacia la oficina de la granja. Por supuesto que no resolvió nada y las normas continuaron tan altas como siempre y el rendimiento de los trabajadores bajó todavía más.

Cada vez que podíamos, camino del trabajo o del campamento, nos poníamos a cantar. Una de las preferidas era una escrita por Juanito Valderrama cuya letra tenía una estrecha relación con la situación de aquellos campamentos. Se titula «El emigrante»:

> *Cuando salí de mi tierra*
> *Volví la cara llorando*
> *Porque lo que más quería*
> *Atrás me lo iba dejando.*
> *Llevaba por compañera*
> *A mi Virgen de Saní,*
> *Un recuerdo y una pena*
> *Y un rosario de marfil.*

Pero nadie prestaba atención a otra cosa que no fuera la posibilidad de un pase para salir. Se acercaba la Navidad y los comentarios sobre la posible salida ocupaban las conversaciones y las mentes de todos los presentes. Por fin, después de varias órdenes y contraórdenes, fuimos trasladados al Sector Militar de las afueras de Esmeralda, donde nos reunimos con todo el personal que componía las brigadas de aquella región enviadas a la agricultura por el departamento de Inmigración. Al llegar sufrimos una decepción. Eran miles los que ya se encontraban allí. Calculando el transporte necesario, escaso de por sí —para el cual se daba prioridad a becarios y trabajadores voluntarios— y que era la tarde del 23 de diciembre, las probabilidades de llegar a tiempo a la capital para celebrar la Nochebuena eran escasas también. Pero Rodríguez se hizo cargo de la situación. Se dirigió a la oficina y nadie supo cómo ni por qué, cuando llegaron los primeros autobuses, ya pasada la medianoche, mandó a sus hombres a formar y desfilando por delante de todos aquellos que habían llegado antes, los alineó frente al teniente, el cual les ordenó subir a los ómnibus y al mismo tiempo les entregaba las tarjetas con los permisos.

El 31 de diciembre nos sorprendió de nuevo en el campamento. Era esperar demasiada generosidad que se nos permitiera pasar el Año Nuevo con nuestros seres queridos. Así, el día 30, en el lugar de la capital donde nos habían ordenado reunirnos, con disparos de ametralladoras al aire para obligarnos a subir al transporte, nos regresaron ¡en rastras cerradas!, de la Habana a Camagüey. Como era mucho el sacrificio, Rodríguez se escapó hasta su casa en la provincia de Las Villas, dejando a Luciano a cargo del campamento.

La víspera de Año Nuevo, ya bien entrada la noche y en medio de una borrachera, un grupo de dirigentes de la zona se robó un cerdo que había comprado uno del campamento con el consentimiento de Rodríguez antes de marcharse. Pero resulta que Luciano y el mismo Rodríguez estaban en constante discordia con dichos individuos, militantes y dirigentes del Partido Comunista, y al enterarse el primero del hurto, como por otro lado, quería lucirse, se encaminó hacia el lugar donde se encontraban los ladrones para exigirles la devolución del animal. La fiesta era en una humilde vivienda situada a pocos metros de la parte trasera del campamento. No alcanzó a entrar. Al acercarse, uno de ellos, el más fuerte, le lanzó una tremenda trompada en medio de la cara que lo depositó en el suelo. De vuelta en el albergue, todo acobardado, hizo un alarde de salir de nuevo con la pistola, pero después de mucho rogarle, logramos «convencerlo» de que no valía la pena. El resto de la noche la pasó lamentándose: «Caballero, ¡quién me habrá mandado a mí a ir allí! Esa gente no me conoce bien. Yo soy un militar. Yo soy policía!». Cuando Rodríguez regresó a los dos días, la situación cambió. Conociendo que tenía a los dirigentes en su poder, los amenazó con acusarlos. El incidente terminó con el pago del animal y peticiones de los transgresores a Rodríguez para que no elevara la acusación.

Días después ocurrió un incidente lamentable. A pesar de los muchos peligros a que estábamos expuestos, en aquel grupo solo ocurrió un doloroso accidente. Una mañana, cuando cuatro de los cautivos transportaban semillas de caña, sentados en el tope de una sobrecargada carreta tirada por una yunta de bueyes, uno de ellos resbaló y cayó sentado en el camino. El grito de dolor que dejó escapar parecía anunciar un grave accidente. Lo condujeron al pequeño hospital municipal mientras todos esperábamos ansiosos que llegara alguna noticia al campamento. El amigo que lo acompañó con un soldado y un burócrata de la granja regresó bien entrada la tarde con la triste noticia: «Sufrió una fractura en la espina dorsal que lo dejará imposibilitado de caminar el resto de su vida». Era, sin dudas, un precio muy alto el que había tenido que pagar por alcanzar su libertad. Un par de amigos comenzaron a recoger sus pertenencias en un silencio solo interrumpido por el tronar del correr de las lágrimas de rabia e impotencia, mientras Rodríguez y Luciano observaban respetuosos desde una de las esquinas.

A mí me afectó mucho. Como no podía conciliar el sueño, salí de madrugada del campamento decidido a terminar un poema iniciado recién llegado al campamento a fines del mes de octubre. Con la ayuda de una linterna lo tuve listo antes del maldito sonar de la campana. Le puse por título «Conmigo, Señor»:

Cuando marché con un destino incierto,
y fui dejando atrás comodidades,
pensé, Señor, en estas dos verdades:
«Dudar de Ti, jamás. ¡Primero muerto!».

Y, en medio de esta nueva vida dura,
llena de sinsabores y dolor,
un solo pensamiento a mí me ayuda:
«Solo no estoy, porque Tú estás conmigo aquí, Señor».

Cuando, sobre mi cuerpo adolorido,
con hambre y mucha sed, corre el sudor,
miro a mi lado y pienso convencido:
«No estoy solo. Aquí también está mi gran Señor».

Al caminar, cansado y tropezando,
sin ver llegar el fin a donde voy,
sonrío tranquilo porque voy pensando:
«A mi lado camina mi Señor».

Y, cuando en medio de la noche fría,
tan llena de nostalgia y de dolor,
despierto, también siento alegría
al recordar que estás conmigo, gran Señor.

Antes de salir al campo, se escucharon varios gritos de protesta. Aquel accidente, además de inconcebible, resultaba inaceptable. ¿Con qué derecho podía el régimen condenar a la inmovilidad por el resto de sus días a un padre de familia que no había cometido delito alguno? Todos sabían la respuesta: el derecho de la fuerza, con el silencio y la complicidad del resto del mundo. En definitiva ¿a quién podía interesarle la suerte de aquellos trabajadores cautivos, perdidos en medio de las inmensas sabanas de Camagüey? Aquella mañana, los que despertaron, se sintieron más solos que nunca. Tal parecía que el mismo Dios, que hasta ese momento caminaba, sufría con nosotros y vigilaba nuestros sueños, había emprendido el viaje por el caminito que no tenía regreso. Antes de salir, Rodríguez y Luciano se acercaron a un grupo que conversaba en espera de la orden para marchar al trabajo. Les dijeron que estaban impactados por el accidente y lo sentían mucho, que no tenían recursos pero que estaban dispuestos a contribuir con algo para ayudar a la familia.

A todos nos conmovió aquel gesto inesperado. Así eran de extrañas y contradictorias las situaciones en aquel lugar. Aquellos dos sujetos quienes, sin dudas, hubieran hecho las delicias del más apático de los siquiatras, eran un reflejo de la situación imperante en el país. El «yo soy yo y mi circunstancia», de Ortega y Gasset, cobraba vida en aquellos dos seres disfuncionales.

A pesar de los gritos y las amenazas, Rodríguez y Luciano sentían respeto por los que allí nos encontrábamos. Nunca se dirigieron a nosotros utilizando un lenguaje obsceno, ni empleando el término «apátrida» que tanto gustaba a los de la granja y el sector militar. Rodríguez usaba «ciudadano» y Luciano, «caballero», el cual solía repetir tres o cuatro veces entre frase y frase. Eran, en fin, un producto de aquella sociedad que había creado el nuevo sistema, donde reinaba la doble moralidad y se fingía para no perecer. Donde robar no era un delito sino una manera de sobrevivir.

Donde la caridad había que practicarla en la sombra para no mostrar debilidad de carácter. Pero, en el fondo de sus seres y a pesar del socialismo, entre gritos y campanazos, en medio del humo de los habanos, aquellos dos hombres no habían dejado de ser cubanos.

Pocos días después llegó mi suegro al campamento. Había parado en el sector militar, donde le cambiaron el telegrama de salida por una autorización para salir del campamento rumbo a la capital. Mi despedida fue en extremo emocionante. Repartí todas mis pertenencias, abracé a los que estaban allí a la hora del almuerzo y salí con mi suegro con lo que tenía puesto. Fuimos directo al sector a firmar y de ahí a resolver nuestra ida a Florida, que era el pueblo más cercano con estación de ómnibus. Un camión nos recogió y nos depositó en la misma terminal donde tuvimos la impresión de que todos los habitantes de la provincia estaban congregados. Yo le hice saber a mi suegro mi preocupación y él me dijo que me fuera a sentar en un lugar que me indicó y que no me moviera del mismo para no perdernos. Mi suegro tenía un don especial para resolver problemas en el sistema. Pero aquello sería un milagro. Eran cientos de obreros, becados, estudiantes y personal de oficinas los que estaban allí tratando de llegar a la capital. Y no pude contar más de cinco guaguas. Sin embargo, minutos después, mi suegro y yo íbamos rumbo a La Habana en una guagua sin ningún otro pasajero. Yo iba callado, mirando a una luna llena que parecía guiar mis últimos pasos en la tierra que me vio nacer y ahora tenía que abandonar.

La salida

En La Habana supe que mis padres no podrían viajar con nosotros. En la revisión que hicieron encontraron que faltaba un solar en la larga lista de los que había ido acumulando desde que nos habíamos mudado a la capital. No tenía en su poder ni los 400 pesos que le pedían por el solar y tuvo que quedarse para cubrirlo con donaciones de amigos.

Había un problema serio relacionado con nuestra hijita. Cuando mi esposa se cercioró de que la larga espera parecía estar tocando a su fin comenzó a obsesionarse con la idea de que no admitieran a nuestra hija en los Estados Unidos. La duda no era del todo infundada; estaba basada en el conocimiento de varios casos. Conocíamos personas a quienes, antes del ascenso de Fidel Castro al poder, les habían negado sus solicitudes de visa debido a alguna discapacidad. Mercy se angustiaba con el transcurso de los días por no contar con mi apoyo moral, enviado —como ya relaté anteriormente— a la provincia de Camagüey —casi al otro extremo del país— a realizar labores agrícolas antes de que me concedieran el permiso para abandonar el país.

Semanas después, Mercy se enteró de que un pariente de la costurera de su hermana Mirta trabajaba en el aeropuerto de Varadero, por donde salían los vuelos hacia Miami, y le pidió que averiguara la situación de las salidas de las personas discapacitadas. Los informes regresaban siempre positivos. Parecía que nuestra entrada a Estados Unidos no iba a presentar problema alguno, pero mi esposa no estaba satisfecha porque el joven no había sido testigo de un caso como el de nuestra hijita.

Todavía con nuestra inseguridad abordamos dos autos para dirigirnos a la Playa de Varadero, de cuyo aeropuerto saldríamos rumbo a Miami. Era la tarde del jueves 6 de febrero de 1969.

No había sido fácil conseguir los autos y, sobre todo, la gasolina, que estaba racionada desde hacía tiempo. El auto de mi familia paterna tuvo que entregarse en un lote del gobierno donde yacían, destruyéndose a la intemperie, centenares de vehículos requisados a los propietarios que se marchaban del país.

Recuerdo exactamente la identidad de todos los pasajeros de ambos autos. Íbamos Mercy y yo, Mercita y mi tía Maína (los viajeros internacionales), además de mis suegros Ricardo y Nena, y mi cuñada Mirta con sus hijos Pepe y Beatricita. Mi cuñado Riqui y el primo Yiyo de Mayarí, que se encontraba de visita en la Habana, completaban el grupo de once personas.

El trayecto era de 140 kilómetros por la amplia Vía Blanca, que se toma cuando se deja atrás la moderna Vía Monumental, que comienza a la salida del túnel de la bahía habanera. La ruta que tomaron los dos choferes es una de las más bellas de esa parte de la Isla, pero nadie hizo un comentario al respecto. Es que todos íbamos tristes. Se espera ese momento con ansiedad, con desesperación y, cuando llega, hasta se llega a tener dudas.

Sintiendo ya una anticipada nostalgia, elogié la belleza impresionante del Valle de Yumurí cuando cruzábamos el gigantesco puente sobre el mismo. Poco después atravesábamos la ciudad de Matanzas, llamada la Atenas de Cuba desde comienzos del siglo XIX. Quedaban por recorrer unos 30 kilómetros. El silencio después de dejar atrás a la culta ciudad fue total hasta que llegamos a la Playa de Varadero, dos horas y media después de haber salido de la capital.

Ya comenzaba a huir la tarde cuando los dos autos entraron en el minúsculo pueblo de Varadero y se encaminaron hacia su aeropuerto. Nos bajamos en el estacionamiento. Unos soldados les pidieron a los que no viajaban que se retiraran. Nuestros familiares caminaron unos pasos junto a nosotros y, al llegar al lugar designado para ponerse en fila, mi suegro se rompió y no pudo contener los sollozos. Llegó al punto de lograr pasar la posta de soldados y aparecerse a nuestro lado cuando ya estábamos a punto de entrar en el edificio. Creo que fue mi esposa quien, anegada en llanto, recordó el famoso dicho: «¿Dicen que no son tristes las despedidas? ¡Dile a quien te lo dijo que se despida!» Y lo peor del caso era que la nuestra tenía muestras de ser de una irreversibilidad aterradora.

Entramos en el umbral de la libertad con un equipaje consistente en tres mudas de ropa y un par de zapatos. Eso era lo permitido. Atrás quedaban las prendas, los recuerdos familiares, los títulos y diplomas, las fotos, la vida entera. Era un precio alto el que había que pagar. El ansiado viaje a los Estados Unidos, de comienzo a fin, iba a resultar un tormento para todos. Cuando entramos en el local, comprendimos que los temores de Mercy habían sido infundados, pues había muchos ancianos y algunas personas discapacitadas. Claro, que todavía no había seguridad de que nos dejaran abordar el avión. Para averiguarlo, tendrían que transcurrir aún varias horas.

En aquel amplio local no había ni una silla de ruedas para mover a quienes estaban imposibilitados de hacerlo por sí mismos. Mercita pasaba de los brazos de Maína a los de sus padres, para comenzar de nuevo el ciclo. Pocos en el grupo pudieron dormir aquella noche. La mayoría de las casi 200 personas que abarrotaban el lugar estaba sentada en sillas y balances. Mercita se mantenía con los ojos bien abiertos. Allí nos vacunaron. La miliciana que le puso la vacuna a mi esposa se ensañó con ella y, no sé por qué motivo, le produjo una cicatriz que todavía muestra con impotente melancolía. Ya de madrugada, otra miliciana le vino a avisar a Mercy que Mercita se podían acostar en una camilla que tenían en la enfermería. Cuando la llevamos ella comenzó a reír, no sé si del nerviosismo producido al reconocer la forma de la camilla, o del penetrante olor a orine de los ancianos que seguramente sufrían de incontinencia. Al cabo de un rato, regresamos al salón.

Entre toda aquella gente, Mercita recibía la mayor atención. Muchos la observaban. Mercy, obsesionada con la posibilidad de un rechazo, murmuraba que era porque todos pensaban que nuestra hija no pasaría satisfactoriamente la inspección. No recuerdo si ingerimos algún alimento durante todas aquellas horas. Me parece recordar que había una especie de cafetería donde, en algún momento de la madrugada, nos ofrecieron una soda y un bocadito, pero Mercita no podía comer eso. La alimentamos con comida que llevamos en un pomo de compota rusa.

El cambio de pañales, como era habitual, causó serios inconvenientes. La ausencia de pañales desechables producía un aumento en la tensión de los pasajeros que los necesitaban. Yo no recuerdo cuántas veces la tuvimos que cambiar. Ni a dónde fueron a parar los pañales que le quitamos.

El hábito de la buena lectura me hizo cargar con un par de libros para ayudarme a aligerar la tensión y el tedio de la larga madrugada. Uno de ellos, como para no olvidar que tenía una hija discapacitada, era una corta obra de Antoine de Saint-Exupéry titulada *El principito*, publicada en 1943. Cualquiera hubiera considerado inapropiado que le leyera a mamá el siguiente pasaje:

—Los hombres de tu tierra —dijo el principito— cultivan cinco mil rosas en un jardín y no encuentran lo que buscan.

—No lo encuentran nunca —le respondí.

—*Y sin embargo, lo que buscan podrían encontrarlo en una sola rosa o en un poco de agua...*

—*Sin duda* —respondí. *Y el principito añadió:*

—*Pero los ojos son ciegos. Hay que buscar con el corazón.*

Tal vez fue algo inapropiado porque yo no había dejado pasar un día sin haber hecho alguna gestión para abandonar el país desde que tomara esa decisión en una madrugada del diciembre de 1961, hacía ya más de siete años. Hasta me pasaba las madrugadas esperando que abrieran los consulados para indagar sobre nuestras visas. Fueron años muy difíciles. No queríamos irnos de nuestra patria. Pero estaba muy claro que no teníamos otra opción.

La lectura breve me produjo la impresión de que, ya a punto de realizar mi sueño, estuviera dudando de mi decisión. Tal vez me estaba refiriendo a lo que yo considero la constante búsqueda de la perfección de los cubanos. Es como si nunca llegáramos a alcanzar lo que ansiamos cuando, como dice el cuento, lo podemos encontrar en una sola rosa o en un poco de agua. Allí estaba yo, consecuencia de la invalidez de esa búsqueda que había considerado finalizada el primero de enero de 1959.

Aunque yo creo que era esa mi intención, dudo que Mercy lo tomara por ahí, si es que fue así, y pretendió no haberme escuchado. Ella estaba obsesionada con cualquier impedimento que se pudiera presentar a causa del estado de nuestra hijita. No iba a demorar mucho tiempo en enterarse. Al amanecer llegó el avión procedente de Miami, el cual realizaría dos vuelos. Nosotros teníamos la esperanza de que nos asignaran al primer vuelo, ya que lo harían con los pasajeros más necesitados y Mercita calificaba.

Sin embargo, a nosotros nos tocó el segundo vuelo. La espera se iba a prolongar por otro par de horas. Cuando regresó el avión nos dieron instrucciones de ponernos en fila. Seguimos a los que nos precedían paso por paso, escritorio tras escritorio. En uno de ellos, las autoridades norteamericanas nos pidieron los pasaportes. Los de las tres mujeres estaban vencidos. No se habían molestado en iniciar los trámites de la prórroga para que no se repitiera mi experiencia. Yo había tratado de sacar un pasaporte nuevo, porque el anterior ya no admitía otra prórroga, y me había quedado con un papel que era la copia de la planilla mecanografiada, pero que no decía absolutamente nada y no tenía ni mi foto y ni siquiera un sello. Una sonrisa de asombro se dibujó en el rostro del oficial de Inmigración cuando le entregué aquel papel viejo, donde un funcionario cubano había estampado minutos antes un cuño con la inscripción: «NULO». Igual hicieron con el de nuestra hija discapacitada. Además de una estupidez era un acto cruel. Era como para clasificar esa acción en la lista de los colmos de la insensatez, aunque reconocí que era la primera vez que escuchaba a uno de esos burócratas decir la verdad. Horas después el documento era reemplazado por una flamante tarjeta de refugiada. Vino entonces la parte más temida de aquel desfile, que terminaba frente al médico que representaba al Departamento de Salud del gobierno federal.

Yo la llevaba en mis brazos. Era el último paso antes de abordar el avión, que ya estaba estacionado a corta distancia de la puerta de salida del edificio y al que todos miraban esperanzados. Al fin llegamos frente al médico. Era un hombre muy alto, de unos 40 años, de cabellos rubios y complexión más bien delgada. Cruzó su brazo izquierdo sobre el estómago y apoyó en él su codo derecho, al tiempo que se acariciaba la barbilla. Luego comenté jocoso: «El tipo estaría diciendo "¿y qué hago ahora con esta?"». El individuo dio una vuelta alrededor mío para observarme por todos los ángulos, pero sin pronunciar palabra. De vuelta frente a Mercita, le levantó ligeramente el labio superior para observarle la encía. Luego se apartó para permitirnos la salida a la pista donde estaba esperando el avión al tiempo que nos decía: «*Have a safe trip*!» ¡Háblennos de sustos!

Como el suplicio de los trámites durante el largo encierro había terminado, los pasajeros vamos saliendo hacia la nave que espera desde el romper del alba. Tomamos asiento en silencio. Después de unas breves instrucciones, se escucha el rugir de los motores y segundos después los pasajeros nos sentimos suspendidos en el espacio. El ascenso ha sido súbito. La nave no demora en girar rumbo Norte. Aumenta la intensidad de los sollozos. Este éxodo no tiene nada de bíblico; ni sale de Egipto ni lo dirige un Moisés. El grupo no puede ser más heterogéneo. Hay menores que viajan sin sus padres y desconocen que ahora les llamarán Pedro Pan, no importa el género. Abundan las arrugas sufridas, los rostros que reflejan el dolor de la ruptura, sonrisas de esperanza que se tornan en mueca grotesca apenas iniciada. Un joven cierra los ojos; quiere continuar soñando con lo que pudo haber sido y no fue. Las azafatas nos ofrecen Coca-Cola. Con el avance comienza a desaparecer el miedo, aunque algunos vivirán aterrados durante muchos años. Quienes miran hacia abajo piensan en los que tienen que escapar por el inmenso desierto azul que devora balseros diariamente.

Maína había insistido en llevar a la niña cargada en su asiento. Nosotros accedimos. Mercita iba asustada. Mercy y yo comenzamos a llorar: «¡Pepín, nuestra islita!» Y yo, ahogado por el llanto, la calmé diciendo: «Nosotros volvemos. Yo estoy seguro». Y ya no hablamos más durante el viaje. Nunca habíamos estado tan tristes.

Yo iba pensando en las vicisitudes que nos esperaban. A la difícil situación de exiliados e inmigrantes teníamos que agregarle las derivadas de llevar a Mercita con nosotros. Íbamos a un país desconocido, con un conocimiento casi rudimentario de la lengua y una ignorancia total de su cultura. Pero íbamos en busca de la libertad que nos habían negado en nuestra tierra.

«Atención, señores pasajeros...».

Solo han transcurrido unos minutos y ya se va a producir el esperado descenso al Aeropuerto Internacional de Miami. Moisés condujo a su pueblo por el desierto durante 40 años, pero esta travesía ha demorado 40 minutos. No hemos llegado a la tierra prometida; es solo una parada temporal mientras esperamos por el regreso al terruño que acabamos de dejar y al que muchos no volverán a ver ni siquiera de lejos, como pudo Moisés.

El lento descenso nos brindó la oportunidad de observar el paisaje local. Nos impresionaron el azul de las aguas, los canales, el trazado de la ciudad, las carreteras en medio de las ciudades de Miami y Miami Beach, el pedazo de construcción que las une, los puentes elevados y gigantescos, el brillante sol que castigaba un área tan hermosa y, sobre todo, el tráfico constante fluyendo de todas partes que asociamos con un hormiguero.

No tuvimos necesidad de entrar en el edificio de la terminal del aeropuerto. Los refugiados cubanos recibíamos un tratamiento especial. Las ruedas de la aeronave chocaron con el concreto de la pista. Hubo sentimientos encontrados. Jamás se me olvidará el vuelco que me dio el corazón.

QUINTA PARTE

Nueva vida más lejos

Yo nunca me fui

De vez en cuando llega la pregunta indiscreta
(Por diversos motivos me vienen a encuestar)
Y, aunque incógnitas hay que no tienen respuesta,
Hago un esfuerzo inútil y trato de explicar.

¿Qué cuántos años hace que salí de mi tierra?
En tiempo calendario no se puede medir
Porque el alma doliente con pasión se te aferra
A borrar el horrible momento de partir.

Y trato de explicarles lo de la quinta esencia:
El sutil y purísimo circular movimiento
Que permite a tu ser duplicar su presencia
Al viajar impulsado por la fuerza del viento.

Si de veras adoptas ese antiguo concepto
Puedes estar aquí, pero sentirte allá;
No resulta imposible vivir todo momento
Rodeado de las cosas que crees dejaste atrás.

Un busto de Martí, con rosa blanca al lado,
Preside la oficina donde el tiempo no corre,
En frenético esfuerzo para dejar plasmado
El pasado que quiero que el presente no borre.

Nuestro hogar se desborda con todo lo cubano:
En las paredes cuelgan sus obras los pintores;
La cafetera indica el café que colamos;
Las notas musicales, los libros, los refranes
Y la cocina toda es Cuba en sus olores.

Cuando escucho de Celia sus postreras canciones,
En esa voz de azúcar que nos supo legar,
Su duda del regreso da tristes emociones,
Pero en «Yo viviré» la veo en Cuba cantar.

Expuesta en dos lugares (¡cómo podía faltar!),
La Virgen peregrina de nuestra Caridad,
Convertida en profeta me parece anunciar
El fin de las rencillas y de la tempestad.

Y le creo cuando admiro con morbosa ansiedad
Las fotos del Santuario y nuestra Catedral,
Junto a la escalinata de mi Universidad
Abriéndome los brazos desde su pedestal.

¿Qué cuántos años hace que salí de mi tierra?
Pues no creo a ciencia cierta que los pueda contar;
Si todavía camino por la hermosa glorieta
Donde solía correr, y jugar y soñar. . .

Si de Antilla aún respiro el salitre del mar;
De la Habana sus luces no he olvidado jamás
Y el andar por Santiago me vuelve a sofocar:
¿No crees que la pregunta está un poco de más?

¿Qué cuántos años hace que de Cuba salí?
No sé cuántos han sido, aunque van siendo muchos.
O, tal vez me equivoque porque nunca me fui.

Y cuando llegue el día esperado de irme
A encontrar los recuerdos que atesora mi mente,
Si queda algún amigo que vaya a recibirme,
Y suelte la pregunta que tantas veces oí,
Le diré como otros han dicho anteriormente:
« ¡Estoy de vuelta, chico, aunque nunca me fui! »
« ¡Ya regresé a la Cuba de donde no partí! »

José Álvarez, Wellington, Florida
Año Nuevo de 2011: 41 años, 11 meses, 25 días… y contando.
Al cierre de 2020, ese tiempo saltó a 51 años, 11 meses y 24 días.

«El día esperado de irme», al que se refiere el primer verso de la última estrofa no ha llegado. Tal vez no se haga realidad en lo que me queda de vida. Es por eso por lo que esta última parte mezcla algo de mis memorias con mis meditaciones sobre el regreso, con esa obsesión, no por volver, sino por regresar.

Nunca me fui; solo vivo más lejos.
Nassiry Lugo (Moneda Dura) 2016

El aterrizaje en Miami

Aterrizamos en el aeropuerto internacional de Miami pasado el mediodía del 7 de febrero de 1969. Casualmente era la festividad de San Ricardo, rey de Inglaterra. Ese era el nombre del padre y del hermano de mi esposa, y lo sería el de nuestro primer hijo varón. Al pie de la escalerilla del avión nos esperaban los ómnibus que nos conducirían al lugar donde nos alojaríamos durante el tiempo que demorara el trámite oficial de admisión y traslado a nuestro lugar de destino. Maína insistía en continuar cargando a Mercita.

La casa de la Libertad

Cuando íbamos entrando a la «Casa de la Libertad» había unos empleados cubanos en la puerta, observando el desfile de los viajeros del segundo vuelo. Escuché cuando uno de ellos les decía a sus compañeros: «¡Coño, los dos vuelos que mandó Fidel para acá hoy estaban premiados!» Se refería al número elevado de ancianos y enfermos.

El edificio al que habíamos llegado ya tenía su poco de historia. El «Freedom Tower», situado en Biscayne Boulevard, se terminó de construir en 1925 para albergar las oficinas e imprenta del periódico *Miami News & Metropolis*. De estilo mediterráneo, posee elementos del diseño de la torre de Giralda en Sevilla, que fue exactamente lo que hicieron los españoles con el Castillo de la Fuerza en la Habana, que incluso coronaron con una estatuilla de la Giralda. En 1957 se mudó el periódico pasando el edificio a diversos usos.

Cuando los refugiados cubanos comenzaron a arribar a Miami, el gobierno federal lo convirtió en centro de procesamiento, documentación y proveedor de servicios médicos y dentales a los recién llegados. Los llamados «vuelos de la libertad» comenzaron el 1 de diciembre de 1965 y terminaron siete años después, y por ese edificio pasaron 260,000 cubanos que vinieron de Cuba en busca de libertad.

Allí fuimos procesados los cuatro. El edificio tenía todas las comodidades necesarias para albergar a mucha gente, y todos permanecían allí hasta terminar los trámites y tomar el avión que los llevaría a la ciudad donde los esperaban sus familiares o donde habían sido relocalizados.

La primera experiencia de mi esposa fue el disfrute de los aromas. Todo para ella desprendía fragancia. Cuando los directores de la Casa de la Libertad se dieron cuenta que, a pesar de ser mayor de cinco años, Mercita no podía comer en los lugares asignados para ello, nos condujeron hasta un armario que, al abrirlo, mostró más compotas que las que había consumido en Cuba producto del pago por la liberación de los invasores. A la pregunta de cuántas podía tomar, la respuesta no se hizo esperar: «Las que quiera, y puede volver cuantas veces lo desee». Allí mismo Mercita se empató con su primera sesión alimentaria en los Estados Unidos, que repetía varias veces al día en nuestra habitación.

Referente a ese tópico tiempo después ocurriría un evento difícil de creer pero que fue cierto. Durante mucho tiempo, el único grano que aparecía en el mercado cubano era el chícharo. Como los vegetales y tubérculos que eran los principales ingredientes del puré con el que se alimentaba brillaban por su ausencia, tuvimos que basarlo en los chícharos, aunque casi siempre el puré contenía algún otro producto que pudiera aparecer. Cuando llegamos a los Estados Unidos, Mercita consumía todo tipo de compotas que le ofrecían. Meses después, a pesar de que nosotros habíamos jurado no comer jamás aquel grano, decidimos hacer un potaje de chícharos con todos los ingredientes que pudieran aumentarle el sabor. Para nosotros había quedado delicioso. A la niña le hicieron algo de puré. Cuando tuvo la primera cucharada en la boca, la mantuvo durante un largo rato, y luego la expulsó sin tragar absolutamente nada. La operación se repitió varias veces durante el día. Tarde en la noche, sospechando el posible origen del rechazo, pero sin poder creerlo, le cocinaron un pedazo de carne que luego molimos. Como en el caso anterior, mantuvo la primera cucharada dentro de la boca durante unos instantes y luego la fue tragando con avidez; abría la boca en espera de la próxima cucharada e incluso incorporaba algo la cabeza para que la operación fuera más rápida. El aburrimiento de los chícharos la había impactado sobremanera. Mantuvo el rechazo a ese grano durante varios años.

Permanecimos cuatro días en la Casa de la Libertad. Todas las mañanas me recogía un minivan con un par de agentes de la CIA o el FBI y me llevaban a una de sus casas en lo que hoy es el área de Westchester y Kendall para conversar porque, en realidad no tenían motivos para interrogarme. Era todo lo opuesto porque el tema era mi participación en la lucha contra la dictadura de Batista. Después tuve que aclarar unos cuentos chinos que uno anterior había hecho sobre mi participación en supuestas conspiraciones contra el actual régimen, lo cual no era cierto. Muchas amistades de la familia vinieron a visitarnos a la Casa de la Libertad. Algunos nos sacaban a pasear o a hacer visitas. Resultaba un tremendo choque emocional el ver La Habana de los años 50 transportada al Miami de nuestra llegada.

Gainesville

Gainesville es una ciudad universitaria. Es la sede la Universidad de la Florida (UF). Está situada en el norte central del estado de la Florida. En 1970 tenía 60,000 habitantes, de los cuales una inmensa mayoría eran estudiantes. Un gran porcentaje del resto estaba empleado en el área de la docencia. Debido a la afluencia de estudiantes de todas las partes del mundo, la ciudad tiene un sabor multiétnico y multicultural.

Habíamos llegado en pleno invierno, la temperatura que habíamos dejado en Miami no fue la que encontramos en el norte de la Florida. La semana de nuestro arribo la temperatura bajó a 40 °F (unos 4 °C), muy por debajo de la temperatura a la que estábamos acostumbrados. Recuerdo la expresión «¡Cooñooo... qué frío!», que yo repetía constantemente.

Al cubano exiliado, UF le ofrecía un pasado rico en intereses comunes, iniciado con la tempranas gestiones para la inauguración del centro docente en 1853, el año del nacimiento de José Martí. Durante las ceremonias de fin de curso en junio de 1930 se anunció la creación del Instituto de Asuntos Inter-Americanos, el primero en Estados Unidos. Primero también a un ciudadano de

América Latina fue el título honorario conferido al Embajador cubano en los Estados Unidos Dr. Orestes Ferrara. Es importante señalar que, de los 2,257 estudiantes asistiendo a UF en ese curso, solo cuatro eran de otros países, y tres de ellos eran cubanos.

Uno de los primeros acuerdos de intercambio lo firmaron UF y la Universidad de La Habana en 1938. En la década de 1950 se analizó la posibilidad de abrir una oficina de estudios de UF en La Habana. Luego vinieron acuerdos que aumentaron considerablemente el volumen de los materiales relacionados con Cuba en las bibliotecas de UF, colocándola en el primer lugar del mundo. El segundo título honorario le fue concedido en 1950 al Dr. Emeterio Santovenia, presidente de la Academia Cubana de Historia.

Alrededor del mediodía del 11 de febrero de 1969 llegábamos al fin a este pueblo donde nos esperaban mi hermana Clarita, su esposo Enrique Baloyra y sus tres primeros hijos Clara María, Enrique Ignacio y Patricia; luego vendrían José Luis y Teresa Lynn. Mi hermana menor María de los Ángeles (Nena) había venido a vivir con ellos al cumplir 18 años y tener que dejar el programa que la había amparado desde su llegada de Cuba. Nuestro hermano Fernando (Toto) se encontraba trabajando como ingeniero en el estado de Kansas. Días después llegaron nuestros padres de Cuba. El núcleo familiar Baloyra Álvarez llegó a la docena.

La primera gestión se relacionaba con averiguar más sobre el estado de Mercita. Clarita y Kike (así le decían sus amigos a Enrique) tenían amistad con un neurocirujano que trabajaba en el hospital universitario y consiguieron una cita para que la examinara. Los familiares residentes en Gainesville tenían alguna esperanza de que Mercita pudiera recuperarse. Le hicieron una cantidad enorme de pruebas. Al final, el Dr. García-Bengochea nos dijo que ellos no creían que el problema era producto de la toxoplasmosis (el diagnóstico de Cuba), sino de falta de oxígeno al nacer, lo cual produce similares consecuencias. El daño era irreversible. Mercy aceptó la posibilidad de ese diagnóstico. Se basaba en que, al momento de dar a luz, ella notó que la beba había guardado silencio durante un corto período de tiempo. El clásico llanto al venir al mundo se había demorado unos segundos. Esa falta de oxígeno podía haber sido significativa en producir el daño cerebral. El otro argumento de Mercy era que parecía existir un consenso en que era la mujer quien tenía que ser la portadora del virus y su prueba había sido negativa.

En aquella época, cuando los médicos no podían identificar las causas de la parálisis cerebral congénita, la atribuían generalmente a problemas o complicaciones durante el parto que causaban asfixia (una falta de oxígeno) durante el nacimiento. Sin embargo, investigaciones posteriores han demostrado que pocos bebés que tienen asfixia durante el nacimiento padecen luego de parálisis cerebral o cualquier otro trastorno neurológico. Se ha estimado que entre 5% y 10% de los bebitos que nacen con parálisis cerebral congénita son el resultado de asfixia y otras complicaciones en el momento del parto. El resto se atribuye a anormalidades genéticas, infecciones o fiebres maternas, o lesiones fetales. Todo lo anterior te dice que seguimos con la incertidumbre sobre la causa de su discapacidad.

En la conversación con los especialistas del hospital universitario conocimos que existían otras afecciones asociadas con la parálisis cerebral: retraso mental, trastornos convulsivos, retraso del crecimiento y desarrollo, deformidades de la columna vertebral, visión, audición y lenguaje deteriorados, babeo e incontinencia. Desgraciadamente, menos la segunda, Mercita presentaba el resto en grado superlativo. Las convulsiones, sin embargo, se presentarían años después, cuando todavía residíamos en Gainesville.

Saliendo del hospital, a pesar de la solemnidad del momento, les recordé a los presentes que, en la actualidad, para evitar esos problemas, en cuanto pare una mujer, una de las enfermeras se le acerca y dice: «Bienvenido a Cuba». El grito de terror que lanza evita todos esos problemas que se han mencionado arriba.

Días después mis padres y Maína se mudaron para una modesta vivienda relativamente cerca. La próxima tarea era conseguir empleo y matricular algunas asignaturas, y ambas llegaron casi de forma simultánea. Los estudios serían en el Santa Fe Junior College que, en aquella época, ofrecían los dos primeros años y varias carreras técnicas de corta duración. Luego tendría que transferir para UF.

Con el empleo llegaron los fondos para alquilar un pequeño apartamento a media cuadra de la Universidad. Y, junto a ambos, apareció un carrito inglés producto de la generosidad del matrimonio Gayoso, quienes organizaron un motivito para darnos la bienvenida y recibir los regalos que nos ayudarían a equipar nuestra primera vivienda: desde un set de platos hasta una escoba.

Para entrar a trabajar en la Universidad de la Florida —el mayor empleador del pueblo— había que tomar y aprobar un examen escrito que, por supuesto, estaba en inglés. A Gainesville llegaban muchos cubanos a estudiar y buscar empleo para alguno de sus familiares. Pero a casi todos los suspendían una y otra vez hasta que a una persona se le ocurrió una salvadora situación: en la contraportada de una copia del libro *1984*, de George Orwell, escribió todos los números de las respuestas divididas en tres columnas. Parece que en el pase de una columna a otra repitió la respuesta anterior. Cuando yo fui a tomar el examen me aparecí con el libro junto a varios papeles. Fui copiando cuidadosamente las respuestas sin saber lo que había sucedido con la equivocada. Termino, hago el papel de revisar y le entrego el examen a la jefa. Ella lo mira y me lanza una pícara sonrisa. «Es curioso que todos los cubanos cogen la misma puntuación y se equivocan en una sola, que es siempre la misma». Era obvio que sabían pero los cubanos eran tan buenos trabajadores que se hacían las chivas con tontera para poder contratarlos.

Después de un par de días conseguí el trabajo ideal para mis condiciones. En el edificio del «Reitz Union», una construcción moderna dedicada exclusivamente a actividades de esparcimiento de los estudiantes, con habitaciones de hotel en los dos pisos superiores, había un pequeño departamento de lectura y música en el segundo piso. Mientras hacía mis tareas de los cursos, me ponía al día en música y luego revisaba las revistas y periódicos que nunca había podido leer. El turno de 8:00 am a 5:00 pm lo hacía una joven llamada Nancy, cuyo esposo Charlie estaba terminando la escuela de derecho. Yo entraba cuando ella se iba y cerraba a las 11 de la noche. Allí conocí a personas fuera de liga y también me ocurrieron hechos increíbles debido al escaso conocimiento del idioma y de la cultura del país.

Esta anécdota se refiere al idioma. Ocurrió una tarde después de la partida de Nancy. Un hombre de unos 35 años abrió la puerta de cristal apurado y me preguntó dónde estaba el «rest room» de ese piso. Como yo traduje literalmente «cuarto de descanso» le dije que ese piso no tenía. «Debe haber uno en cada piso», me pareció entenderle. Con mi mejor intención de ayudarlo, le señalé hacia un jueguito de un sofá y dos butacas sobre una bella y fina alfombra situado a unos cinco metros de donde estaba parado. «Puede usar ese», le dije. El tipo salió disparado en busca del primer piso. En ese momento escucho una risotada. Era de un amigo de Costa Rica que había presenciado todo el incidente. Yo le dije que no entendía su actitud. El tico me contestó: «Oye, lo mandaste a cagar ahí afuera». Mi respuesta: «Si me hubiera preguntado por el 'toilet' o el 'bathroom' yo lo hubiera entendido».

Al lado de mi rinconcito había una sala de cine donde los estudiantes podían ver las películas que exhibían en el pueblo por una cuota de 25 centavos. Ese cine se abría para transmitir el acto donde las autoridades sacaban las fechas de nacimiento de los que iban a ser reclutados al servicio militar cuyo destino, nadie albergaba dudas, eran los campos de Viet Nam. Había que verles las caras a los agraciados que ganaban tiempo y a las de los que tenían que presentarse. Yo tragaba en seco pensando en los llamados del SMO y las UMAP que había dejado atrás.

Al año me había echado en el saco todas las asignaturas necesarias para graduarse en dos cursos del Santa Fe Junior College. Transferí entonces para la Universidad de la Florida. Con el ingreso en UF venía aparejado el derecho a solicitar una vivienda en los tres vecindarios para estudiantes casados que operaba la Universidad. Nosotros llenamos la planilla y no demoraron en concedernos un apartamento en los llamados FLAVET (Florida Veterans). Eran antiguas barracas de soldados durante la segunda Guerra mundial trasladadas desde el estado de Georgia para los estudiantes que habían servido. Ahora eran accesibles a todo el mundo. Cuando nos dieron las llaves corrimos Mercy y yo junto a mis padres a ver nuestra nueva morada. Cuando la puerta se abrió, Mercy se echó hacia atrás y dijo: «Ahí yo no vivo. Tú no estudiarás pero es demasiado…».

Para esta época (en realidad, desde que llegamos al pueblo) nos habíamos hecho muy amigos de Mario y Nini Ariet y sus cinco hijos. Mercy y yo nos quedamos en casa de los Ariet mientras ellos asistían a una conferencia en Europa. Por la mañana, acompañado por Mario Alberto, me encontraba con mis padres en el Flavet, donde nos pasábamos el día limpiando y arreglando aquello que había dejado la inquilina anterior. Después de un mes el lugar estaba desconocido. Y tuvimos tiempo de mudarnos antes de comenzar el nuevo trimestre.

Nini y Mario fueron una ayuda importante en lo que tuvimos que afrontar a causa de Mercita. Una vez «resuelta» la parte del diagnóstico, nos vino otra con la que no contábamos y en la que ellos estuvieron siempre presentes con sus sabios consejos y su ayuda con la niña. A pesar de todo mi esfuerzo, el dinero no alcanzaba. Mercy tendría que trabajar (el estudiar los dos no era económicamente factible), y eso conllevaría tener que dejar a Mercita al cuidado de otra persona. Existía también la opción de internarla en un famoso centro estatal que existía a la salida del pueblo, llamado *Sunland Training Center*, decisión que nosotros rechazamos de plano cada vez (y fueron muchas) que algún médico u otras personas la sacaban a relucir.

El centro opera de una manera peculiar. Los pacientes son clasificados y alojados en cabañas de acuerdo con su discapacidad. Son como un sustituto del hogar que perdieron, aunque nunca llegarán a tomar el lugar de un verdadero hogar. Cada cabaña está administrada a tiempo completo por un matrimonio. Ambos hacen las funciones de padres de acogida de un número de personas que depende de la severidad de su discapacidad.

Días después de nuestra visita al centro hospitalario de la Universidad explicado arriba, le habían conseguido una cita gratis con un famoso pediatra del pueblo. Después de examinarla minuciosamente, el Dr. Geo A. Dell emitió un breve certificado: «Esta paciente tiene Toxo Plasmosis. Tuvo parálisis cerebral al nacer. Esta niña es indefensa y está casi completamente ciega». Entonces nos aconsejó el internarla en uno de esos centros porque «esta niña va a ser siempre un obstáculo en sus vidas y ustedes deben tener más hijos y hacer una vida normal».

Esa disyuntiva la habíamos enfrentado ya en Cuba y la decisión había sido no separarnos de ella. Todavía hoy creemos que el hecho no tuvo nada de heroico, pues era sencillamente una actitud derivada de la cultura, y nosotros no concebíamos separarnos de nuestra hija por el hecho (grave de por sí, y eso lo íbamos a experimentar en incontables ocasiones) de que hubiera nacido diferente a los demás. De todas maneras, en Cuba prácticamente no se nos había presentado una opción de carácter oficial, solo la oferta de su abuelo Ricardo de quedarse con ella para aligerarnos la carga en un país desconocido, donde íbamos a comenzar una nueva vida. La respuesta no podía ser otra que una rotunda negativa. Ahora la situación era algo diferente. Había una posibilidad real, oficial, cercana, y que iba a representar un alivio en nuestras vidas. La decisión la tomamos muy pronto: Mercy, ni estudiaría (al menos, al principio) ni trabajaría «en la calle» (como decimos los cubanos), sino que se dedicaría a cuidar los hijos de otros estudiantes en la casa para así continuar velando por nuestra hija y brindándole los cuidados y el cariño que brotan del corazón inmenso que trajo a este mundo, y luego cuidaría de los hijos propios que llegarían a su debido tiempo. Una vez llegó a ser la niñera de cuatro criaturas a la vez, sin contar a Mercita, que llenaban el pequeño apartamento de llanto y movimiento, pero también de alegría. Respecto a ese punto, Mercy me confesaría años después durante la escritura de *Palabras calladas:*

> *He tenido muchas opiniones de diferentes personas en relación con nuestra decisión de no haberla internado. Familiares y amigos alegaban que tenerla con nosotros representaba una tremenda carga, que repercutía en nuestros futuros hijos. Casi todos reconocían que ellos no hubieran podido soportar algo parecido y por eso nos admiran. Yo creo que nosotros no somos diferentes, ni nos sentimos héroes ni mucho menos. La explicación reside en que nos hemos ido preparando poco a poco para esto. Y lo hemos hecho los dos juntos, con alegría, y nos sentimos humildes llevando la carga que vino aparejada con nuestra decisión.*

Si el Santa Fe lo terminé en la mitad del tiempo, tomando más asignaturas que las permitidas (había un mecanismo legal para burlar esa regulación), me dispuse a hacer algo parecido con los dos años que me faltaban para terminar la licenciatura (bachelor's degree). Salía de Flavet muy temprano en la mañana montando una bicicleta femenina por la que había pagado $5 y pedaleaba por el campus durante casi todo el día. Las mañanas frías me convertían en un hermanito de aquellos muchachitos que llegaban a la casa de la glorieta en busca de agua del aljibe. La diferencia era que mis mocos me colgaban congelados. Me trataba de proteger del frío con un abrigo que me quedaba grande y que me habían regalado en el Refugio cuando llegamos a Miami. Al invierno seguía la primavera y ya el pedalear se hacía más llevadero hasta que entraba el verano, más caluroso que el santiaguero por la cantidad de árboles que impiden ver al pueblo desde un avión.

A pesar de mi alegría por volver a ser libre, me resultó difícil acostumbrarme a mi condición de exiliado. Llegué a asociar casi todo con la lejanía de mi tierra. El comienzo de la canción «Nublos» (*ausencia quiere decir olvido, / decir tinieblas, decir jamás...*) me ponía melancólico, pero el final (*las almas que se han querido/ cuando se alejan, no vuelven más*) me aumentaba la depresión que había comenzado a padecer poco tiempo después de convertirme en desterrado.

Recordaba constantemente porque, cuando se está lejos durante tanto tiempo, la nostalgia lo devora a uno lentamente, la vida se va escapando entre recuerdos, cuyas imágenes se van haciendo más y más borrosas. Y te molestan algunas de las que ves en la nueva sociedad. Nunca comprendí por qué las casas no tenían al frente balcones, ni terrazas ni portales para sentarse a ver pasar la gente, observar a los niños correr y jugar en las aceras y en las calles, como había hecho yo a esa edad en la casa de la colina donde había disfrutado mi niñez.

Entonces me inventé toda un trama para ayudarme en muchos aspectos de mi vida de exiliado. Todo lo relacionada con una casa inexistente y una mata de zarza imaginaria. El día que fui a comprar la zarza, el dependiente que me atendió en el vivero me aclaró que el arbusto o enredadera se llamaba buganvilia y no zarza, y me disparó una filípica que yo pretendí escuchar —aunque solo estaba oyendo, como dice la canción de Simon y Garfunkel— con una sonrisa en los labios que rayaba en cinismo. No tuve que entonar «Los sonidos del silencio».

La zarza me sirvió de punto de referencia para los acontecimientos importantes que ocurrieron en aquella casa, los cuales mezclaba, casi sin darme cuenta, con los recuerdos que había traído conmigo.

A veces cuestionaba si existía alguna semejanza entre los cocoteros que tenía en el patio trasero y los que había dejado atrás. Solía sentarme a fumar antes de dejar el hábito («por motivos políticos», como les decía a mis amigos) en el portal rodeado de tela metálica del fondo de la casa.

Además del aislamiento colectivo, me molestaba la vida agitada. Todo el mundo parecía estar en un constante correr, empeñados en llegar a una meta que parecía inalcanzable. Yo me conformaba con sentarme en mi pequeño portal —que consideraba mi jaula— a mirar mis cocoteros enanos y la mata de zarza que sembré poco tiempo después de haberme mudado allí con mi familia, cargado de ilusiones.

Antes de que pudiera terminar esa fase de mis estudios sucedió algo horrible. La mata había ido creciendo. Antes de terminar de cubrir las paredes de la cerca del patio, se había marchado mi padre. ¡Cómo había sentido el viaje sin retorno de mi viejo! A la zarza le había salido una espina antes de brotar las flores. Pensé en el verso que el joven Martí le envió a su madre, escrito en una foto con cabeza rapada y grillete al tobillo: *Piensa que nacen, entre espinas, flores,* le decía. El dolor que la foto debió haber causado a Doña Leonor podía asociarlo con el que debió haber sentido mi padre en situaciones similares. A pesar de ello, en aquella época consideraba que estaba cumpliendo con un sagrado deber. Ahora me parecía que la zarza se negaba a continuar creciendo, sin querer echar flores, reflejando así la interrupción que se producía en su relación filial que apenas había comenzado y cuya brusca y repentina ruptura rechazaba. «¡Pero si tuviste treinta años y no supiste aprovecharlos!», parecía decirme la zarza. Al rechazo y enfrentamiento de la adolescencia había seguido un remordimiento silencioso, rebelde todavía en la juventud, que me impedía hacer lo que debí haber hecho. Pasaron años y aquel hombre sabio sin instrucción —que nunca se quejó a pesar de tener todas las razones del mundo— decidió que la compañía de los suyos no compensaba la soledad que lo embargaba después de haber tenido que abandonar la tierra, su terruño, que lo había acogido a su llegada de España en los comienzos del siglo veinte. Y un buen día, cuando comprendió que el regreso no estaba tan cercano como él había imaginado, decidió marcharse. No estaba ni preparado ni deseoso de experimentar por más tiempo eso que para muchos es nostalgia y que él en silencio llamaba «morrinha». Si en su vida de continuo trabajo le hubiera alcanzado el tiempo para leer a José Martí, recordaría ahora su carta a Manuel Mercado a raíz de la muerte de su hermana: *Ana tal vez no hubiera muerto. ¡Así mueren las aves, lejos de su árbol!* Y, como el tomeguín cubano (pajarito que ni necesita dejar de alimentarse para expirar, porque no resiste el cautiverio cuando no ha nacido en él), dejó de respirar un día. Los médicos, envueltos en su clínica sabiduría, escribieron elaborados diagnósticos en el certificado de defunción. Pero el hijo pródigo, el mismo que, ya tarde, le rogaba que no se fuera porque lo necesitaba, sabía muy bien que se había muerto de tristeza.

«De amor no se muere nadie», dice el refrán. Sin embargo, el viejo murió cuando le faltó el amor que tenía tan lejos. Yo lo imaginé de tomeguín, volando en medio de la oscura madrugada de aquel invierno de angustia del Norte floridano, con rumbo Sur, hacia el terruño que había compartido su corazón con su nativa Asturias. Desde aquel día lo extrañé más de lo que nunca pude imaginar. Tuve la suerte de haber tenido a mi lado al amor de mi vida. ¡Cuánto le agradecía sus palabras de consuelo!

Yo no soy de los que busca el protagonismo y, cuando terminé la licenciatura, nunca consideré desfilar con toga y birrete. Mercy me pidió que lo hiciera por el viejo. Y allá nos fuimos todos, junto a los Ariet y otros amigos y la familia que quedaba pues los Baloyra ya se habían marchado a la Universidad de Carolina del Norte. Lloré en aquella ceremonia y le hablé a papá. Cuando subí al escenario a recoger mi diploma me pareció que la cara del presidente de la Universidad Stephen O'Connell se transformaba en la de mi viejo cuando me felicitaba por haberme graduado «con honores» en un idioma que él no conocía.

Mercy vivía obsesionada con el deseo de tener varios hijos. Yo también los quería, pero en una cantidad menor. Ya Mercita tenía diez años cuando vino al mundo su primer hermanito. Ricardo José nació en el hospital del condado de Alachua, en Gainesville, Florida, el 2 de abril de 1973. De Miami había llegado la tía Emilita, quien se quedó con Mercita en el apartamento mientras nosotros nos íbamos, junto a los Ariet al hospital.

Regresamos con el primer compañero de cuarto de Mercita. Era obvio que, la llegada de su hermano le había traído una inmensa felicidad. Que la carga emocional que Mercita representaba iba a ser ahora algo más ligera se pudo comprobar a medida que transcurrieron los meses. Recordamos con felicidad aquellos cuatro años que vivimos con esos dos hijos, siempre esforzándonos por educar a Ricardo desde que comenzó a abrir su entendimiento. Uno de ellos fue el del amor. Debía amar a todo el mundo, sin distinción de raza, que a él le explicábamos en términos del color de la piel. Eso vino al caso por un incidente en un programa de televisión. Ricky tendría unos tres años. Al día siguiente todos pensaron que estaba jugando con otros niños frente al apartamento en el complejo de viviendas destinado a estudiantes casados, generalmente con hijos, que tenía una cerca a su alrededor y otras medidas de seguridad. Pero el niño no estaba allí. Cuando Mercy se disponía a salir a buscarlo por el complejo de la villa, se apareció sonriendo y tomando de la mano a un varoncito menor que él, que lo traía para presentárselo a su hermanita y a sus padres. «Esa es mi hermanita», le dijo en castellano y el recién adquirido amiguito lo miraba sin entender porque en su lejana Nigeria, además del inglés, se hablaban otros idiomas, uno de los cuales usaban sus padres. Había ido a buscar al negrito más original de todo el vecindario como para demostrar que había aprendido la lección.

Mi amigo Manolo

Entré en la escuela de graduados a cursar mis estudios de Maestría en el departamento de «economía agrícola», que luego cambiaría el nombre para «economía de alimentos y recursos». Es en esta época que conozco a Manolo Reyes. No me alcanzarían todas las páginas del libro para hablar de mi socio Manolo. Como su padre había sido alcalde de Victoria de las Tunas durante la dictadura de Batista (aunque su actuación no tenía nada de dictatorial) tuvieron que salir muy pronto a los Estados Unidos. Manolo no se escondía para defender a Batista y yo no ocultaba mi pasado fidelista. Pero todas las discusiones terminaban con un trago y un abrazo. Al haberme matriculado a tiempo completo en la Universidad no podía continuar en mi trabajo y ya hacía un tiempo que trabajaba a tiempo parcial. Manolo me llevó a trabajar con un grupo de cubanos al restaurante «Gold Key» y de camareros seguimos hasta que nos fuimos juntos de Gainesville varios años después. El «flaco» se unió al «gordo» Fico y se convirtió en otro miembro de la familia. Los tres conversábamos mucho con los cubanos que trabajaban en el restaurante y que eran más jóvenes que nosotros.

Pudiera relatar decenas de anécdotas pero un par de ellas son suficientes. Una noche, después de cerrado el restaurante y preparando para cenar nosotros, Manolo se puso a cantar una canción que no recuerdo ahora. Los fiñes se echaron a reír. Le preguntaron cómo se sabía la letra (aunque el ritmo era algo distinto) de una pieza que se tocaba en un club miamense que era frecuentado por la gente muy joven. Manolo, Fico y yo hicimos un trío para entonar la melodía que se tocaba desde hacía unas cuatro décadas. Esa noche aprendimos todos. Los jovencitos, que habían nacido aquí o venido muy pequeños, aprendieron que había una Cuba fuera de Miami. Yo me di cuenta de que ellos (el «yo y mi circunstancia» de Ortega y Gasset) no eran cubanos sino miamenses. Y tiene sentido. Desde esa noche comenzaron a preguntarnos cosas de Cuba: las noviecitas, los carnavales, las orquestas, los bailes, las relaciones sociales, y enseguida comparaban con la «Cuba» que les había tocado vivir a ellos. Comprendí que también hay distintos grupos de exiliados y distintos «exilios». Los cubanos de la diáspora no formamos una masa homogénea.

Además de trabajar como maître d'hôtel, Manolo era el presidente de la Federación de Estudiantes Cubanos en UF y coach de un equipo de softball compuesto por cubanos que llegó a ganarle al equipo oficial de baseball de la Universidad en un juego de exhibición que cobró características históricas.

En el plano familiar, el flaco cuidaba de Mercita cuando la ingresábamos en el hospital (un día llegó a ofrecerme dos cheques del pago del restaurante, que no aceptamos, por supuesto) y nuestro Ricky llegó a quererlo como un verdadero tío.

Las protestas estudiantiles

No iba a ser una noche cualquiera. Por eso mi amigo Manolo y yo protestamos cuando nos colocaron en el horario de trabajo del restaurante. Aquel 8 de agosto de 1974 el presidente de los Estados Unidos Richard Nixon iba a renunciar a su cargo adelantándose a una expulsión derivada del escándalo «Watergate».

Parados frente al televisor del bar tratábamos de seguir los acontecimientos. De pronto apareció en la pantalla la figura del presidente saliente. Sosteniendo los papeles de su alocución con ambas manos, Richard Nixon comenzó: «Buenas noches. Esta es la trigésima séptima vez que me he dirigido a ustedes desde esta oficina, donde se han tomado tantas decisiones que han impactado la historia de esta nación...». Continuó leyendo hasta terminar con una frase muy apropiada al tema de esa noche: «Que la gracia de Dios esté con vosotros en todos los días venideros».

En el comedor nos esperaban varios reclamos. Los atendimos antes de regresar al bar. En la esquina de siempre se encontraba un señor que noche tras noche tomaba su aperitivo camino del hogar. En ese momento un reportero de una cadena nacional de televisión trataba de hacer entrevistas en el Parque Central de Nueva York. Un latinoamericano le expresó: «¡Esto es increíble! En mi país ya los estudiantes hubieran salido a la calle protestando o apoyando esta situación». Mi amigo alzó la voz para corroborar lo dicho por el entrevistado, agregando que Estados Unidos en ese sentido estaba bien lejos de Europa y América Latina. Fue en ese momento que nuestro asiduo cliente nos dijo: «Están equivocados y se los voy a explicar: No es que no nos corra sangre por las venas. Probamos lo contrario cuando nos lanzamos a las calles en defensa de los derechos civiles de las personas de la raza negra durante la pasada década de 1960. En esa esquina allá afuera, la intersección de la Calle 13 y la avenida de la Universidad, mi novia de entonces y yo nos fajamos con la policía junto a los negros del pueblo. Supimos acudir al llamado de la justicia».

Y nuestro conocido continuó: «El año pasado terminó la odiada guerra en Vietnam. ¿Por qué? Porque el pueblo, con los estudiantes al frente, se volvieron a lanzar a las calles. Ustedes lo vieron. A mediados de abril de 1971 hubo una gigantesca manifestación donde incluso participaron cubanos, algunos fueron detenidos. Al año siguiente, ahí en la esquina, se repitieron los actos de protesta y violencia».

«Vayamos ahora al presente», continuó. «A nadie parece importarle. Los mismos que recibimos los palazos de la policía ahora parecemos indiferentes. La respuesta la tienen que buscar en la forma en que está organizada esta sociedad. Se va Richard Nixon y queda Gerald Ford para asegurarnos que todo continuará igual. Mañana, cuando yo me levante, el pan, la leche y la mantequilla estarán en los supermercados al mismo precio y en las mismas cantidades que estuvieron esta mañana. El autobús escolar recogerá a nuestra hija en la misma parada a las 7:12 de la mañana. Nosotros nos iremos al trabajo y estacionaremos los coches en nuestros espacios, sin la basura que genera el desorden. Y, eso, amigos, es lo que hace que yo no viva en vuestro país sino ustedes en el mío».

Minutos después Manolo y yo caminábamos a recoger nuestros coches en el estacionamiento. Nos despedimos. Mientras conducía de regreso al apartamento que alquilábamos en una de las villas universitarias, vino a mi mente el recuerdo de una escena. Iba rumbo a la biblioteca principal cuando sentí la bulla procedente de una de las manifestaciones que se repetían noche tras noche después que el gobierno de ese mismo presidente que acababa de renunciar había ordenado el lanzamiento de bombas incendiarias sobre Camboya. Me situé en un espacio a un costado del Rectorado, y me puse a observar el acontecimiento junto a una multitud de curiosos de edad nada juvenil, como la mía, que había salido de Cuba con 28 años decidido a continuar mis estudios. A mi lado se encontraba un profesor de unos 60 años, quien me hizo un comentario: «Esta juventud no la piensa, ¿verdad?». Me había igualado a él y a todas las personas mayores que esperaban el cercano desenlace. El resonar de las consignas gritadas al unísono aumentaba por segundos. Ahora me daba cuenta que el pensamiento de Martí «los estudiantes son el baluarte de la libertad y su ejército más firme» es de carácter universal, como su autor. Sentí cierta vergüenza al reconocer a varios jovencitos que tomaban cerveza en los bares del pueblo, corrían sus motos por esas mismas calles y, por qué no decirlo, se fumaban un porro en la plaza central del campus. Contrario a lo que pensaba hasta esa noche, ellos no eran distintos a nosotros, los estudiantes que habíamos salido a protestar en La Habana de Batista, el Madrid de Franco, la Caracas de Pérez Jiménez o el Santiago de Pinochet.

Del otro lado de la calle medio centenar de policías, con el tipo de gorila universal que los retrata, esperaban la orden de avanzar sobre los indefensos estudiantes. Resultaba curioso que los que protestaban por las acciones de un presidente que acababa de renunciar fueran considerados delincuentes, cuando el verdadero transgresor era el ahora desempleado señor que iba camino de California a enterrarse vivo en el olvido.

Tuve que frenar súbitamente. A unos 50 metros presencié a un grupo de gorilas romper los vidrios de un auto, con una obvia señal que lo identificaba como PRENSA de la cadena NBC, para sacar al periodista y golpearlo en la acera con su propia cámara. «¡Bienvenidos a Europa y América Latina, hijos de puta!», pensé mientras corría junto a otros a tratar de defender al agredido. Estaba reviviendo los tiempos de las manifestaciones estudiantiles contra la dictadura de Fulgencio Batista en Cuba en mis años de adolescente. El incidente terminó antes de mi llegada. Cuando estaba de observador al costado del Rectorado había considerado lanzarme a la calle, pero pensé que «esta no es mi causa». Ahora comprendía que, a pesar del tiempo transcurrido y la frustración que había cargado sobre mis hombros desde que mi avión había despegado en La Habana, esa seguía siendo mi causa. No importaba la edad, porque para los que luchan por un mundo mejor, donde no existan las injusticias y la intolerancia, no existe la jubilación.

Han transcurrido 46 años desde aquella noche de la renuncia del presidente Nixon. Han ocurrido muchos eventos desde entonces. En lo personal, el mayor de los hijos que nacieron en la Universidad murió en un terrible accidente a los 20 años; el siguiente trabaja en el mundo de la cibernética y tiene tres hijos. Yo me jubilé de mi cátedra universitaria, pero no de la lucha por un mundo mejor. Mi hijo y yo estamos convencidos de que todavía hay que tomar las calles para gritarle al mundo que los negros son hijos de Dios como el resto de los seres humanos y que el inquilino de la Casa Blanca no puede transfigurarse en un emperador romano porque el Monte Tabor no está en Washington DC. Ni se pueden levantar muros de intolerancia para demostrar un odio innecesario e injusto a la diversidad.

El viaje a Guatemala

Siempre soñé con regresar a Cuba a trabajar en mi carrera después de graduarme. Cuando resultaba ya obvio que no iba a ser posible, hice un intento por al menos escribir mi disertación en algún tópico que pudiera aplicarse a Cuba en el futuro. En 1975 solicité y obtuve una beca de la Fundación Rockefeller para irme a Guatemala a hacer la investigación y la escritura de dicha tesis. En Guatemala estaba el Dr. Peter Hildebrand a cargo del Instituto de Ciencias y Tecnologías Agropecuarias (ICTA), que era un organismo autónomo financiado y dirigido por dicha Fundación. Mercy no estaba de acuerdo con la idea por miedo a quebrantar la salud de nuestra hija Mercita y porque la mudada y la estadía iban a retrasar el tener más hijos. Lo principal, sin embargo, era que las comunicaciones con Cuba eran nulas y ella todavía tenía a toda su familia viviendo en la isla. Al fin decidimos que yo diera el viaje inicial para explorar el terreno mientras cumplía el compromiso de escribir una propuesta para el trabajo que pensaba realizar y dar un seminario a los burócratas y técnicos del instituto y el ministerio.

Era mi primera salida desde mi llegada de Cuba en 1969. Yo no tenía estatus legal alguno. No me había preocupado ni de obtener la residencia de Estados Unidos. La palabra técnica es «apátrida». ¡Quién me iba a decir que iba a adoptar legalmente el epíteto insultante de los guardianes en los campos de Camagüey! El «apatría» lo recordaba con una triste nostalgia. Uno de los abogados de la Universidad de la Florida obtuvo un documento de viaje para refugiados, de Guatemala llegó la visa y días después estaba tomando un avión en Miami rumbo a la tierra del Quetzal. Me senté en la parte izquierda del avión, la misma del piloto, porque sabía que no iban a utilizar el corredor aéreo sobre Cuba sino que iban a doblar hacia el sur algo alejados de la costa occidental de Pinar del Río. Estaba tenso. Casi de repente apareció la costa cubana a mi izquierda y las velas de unas naves. No se podía distinguir muy claramente pero fue lo suficiente para sacarme las lágrimas. La señora norteamericana sentada a mi derecha me preguntó si me sentía bien. «Sí, gracias, es que yo soy cubano», le dije. Me respondió con un «Oh!» indiferente y ya no me molestó más durante el resto del viaje.

En el Aeropuerto Internacional La Aurora de la capital guatemalteca me esperaba una bienvenida especial. Al entrar en el edificio de la terminal estaban vacunando a quienes no podían mostrar prueba de haberlo hecho. Una americana se negaba a que le pusieran la vacuna con la misma aguja que a otras tres personas. Se prendió de mí porque me había escuchado hablar en español. Al fin conseguí que utilizaran una aguja nueva y continué hasta donde estaban los oficiales de Inmigración y Aduanas. Busqué a Pete Hildebrand con la vista y lo encontré en el piso superior mirando lo que estaba sucediendo. El oficial de Inmigración me indicó que fuera a una oficina cercana a esperar por otro trámite. «¿Por qué?», le pregunté. La respuesta me dejó paralizado: «Porque usted es cubano». Obedecí, no sin antes hacerle una señal a Hildebrand. A la hora de estar sentado en la oficina le pregunté a un señor que pasaba frente a la puerta y me dijo que yo era cubano. Empecé a sospechar que ser cubano en Guatemala era un pecado de mayor cuantía. Ya estaba oscureciendo y comencé a preocuparme. En ese momento noté un revuelo entre los agentes del orden. Estaban alegres y se comunicaban una noticia unos a otros. Puse atención y logré escuchar cuando le informaban a uno que llegaba al lugar: «Los agarramos, pues. Los dos joeputas se montaron en el vuelo de Caracas y los vamos a esperar para cogerlos mansitos cuando se bajen aquí». Era obvio que se referían a dos líderes de la guerrilla guatemalteca a quienes no les auguraba un futuro seguro. Salí de mi escondite y resolví con el segundo jefe de Inmigración. Como era viernes debía presentarme el lunes en las oficinas centrales de Migración para justificar lo que venía a hacer. Eso era a pesar de las dos visas que me habían concedido después de contar todo lo concerniente a mi viaje. Me sentí feliz cuando Pete me llevaba a la pensión donde iba a vivir durante mi estadía en la ciudad.

El sábado me levanté y fui al comedor para llevarme dos sorpresas. La primera fue escuchar que en el radio estaban retransmitiendo un programa de «La tremenda corte» con Pototo y Filomeno. No podía creerlo. No había salido de la sorpresa cuando se me acercó una de las empleadas para preguntarme lo que deseaba desayunar. No sabía; ni siquiera había pensado en ello. La indita me miraba hasta que se decidió a preguntarme: «¿Le hago la maleta, pues?». Eso me asustó porque yo no había pagado todavía porque la dueña de la casa, que era alemana, y Pete estaban fuera de la ciudad y habían decidido resolver ese problema la siguiente semana. Como pensé que la muchacha no lo sabía, traté de explicarle porque obviamente estaba tratando de botarme por no haber pagado. «¿Le hago la maleta, pues?», volvió con la oferta. Al fin, un gringo que desayunaba en la mesa contigua vino a rescatarme: «Cubano, no te está botando; te está ofreciendo cocinarte frijoles volteados, que aquí le llaman maleta».

Hubo otro incidente simpático relacionado con mi lugar de nacimiento. Ese primer fin de semana lo aproveché para adelantar la propuesta y el seminario. En un momento se me terminaron los cigarrillos. Me indicaron el lugar que pudiera estar abierto pues era domingo. No lo encontré. Tampoco había alguien a quién preguntarle. Me asomé al jardín de una inmensa casona donde, dentro del mismo, había un guardia custodiando. Le hice la pregunta. Se me acercó después de esconder un viejo fusil Cracker (que me hizo recordar el que yo cargaba en nuestro viaje de La Habana a Antilla a mediados de enero de 1959) debajo de un arbusto. Cuando notó mi acento me preguntó mi procedencia. Al escuchar «cubano» se lanzó en busca del fusil. Yo, aterrado, solo atiné a completar la frase: «... de Miami» que hizo que el celoso defensor de la soberanía guatemalteca se detuviera y me pidiera disculpas. Minutos después me calmaba los nervios con mi primera bocanada de humo de la tarde.

El lunes caminé hasta la oficina. La temperatura era agradable. Cuando llegué encontré solo a Hildebrand sentado en su escritorio en una esquina de la oficina donde íbamos a trabajar cuatro personas. Me explicó sonriente: «La hora de entrada es a las 8:00 pero yo llego a las 7:00 para que ellos no se aparezcan después de las 9:00». En efecto, fueron llegando poco a poco. Después pasó Adelaidita empujando su carro con todos los tipos de café a los que unía unas ansias de conversar tremendas. Uno de los empleados era un señor mayor, geógrafo, que se apareció a mediados de semana regresando de un viaje del interior del país. Cuando se presentó y le dije que yo era cubano (casi levanto los brazos para eludir un ataque) adopta una postura artística y comienza a declamar los versos que Martí había compuesto para «la niña de Guatemala»: «Quiero a la sombra de un ala/ contar este verso en flor...». Y, en ese momento, me dio un abrazo. Me dijo que, cuando viniera a establecerme en mi segundo viaje, me iba a llevar a conocer a la familia Granados porque eran muy amigos. Visitar la casa donde vivió esa extraña inspiración de Martí, donde residían sus familiares, era algo increíble. Siempre me lamenté de la imposibilidad de realizar mi sueño porque hubo visitas posteriores pero nunca lo encontré.

Mercy llegó la semana siguiente. Los Hildebrand la ayudaron a buscar una casa para alquilar y le brindaron todo el apoyo del mundo. Después de terminar con todo lo que debíamos hacer, partimos de regreso a Miami y de ahí a Gainesville. Ella no estaba conforme.

En la madrugada del 4 de febrero de 1976 todavía estábamos empacando los pocos matules del apartamento cuando, ya casi amaneciendo, nos llamó Ana, la esposa de Fico, para anunciarnos que estaban dando la noticia de un espantoso terremoto en Guatemala. En efecto, un potente sismo de 7.5 grados en la escala de

Richter había azotado a casi todo el país, principalmente el área del altiplano central, donde yo había hecho varios recorridos en mi trabajo de campo. El resultado fue devastador: murieron no menos de 23 mil personas y 77 mil sufrieron heridas graves. Alrededor de 258 mil casas quedaron destruidas, cerca de 1.2 millones de personas quedaron sin hogar. Nos embargó la tristeza. Ante esa situación todos los planes se vinieron abajo. Yo pude conseguirme una base de datos de un reciente censo sobre los agricultores de Guatemala, con los cuales escribí mi disertación en cuya dedicatoria se puede leer mi decepción por no poder haber escrito el trabajo sobre los guajiros de mi tierra pero compensado por haberlo hecho por los de ese pedazo de nuestra América por la que Martí sintió especial devoción.

Terminada la disertación, y como yo había pasado ya los exámenes llamados «preliminares», aunque son los últimos, solo me quedaba la defensa del producto de mi investigación. Recuerdo que, justo al terminar, el jefe del departamento volvió a hacerme dos de las tres ofertas que había hecho antes, ambas en el campus principal. Pero ya yo había aceptado la tercera: una posición de profesor en la estación experimental de UF en Belle Glade, situada en el sur de la Florida. La decisión no resultó nada fácil. Recordaba las vicisitudes que pasé durante mi estadía en las sabanas de Camagüey. Del otro lado de la balanza estaba el frio de Gainesville. Ya no lo soportaba. Finalmente, nuestra casa estaba cerca de Miami y podíamos ir a visitar y regresar cuando lo consideráramos oportuno.

Alejandro Javier nació el 19 de junio de 1977, en un día de los padres. Los esposos Ariet fueron sus padrinos. La ceremonia tuvo un sabor muy moderno. Como la pila bautismal estaba ocupada, el agua bendita se colocó en una cazuela traída de la cocina. Parece que fue ahí donde adquirió las dotes culinarias que posee y demuestra con bastante frecuencia.

Había llegado la hora de la despedida. Nos marchábamos de Gainesville. Recuerdo que Nini le dijo a Mercy varias veces: «Cedilla, ahora se van a enfrentar con el mundo real». Gainesville no formaba parte de él.

Hacia el soleado Sur

El viaje era al Condado de Palm Beach, a la ciudad de West Palm Beach, situada a unos 400 kilómetros de Gainesville. Yo me iba con un flamante diploma de Ph.D. y un nombramiento de Profesor Asistente del Departamento de Economía de Alimentos y Recursos de la Universidad de la Florida, para desempeñar sus funciones académicas en la Estación Experimental de Belle Glade. Mi buena esposa iba cargada de ilusiones, triste por abandonar a Gainesville, pero orgullosa con sus tres hijos. Ya la familia estaba compuesta por cinco miembros. Yo decía que, además de todo lo anterior, salía cargado de deudas. Según mis cálculos, necesitaría tres vidas para poder pagar todo aquello que había tomado a crédito, cuya lista incluía dos préstamos bancarios de varios miles de dólares que habían facilitado mis estudios, las intervenciones quirúrgicas a Mercy, (dos operaciones del oído, una del interior, y dos partos, para ninguna de las cuales poseíamos seguro médico ni hospitalario, amén de lo que sumaban mis visitas al salón de emergencias), y las consultas médicas. Esos pagos comenzarían pronto. Mucho tiempo después terminamos de pagar todo lo que nos habían prestado para los estudios y las otras deudas.

Alquilamos un camión, con un dinero facilitado por mi madre, y Mercy lo seguía en un auto acompañada por Emilita, su tía de Miami que nos visitaba a menudo y había venido para ayudarnos y, por supuesto, los tres hijos. Después de una parada en la ciudad de Orlando, se unieron a la caravana Eduardo y Ofelia, designados padrinos de Alejandro, para echar una mano en el proceso de instalarnos en una casa que yo había alquilado semanas atrás. En esta área íbamos a permanecer hasta el día de hoy. En este lugar íbamos a encontrar, como en Gainesville habían sido los Ariet, un par de samaritanos en las personas de Pedro y Blanquita Bec.

Alquilamos una casa lejos de mi oficina pero muy cerca del mar. Cuando regresaba por las tardes nos íbamos todos a darnos un chapuzón. Cuando se venció el contrato anual, pusimos un dinero de entrada y compramos nuestra primera casa en un nuevo reparto más cercano a mi centro de trabajo. Allí vivimos diez años.

¿De nuevo a la agricultura?

En medio de las sabanas de Camagüey, años atrás, había jurado no regresar nunca al campo. Ni de paseo. Tal era mi frustración. Y ahora me encontraba conduciendo uno de mis dos autos rumbo a mi centro de trabajo para comenzar mi carrera académica en una estación experimental de la Universidad de la Florida que no tenía nada de urbana.

Había, sin embargo, una gran diferencia entre mi anterior asignación agrícola y esta que iba en camino de comenzar. Lo había notado cuando, semanas atrás, había visitado el Centro para familiarizarme y dar una plática sobre mi disertación a los miembros de la facultad y algunos productores de la zona. Tengo que aclarar que mi nombramiento no tenía un componente docente, sino que era una combinación de investigación y extensión. Y los productores eran propietarios de grandes extensiones de terrenos dedicados principalmente a la caña de azúcar y los vegetales de invierno. En el Centro y varias de las empresas trabajaban cubanas en los laboratorios y oficinas, pero en la Estación Experimental no había ningún profesor cubano.

El trabajar para una universidad tiene dos incentivos: cierta libertad para elegir los tópicos en los que deseas trabajar y, después de un periodo que puede variar entre 5 y 7 años, obtener la inamovilidad (*tenure*) que te garantiza la estabilidad que no te ofrece el sector privado aunque, hay que reconocerlo, pagan más que en el público.

No hay dudas de que mi primer logro de importancia fue mi contribución al establecimiento de una industria arrocera en la zona conocida como Área Agrícola de los Everglades, que fue drenada a partir de 1906 con un sistema de canales que convirtieron alrededor de medio millón de acres (202,000 hectáreas) en productivas para dedicarla a labores agropecuarias.

El razonamiento de mi primer compañero de investigación, el Dr. George Snyder, especialista en suelos, tenía toda la lógica del mundo: existían las condiciones climáticas, de terreno, del suelo y otras para intentar el sembrar arroz en tierras de caña en rotación. Pero ¿qué decían los números? Un estudio preliminar de factibilidad económica arrojó resultados positivos. Una compañía ensayó con unos terrenos, la estación experimental realizó dos años de ensayo y se fueron aumentando los números de productores, se construyeron un molino y varios secadores y así nació una nueva industria en el sur de la Florida. No solo resultó económicamente factible sino que se comprobó que, después de la cosecha del arroz, aumentaban los rendimientos en el siguiente ciclo de caña de azúcar. Pronto se recibieron noticias de un par de regiones del mundo donde habían replicado nuestro modelo de producción con similares resultados. La India fue la mayor beneficiaria.

Es difícil elegir las tareas a resaltar. Otro proyecto, que realicé junto a Barry Glaz, de la estación de variedades en Canal Point, Florida, bajo la dirección del gobierno federal, fue elaborar una ecuación que produjera un índice económico para distribuir las nuevas variedades. Se ha utilizado todos los años desde su introducción en 1991.

Tal vez la parte más interesante de mi trabajo fue la incorporación de la agricultura de Cuba en relación con la Florida. Con fondos de fundaciones privadas se pudo establecer una relación con la Universidad de La Habana y realizar trabajos en conjunto que sirvieron de beneficio mutuo. Ambos equipos viajaron al otro país y se celebraron seminarios y exposiciones, además de las respectivas publicaciones.

Confieso que no experimenté ninguna sensación surrealista. Me sentía en casa. Aparte de la cuestión política, era como si nunca me hubiera marchado. En total fueron 10 visitas relacionadas con el trabajo con el Centro de Investigación de Economía Internacional (CIEI) y el Centro de Estudios de la Economía Cubana (CEEC). Los miembros de estos dos centros son personas preparadas, que trabajaban mucho más que los del equipo de la Florida, a pesar de las dificultades con las que tropezaban a diario, y se sentían contentos del trabajo en equipo. Puedo decir que todos los profesores y profesoras con los que trabajé en el área de la economía han luchado mucho para que se implementen reformas que saquen al país del estado en que se encuentra. Aunque la política estaba fuera de las discusiones, siempre había alguna oportunidad para mencionar alguna cosa, insinuar otra cosa y todo dentro del mayor respeto posible. Los que conocen mi lado jodedor se deben imaginar que no podían faltar mis chistes.

Lo anterior era en sí un complemento de mis trabajos para la Asociación para el Estudio de la Economía Cubana (ASCE), fundada en 1991, donde han sido invitados muchas veces académicos de Cuba a presentar sus trabajos. Ambas vías no han derrumbado nuestro muro de Berlín (alguien la llamó hace tiempo «la cortina de bagazo»), pero ha resquebrajado, de este lado y del otro, el muro de la intolerancia.

Desde que publiqué mi primer libro sobre el proceso de la rebelión, se me han cerrado las puertas de mi patria. No gasto tinta en evaluar ese gesto. Solo espero.

El Comité de los 75

De nuevo, Fidel Castro, usando el argot beisbolero, «tocaba por tercera». Después de un breve llamado hecho semanas antes, tenía lugar una peculiar reunión en la capital habanera. De un lado, Fidel Castro junto a ocho de sus más íntimos colaboradores; del lado opuesto, un grupo de cubanos exiliados a quienes el reporte del Consejo de Estado de Cuba llamaba «la comunidad cubana en el exterior». Habían dejado de ser opositores. Por su número, el grupo se conoce como el «Comité de los 75».

La agenda contenía tres puntos: 1. Los presos por «delitos contrarrevolucionarios»; 2. La reunificación familiar; y 3. Las posibilidades de que puedan visitar Cuba los cubanos que residen en el exterior. Los «acuerdos» incluyeron: 1. La excarcelación de 3,000 prisiones y su permiso para abandonar el país; 2. Se permitirá la salida de personas retenidas por disposiciones legales para que se reúnan con sus familiares en los países donde residen; y 3. A partir de enero de 1979 el gobierno cubano permitirá las visitas a Cuba de grupos de cubanos residentes en el extranjero.

No tengo dudas de que muchos acudieron a la cita de buena fe. Otros, sin embargo, dejaron ver sus verdaderas intenciones cuando hicieron las siguientes propuestas en público: la creación de un Instituto del Estado Cubano para atender las cuestiones de la comunidad en el exterior; el derecho a la repatriación; la posibilidad de vincular a personas residentes en el exterior con las organizaciones sociales y de masas nacionales; la posibilidad de conceder becas de estudios a jóvenes cubanos y la participación de niños residentes en el exterior en campamentos de pioneros. A las anteriores propuestas irracionales se unieron algunas con algo más de sentido común, como los intercambios entre artistas, intelectuales y profesionales cubanos.

Hacía algo más de diez años que Mercy no veía a ninguno de sus familiares y allá se fue. Los preparativos fueron traumáticos: el papeleo, el exorbitante costo de las gestiones y el pasaje; qué llevo y qué tengo que dejar y tener que decir «no» a algunas de las peticiones de llevar algo porque ya tenía el peso permitido. La noche anterior al viaje, ya de madrugada, supuestamente dormidos, Mercy exclama: «¡Es como si llegaran los Reyes Magos!». Yo no estaba dormido y le contesté: «¡Está bien, pero deja dormir al camello!». Las gestiones en el aeropuerto de Miami no tenían nada que ver con el turismo. Yo regresé a la casa para cuidar a nuestros hijos Mercita (16), Ricardo José (6) y Alejandro (2), quien todavía usaba pañales, durante la semana de ausencia maternal. Fue una experiencia bella y agotadora. La de Mercy fue como un sueño surrealista. En el campo político, Fidel Castro, a pesar de haber abierto una nueva fuente de entrada de divisas, les había abierto los ojos a los cubanos que vivían en la ignorancia respecto a sus familiares «residentes en el extranjero». Se le alborotó el panal. Muchos que ya estaban tranquilos comenzaron a tener sueños de Miami y, sobre todo, los chistes corrían a extraordinaria velocidad.

Decían que Pepito, quien no tenía a ningún familiar en el extranjero, entró un día a la escuela dando gritos de «¡Cambio! ¡Cambio!». Cuando la directora le preguntó lo que cambiaba, le contestó: «¡Cambio dos tíos del Partido por uno de la Comunidad!».

La llegada de Gina

Por esa época hubo otra sorpresa agradable. Un amigo de Alejandro le pidió a Mercy que cuidara de su hermanita que iba a nacer pronto. Ella aceptó y la relación ha durado hasta nuestros días. Gina Raniere ha sido una de las mejores cosas que nos han pasado en nuestras vidas. Desde que tuvo uso de razón, forjó una relación con Mercita muy especial. La trataba como si Mercita entendiera lo que ella le confiaba. Y Mumita se reía como si entendiera. A veces se quedaba con nosotros los fines de semana. Ya está casada y tiene un varoncito de varios meses y un esposo como ella se merece. Ya ves, lo que el Destino te quita por un lado te lo regresa por el otro. Aunque ellos viven en Orlando, sabemos que siempre estarán ahí para nosotros y lo mismo de este lado.

El éxodo del Mariel

Aunque yo estaba dedicado a mi carrera académica, no solo hacia trabajos sobre Cuba sino que trataba de mantenerme al tanto de los acontecimientos en la isla. Uno de los más impactantes ocurrió durante el verano de 1980 y se conoce como «el éxodo del Mariel».

Aceptando un reto de Fidel Castro, que había retirado los custodios de la Embajada de Perú, miles de cubanos penetraron en la residencia y los terrenos de dicha sede diplomática. El gobierno estaba sorprendido del gran número de cubanos que aceptaron el reto. En unas horas del día 4 de abril de 1980, exactamente 10,865 hombres, mujeres, niños y ancianos votaron con sus pies. A pesar de la derrota inicial, Fidel Castro utilizó a sus emigrantes potenciales como elemento de negociación, igual que había hecho con el puerto de Camarioca en 1965. Mientras esperaban su turno para trasladarse al puerto del Mariel, los asilados fueron enviados a sus hogares con un salvoconducto. Las turbas, dirigidas por el gobierno, organizaron lo que llamaron «actos de repudio» a quienes deseaban marcharse del país. Les cortaban la electricidad y los tenían encerrados pues, si se atrevían a salir, los podían agredir físicamente. Mientras tanto, se turnaban fuera de esas casas para gritarles consignas y ofensas. Lo más irónico de la situación radicaba en el hecho de que a la inmensa mayoría de los que deseaban largarse, y los que lo habían hecho ya, los impulsaba más que el deseo de irse, el no querer o no poder quedarse. El país nunca había contado con una gran cantidad de emigrados. A los cubanos no los impulsaba el deseo (¿ni la necesidad imperiosa?) de marchar a otras tierras en busca de una vida mejor antes de 1959 aunque, en honor a la verdad, eran muy pocos los que vivían en el paraíso que describían los desafectos al régimen presente.

Mientras tanto, la zarza continuó creciendo, le salieron primero las flores y luego los frutos, cuando al hogar llegaron dos nuevos seres a ocupar los puestos que esperaban por ellos hacía años y a llenar de felicidad a los dueños de la mata de zarza, que amenazaba ya con invadir nuestra casa y las de los vecinos. Pero yo me encargaba de cortarla, podarla, curarle las enfermedades y dejar que siguiera floreciendo con la esperanza de que, tal vez un día, pudiera cargar con ella en el añorado viaje de regreso que mi viejo ya había emprendido sin mi compañía.

Una tragedia inesperada

Un día ocurrió algo que estremeció a todos. El ser que había llegado dos años después de la partida del viejo se marchó también con solo 20 años. No importa que fuera de manera involuntaria, se marchó para siempre sin que pudiera siquiera despedirse. Entonces comprendí el significado de unirse el cielo con la tierra.

La noche del 18 de diciembre de 1993 estaban de visita los padres de nuestra hija postiza Gina y un par de sus familiares. Estábamos arreglando el arbolito de Navidad y la escena del nacimiento. Luego fuimos un rato a casa de los Ranieri, a pocas cuadras de la nuestra. Alejandro y Ricardo José salieron después. Pasaron por la habitación de Mercita a despedirse. Ambos le dieron un beso y Ricky le dijo: «Mumi, voy a salir; regreso pronto». La niña se reía feliz, sin saber que esa sería la última vez que estarían juntos los tres hermanos.

Mercy y yo regresamos después de la media noche. Minutos más tarde, yo contesté el teléfono. Era uno de los amigos de Ricardo José, avisando que este había sufrido un accidente y que estaba en el Hospital St. Mary. Antes de que yo diera por terminada la corta conversación, Scott me dijo: «Escucha, él no está bien,» como para que me fuera preparando a lo que iban a tener que enfrentar: la horrible pérdida que ya había ocurrido pero que el amigo solo me estaba insinuando.

Cuando llegamos al hospital, ya Ricardo José había fallecido. No se nos borra de la memoria verlo en una camilla, sin vida, con un grueso vendaje en la cabeza... Recuerdo aquellos días como la pesadilla más horrible de nuestras vidas. Luego vinieron los pormenores del velorio, la misa, el entierro. Como no cabía más gente en la funeraria, los que llegaban iban ocupando el estacionamiento, que estaba repleto de personas, cuya composición reflejaba la vida que había llevado el jovencito a quien todos querían despedir. Estaban sus antiguos condiscípulos desde el comienzo de la escuela primaria hasta el final del bachillerato, aunque hubiera dejado de tener contacto con muchos de ellos. Pero parece que, de una manera u otra, los había tocado. En el grupo se distinguían varios de los llamados «desamparados» a quienes nuestro hijo había conocido en el área del centro de la ciudad donde iba a patinar porque, el monopatín era su deporte favorito, y Ricky les llevaba comida a todos ellos. También estaban, por supuesto, unos cuantos compañeros de aventuras porque, en honor a la verdad, nuestro hijo era lo que los cubanos llaman un perfecto jodedor y le encantaba hacer maldades de todos los tipos. Pero, aquella tarde y noche de velorio, se demostró que tenía un gran corazón y, escuchando las historias de todos, un sentido del humor difícil de encontrar.

Si nosotros quedamos apabullados, la desolación de su hermanito Alejandro llegó a asustarnos. Se portó estoico, sin llorar, con un rictus de dolor y amargura perenne en su rostro, que llegó a preocupar a muchos de la familia. Se encargó de elegir, entre todos los que rogaban hacerlo, a los seis que iban a cargar el féretro a la salida de la funeraria, a la entrada y salida de la iglesia y en la bajada en el cementerio.

No es justo lo que sucedió. Alejandro y Ricardo José eran muy unidos. Nunca se pelearon, cosa que no es muy frecuente entre hermanos varones. Él protegía a Alejandro porque era el mayor. Y también lo malcriaba. Por eso la ruptura fue mayor. Alejandro había perdido una parte de su ser. Y lo ha seguido extrañando hasta hoy.

Sentimos el dolor más terrible que puede experimentar un ser humano, un desgarramiento para el cual ni los más eruditos filólogos han podido encontrar una palabra. Y me apegué más a mi mata porque me volví como la zarzamora del pasodoble, llorando a todas horas por los rincones.

Al poco tiempo, como para ensanchar y profundizar el desgarre, el otro se marchó también, aunque no para siempre como el hermano y el abuelo. Y nosotros dos nos quedamos solos, nominalmente acompañados del angelito fiel, la hija que habíamos traído del terruño y cuya existencia era de una inmovilidad casi total. Y la zarza, que había dado señales de senilidad precoz, parecía que moría lentamente. Ya se había unido a nuestro equipo un ángel enviado del cielo. Luron se convirtió en algo muy especial para Mercita, quien no permitía ni que se parara a conversar con nosotros y la llamaba desde su cama con un sonido peculiar. Nos acompañó hasta el cementerio y hemos permanecido en contacto desde entonces.

La alegría que produjo luego el regreso de nuestro hijo menor no se puede expresar con palabras. Conoció a una joven cuyos padres habían escapado del comunismo de Europa oriental. Y llegó un día la boda del segundo y último varón. Y se repitió la escena de la confirmación: el padre tomó el puesto del hijo que ya no estaba. Ser el padrino de la boda del único hijo que se nos casa fue mucho más impactante que el padrinaje de la confirmación. Ya estaba consciente de que no iba a entregar a ninguna hija al novio que espera ansioso en el altar. Tampoco habría otra boda de varón.

No hubo ceremonia religiosa. Solo civil, celebrada en un Country Club del que eran socios los padres de la novia. Hubo que decirle adiós al sueño de reunir a decenas y decenas de familiares y amigos; al reencuentro con un pasado feliz en las caras de gentes que no veíamos desde hacía años; a la orquesta de música cubana; al relajo criollo; a los chistes que sólo nos hacen reír en la rica lengua de Cervantes; al recuerdo de la patria lejana; a la conga final…

Cuando llegó el momento del brindis, Alejandro me hizo una señal para que desempeñara el papel del ausente. No me podía negar. Tomé una copa de champagne en la mano derecha y me puse de pie. Todas las miradas se posaron en mí. El esfuerzo por no llorar era grande. Mercy me sonreía con ternura y mi hijo lo hacía con maldad, esperando uno de mis simpáticos exabruptos. Esta vez hice todo lo contrario. Torcí la lengua para que fluyera el idioma de Shakespeare pero no valió el esfuerzo porque las palabras comenzaron a brotar con un acento cubano del que no he podido, ni querido, desprenderme en todos estos años.

Si estuviera dictando una clase les diría que el tema de hoy es una mezcla extraña de amor y política. En el año 1968 mi esposa y yo estábamos haciendo gestiones en Cuba para salir del país. En la noche del 20 de agosto, soldados del Pacto de Varsovia, dirigidos por la Unión Soviética, violaron la soberanía de Checoeslovaquia en un intento por acabar con lo que se llamó «revolución de terciopelo» y «primavera de Praga», que intentaban generar un «socialismo con rostro humano».

Aprovechando una de las aperturas, la familia Kozak se encontraba de vacaciones en Europa occidental. Los padres con sus dos hijas pequeñas, una de las cuales sería la madre de Monika, la novia de hoy. Decidieron no regresar y marcharon a Canadá, donde recibieron asilo político. Con el tiempo, Zdena contrajo matrimonio y Monika vino al mundo. Su madre decidió continuar sus estudios universitarios y el abuelo, que había conseguido un contrato para trabajar en la India como ingeniero, ofreció llevarla con su esposa para que pudiera acortarse el tiempo de los estudios. Así es como la niña vive en ese país en el tiempo en que Alejandro, el novio de hoy, nacía en Gainesville, Florida, y luego se mudaba con su familia al Condado de Palm Beach, a unos 15,000 kilómetros de distancia de su futura esposa. La familia Álvarez había logrado escapar del comunismo seis meses después de haberlo hecho la familia Kozak.

Monika y Zdena, que ha terminado sus estudios, se trasladan de Montreal a California a trabajar en el área de la computación. Ahí conoce a su nuevo esposo y, al cabo de unos años, se mudan para esta área, donde Monika y Alejandro se encuentran de manera fortuita. Se enamoran y han contraído matrimonio en la tarde de hoy.

Han pasado varios años desde el comienzo de esta historia. La República Checa ya es libre. Cuba no lo es. Ahora les pido que levanten sus copas para brindar por esta historia de amor hecha realidad por una ideología política basada en el odio:
¡Por Monika y Alejandro!
¡Por el amor!
¡Por el progreso de la República Checa!
¡Por la libertad de Cuba!
¡Nostrovia! ¡Salud! ¡Cheers!

Alejandro y la nueva hija que trajo a la familia para aumentarla poco tiempo después con un precioso regalo de muñeca llamada Alexis Monique y, varios años después, unos pícaros mellizos de nombres Niko Enrique y Ricardo Julián.

Ni su llegada ha logrado impedir que la intrusa zarza trepadora se colara, enferma como estaba, en el portal que yo había abandonado al dejar el vicio de la nicotina. Aquel lugar, donde tantas veces se escucharon risas, lamentos, chistes y memorias, desde donde se admiraban las flores, las hojas y los frutos de la enredadera que se había convertido en un miembro más de la diezmada familia, se volvió un paraje triste y solitario. De tan solo entrar en él, los recuerdos acudían a mi mente, cansada ya de sufrir. La gran culpable era mi memoria a prueba del tiempo que me impedía olvidar. Muchos me decían que vivía demasiado en el pasado, que no se podía gastar la vida en medio de una constante añoranza o en espera de algo que no se sabe con certeza si puede llegar. Alguien, haciendo gala de experto, me había mencionado con mucha solemnidad la palabra «homeopatía» que el diccionario define como un «sistema terapéutico que consiste en tratar a los enfermos con la ayuda de dosis infinitesimales de agentes que determinan una afección análoga a la que se quiere combatir». Pensé que el tipo estaba loco, pero tratando de evadir la ayuda profesional que me sugería mi esposa, me hice el propósito de no ir más al portal en busca de recuerdos.

Al portal solo se va ahora a echarle agua. Como si fuera un rito inexistente en honor a Ochún, la deidad dueña del agua dulce en la Regla Ocha o santería cubana. Sin necesidad de esperar la llegada del año nuevo, cuando los supersticiosos arrojan un balde de agua de hacia afuera de la casa para «limpiarla» de las cosas malas que pudieran quedar del año que se va. El agua que ahora se echa en el portal es para expulsar la suciedad del presente con los tristes recuerdos que aún permanecen incrustados en sus paredes.

La zarza se quedó también sola, sin compañía que la aliente a esperar con fe el regreso al lugar de donde nunca partió pero que anhela igual que el ser que la compró un día en aquel vivero y que, ya viejo como el padre, a veces siente el impulso de ir a reunirse con él y con el hijo, cansado de esperar tal vez lo inalcanzable, seco ya de lágrimas nostálgicas. Había tenido fe en un milagro similar al de la zarza ardiente descrita en el Éxodo. Moisés, atraído por una zarza que ardía sin consumirse, escuchó la promesa de Jehová de sacarlos de Egipto y conducirlos a una tierra donde abundaban la leche y la miel. El milagro, sin embargo, no se había producido en mi caso y no era por no haberse anunciado. Si algo sobraba en el exilio eran las que yo llamaba Casandras, como la hija de los reyes de Troya de la mitología griega. Siendo sacerdotisa de Apolo, éste le concedió el don de la profecía a cambio de sus favores sexuales. Cuando Casandra rechazó luego sus propuestas amorosas, Apolo, imposibilitado de arrebatarle el don concedido, hizo que cayera sobre ella la maldición de la incredulidad de sus pronósticos. Los personajes de la actualidad eran muy similares en cuanto a predecir siempre lo mismo, siempre en la misma época y tantas veces que ya nadie les hacía caso.

El cuidado de Mercita, sin embargo, era el foco principal de nuestra atención. Un día fuimos a hacer una diligencia a Miami. Una señora de la agencia se quedó con Mercita desde por la mañana. Cuando terminamos la gestión, quisimos ir a visitar a unos primos, aunque fuera unos minutos. Entonces pensamos que no era justo que la enfermera de la agencia se quedara tantas horas y llamamos a su hermano Alejandro para que fuera a sustituirla. Así lo hizo, pero pasaron las horas sin que nos diéramos cuenta de que Alejandro tenía que irse a su casa pues su esposa y él trabajaban al día siguiente. Nos montamos en la carretera alrededor de las nueve de la noche. Llamamos y dijimos que estábamos llegando y que Alejandro se fuera ya para su casa. Pero el viaje demora más de una hora. Nunca pensamos que hubiera problemas, aunque hemos vivido una vida entera con ese diablillo en el cuerpo. Aunque nada sucedió, nos llevamos el susto de nuestras vidas. Al doblar en la curvita de la calle en la esquina de la cuadra donde está situada nuestra casa, debido a la negrura de la noche, no pudimos discernir la localización exacta de los vehículos que estaban emitiendo las luces características de los carros patrulleros de la policía y las ambulancias. En medio del pánico, las veíamos justo frente a nuestra casa y nos imaginamos lo peor. Los segundos que demoramos en pasar frente a la vivienda donde estaban esos vehículos se volvieron interminables. El evento era a unas tres casas antes de llegar a la nuestra. Cuando entramos, ambos fuimos a su habitación, presas todavía del pánico y llorando producto de los nervios. Nos abrazamos a ella por mucho rato. Nunca nos habíamos sentido tan miserables.

En un supuesto irónico final del evento, al juez encargado del caso de crueldad infantil le habría nacido un hijo discapacitado, habiendo decidido internarlo. Al cabo de los años iba a condenarnos a nosotros por abuso infantil debido a nuestra negligencia, después de haber dedicado nuestras vidas a cuidarla y darle todo el amor del que fuimos capaces. Este es tal vez un buen ejemplo de la vida que llevan los padres que deciden cuidar hijos especiales. No te hagas ilusiones. No es fácil. Es tiránico. Es agotador. Es injusto. Es cruel. Es una eterna esclavitud. En la película *Temple Grandin*, la madre de la joven autista le dice de manera desgarradora a uno de sus profesores: «He hecho todo cuanto puedo hacer por Temple. Si eso no es suficiente, entonces no es suficiente; pero usted no puede siquiera comenzar a imaginarse el caos, los trastornos emocionales, los berrinches y el dolor, su dolor». Sin embargo, a pesar de todas esas espinas, también se encuentran flores y hasta se llega a poder convertir las espinas en flores.

Volver la primera vez

Resulta que mi deseo se realizó, pero no de la manera que yo hubiera querido. Volver no es regresar. No volví una sino varias veces. La primera vez fue el resultado de una invitación de la

Academia de Ciencias en 1987. Acepté, aunque no eran las personas que yo buscaba para establecer un intercambio. Pagué mi pasaje y mi estadía mientras estuve bajo el programa de la Academia y luego me fui a pasar unos días en la casa de la familia de mi esposa, que todavía estaban allá.

Me llevaron a varios centros de investigación pero nunca puse un pie en la institución que, por aquellos tiempos, radicaba en el antiguo capitolio nacional bajo la dirección de Rosa Elena Simeón. Todos los días me daban excusas porque la Dra. Simeón estaba en una conferencia y hablaría conmigo antes de marcharme. Yo andaba con un guía llamado Fernando, un joven que era obvio estaban entrenando para trabajar con extranjeros. Fuimos juntos a visitar la estación experimental de Jovellanos, en la provincia de Matanzas, donde desarrollan variedades de caña de azúcar. En medio de una reunión con los especialistas uno de ellos abiertamente me pidió que les llevara nuevas variedades. Así como lo digo. Recibió una cínica sonrisa como respuesta. Ya habían sucedido varios incidentes y conversaciones que me hacían pensar que la creencia de que mi visita estaba encaminada a desarrollar un programa de cooperación era superada por ellos con un motivo ulterior; es decir, en el exterior desarrollar relaciones científicas dentro del marco legal existente, pero violar esas leyes de manera secreta. Luego le hice un comentario a unos amigos en los que confiaba y me contestaron que ellos no sabían que hubiera nada siniestro planeado para mi persona y futuras visitas. El cambio en sus expresiones faciales me indicó que estuviera listo.

Entonces un día Fernando y yo tomamos un avión hasta Holguín. De ahí fuimos a Antilla en una máquina de alquiler. Llovía mucho. Reconocí los lugares por donde iba pasando. Dimos un par de vueltas por el pueblo y luego subimos a la loma de la glorieta. Solo hice una visita a Magda, que ahora vivía en la casa de su hermano Eduardo. El chofer de alquiler posó gustoso frente a la casa que me trajo tantos recuerdos. Regresamos a Holguín y pasamos la noche en un hotel que habían regalado los búlgaros y al que mi compañero de viaje le atribuía cuatro estrellas. Yo le hice la aclaración de que tres de ellas eran fugaces. Esa noche no pude dormir esperando la hora de partir hacia mi querida Macubá, lo cual hicimos en una guagua local. Los 150 kilómetros me recordaron los Ómnibus Crespi de antaño donde cada parada en medio de la carretera era una cajita de sorpresas adivinando si sería un pollo, un chivo o qué otro animal se uniría al resto de los pasajeros.

Yo iba con la esperanza de desembarcar en el parquecito Serrano, pero al llegar a la entrada de la ciudad, justo en la esquina de Carretera Central y avenida Garzón, el chofer gritó que esa era la última parada. Recostado al poste de la luz estaba nuestro guía santiaguero, aunque originario de Antilla, llamado Víctor.

La estadía en Santiago de Cuba estuvo amenazada por un cercano ciclón que no impidió nuestro recorrido que comenzó en el cementerio y terminó pasando frente a mi antigua casa de huéspedes de Yolanda en la calle Reloj. Ahora era un solar, destartalada, y con un letrero en la baranda del portal prometiendo que no iban a dejar pasar al imperialismo. Un par de días después regresamos a La Habana en avión.

Fernando me llamó una tarde para avisarme que me recogería a las 9:00 de la noche para ir a una importante reunión. Llegó media hora antes a casa de mis suegros. El destino no era ninguna dependencia oficial sino el Hotel Habana Libre (antiguo Hilton), en la esquina de las calles L y 23 en El Vedado. Me llamó la atención que, en un lugar con un alto nivel de seguridad, entramos, atravesamos el pasillo, tomamos el ascensor y el encargado marcó un piso sin recibir instrucciones de Fernando. Ya no podía tener dudas de que iba a enfrentar el momento más desagradable de mi visita. El hotel tiene 25 pisos pero creo recordar que salimos del elevador en el piso 12 y caminamos por el pasillo en dirección a la parte del hotel que mira a la calle 23, justo entre L y M. No entramos en una habitación sino en una pequeña oficina. En cuanto estuve dentro de la misma me lancé hacia la puerta que daba acceso al balconcito y casi gritando que no soportaba el olor penetrante abrí la puerta para permitir que corriera la brisa. Fernando me miró con los ojos más abiertos que si estuviera esperando que le echaran gotas en los mismos. Obviamente, yo había pensado en la posibilidad de que hubieran fumigado la oficinita con algunos de los productos conocidos como «sueros de la verdad». Me recosté en la baranda del balconcito y me puse a recordar cuando Mercy y yo andábamos por aquellos lugares esperando que nos llegara la salida del país.

El sujeto que iba a conducir la reunión llegó minutos después. Nos sentamos alrededor de una mesita redonda con tres sillas, rodeados por unas gruesas cortinas que seguramente ocultaban las cámaras colocadas en más de un par de lugares. El individuo me hizo unas preguntas como para cerciorarse que yo era quien decía que era y no un tenebroso agente de la CIA que había tomado mi lugar. Entonces entró en el tema. Aunque de manera más reservada, se tiró de pecho igual que el técnico de Jovellanos. Querían pedirme mi «colaboración» para enviarles variedades de la estación experimental del Departamento de Agricultura de los Estados Unidos en Canal Point, que se desarrollaban en cooperación con la Universidad de la Florida en un lugar muy cerca de mi centro de trabajo. Ambos me miraron esperando la respuesta. Yo estaba sereno, aunque encabronado.

«¿Ustedes me están pidiendo que me convierta en un espía tecnológico y trabaje para este sistema?». Entonces agregué: *«¿Qué les hace pensar que yo estaría dispuesto a darle una puñalada trapera al país que me acogió cuando tuve que salir del mío en condiciones bastante difíciles?».*

Ambos callaron por largo rato. Entonces yo continué: «Pero les tengo una buena noticia: Ustedes tienen derecho a un número de esas variedades (creo que a 12 o 15 por año) de la colección mundial que se mantiene en el sur de la Florida por ser miembros de esa asociación. Yo hablaría con el Dr. Jim Miller, director de la estación y a cargo de la colección, para desarrollar un protocolo y ustedes puedan adquirir las variedades a las que tienen derecho».

«No, eso no va a funcionar porque la CIA se encargaría de meternos un virus. Siempre ha pasado eso», me dijo el experto.

Como nota aclaratoria quiero intercalar aquí que, a mi regreso, me reuní con el Dr. Miller y le expliqué el asunto. Su respuesta fue radical: «Mira, les ofrezco solicitar la visa de Estados Unidos; recibir en el aeropuerto a la persona que venga a recoger las variedades; llevarlo a los sembrados y dejarlo que elija las que quiera y las corte el mismo con un machete desinfestado que haya traído de Cuba; luego lo acompaño al aeropuerto y garantizo el envío con las autoridades y lo monto en el avión con su cuchillo, machete, y variedades». No aceptaron. Es difícil convencer a un ladrón de que puede tener acceso legal a lo que desea robarse.

Cuando volvió a meter a la CIA le dije que yo iba a ayudarlos a conseguir las variedades de manera legal porque, de la otra, ni hablar. Habían pedido por teléfono una ración de jamón y refrescos y la terminaron antes de ponerse de pie. Yo pasé. Uno nunca sabe. Salimos a enfrentarnos con un fuerte viento de madrugada que anunciaba la llegada de un Norte con frio y lluvia. Nos despedimos del individuo en la esquina de L y 25. Me dijo un nombre que ni hice esfuerzo por recordar porque sabía era uno de esos nombres ficticios usados en la clandestinidad y el espionaje. Fernando me devolvió a casa de mis suegros. Esa noche no pude dormir.

Respecto a mis experiencias escribí un poema sobre una corta visita a Antilla que realicé antes de iniciar el proyecto con la Universidad de La Habana.

El regreso al pueblo

Volvió a su pueblo amado
después de veintisiete años;
lo dejó siendo joven
y regresó cansado,
arrastrando muchas penas de antaño.

Allí estaba esperándolo
y, aunque todo era igual,
había crecido y se veía gastado.

Tomó unas cuantas fotos
(como un turista en tierra extraña),
sin poder retratar los álamos del parque.

Subió a la colina,
con mezcla de nostalgia y alegría,
pues, donde antes corría... ahora camina.

El tiempo regresó mirando a la bahía
(«Después de tantos años no he dejado de amarte»).

Siguió buscando desde allí,
mas no encontró los álamos del parque.

Sólo hizo una visita
donde fundió recuerdos en apretado abrazo:
¡era como abrazar a todo el pueblo
y con todos llorar en su regazo!

Recorrió muchas calles
y vio caras extrañas
(unas esquivas, otras altivas);
había cosas cambiadas
pero todo era igual:
era como vivir otros momentos
porque, lo que dejó,
se congeló en el tiempo.

Se fue triste y alegre
porque pudo volver
—aunque fuera unas horas—
a poder revivir viejas memorias,
¡pero a extrañar los álamos del parque!

Y, mientras se alejaba
callado, meditaba:
«Igual y diferente
(gastado por el uso
y con distinta gente).
¡Lo que sueño con darte
cuando vuelva a encontrar
los álamos de mi parque!»
Florida, otoño de 1987.

¡Preparen las maletas!

Todo el mundo lo vio venir. Marx y Engels parecían estar revisando el Manifiesto Comunista: «Un fantasma recorre a Europa: el comunismo que tratamos de construir se va al carajo…». Y así sucedió. El muro de Berlín, en un arranque de emulación socialista, les ganó la partida a los derrumbes de la Habana Vieja y

Centro Habana. Eusebio Leal, el prosopopéyico historiador de la Ciudad de La Habana lloró lágrimas de cal y cemento. El Comandante sufrió de fuertes dolores en el bajo vientre y los cubanos, siguiendo las orientaciones que les bajaron, se fueron apretando el cinto hasta que tuvieron que comenzar a abrirles más huequitos. El «Período Especial» dijo presente. Los hasta entonces come candela del Partido comenzaron a entregar sus carnets y a recordar los miembros de su árbol genealógico que habían dejado el paraíso de los trabajadores años atrás para que los reclamara o, al menos, les enviaran algunas divisas o un paquetico de ayuda familiar.

Del otro lado del charco renació el optimismo, pero solo en unos pocos. Ya los miembros del exilio histórico estaban cansados o fallecidos. No era que el resto no estuviera interesado en que se cayera el comunismo en Cuba. No, no, eso nunca. Lo que no les interesaba era volver a su tierra. Una gran mayoría había participado en el cambio del siglo. Apenas llegaron, entregaron el carnet de la Juventud o el Partido Comunista a cambio de uno reluciente del Partido Republicano. En esos casos no hubo transición. Se lanzaron al Partido de la derecha sin pasar por el moderado Partido Demócrata. Había que mantener la postura dura. Tenían que ser fuertes para que esa doctrina saliera de Cuba.

El Comandante había comenzado a buscar a un salvador (que girara subsidios a la velocidad de los soviéticos) pero sus esfuerzos no habían sido coronados con el éxito. Entonces mandó a buscar al artífice de la transición española Carlos Solchaga. Le dio un aula, un proyector y una tiza y le dijo que le explicara a él y a sus invitados economistas de su gobierno, las medidas que debía tomar para hacer «su» transición: de una economía subsidiada por los bolos a una economía que pudiera aguantar un tiempito hasta resolver. El catalán le explicó una longaniza de medidas y cómo estaban relacionadas unas con otras. Al final, el Comandante economista le pidió que profundizara en tres de ellas, que le mencionó. «Pero, comandante, este es un paquete donde todas las medidas hay que aplicarlas para que surta el efecto buscado». Castro le dijo que él buscaba otro efecto. Y así fue. Con unas reformas cosméticas, la milagrosa aparición de un cebollón con petróleo y la generosidad remesiánica de los exiliados, el barco se mantuvo a flote. Hubo el deshacer de maletas y la ruptura de sueños capitalistas de muchos en Florida. Y, como todos esperaban, el niño rico de Birán murió en la cama con las botas puestas a la edad de 90 agostos.

Volver a volver

Mi preocupación por no poder volver debido al incidente de las variedades de caña de azúcar quedó eliminada cinco años después cuando logré establecer una relación con dos organismos de la Universidad de La Habana que resultó en dos contratos de investigación académica entre la Universidad de la Florida y la Universidad de La Habana, financiados por la Fundación MacArthur y la Fundación Christopher Reynolds. Pudiera narrar decenas de incidentes, experiencias y anécdotas sobre mi segundo reencuentro con mi patria, pero me llevaría demasiado espacio. Sin embargo, siento la obligación de referirme a esta experiencia increíble que forma parte de mi vida de exiliado (¿desterrado?, ¿emigrado?) que tuvo lugar entre 1993 y 2004.

Aunque siempre temeroso, me sentía de vuelta en casa. Me encantaba ir caminando a mis reuniones con mis colegas de la Universidad. Recordaba los colores, los olores, el acento, la bulla y el sudor, producto del mismo sol que había dejado tanto tiempo atrás. Me entristecía ver a mi país congelado en el tiempo y a mis compatriotas haciendo sacrificios para un futuro que no iba a llegar nunca. Científicos me confesaban que habían gastado sus vidas por algo que resultó ser un desastre. Sus descubrimientos no los implementaban por distintas causas. Las necesidades más perentorias a veces eran resueltas para desaparecer de nuevo poco tiempo después. No hay explicación ni justificación para que en Cuba no exista abundancia de productos agropecuarios. La hubo antes, con diferencias en los niveles de consumo, pero la había. Tal parece que el guajiro cubano olvidó sus conocimientos y tiene que comenzar a aprender a sembrar, pero... ¿no son seis décadas suficientes? ¿A quién engañan? Sobre ese tema escribí, al regreso de mi primer viaje, una obra de teatro titulada «Romeo y Julieta en la Cuba del Período Especial». En una cola de una bodega se desarrolla la siguiente conversación:

> Pero, dime tú, mi sangre:
> ¿uno se puede creer
> que la culpa de esta hambre
> es de otro y no de Fidel?
>
> ¿Es que el Norte ya no manda
> ni una cochina vianda?
> ¿Es que no dejan pasar
> nada para salcochar?
> ¿Por el bloqueo, mi niña,
> no hay limón, naranja y piña?
> ¿Qué barquito americano
> bloquea al plátano manzano?
> ¿Cuándo la Yuma mandó
> un maldito quimbombó?
>
> ¿También nos tienen bloqueada
> a la leche condensada?
> ¿Es por culpa del embargo
> que no hay serrucho ni pargo?
>
> Y, ya para terminar,
> pues, si sigo enumerando,
> bien las pudiera cansar:
> Digan pronto, ¿desde cuándo
> se puede al yanqui culpar
> por el azúcar faltar?
> Nos la siguen recortando,
> ¡y eso sí le zumba el mango!
> (y mangos tampoco hay).

Una de esas visitas ocurrió del 16 al 23 de agosto de 1994. Me acompañaron Mercy y Alejandro, quien deseaba conocer la tierra de sus padres y abuelos. Nos alojamos en el apartamento de la familia de Mercy, situado en el quinto piso de un edificio de una de las esquinas de la calle 2 y Línea, en el Vedado.

Unas dos semanas antes, el viernes día 5, había tenido lugar un hecho insólito. Turbas enardecidas se habían reunido en el área del este del malecón habanero, atraídas por el falso rumor de la llegada de barcos que venían a recogerlos, comenzando un disturbio que los cuerpos de seguridad aprovecharon para golpear a los manifestantes. El poder logró dominar a los manifestantes y hubo una aparente calma durante unos días. El día 12 el régimen declaró que sus fronteras marítimas quedaban abiertas para todo el que se quisiera marchar. De nuevo utilizaba la migración como instrumento para disminuir la presión iniciado en 1980 para dar inicio al éxodo del Mariel. Los cubanos comenzaron a salir poco a poco al principio de esa declaración.

El viernes 19 de agosto nos despertó el ruido de un tráfico inexistente hasta ese día unido a los gritos de personas que se trasladaban hacia el malecón por la calle Línea. Nos asomamos al pequeño balcón para contemplar un desfile de vehículos cargando balsas y personas cuya intención no era otra que abandonar el país. En unos minutos estábamos listos para presenciar otro evento de esos que solo ocurren en Cuba. Estábamos siendo testigos de la llamada «crisis de los balseros», durante la cual 32,362 cubanos abandonaron la isla en un evento que acaparó la atención mundial.

El espectáculo en el malecón era deprimente. Daba la impresión de que todo el mundo se quería marchar de su país. Era una enorme muchedumbre de personas que se montaban en lo primero que encontraban, no importaba cuán frágiles eran porque, en definitiva, desde allí, se podían divisar buques norteamericanos que los balseros pensaban los iban a trasladar a Miami. El destino, sin embargo, era la base de los Estados Unidos en la zona de Guantánamo.

Esas visitas se repitieron hasta el año 2004. Yo estaba trabajando en mi primer libro del proyecto «Repensando la rebelión cubana de 1952-1959» y sabía que esa sería mi última visita a la isla. Y así ha sucedido. El que yo no haya podido volver no elimina el que ellos hayan venido donde yo estoy. Los tentáculos del sistema son largos y toman variadas formas.

Censura sin fronteras

Yo estaba terminando el manuscrito *Principio y fin del mito fidelista* y necesitaba llenar ciertas lagunas sobre algunos aspectos de la vida de Frank País (coordinador nacional del Movimiento 26 de Julio) que probablemente poseía Agustín, el único de los tres hermanos que sobrevivió la lucha contra la dictadura de Fulgencio Batista. Desde Washington, Ernesto Betancourt, un amigo común ya fallecido, me facilitó su dirección en Miami, Florida, y le escribí una larga carta.

El lunes 18 de septiembre de 2006 recibí un correo electrónico de una persona llamada Melinda Esquibel, quien se identificaba como «la representante de Agustín País», radicada en el área de Los Angeles, California. Ella había heredado un proyecto ideado por una sobrina-biznieta de los País para hacer un documental y un largo metraje sobre la vida de Frank País. Terminamos colaborando los tres, sin contrato ni compromiso.

Mientras esto ocurría, Agustín País y yo comenzamos a charlar por teléfono y, producto de nuestro pasado común en las luchas del Movimiento 26 de Julio, surgió una sólida amistad. Nos dimos cuenta de que nos unía la Historia.

El 30 de enero de 2008 me sorprendió un correo electrónico de Agustín. Quería encomendarme la escritura de la biografía de Frank. Yo acepté. Agustín expresó su alegría ese mismo día y me explicó cómo él veía el encaje de mi libro dentro del plan existente.

Yo había escrito alrededor de 300 páginas de una especie de novela sobre el período de la rebelión donde había varias secciones que canibalicé para utilizarlas en la biografía. Yo contaba con algo más de tres meses para escribir un libro en inglés para que pudiera leerlo la mayoría de los miembros del mundo del cine que asistirían al Festival Internacional de Cannes en el siguiente mes de mayo.

La contribución de Esquibel al inicio del proyecto fue una carátula profesional y el título del proyecto: *Frank País: The untold story of the Cuban revolutionary* [Frank País: la historia no contada del revolucionario cubano]. Desde la primera vez que vi la carátula o cartel tuve sentimientos encontrados. Me gustaba el arte; pero me disgustaba el hecho de que en la contraportada se transcribía textualmente las primeras palabras escritas por Fidel Castro al enterarse del asesinato del dirigente en Santiago de Cuba. Había para mí dos contradicciones obvias: Si el libro o película o documental iban a revelar el antagonismo que existía entre los dos dirigentes, ¿cuál era la razón para incluir la proclama de Castro con lágrimas de cocodrilo por la pérdida del jefe del 26 de Julio? Más grave aún era la discrepancia entre esas palabras y nuestra creencia de que País había sido víctima de una delación interna.

Siempre ofrecí el libro como fuente gratuita para escribir la sinopsis, el tratamiento y el guión. Lo terminé a tiempo para que Esquibel lo llevara a Cannes en mayo de 2008. Cuando regresó, nos informó del interés que el manuscrito había despertado entre los cineastas asistentes al festival. Melinda Esquibel llegaba convertida en una forjadora de sueños sin fronteras que pronto se alejarían de los límites de la honradez y la modestia.

Estas constantes promesas de Melinda Esquibel sobre contratos que parece haber soñado para la publicación de mi libro y las perspectivas inmediatas de financiamiento para la filmación de su documental y su película nos intrigaban a Agustín y a mí porque, en todas esas ocasiones, las promesas pasaban al olvido y otras nuevas surgían para seguir el mismo destino que las anteriores. Nunca nos informó del seguimiento dado a una sola de esas gestiones y posibilidades que llegaron a incluir 14 para el financiamiento de los filmes, 8 referentes al libro y unas 5 otras gestiones.

En el año 2008 yo había inscrito mi libro *Principio y fin del mito fidelista* en el XX Festival Internacional del Libro de Miami y abonado la cuota para exhibir en un kiosco por la duración del festival de la calle. Se me ocurrió montar unas pancartas sobre el libro de Frank País para estudiar la reacción del público. Agustín me acompañó todo el tiempo en el kiosco y Esquibel voló desde Los Ángeles para pasarse un par de días con nosotros. Ella conversaba con los peatones, les pedía su nombre y correo electrónico si estaban de acuerdo con el proyecto. Cuando la Feria del Libro se terminó, Esquibel regresó a California llevándose, sin consultarlo, las listas de nombres y correos electrónicos. Dos días des-

403

pués, trabajando en mi oficina en horas de la madrugada, recibí una llamada telefónica de Esquibel haciéndome una pregunta sobre la sección de la página web de la Biblioteca del Congreso donde se registran los derechos de autor de las obras. Me dijo que estaba inscribiendo el libro como propiedad del «Proyecto Frank País». Ya ella había inscrito la portada y el título, pero ahora quería hacerlo con el texto de MI libro. Le expliqué que, aunque yo estaba dispuesto a prestar el manuscrito para el proyecto, la autoría y propiedad continuaban siendo mías y solamente mías. Y terminamos la conversación. Llamé a Agustín y le expliqué. Su respuesta no se hizo esperar: «¡Inscribe tu libro ahora mismo porque lo vas a perder!». Así lo hice esa noche y el Certificado aparece expedido con fecha 19 de noviembre de 2008, pero solicitado el día anterior, apenas unas horas después del regreso de Esquibel a Los Angeles. Es entonces que comienza un litigio que no tenía razón de ser y me produjo un serio gasto espiritual y económico. Ignoro quién sufragó el pago por los servicios de la costosa firma Greenberg Traurig, de 1,800 letrados con presencia mundial y con estrecha vinculación al régimen cubano.

Las amenazas contra mi libro se extendieron a Jeff Young, propietario de la Editorial Universal-Publishers, sita en Boca Raton, Florida. Aunque la operación no tenía nada de secreta, la Srta. Esquibel no se enteró hasta después de la salida del libro el 15 de abril de 2009. Amenazó al editor pero mi abogado le escribió una carta y el libro continuó en la calle. ¡Así fue como ganamos la primera y más importante batalla! No iba a suceder igual con la segunda, que fue la de la primera presentación. Sus amenazas a la empresa Books&Books y al Instituto de Investigaciones Cubanas (CRI) de Florida International University (FIU) en la ciudad de Miami surtieron efecto. Se puso en contacto con la administración de FIU y B&B. El argumento era que había una demanda judicial pendiente, que no podía presentar hasta el lunes siguiente (el mismo día de la presentación), el 8 de junio de 2009. Como en el fin de semana las cortes de California permanecen cerradas (cosa que luego averigüé no era cierto), lo que procedía era suspender el evento hasta que se solucionara el problema legal. Alegaba Esquibel, como siempre, que ese libro le pertenecía y yo se lo quería robar. Hubo infinidad de comunicaciones entre mi abogado y yo y las personas encargadas del evento. Mi abogado les escribió una carta que no obtuvo respuesta. El evento fue cancelado.

Sobra aclarar que pasó el lunes día 8 de junio de 2009 y ninguna corte judicial recibió demanda alguna de la Srta. Esquibel, y el 2010, y el 2011, y el 2012, 2013, 2014, 2015... y no ha habido demanda alguna. Esquibel continuó con sus amenazas en las siguientes presentaciones pero no obtuvo éxito en ninguna.

Al fracasar en el intento de suspender la publicación primero y las presentaciones (excepto una) después, Esquibel acudió a la calumnia y la difamación. Ha publicado sus diatribas en varios lugares del Internet y aún mantiene una tienda de productos con el nombre de Frank País, una especie de pulguero virtual. Para complemento estableció un «Proyecto Frank País para Preservar la Historia» con el objetivo de recaudar fondos para la restauración de antiguas pertenencias de País. Esto ocurría el 7 de diciembre de 2006 —irónicamente el día del 72do cumpleaños de Frank País. Me pedía que consiguiera un benefactor. Para comenzar los trámites necesitaba $1,000, en adición a otros gastos menores. Me puso presión para que consiguiera esa persona. Mi respuesta fue el envío de un cheque personal por los $1,000 (algo menos de todo con lo que contábamos mi esposa y yo en ese momento) y ella respondió el 14 de diciembre: «Acabo de recibir el libro y el cheque. Ni siquiera sé qué decir. Gracias, muchas gracias. Después de tantos años, esto está por fin comenzando. ¡Frank finalmente tendrá su lugar en la historia!». Luego, durante el litigio, reconocería que no había empleado el dinero en lo debido y que aún no me lo había devuelto. Esto es solo parte de la historia. Algún día se conocerá en su totalidad.

El misterio de *Palabras Calladas*

Siempre quise escribir nuestra aventura con Mercita. A veces pensaba que debíamos retener la historia para nosotros, que no procedía divulgarla. Pero un día una circunstancia ajena a nuestra voluntad nos hizo tomar la decisión. La agencia que le prestaba servicios cerró sus puertas en el 2011, privándonos de una ayuda esencial en su cuidado para poder continuar manteniéndola en el hogar. Comenzó entonces una relación donde yo recibía (al menos, creía recibir) mensajes de ella indicando lo que tenía que escribir. Por un lado, no creo que eso sea posible, pero por otro casi nada sabemos de aumentar el uso que hacemos de nuestra mente. Lo cierto, lo irrefutables, es que, cuando terminé el primer borrador de *Palabras calladas* estaba escrito en un estilo que no es el mío, con una estructura ajena y las expresiones no concuerdan con el lenguaje que generalmente utilizo en mis libros. El otro fenómeno fue el poder hilvanar los hechos cronológicamente y casi llegar a interpretar todas y cada uno de los sonidos con los que nuestra hija reacciona a estímulos exteriores.

El trabajo se vio recompensado con su publicación en la Editorial Voces de Hoy. Tenemos que reconocer que Josefina Ezpeleta y Pedro Pablo Pérez Santiesteban hicieron un trabajo excepcional e incluso Pedro Pablo abrió el libro con un emocionante Prólogo y Josefina lo cerró con unos bellos versos.

Todo lo anterior se vio compensado con los premios que el libro ha merecido hasta ahora, que sumaron cuatro en el año 2003. Los dos primeros fueron locales, aunque la decisión fue tomada por un jurado internacional:

- 2013: Primer lugar (Narrativa no-ficción). Premio de Literatura en español Carmen Luisa Pinto de la Editorial Voces de Hoy.

- 2013: El Gran Premio de Literatura en Español Carmen Luisa Pinto 2012 de la Editorial Voces de Hoy. *Palabras calladas* recibió el voto unánime de un jurado internacional.

Los dos restantes fueron emitidos por la más importante organización de los Estados Unidos y el mundo en esta rama de la literatura. Nos avisaron que *Palabras calladas* había quedado finalista en las dos categorías que lo habíamos entrado. El anuncio de los ganadores y la ceremonia de premiación se celebraría en la ciudad de New York. Después de mucha insistencia Tommy Guilarte (primo de Mercy) y su esposa Fanny nos convencieron para que nos hospedáramos en su hogar, en compañía de su hija Sofía, y asistir juntos a la ceremonia. De paso fue una oportunidad para conocer, después de 44 años de estar en este país, a la gran manzana.

La noche de los premios del International Latino Book Awards en el Instituto Cervantes, este estaba casi lleno. Tomamos el auditorio por asalto y se ocuparon casi todas las butacas. El libro estaba de finalista en las categorías «Most inspirational nonfiction book» (algo como el libro de realidades que más inspiraba).y «Best Parenting/Family book» (el mejor libro familiar y de paternidad). Comenzaron a mencionarse los finalistas y ganadores en cada categoría. Cuando llegó el turno de la categoría «Most inspirational nonfiction book» se escuchó: PALABRAS CALLADAS. En la otra categoría el libro quedó en el segundo lugar.

La muerte de Mercita

Mercita se nos marchó en el mes de diciembre de 2013. Había estado muy enferma, incluso ingresada en el hospital, y 50 años eran muchos. Rompió todos los pronósticos de vida que escuchó. Aunque dejó de respirar a media mañana, la tuvimos con nosotros hasta el oscurecer, cuando vinieron los empleados de la funeraria a buscarla. Hicimos una corta pero sentida ceremonia para colocar sus cenizas en la bóveda donde están los restos de su hermano Ricardo José. Su sobrinita Alexis soltó unos globos que estoy seguro llegaron hasta ellos.

Algún día nos reuniremos todos de nuevo. No será en Cuba, como soñamos durante tanto tiempo. Mientras tanto, entre sufrimientos y alegrías, entre buenas y malas sorpresas, seguimos nuestra norma de conducta: ríe siempre, que la risa es el remedio infalible.

Jean-Louis Fournier es un autor francés que, después de escribir numerosos ensayos humorísticos, obtuvo el premio literario francés Femina en 2008, con un libro autobiográfico que trata de su vida junto a sus dos hijos discapacitados: uno, físico; el otro, mental (¿A dónde vamos, papá? 2008). El escritor humorista no pudo abstenerse de su estilo a la hora de contar lo que debe haber sido una pesada carga, como declaró en una entrevista: «La obra narra el nacimiento de los niños, las dificultades diarias y las pequeñas alegrías que hacen soportable el día, con el sentido del humor». La obra fue elogiada por la ministra francesa de Cultura, quien afirmó que la misma «rinde homenaje a todos los niños diferentes».

En una entrevista, Jean-Louis Fournier confiesa:

Sí, hay momentos buenos. Pero le confieso que soy profundamente pesimista. Un pesimista que ríe. No hay de qué reír, pero me río. Es mi modo de ser. Ante las grandes desgracias, la risa nos ayuda, es un calmante.

La gente feliz no necesita la risa, ya son felices. Se supone que los infelices deben llorar, y los divertidos reír. Pero es al revés: son los infelices los que deberían intentar reír. En el libro no eludo la tristeza, hay muchas tonalidades. Reír es muy valiente.

La película que sí llegó a las pantallas

Dr. Glenn Gebhard, profesor de Loyola Marymount University en California y productor y director de varios cortometrajes relacionados con Cuba me localizó justo al salir la primera versión en castellano de la biografía de Frank País. Me explicó por teléfono que estaba finalizando un cortometraje y necesitaba información sobre País. Me ofrecía pagarme los gastos para ir a California para entrevistarme. Yo pensé en la oportunidad para divulgar nuestra historia y, sin considerar competencia, le dije: «Yo le ofrezco más, profesor. Si le queda presupuesto para venir a Miami con su camarógrafo, le reúno a Agustín y a varios de los veteranos del alzamiento del 30 de noviembre junto a otras personas que ocuparon altas posiciones en el Movimiento 26 de Julio. ¿Qué le parece?». No podía creerlo. No demoró en aceptar. Dejamos la fecha para fijarla después. Yo estaba consciente de lo que estaba haciendo al darle el material de una futura película que teníamos planeada, pero en estas ocasiones no se puede ser egoísta.

Comencé a localizar a alrededor de una decena de personas. Glenn llegó con un camarógrafo. Surgió el problema de la falta de un local para filmar las entrevistas. Yo hablé con mi hermana Clarita y nos cedió gratis su casa en la calle Zamora de Coral Gables, la que se llenó de luces, pantallas, cables por todas partes y una multitud nerviosa. El otro problema (que no creo que fuera tal) era que la persona contratada para hacer las entrevistas era la profesora Lillian Guerra, en proceso de trasladarse de Yale a la Universidad de la Florida para establecer un Grupo Cuba de investigación con colegas de la isla. A última hora hubo un catarro atravesado y yo terminé heredando *pro-bono* el cargo de la Dra. Guerra. En realidad, yo estaba mejor documentado sobre los entrevistados y podría sacarles más información.

Durante dos días estuvimos todos en la casa. Agustín País, Tania de la Nuez, Roberto Roca, Jorge Gómez, Eugenio Aguilera, Luis R. Pedrón, Dr. José Antonio y Carmelina Roca (quienes vinieron de Virginia, retrasando su visita para coordinar con nuestra actividad), y José Álvarez. Yo realicé todas las entrevistas. En realidad, ya lo había hecho anteriormente para mis libros, así que no me resultó nada difícil.

Glenn estuvo editando durante unos meses, en los cuales se comunicaba conmigo para aclaraciones y revisiones de lo que iba quedando en la cinta. En mi última revisión visual le hice notar que las declaraciones del Dr. Roca estaban incompletas. Cuando Frank se despide de los Roca, frente a la casa de los Pujol, le dice que no quiere que nadie se entere dónde está, «especialmente Vilma». El documental omitía la última parte, que mostraba un gesto de desconfianza hacia la que sería futura esposa de Raúl Castro. Cuando protesté, me dijo que no podía decirse todo.

El honor del estreno recayó en el Cuban Research Institute (CRI) de la Florida International University (FIU) en Miami. La película «Cuba: the forgotten revolution» (Cuba: la revolución olvidada) se exhibiría seguida por un panel de discusión el 27 de febrero de 2015 de 7:00 a 9:30 de la noche.

Desde mi arribo noté un ambiente casi hostil de parte de algunas personas que ya conocían de mi disgusto por la omisión de las palabras del Dr. Roca. Es más, Agustín País me dijo que no había intenciones de invitarme al panel hasta que él había protestado. Bajo la moderación de Lillian Guerra, los panelistas incluían Glenn Gebhard, Lucy Echeverría, Agustín País y un servidor. No se asignó tiempo antes de comenzar, así que, cuando la coordinadora me anunció, yo vi acercarse al Director Jorge Duany moviendo un reloj pulsera que sostenía en su mano derecha. Dijo que el tiempo se había acabado y me cedió unos minutos como «gesto de cortesía». Yo les contesté que debieron haber dividido el tiempo equitativamente y, previendo eso, había traído escritas las palabras que quería decir. Y comencé después tratando de controlar mi disgusto. Los asistentes conocieron la verdad. El Dr. Roca y su esposa arriesgaron sus vidas en las calles de Santiago de Cuba transportando a Frank País y otros dirigentes para que fueran a censurarlo en un recinto universitario. Con toda mi calma terminé de leer mi denuncia y aclaraciones y luego apareció tiempo para la sesión de preguntas y respuestas.

Me fui triste al finalizar el acto. A pesar de todas las veces que había cooperado con la institución, CRI-FIU repetía el error de mi primera presentación del libro sobre la biografía de Frank País. El mundillo de la academia muestra, como toda institución, los rasgos de la condición humana que nadie puede ocultar.

Mi rudimentario pero veraz documental

Ya no recuerdo cuándo lo comencé, cuántas versiones de la historia escribí ni a cuántas personas contacté para que lo realizaran. El impedimento que enfrentábamos Agustín y yo era la falta de fondos para financiarlo. A todos los que contactamos les fascinaba la historia pero no todos trabajan por amor al arte, como dice la famosa expresión.

Un día ocurrió el milagro. Un matrimonio amigo, parte de ese pasado histórico, se ofreció para pagarle a un conocido que comenzaba a incursionar en esos menesteres. La única condición era permanecer en el anonimato. Yo escribí, co-produje y dirigí un documental de dos horas narrado por Mario Ariet y con el asesoramiento de Agustín País. Aldo Layedra estuvo a cargo de la co-producción, montaje y edición logrando parir a *Doble asesinato: Frank País y la revolución cubana.* Lo estrenamos en la biblioteca pública de Coral Way el 3 de abril de 2016. El evento fue cubierto por el periodista Arturo Arias-Polo, quien publicó un excelente reportaje en *El Nuevo Herald* del 3 de abril de 2016. Debido a su extensión, se tuvo que dividir en 42 secciones para colocarlo en YouTube. Allí permanece y continúa recibiendo visitantes interesados en conocer la vida, asesinato y legado del que fuera jefe de la Dirección Nacional del Movimiento 26 de Julio.

EPÍLOGO

1. El respeto a la vida humana y la propiedad

Este es un punto álgido en todo proceso revolucionario y tal vez algo innato en la condición humana. Por razones de claridad debemos separarlo en cuatro partes: ¿Era el 26 de Julio un movimiento terrorista?; ajusticiamiento versus asesinato; «vive de prisa, muere joven y deja un bonito cadáver»; y la filosofía de la violencia contra el espíritu creador.

¿Era el 26 de Julio un movimiento terrorista?

Bombas, sabotajes, secuestros y atentados personales fueron actos realizados por las secciones de acción y sabotaje de la organización. Tema de intenso debate entre los miembros de las distintas organizaciones. Unos de acuerdo; otros, no. Otros apoyaban estas acciones siempre y cuando «no le hicieran daño a nadie». Muchas de las discrepancias tenían su origen en la ignorancia de la definición del término «terrorismo».

Existe una variedad de definiciones: «dominación por el terror»; «medio de lucha violenta practicada por una organización o grupo político frente al poder del estado y para la consecución de sus fines»; «sucesión de actos de violencia ejecutados para infundir terror».

La colocación de bombas, muchas veces en lugares estratégicos, fue siempre un medio de lucha en distintas etapas de la historia de Cuba. La etapa de la lucha contra la dictadura de Batista no fue una excepción. Utilizadas desde casi los inicios de esa lucha, el explotar de las bombas se generalizó por toda la isla, aunque la capital fue siempre el objetivo principal. La mejor prueba de ello tuvo lugar la noche del 8 de noviembre de 1957, conocida como «la noche de las cien bombas», cuando en la capital habanera y sus alrededores explotaron un número que se acercó a la meta de las 100 que se había trazado el dirigente del 26 de julio a cargo de la operación.

La táctica del secuestro de aviones o personas, aunque no muy generalizada en la lucha contra la dictadura de Batista, se hicieron presente durante la misma. Hubo al menos cinco secuestros de aviones; cuatro de ellos tendrían un final relativamente feliz, mientras que el otro terminaría en una desgracia de grandes proporciones.

El secuestro de personas, para utilizarlas como medio propagandístico o de chantaje, si se excluye el de Juan Manuel Fangio en la Habana, estuvo concentrado en el Segundo Frente Oriental Frank País, al mando de Raúl Castro, y el objetivo principal fueron personas de nacionalidad norteamericana. A manos del jefe guerrillero habían llegado, a fines del mes de mayo, una foto y un documento que parecían mostrar a un avión de Batista abasteciéndose de gasolina y cargando pertrechos de guerra en la base naval de Guantánamo. Como parte de una llamada «Operación Antiaérea», a mediados de junio, un bombardeo aéreo suspendió una reunión de la plana mayor de la comandancia del Segundo Frente. Al refugiarse en una cueva cercana, llena de campesinos aterrados, Raúl Castro, sin consultarlo con su hermano o con la dirección nacional de Movimiento, tomó la decisión de secuestrar a los norteamericanos para formar, lo que él mismo llamó, «un escándalo internacional». El 22 de junio escribe la Orden Militar No. 30 y planea el operativo que incluía, además de los marinos de la base naval, el centro minero de Moa, la Nicaro Nickel Company, la United Fruit Sugar Company y varios centrales azucareros cercanos propiedad de norteamericanos. En unos pocos días, desde fines de junio a principios de julio de 1958, se efectuaron seis actos de secuestros.

Como la caña de azúcar era el principal cultivo del país, y el azúcar el primer producto de exportación y la más importante fuente generadora de divisas, era obvio que uno de los objetivos desestabilizadores debería estar encaminado a interrumpir las labores de la zafra azucarera que, además, era la principal fuente de empleo. La guerra contra el sector azucarero se centró en la quema de cañaverales. La dirigencia clandestina del M-26-7 en Santiago de Cuba llegó incluso a imprimir unos pequeños folletos donde se detallaban, con dibujos y croquis, las maneras más eficientes de destruir los campos de caña por medio del fuego.

Aunque hubo quema de cañaverales en las dos zafras anteriores, no fue hasta la temporada cañera de 1957-58 que la Dirección Nacional del 26 de julio elaboró un plan minucioso de sabotajes en toda la isla. Con ese objetivo, René Ramos Latour (Daniel) se reunió con los jefes de acción de cada una de las seis provincias y éstos emitieron la orden con la consigna: «¡No habrá zafra con Batista!». El propio Fidel Castro, justificando la orden, había escrito días antes: «Mi padre tiene en Oriente una gran finca cañera y esa será la primera que quemará nuestra organización clandestina, para dar el ejemplo. Cuando los colonos norteamericanos lanzaron el té al mar, ¿no hicieron exactamente lo mismo? ¿Quién puede negarnos ese derecho de legítima defensa?».

A partir del 28 de noviembre, los jóvenes de los grupos urbanos se lanzaron sobre los cañaverales en casi todos los municipios y cumplieron su objetivo, aunque no lograron paralizar la zafra en todo el país. Se reportaron campos destruidos en todas las provincias. Varios centrales de Camagüey y Oriente tuvieron que paralizar sus labores debido a la falta de materia prima. La quema de caña trajo consigo una represión brutal de la que el propio Daniel se lamentaba en carta a Celia Sánchez, fechada el 5 de diciembre de 1957.

Ajusticiamiento versus asesinato

La práctica de la violencia en la solución de problemas políticos condujo a los cubanos a apelar a la filosofía en busca de una justificación para las acciones brutales. Durante la dictadura batistiana (1952-1959), surgió una especie de polémica entre determinados sectores de la sociedad cubana acerca de los atentados contra la vida humana cometidos por ambos bandos. El aumento de la violencia de tipo personal hizo que se reanudara la vieja discusión en pequeños círculos del Movimiento 26 de Julio. Algunos militantes se opusieron a las «cacerías» indiscriminadas de soldados y policías en las calles santiagueras cuando se quería dar respuesta a determinados hechos brutales de la dictadura, como la efectuada en la noche del 19 de abril de 1956 por tres comandos santiagueros para vengar la violencia de las autoridades en horas de la mañana. Las definiciones del diccionario de la Real Lengua Española no parecen aclarar el problema. Ajusticiar es «dar muerte al reo condenado a ella». Asesinar es «matar a alguien con premeditación, alevosía, etc.». Se necesita por tanto acudir a otras ramas del conocimiento para tratar de esclarecer el asunto por el peso inmenso que ha tenido siempre en la historia de Cuba.

El lenguaje lo han utilizado los bandos opuestos (no importa la ideología) para justificar sus acciones y criticar las del adversario. De la misma manera que utilizan el vocablo «retención» (que parece revelar algo casual y temporal) para nombrar un secuestro, a la extorsión la llaman «impuesto de guerra». De ahí que, al darle nombre a un asesinato fuera de combate utilizan la palabra «ajusticiamiento». Ambos bandos emplean el eufemismo de ajusticiamiento para justificar un homicidio.

Tratemos de clasificar entonces, bajo la definición correcta, dos de los hechos de sangre ocurridos en esa época: el atentado al coronel Fermín Cowley Gallegos, jefe de la plaza militar en la ciudad de Holguín y las «cacerías» santiagueras. En el primer caso se pudiera argumentar la defensa del tiranicidio hecha por el teólogo Tomás de Aquino. El militar holguinero se encontraba en una campaña de torturas y asesinatos que parecía no tener fin. Ya sus víctimas se contaban por centenares —incluyendo varias docenas de muertos. Como un juicio normal estaba fuera de consideración, se eligió el tiranicidio como única solución. Por eso su atentado puede ser considerado como un ajusticiamiento. En el segundo caso, salir a la calle a dispararle a cuanta persona viste un uniforme, sin saber siquiera su nombre o si ha cometido algún crimen, no es un acto de justicia. Es un asesinato. En resumen, tiranicidio, ajusticiamiento y asesinato son acciones derivadas todas de la aplicación de la violencia selectiva.

Los fusilamientos de 73 antiguos miembros de los aparatos represivos de la dictadura de Batista en la Loma de San Juan han sido un tema candente durante demasiado tiempo. Es cierto que se pudieron identificar entre ellos a asesinos y torturadores a quienes se les atribuían muy específicos hechos de sangre. ¿Y los otros? He debatido este hecho en mi interior durante todos estos años, influenciado tal vez por la ausencia de amigos a quienes quise mucho y que tuvieron un final que no merecían. Aunque hoy no creo en la pena de muerte, anteriormente pensaba que se había hecho «justicia revolucionaria». Hoy confieso con toda humildad que no fue así. Todos y cada uno de ellos merecían un juicio con todas las garantías procesales que faltaron en aquellos días de enero de 1959. Para culminar aquel proceso macabro fueron arrojados en una fosa común abierta por un tractor minutos antes. Los familiares no tuvieron oportunidad de darles cristiana sepultura. El veneno que inoculan las llamadas revoluciones es muy fuerte. El antídoto a veces demora tiempo en hacer efecto. Espero que el futuro vocabulario de Cuba no contenga las palabras «asesinato» y «ajusticiamiento». Creo que somos lo suficiente creadores para encontrar vocablos que representen maneras alternas de hacer justicia.

«Vive de prisa, muere joven y deja un bonito cadáver»

Recuerdo mi entusiasmo al matricularme en la escuela de derecho de la Universidad de Oriente. Desde niño había soñado ser abogado para «poner mi toga al servicio de los humildes». A esa edad se sueña mucho; de ahí, el desencanto cuando se choca con la realidad.

En el primer semestre se estudiaban cuatro asignaturas: Introducción a la ciencia del derecho, teoría general del estado, antropología criminal y sociología. El profesor de la primera asignatura nos recomendó la lectura de dos libros que se relacionaban con nuestra futura profesión. Uno de ellos, titulado «Knock on any door» (Llamad a cualquier puerta), escrito por Willard Motley y publicado en 1947, me hizo recordar un pasaje de mi vida clandestina. Tengo que confesar que, en aquel tiempo de mi escondite en el convento, no me cruzó por la mente que el proceso de negarme acceso a las montañas y la subsiguiente orden de ir a buscar armas al extranjero pudieran haber encerrado un macabro plan. La cruda realidad es que yo era un militante de una célula del norte de la provincia sin ningún cargo que traspasara las fronteras del municipio. Mi actitud cambió cuando terminé de leer este libro. Aunque no se le atribuía el mismo significado que yo, el libro repetía una frase singular: «Vive deprisa, muere joven y deja un bonito cadáver». Aunque la oración ha servido para definir un estilo de vida de la juventud, basado en exprimir el presente sin pensar en el futuro, yo la veía de otra manera. Hoy lo extiendo a todo el proceso de la rebelión y a los fusilamientos antes y después del triunfo revolucionario. De entrada, confieso que mi pensamiento ha cambiado de manera radical. Vayamos por partes.

Analicemos primero el martirologio de los militantes del Movimiento 26 de Julio. Aquí aplica la frase «Todo empezó en el Moncada», que es el título de un famoso libro sobre esos sucesos. Después de haber estudiado y analizado los hechos, creo que Fidel Castro realizó esas acciones para saltar a la palestra nacional impulsado por una montaña de cadáveres. En Santiago de Cuba y Bayamo se aplicó la frase de Motley: «Vive deprisa, muere joven y deja un bonito cadáver». La misma refleja la vida y muerte de los adolescentes durante la etapa de la rebelión. Cuando lo leí por primera vez, se me fijó el final de la oración: «deja un bonito cadáver». Tal vez la importancia de los muertos variaba con su «belleza», que se podía entender como inteligencia, buena presencia, dinero y, sobre todo (aunque produzca repulsión decirlo) color de la piel. ¿Pudo haber sido posible que la política fidelista durante la rebelión estaba encaminada a producir el mayor número de muertos posible?

Me vienen a la mente los casos de varios dirigentes, al más alto nivel, que fueron sacrificados durante la lucha. Frank País García (David), coordinador nacional del Movimiento 26 de Julio, fue asesinado como resultado de una delación interna el 30 de julio de 1957. Su sucesor René Ramos Latour (Daniel) fue llamado a la Sierra donde Castro lo envió a la línea de fuego constantemente hasta que en el combate de El Jobal lo dejó sin los refuerzos prometidos ni el aviso de que venían subiendo tropas muy superiores, cayendo al año exacto de David. Ambos califican para la frase en cuestión, porque vivieron de prisa, murieron jóvenes y dejaron un bonito cadáver. Tanto David como Daniel tenían, además, una característica muy especial: representaban un reto al poder absoluto de Fidel Castro y su grupo de radicales.

Existe otro ejemplo demoledor. En las últimas semanas de 1957, la Sierra hizo una petición de que se les enviara la mayor cantidad de armamento posible, quedando prácticamente desarmados los militantes del Llano. René Ramos Latour lo hace saber en una carta a Celia Sánchez fechada el 5 de diciembre: «… aquí no se contaba como en esa zona con hombres medianamente armados. En casi todos los lugres había que arriesgarse a realizar la acción **totalmente desarmados y en la seguridad de que les estaban esperando**» [énfasis en el original]. El Llano quedó desarmado, resultando en los asesinatos de varios militantes que dejaron «bonitos cadáveres» en la ciudad de Santiago de Cuba cuando fueron sorprendidos en tareas de sabotaje completamente desarmados. La lista sobrepasa los centenares.

En el caso particular de nuestra célula, yo no recuerdo una sola ocasión en que hubiéramos salido armados a realizar acciones contra la tiranía. El armamento que obtuvimos de la expedición del Corynthia lo enviamos a Santiago y de ahí a la Sierra Maestra. Eso se repetía cada vez que caía en nuestro poder alguna arma. Solo nos quedamos con las tres armas cortas que dejaron los que realizaron el sabotaje en Nicaro a su paso por Antilla.

El caso es que la cantidad de muertos en la parte revolucionaria no guarda relación con el número de implicados en la lucha clandestina. Son muchos, demasiados. Tal parecía que la multiplicación de cadáveres de leales era más importante que la misma lucha contra la tiranía. Como me parece que en esta oportunidad la relación entre acciones y cadáveres era distinta a las anteriores (donde no imperaban las normas comunistas), le pregunté su opinión al autor de «El soviet caribeño». César Reynel Aguilera me respondió de la siguiente manera:

En lo esencial, el 26 fue un matadero al que las piezas iban a morir. Si miras la historia de la gente de acción y sabotaje en La Habana, que es la que conozco más o menos, descubres que pusieron un montón de muertos. Al vuelo recuerdo a Fontán, Machaco, el Curita y Marcelo Salado. A Enzo no lo mataron porque habló, y Marcelo Pla se salvó porque mi padre le dio su casa de seguridad para que se escondiera después del 9 de abril... Igual, Alarcón se salvó después de la huelga porque mi tía Eloína lo escondió en su casa. Mi madre, por su lado, siempre reconoció que, si no se hubiera empatado con el viejo, lo más probable es que la hubieran matado. A Norma Porras no la mataron de milagro. Con todo esto te quiero decir que la intención siempre fue más de mártires que de héroes. Las razones de eso son varias. Mientras más muertos, más «situación revolucionaria»; mientras más muertos, más odio y denuncias a Batista; mientras más muertos, menos control de «el llano» sobre lo que vendría después; mientras más muertos, más control para el psicópata de Fidel Castro; mientras más muertos, menos amenazas futuras para los comunistas que estaban detrás de Castro. Con todo eso te quiero decir, que cuando se negaron a dejarte subir, solo te estaban aplicando la filosofía de «mientras más muertos, mejor».

La filosofía de la violencia contra el espíritu creador

Los hechos violentos ocurridos durante la rebelión contra la dictadura de Fulgencio Batista no hicieron más que continuar una tradición histórica. Cuba es, esencialmente, un país rebelde y violento. Y no confundamos violencia con rebelión. La rebelión es un «delito de naturaleza política, que cometen quienes se levantan en armas, o incitan a ello, contra un régimen establecido». La violencia es la «manera de actuar contra el natural modo de proceder, haciendo uso excesivo de la fuerza». Por lo tanto, la rebelión es una reacción política; la violencia es un modo de vida. Los cubanos practicamos ambas. Nos llena de orgullo el desfile de mártires de las guerras por la independencia y luego los de la república. Nos lo enseñan en la escuela y el pueblo ha convertido mitos y leyendas en un rito centrado en la muerte.

Recordemos la costumbre ridícula que nos legaron los colonizadores, felizmente desaparecida, de contratar a un grupo de mujeres quienes, vestidas de negro, lloraban en velorios y entierros. Las «lloronas» no eran más que la expresión histérica del culto a la muerte en una sociedad donde la muerte es un elemento esencial. Otra expresión que glorificaba la violencia lo constituía la llamada «crónica roja» de la prensa y que tenía su expresión radial en el programa «El suceso del día», estrenado por la emisora CMQ en 1939, que consistía en la narración de alguno de esos sucesos con las notas de «La guajira guantanamera», compuesta por Joseíto Fernández en 1929 y popularizada alrededor de 1935. Esa exaltación a la violencia tenía otra expresión en la admiración a algunos caracteres del folklore. Recordemos el caso de Ladrillo, narrado en un tango compuesto en 1926 y que se popularizó en Cuba por mucho tiempo. Era la historia de un joven que formaliza su compromiso con la novia en medio de un baile. Al ser molestados por un intruso, Ladrillo lo retó y le clavó un cuchillo en el corazón, siendo condenado a la cárcel. El tango se lamentaba de este hecho y decía frases como: «cumpliendo injusta condena, aunque mató en buena ley»; «los jueces lo condenaron, sin comprender que Ladrillo fue siempre bueno, sencillo, trabajador como un buey»; «los chicos ya no tienen su amigo favorito»; y otras más con ese estilo.

Excluyendo las luchas de liberación del yugo colonial español la Republica presenta una historia de rebeldía y violencia que precedió a los casi siete años de dictadura batistiana. Resulta obvio que la naciente república era la depositaria de varias décadas de hechos heroicos que comprendieron conspiraciones, alzamientos, la quema de Bayamo antes de dejarla caer en manos del enemigo, inmolaciones, y cientos de actos de naturaleza rebelde y violenta.

Los anteriores no son más que una pequeña selección. No estamos reclamando la exclusividad de los cubanos al ejercicio de la violencia. Sabemos que es un mal universal pero el del patio es el que más nos afecta.

En el currículo de nuestras escuelas, institutos y universidades se deberían incluir materias que expongan a los estudiantes a los autores de las invenciones e innovaciones más importantes en la historia de la humanidad. Por ejemplo, ya desde la escuela primaria nuestros alumnos debieran conocer a fondo al menos algunos de esos héroes en las ramas de medicina, industria, transporte y comunicaciones, y entretenimiento. Comencemos a levantarles estatuas a los héroes de la humanidad que, con sus invenciones, han hecho posible nuestro disfrute de la vida en tiempos de paz.

2. Sobre el exilio y el regreso

La etapa de mi segundo exilio ha estado permeada por la nostalgia de Cuba y las ansias de que se produzcan las condiciones que garanticen mi regreso. Como afirma un pensamiento de García Márquez, «recordar es fácil para el que tiene memoria; olvidar es difícil para el que tiene corazón».

Nunca imaginé que la despedida iba a resultar en una ausencia tan larga. Ni tan dura. Siempre me ha aterrado que, debido al tiempo transcurrido, podía llegar a adquirir un carácter irreversible. Tal vez de haberlo sabido —llegué a cuestionarme muchas veces— no me hubiera marchado. El precio de quedarme era alto, pero el de irme (que yo ignoraba cuando tomé esa decisión en una triste madrugada de diciembre), no era mucho menor.

Todavía pienso en la factibilidad del regreso a pesar del poco tiempo que pudiera quedarme de vida. Por eso, tal vez un día me decida a salir al portal, que ha sido además jaula, a contemplar mi zarza ya marchita, para convertirme yo también en tomeguín. En definitiva, ya he cumplido con los tres requisitos exigidos por el más universal de los cubanos para poder abandonar el mundo que no pude cambiar: sembrar un árbol, escribir un libro, tener un hijo.

Lo he imaginado tantas veces que mi mente confusa lo tiene archivado como una realidad recurrente. La jaula se abriría para dejar salir volando al nuevo tomeguín que emprendería, ¡al fin!, su viaje de regreso. Atrás quedaban las Giraldillas del exilio, en su espera constante del otro lado de los mares, la zarza marchita, la maldición de Casandra y muchas otras cosas. Volaba despacio, haciendo realidad el vaticinio de Martí de que *será bello de ver el día en que a un tiempo, con la maleta entre las alas, vuelvan al nido todas las palomas*. Pero yo iba solo, sujetando con un diminuto pico la última flor que había parido la zarza antes de marchitarse. La había conservado para cuando llegara este momento y en medio del vuelo pensaba en posarme en una de las columnas que rodean el mausoleo del Maestro en el cementerio Santa Ifigenia de Santiago de Cuba. Observaría desde allí los lugares donde descansan quienes entregaron sus vidas en la lucha que yo había sobrevivido casi milagrosamente. Después dejaría caer del diminuto pico, a los pies de la estatua, una flor de zarza. No era una rosa, como la que había pedido en su verso famoso… pero era blanca.

A esos sueños hay que convertirlos en realidad. Y se vuelve a soñar, no solo en el viaje sino en las tareas que queremos realizar una vez que se llegue allá. A veces ni sé cómo definir esa ilusión que he cargado durante toda mi vida de exiliado. El diccionario me ofrece dos significados, pero ninguno me parece adecuado para explicarla. Es tan vieja que parece anteceder mi llegada al mundo. ¡Así es de antigua! Nació el mismo día que tuve que abandonar el lugar donde nací. Ya ni recuerdo cómo, pero sí el por qué. No es justo. El irse y el regresar deberían ser opciones individuales, no de terceras personas o instituciones. Yo no quiero entrar en análisis filosóficos. Yo solo quiero regresar, no volver. Sería algo bien sencillo. Tan simple que no necesito quedarme dormido para soñarlo.

Me espera una colina en medio de mi pueblo. El deseo de disfrutar del panorama desde su cima me llega a hacer daño. Ya no voy a poder disfrutar de la glorieta porque los vecinos la hicieron desaparecer en su desesperación de conseguir leña para cocinar sus alimentos. Por sus alrededores corrí de niño; ahora tendría que conformarme con andar. Cerca de allí dejé unas huellas húmedas porque, al truncarse el sueño, quedaron inconclusas. Tengo que completar ese trillo. Uno no debe morir dejando tareas a medias. Y, hablando de la muerte, me esperan también los viejos cementerios de mi pueblo y de la ciudad heroica.

Esas serían mis últimas paradas. Me dicen que ya ellos no están allí, que sus almas volaron junto al Padre. Pero yo necesito hablar con ellos. De la colina bajaré al camino polvoriento que me llevará a los muros cubiertos de una yedra más vieja ya que la vida misma. Entraré por el ancho portón e iré tumba por tumba y a todos les diré lo mismo en los dos cementerios. Será difícil convencerlos porque todos entregaron sus vidas pensando en la promesa del himno nacional: «Morir por la patria es vivir». Tengo el deber de decirles que murieron en vano. Que todo fue una patraña. Intentaré expresarles mi pesar y les pediré perdón por haber sobrevivido. No ha sido fácil llevar esa pesada carga durante tantos años. Con mis lágrimas espero hacer crecer nuevas flores en aquellos cementerios marchitos por el tiempo y el olvido.

Seguiré mi camino y, cuando mire hacia atrás, solo diré «hasta luego» sabiendo que ya es un «adiós» definitivo. Y dejaré que el viento me arrastre hasta el lugar donde las aguas del mar bañan unas arenas grises en un lugar escondido entre los manglares que crecen a lo largo de la costa. En aquellas arenas escribimos unos sueños que espero que las olas y los años no hayan podido borrar. La realidad me demuestra lo contrario. Pero uno nunca sabe y yo quiero comprobarlo. Yo me niego a creer que alguien los haya encontrado y, producto de la rabia, la intolerancia y la impotencia, haya revuelto las arenas para hacer desaparecer las letras que describían aquellos sueños que nunca se hicieron realidad.

Todavía no he decidido cómo materializar mi ilusión. El tiempo para planearlo se está terminando. Lo sospeché hace poco tiempo, cuando soñé que las flores habían vuelto a crecer en esos cementerios y las aguas de ese rincón de la bahía habían permanecido inertes desde mi partida.

3. Morir por la patria NO es vivir

Comencemos esta meditación con el pensamiento de un académico irlandés, profesor en el Instituto de Humanidades y Ciencias Sociales de la Universidad Autónoma de Puebla, México, quien, en la alborada de este siglo, afirmó lo siguiente:

¿Para qué sirvieron tantas luchas?
¿Para qué tantas muertas y tantos muertos?
Nosotros estamos aquí, por supuesto, pero
¿qué hay de nuestros amigos?,

¿qué hay de tanta gente que admirábamos?
Para los europeos de mi generación,
eso no es parte de nuestra experiencia personal, por suerte,
pero, para muchos latinoamericanos, sí.
Y ¿para qué?

¿Qué motivó a todos aquellos niños, adolescentes y jóvenes de la lucha contra la dictadura de Batista a convertirse en estadísticas? Me parecía que la respuesta tenía que estar mucho más allá de la existencia de una dictadura en la tierra de José Martí y el valor para enfrentarla. Tampoco bastaban la historia y las tradiciones nacionales. Tal vez, la respuesta al «por qué» había que buscarla en una combinación de todos esos factores y otros más, varios de los cuales fueron mencionados en la discusión del entorno.

Y comencé a leer y escribir, tratando de investigar la mayor parte de los factores que en potencia podían haber influenciado a aquellos héroes y mártires de la segunda mitad de la década de 1950 en toda Cuba, pero, con mucha más incidencia, en la ciudad de Santiago de Cuba. Exploré muchos, relacionándolos con hechos concretos. Parte de la lista incluía:

• La tradición de lucha de los cubanos, desde los primeros intentos por lograr la independencia del gobierno colonial español.

• La poderosa influencia del pensamiento y la obra de José Martí, cuyos escritos, poemas, discursos, y biografía se inculcaban de una manera casi religiosa y fanática desde las aulas de enseñanza primaria. A los cubanos que asistimos a la escuela durante la etapa republicana (1902-1958) se nos enseñó a venerar a José Martí, a quien nos atrevíamos a llamar el Apóstol de la independencia de Cuba. Conocimos su niñez, su rebelde adolescencia cuando, contando con solo 16 años fue detenido y condenado a seis años de presidio y trabajo forzado. Grillete al tobillo, cumplió seis meses de su condena y logró salir en libertad gracias a unas gestiones. Parte entonces por primera vez al destierro.

• El culto a la violencia, el sacrificio, la muerte, el martirologio, a lo largo de toda nuestra historia, que pudieran conducir a la interpretación de que inmolarse por la patria es algo no sólo natural sino necesario y obligatorio.

• La búsqueda constante de la perfección (ese ideal de hacer de Cuba «una tacita de oro») que nos forzaba a rechazar gobiernos que no satisfacían ese objetivo porque pensábamos que, el próximo, «va a ser mejor».

- La casi convicción de que, después de tantos intentos, esta vez sí va a cambiar la situación.

- La personalidad del cubano —eterno soñador y enamorado— con sus canciones, poemas y refranes.

- La influencia de la prensa, la radio y la televisión, con su programación de protagonistas heroicos y justicieros —como «Los Tres Villalobos», «Moncada», «Ángeles de la Calle», y tantos otros más.

- La brecha generacional, donde los más jóvenes se enfrentaban a la incredulidad o indiferencia de sus mayores, lo cual constituía en sí una causa de rebeldía que aparece en todos los países del mundo.

- La existencia de un ego, que crecía al sentir la admiración de otros jóvenes, y el contagio con los que ya participaban en la lucha.

Ese objetivo inicial del descubrimiento de las razones para aquel martirologio casi inútil no pudo ser cumplido por dos razones. La primera fue la falta de entrenamiento del autor en otras disciplinas que son necesarias en la búsqueda de esa respuesta. La segunda fue el descubrimiento, a medida que avanzaban la investigación y la escritura, de la verdadera entraña de aquel proceso, lleno de leyendas y mitos que no eran más que mentiras provenientes de un hombre que utilizó el patriotismo de los cubanos para engañar y manipular a sus seguidores. En esa etapa, el objetivo del manuscrito dio un giro de ciento ochenta grados para cambiar de lo sublime a lo mundano. De la explicación del martirologio de niños y adolescentes engañados, pasé a excavar en las montañas de evidencia que contenían los medios que se utilizaron en aquel proceso.

Siempre había pensado que, independiente de los crímenes, las mentiras y la destrucción moral y material de nuestra patria, lo que no se le podía perdonar jamás a Fidel Castro era la pérdida de la oportunidad que se presentó aquel primero de enero. Hoy, sin embargo, después de analizar todos los hechos que se presentan en estas páginas; después de retratar en su totalidad al individuo y sus acciones, me he dado cuenta de que, por estar él al frente de aquel proceso —porque todos se lo permitimos— jamás existió esa oportunidad. Lo prueba César Reynel Aguilera en su libro *El soviet caribeño* (2018) que, no solo enfatiza este hecho sino demuestra que Fidel Castro y un «grupúsculo» (el vocabulario del difunto comandante) de sus más cercanos colaboradores llegaron a las costas orientales con el propósito de establecer un estado socialista. El plan estaba respaldado por la promesa de una ayuda que comenzó a entregarse mucho antes del primer día de 1959. Esa conspiración internacional convierte aún más doloroso el sacrificio inútil de tantos y tantos niños, adolescentes y jóvenes que se lanzaron a morir creyendo que lo hacían por la patria, cuando en realidad estaban catapultando a un ambicioso sin escrúpulos al poder absoluto que ya estaba apoyado por los soviéticos. Si Martí hubiera vivido la experiencia de esa lucha, nunca hubiera escrito que «la sangre de los buenos no se derrama en vano».

Permita el lector que le ilustre este pensamiento con un hecho real (Álvarez 2017: 111-112). Ocurrió en las horas que precedieron al amanecer del 30 de noviembre de 1956, cuando el Movimiento 26 de Julio produjo un alzamiento en la ciudad de Santiago de Cuba. El lugar de acopio para el grupo que asaltaría el complejo de la Policía Marítima era una casa situada en el Reparto Sorribes. La persona responsable era Jorge Sotús. Los 19 miembros de este comando estaban presentes cuando comenzó a anochecer, pero dos decidieron no participar y se marcharon antes de la medianoche. El líder del comando distribuyó los uniformes, exceptuando siete que vestirían ropas de civiles. Siguió la distribución de las escasas armas: una ametralladora Thompson, una escopeta calibre 12, siete rifles de calibre bajo, una pistola, y cinco revólveres. Eran dos armas menos de las 17 que necesitaban, porque varios cócteles Molotov no podrían compensar el déficit. El denominador común se repitió aquí: más gente que armas, y éstas eran de pequeño calibre y sin suficientes municiones.

El grupo siguió a su jefe a una mesa donde estaba desplegado un mapa con el blanco: la Policía Marítima, cercana a las oficinas de Aduanas y las operaciones del Distrito Naval de Oriente de la Marina de Guerra cubana. Sotús iba paso a paso sobre el plan desarrollado por Frank País. Cuando terminó, los combatientes se dispersaron por la pequeña casa.

Una vez que supieron lo que iban a enfrentar después del amanecer, todos se preocuparon: sus armas no eran adecuadas para el objetivo, sin contar las escasas municiones. Uno de los combatientes recordaría más adelante estar impresionado «por el valiente Roberto Roca, con una escopeta de calibre 12 y solamente un cartucho», como afirma en uno de sus libros Portuondo López (1986: 215). Contestando a la preocupación de Roca por su cartucho único, Sotús dijo que ocuparían las armas y las municiones después de asumir el control del objetivo. ¿Qué sucedería si se les terminara la exigua cantidad antes que ocuparan más? Fue en ese momento cuando uno de los presentes hizo una sugerencia: «Como no sabemos si vamos a morir mañana, ¿por qué no dedicamos un tiempo para dejar un recuerdo a quienes amamos?» Un susurro de aprobación fue seguido por una tierna escena repetida muchas veces. Uno escribió una nota a sus padres pidiéndoles perdón por el dolor que estaba a punto de infligirles. Un adolescente de 17 años escribió un poema corto donde agradecía a sus abuelos el haberlo educado en ausencia de sus padres. Muchos compusieron bellas poesías y pensamientos a sus novias y amores, diciéndoles que su acción era dictada por el amor patrio. Casi todos terminaron el mensaje con el último verso del himno nacional: «Morir por la patria es vivir». Cada uno decía adiós a la vida, pero ninguno estaba triste. Eran felices y cualquier extraño hubiera podido notar eso con tan solo mirar a sus ojos, que permanecieron abiertos la mayor parte de la noche y madrugada. Luego, a través de la lucha, muchos de esos ojos se cerrarían para siempre.

Me parece que este hecho describe claramente la influencia que sobre estos jóvenes ejercía la metáfora del himno nacional. Iban a enfrentar la muerte, desposeídos de las armas que debieran llevar y no estaban desertando ni siquiera preocupados con la posibilidad real de una muerte casi segura.

Estoy seguro de que, cuando Pedro Figueredo cruzó su pierna sobre el caballo para apoyarse y componer «El himno de Bayamo» aquella mañana del 10 de octubre de 1868, cuando escribió «morir por la patria es vivir» no estaba dictando un artículo de fe sino construyendo una bella metáfora. Pero los políticos y los revolucionarios profesionales nos hicieron creer que esa frase debía ser interpretada de forma literal. Y, desde entonces, comenzó a correr la sangre, pero casi siempre era la que José Martí afirmó no derramarse en vano. Yo creo que, salvo en circunstancias extremas, no se debe morir por la patria. Hay que vivir por ella y para ella. Para hacerla grande y para que nadie tenga que vestir un uniforme ni para atropellar a sus hermanos ni para combatir los abusos y la falta de libertad.

Después de muchos años de investigación y estudio coincido con lo expuesto por Holloway (2000). Sus credenciales de abogado, sociólogo y filósofo lo llevaron a ese doloroso cuestionamiento. *¿Para qué sirvieron tantas luchas?* Y se cuestiona luego el valor de tantos muertos y su utilidad. ¿Para qué?

Creo que estamos obligados a aplicar ese pensar a la historia de Cuba. Debemos abandonar el estribillo de que «morir por la patria es vivir». Eso incita a los adolescentes y jóvenes a pensar que el martirologio es el máximo exponente de nuestro patriotismo. Se debe vivir para servir a la patria. Lo otro es un invento de políticos y busca pleitos profesionales. Es la interpretación errónea de la bella metáfora contenida en nuestro himno nacional. La mejor contribución de estas páginas sería una modesta ayuda para evitar que, en el futuro, no tengan que morir más cubanos ni atacando ni defendiendo ningún régimen o causa alguna porque supimos aprender esta lección.

Es una realidad que, exceptuando un reducido número de los dirigentes, ninguno de los que han entregado la vida por su patria son recordados poco tiempo después de su sacrificio.

No es coincidencia que en la isla se ha expresado la misma preocupación. Las Memorias de Vecino Alegret, combatiente del Primer Frente y ministro de educación superior durante 30 años, comienzan con el siguiente párrafo:

> *Alguna que otra vez he preguntado a un joven si sabía quiénes fueron René Ramos Latour, Daniel, Ramón Paz, Andrés Cuevas, Angelito Verdecia, Geonel Rodríguez, y con dolorosa sorpresa he comprobado que no los conocían. Es más: una parte de nuestra*

juventud actual, de los que hoy tienen más o menos la edad que teníamos nosotros cuando participamos en aquella guerra, no solo desconocen hasta el nombre de muchos mártires gloriosos, hijos de nuestro pueblo, sino que tienen una idea vaga y distorsionada de la magnitud de las acciones que entonces se libraron, y apenas saben cómo vivían, qué sentían y cuáles fueron las experiencias que sufrieron los hombres de la Sierra (1992: 1).

¡Mucho más los del Llano, General! No debemos exagerar. Estudios como el de Acevedo en 2011, en países como los Estados Unidos muestran que «los adolescentes de hoy se siguen rebelando, pero de forma más sutil e individual: no les interesa el sacrificio, adhieren a campañas de voluntariado y prefieran las causas perdidas».

Esa actitud prevalece alrededor del mundo. En Cuba, la tendencia parece ser la de conocer lo menos posible de la historia que enseñan los dirigentes. Tampoco podemos culpar a la juventud de esa ignorancia seis décadas después del triunfo de la revolución que han asfixiado al país con su propaganda.

Si al menos podemos contar y escribir los nombres de aquellos mártires, el sacrificio inútil de tantos santiagueros y otros cubanos que fueron a morir allí no habría sido tan infructuoso. No hay que morir por la patria para que una escuela, un central azucarero o un hospital lleven nuestro nombre, si es que tenemos la suerte de ser elegidos entre la numerosa cantidad de candidatos al bautismo. El inmenso sacrificio vale muchísimo más que esa limosna.

Desde los comienzos de la formación de nuestra cultura nacional, el pueblo cubano ha estado inspirado en una devoción casi religiosa hacia la rebeldía, la lucha, el sacrificio, que se realizan camino de la perfección. Nuestra idiosincrasia está saturada del culto a la muerte. Creo que eso ha sido un grave error. A la humanidad no se le lleva al progreso, no se le avanza, ensalzando el martirologio, por muy justa que sea la causa que se defienda. El camino del progreso no debe estar trazado sobre los cadáveres de los héroes. Nuestra historia es una continua elegía al martirologio realizado en aras de la perfección. La veneración comienza con el indígena anónimo que lanzó la primera pedrada a los españoles colonizadores. Nos llena de orgullo el desfile de mártires de las guerras por la independencia y luego los de la república. Nos lo enseñan en la escuela y el pueblo hace como un culto de eso. En el argot popular decimos que somos «el caballo de Atila». La bestia del rey de los hunos, por guerrero, es un símbolo para los cubanos. Debemos comenzar a cambiar eso. Debemos educar al pueblo. Hay que terminar con esa cultura de guerra. Los pueblos progresan por los frutos de la inventiva de sus hijos. Y eso ocurre cuando hay paz [¿Ha sacado alguien la cuenta del costo de todas las movilizaciones que se le ocurrieron a Fidel Castro para esperar la «inminente» invasión del imperialismo norteamericano?] La guerra destruye lo que la humanidad ha construido en la paz. Tenemos que comenzar a enseñarles a nuestros estudiantes que, sin dejar de rendir homenaje a nuestros héroes y mártires, debemos de tomar de modelos a los creadores, a los inventores quienes, con sus estudios y esfuerzos, han ido mejorando la vida de los seres humanos.

Los cubanos conocemos y admiramos a los héroes guerreros de la humanidad. Desde Alejandro Magno hasta Maceo. Al mismo Jesucristo lo imaginamos más expulsando a latigazos a los mercaderes del templo que crucificado pidiendo perdón al Padre «porque no saben lo que hacen». Nos pasamos la vida ensalzando y tratando de imitar a los valientes. Los guerreros famosos aparecen en los libros de historia. Cuba entera está repleta de sus monumentos. Las estatuas de Martí, Gómez y Maceo, por mencionar sólo a los tres más famosos, nos los muestran casi siempre a caballo, machete o fusil en mano, cargando contra el enemigo. Sin embargo, quienes no llamaron al combate, pero que han resuelto problemas serios a la humanidad, que han mejorado la calidad de vida, que la han hecho algo más fácil, no tienen estatuas y, muchas veces, ni sus nombres aparecen en nuestros libros de historia. ¿Cuántas estatuas existen en Cuba de Carlos J. Finlay? Tal vez uno que otro busto pequeño en algún hospital o centro de investigación. Pero ¿cuántos cubanos conocen quién es y lo que hizo? Tal vez los que fueron a la escuela recuerden que sus estudios sobre la fiebre amarilla consiguieron erradicar la enfermedad de

Cuba y Panamá. Pero la mayoría de los cubanos desconocen ese hecho, como también que el 3 de diciembre, fecha de su nacimiento en Camagüey en 1833, fue escogido como el «Día de la medicina americana» en todo el continente.

Existe un contraste que llama poderosamente la atención. Muchos compatriotas, con un grado mayor o menor de conocimiento, se refieren con bastante frecuencia a la revolución francesa. El lema de «Libertad. Igualdad. Fraternidad» (que no pocos citan en su versión original de «Liberté. Egalité. Fraternité») está en boca de muchos. Los que asistieron a la escuela recuerdan muchos de los acontecimientos de esos diez años (1789-1799) que cambiaron para siempre el rumbo de la humanidad, especialmente su inicio con la toma de la Bastilla y las numerosas batallas de Napoleón Bonaparte. Los bachilleres en letras, cuando cursaron los dos años de idioma francés, aprendieron de memoria los versos de la Marsellesa.

Ahora viene el contraste: Casi paralela a estos acontecimientos (1760-1840) tenía lugar en Inglaterra, tan sólo al otro lado del Canal de la Mancha, la llamada «revolución industrial». El hecho es conocido también por los que tienen cierto grado de escolaridad. Pero ese acontecimiento tan trascendental, como fue el remplazo del trabajo manual por las máquinas y el comienzo de la producción en serie en las fábricas (olvidémonos por un instante de las repercusiones negativas), apenas se menciona en los discursos oficiales y las conversaciones de los ciudadanos. De inmediato habría que implementar un programa distinto en nuestras escuelas. Lo pudiéramos llamar «Progreso vs martirologio». Me explico.

Tenemos que comenzar a educar a nuestro pueblo en una nueva cultura. Si nos detenemos en una esquina cualquiera y comenzamos a hacer preguntas sobre esas cosas nos quedaríamos perplejos de la ignorancia que existe sobre esos temas. A la pregunta ¿sabes quién fue Benjamín Franklin?, tal vez algunos lo conozcan como el luchador y político estadounidense pero muy pocos como el inventor de las baterías (o pilas) en 1748 y del pararrayos en 1752. Tal vez algunos recuerden de sus días escolares que Alexander Graham Bell fue uno de los inventores del teléfono en 1876 y que Henry Ford desarrolló la producción en serie del automóvil en 1896. Para todos es muy natural el alumbrarse con una linterna, hablar por teléfono o montarse en un auto, pero muchos desconocen los nombres de las personas a quienes tienen que darles las gracias. Continuando con el tema, ¿cuántos cubanos conocen al inventor de la refrigeración, que permite conservar los alimentos durante tanto tiempo? ¿O de la primera máquina de vapor de doble efecto? ¿Y qué me dicen del aire acondicionado? Muy pocos, pero muy pocos, pueden asociar los nombres de William Cullen (en 1748), James Watt (en 1784) y Willis Haviland Carrier (en 1902) con esos tres inventos. ¿Cuántos conocen que la persona que descubrió esa penicilina que quita las enfermedades venéreas se llama Alexander Fleming y que lo hizo en fecha tan reciente como 1929?

En el currículo de nuestras escuelas, institutos y universidades se deberían incluir materias que expongan a los estudiantes a los autores de las invenciones e innovaciones más importantes en la historia de la humanidad. Por ejemplo, ya desde la escuela primaria nuestros alumnos debieran conocer a fondo al menos algunos de esos héroes en las ramas de medicina, industria, transporte y comunicaciones y entretenimiento. Y comencemos también a levantarles estatuas a estos héroes de la humanidad.

Hace unos años tuve una experiencia que me convenció de la necesidad de realizar este proyecto en casi todos los países. Estaba disfrutando de una película que se desarrollaba en una universidad norteamericana. La profesora de Historia no ocultaba su disgusto por la falta de preparación e interés de la mayoría de sus alumnos. Al terminar un día su lección, uno de los jóvenes cruzó frente a ella en busca de la puerta. A la maestra le llamó la atención la camiseta que el chico llevaba puesta. Le hizo una señal para que se acercara y le preguntó a quién pertenecía la imagen impresa en la misma. El muchacho lo observó con dudas antes de responderle: «No estoy seguro. Creo que es Jim Morrison…» La profesora sonrió y le dio las gracias por la información. Resulta que la foto no pertenecía al famoso cantante del grupo roquero «The doors», fallecido en 1971 a los 26 años, sino a Ernesto Che Guevara, caído en Bolivia en 1963.

Heredia compuso infinidad de poemas, pero hoy quiero recordar una estrofa de su «Himno del desterrado», cuya inspiración surgió cuando, navegando rumbo a México, logró divisar las costas de Pinar del Río el 7 de septiembre de 1825: «¡Cuba! Al fin te verás libre y pura,/ como el aire de luz que respiras,/ cual las ondas hirvientes que miras/ de tus playas la arena besar». Y cuando ese hecho se produzca, Santiago de Cuba volverá a ser Macubá: renacerá el trabajo creador, que hará brotar de nuevo el humo por las chimeneas de sus fábricas y sus publicaciones regresarán con el rico contenido que solo puede existir en libertad. La ciudad se volverá a llenar con los olores de las frutas de El Caney y la tierra del ron Bacardí y la cerveza Hatuey, los podrá ofrecer de nuevo con su antiguas etiquetas y calidad. Macubá recobrará el calificativo de infatigable y las palmas volverán a crecer más altas, como dijo aquel hombre que, sin haber sido santiaguero, descansa en un lugar prominente de su camposanto. Desde allí, nos enviará la máxima que deberá guiar la construcción de la nueva República:

¡Basta ya de morir por la patria! Ha llegado el momento de vivir por ella y trabajar para ella. Rellenen con nuestro suelo los huecos de las trincheras para que en ellas también renazca la agricultura. Hagan una gran fogata con todos los instrumentos de violencia y reciclen sus componentes en actividades productivas: fabriquen discos de arados con el hierro; utilicen el plomo para cubrir los cables que les llevará el Internet que les negaron; el aluminio lo deben emplear en la carpintería metálica para reparar sus hogares y construir nuevos y como es buen reflector de la luz, resulta idóneo para la instalación de tubos fluorescentes y bombillas que darán fin a los apagones; con el plástico derretido de los fusiles fabriquen los mangos aislantes del calor de los recipientes y utensilios de cocina, para que disfruten el fin de la crisis alimentaria; la madera de las culatas convertida en carbón les proporcionarán la materia prima para las minas de los lápices que necesitan nuestras escuelas y por último, las cenizas, en seco o en forma de lejía, serán excelentes medios para arrancar la suciedad incrustada por doquier durante más de seis décadas.

Ese será el último discurso de quien llamamos Apóstol. Solo entonces podrá descansar. Ya Martí no tendrá que soñar: su pueblo habrá transformado la violencia en trabajo creador. Así será de sencillo. Y ese hermoso proceso comenzará —ironías de la historia— en un cementerio que guarda los restos de cientos de cubanos que murieron por la patria. ¡Qué honor para Santiago de Cuba, mi añorada Macubá!

ACERCA DEL AUTOR

José Álvarez nació en Antilla, Cuba, donde vivió una infancia tranquila y feliz. A los 10 años sus padres lo enviaron a cursar el sexto grado como interno en un colegio religioso en Santiago de Cuba, la capital de la provincia oriental de entonces. Apenas estaba cruzando el umbral de la adolescencia cuando un grupo de militares tomó el poder por la fuerza el 10 de marzo de 1952. A pesar de su corta edad, comenzó a luchar contra el nuevo régimen de varias maneras hasta que estableció en su pueblo natal una célula del recientemente fundado «Movimiento 26 de Julio» en el verano de 1955. Desde ese momento, hasta el 1 de enero de 1959, alternó la escuela con la lucha clandestina hasta que esta última ocupó todo su tiempo y la persecución lo obligó a marchar al exilio a Jamaica, donde Scotland Yard frustra una expedición que ha organizado. Cuando el triunfo esperado se hizo realidad, acababa de cumplir 18 años. Luego dividió su tiempo entre los estudios y sus deberes oficiales. Terminó el bachillerato y se matriculó en la facultad de derecho de la Universidad de Oriente en Santiago de Cuba, transfiriendo en el segundo año para la Universidad de La Habana.

Decepcionado por el curso de la revolución, deja sus estudios a fines de 1961 y decide abandonar el país, lo que no sucedió hasta febrero de 1969. Fue durante esos años de ostracismo que se agranda su pasión por la lectura y la escritura. Cuando llegó con su esposa y una hija discapacitada a los Estados Unidos, regresó a las aulas y obtuvo un Ph.D. en economía de alimentos y recursos de la Universidad de Florida (UF) en 1977, convirtiéndose en miembro de su facultad. En 1999 recibe el «National Honor Award for Superior Service» (Premio Nacional de Honor por Servicio Superior), el más alto galardón conferido por el Departamento de Agricultura de los Estados Unidos a un investigador agrícola.

Después de una productiva carrera académica, que incluyó más de 300 publicaciones, medio centenar de presentaciones en eventos nacionales y extranjeros, numerosas becas, premios y reconocimientos se jubiló en 2004, recibiendo el título de Profesor Emérito.

Su investigación sobre la historia oculta o tergiversada de la lucha en la que había participado se convierte en el proyecto «Repensando la rebelión cubana de 1952-1959». Desde el 2008 ha publicado dos decenas de libros que han sido acreedores a numerosos premios nacionales e internacionales. Los libros han sido publicados en España, Canadá y Estados Unidos; y sus cuentos, poemas y relatos han aparecido en Antologías y Revistas de Argentina, Bolivia, Colombia, España, Estados Unidos y Uruguay. En agosto de 2020 obtuvo el primer lugar en el Concurso de ensayo literario persuasivo auspiciado por el Club de Lectura «Entre líneas» de la ciudad de Popayán en Colombia. Ha sido invitado para servir de juez en varios concursos literarios internacionales. En la 29na. Reunión Anual de la Asociación para el Estudio de la Economía Cubana (ASCE), celebrada en Miami, en julio de 2019, uno de los paneles discutió su obra. Su nombre aparece en media docena de listados biográficos.

José Álvarez pasó los últimos días de su vida en Wellington, Florida, junto a su esposa, hijo y nietos. Terminó el presente trabajo a finales del 2020. Falleció víctima del coronavirus el 22 de enero del 2021.

AGRADECIMIENTOS

A lo largo de mi vida personal y académica tuve que solicitar ayuda de un gran número de personas. La siguiente lista no está completa. Mil disculpas a los que omití involuntariamente.

Asociación para el Estudio de la Economía Cubana
Asociación de Ingenieros Cubanos
Juan del Águila
César Reynel Aguilera
Eugenio Aguilera
Carla Aguirre
Teresa Albert
Alejandro Álvarez
Fernando Álvarez
María de los Ángeles Álvarez
Monika Álvarez
Ricardo José Álvarez
Roberto Álvarez-Pérez
Ariel Arias
Mario y Nini Ariet
Mario Ariet Jr.
Tuti Ariet
Roberto Balbis
Bibi Baloyra
Clarita Baloyra
Enrique Baloyra
Enrique Ignacio Baloyra
Patricia Baloyra
Manolín Barbeito
Blanca Bec
Pedro Bec
Ernesto Betancourt
René Cabrera
Calixto Campos
Fernando Canto
José Cervera
Kate Clifford
Luis Conte Agüero
Jose de Cordoba
Malena Cuza
Roger Conklin
José J. Contreras
Ivonne Danger
Alma Díaz
Sergio Díaz-Briquets
Pablo Díaz Espí
Luis Domínguez
Lucy Echeverría Bianchi
Chuck Elby
María Dolores Espino
Josefina Ezpeleta
Alejandro Fernández
A.M. Fernández
Federico y Nancy Fernández
Remigio Fernández
Ricardo E. Fernández
Roberto Fernández Romaní

Luis Figueredo
Fundación José A. Echeverría
Galería ZU
María Teresa García
Sharon Gifford
Virginia Gifford
Tom Gjelten
Jorge Gómez
Gloria González
Jorge A. González
Luis González
Teresa González Hondares
Arnaldo Güidi
G.B. (Jerry) Hagelberg
Zane R. Helsel
Hialeah J. F. Kennedy Library
Manrique Iriarte
Jennifer Jensen
Kathleen L. Krawchuk
Armando Lago
Aldo Layedra
Manny López
Carmelo Mesa-Lago
Paul S. Losch
Felipe Manteiga
Luis Martínez-Fernández
Christie Mayer
Carlos Alberto Montaner
Ana Elba Morales
Tania de la Nuez
Agustín País
Alba País
P. B. County Library System
Luis Pedrón

Luis Pensado
Lisandro Pérez
Jorge F. Pérez-López
Pedro P. Pérez Santiesteban
Marifeli Pérez-Stable
Patricia G. Prevatt
Richard F. Phillips
Eduardo Prida
Francisco Proenza
José (Pepín) Pujol
Gina Raniere
María Elena Rehalschi
Roberto Roca
Rubén Roca
José Antonio y Carmelina Roca
Loida Romero
Roberto del Rosal
Juan Sagué
Juan Manuel Salvat
Juan Tomás Sánchez
Marta San Martín
Bilín Santa Cruz Pacheco
UF Library System
UF Center for Latin American Studies
Ramón Valdés
Antonio y Arnolia Valle
Esperanza de Varona
Lesbia O. Varona
José (Pepe) Vázquez
Ricardo Vega
Melissa Ware
María Werlau
Jeff Young

REFERENCIAS BIBLIOGRÁFICAS Y WEBS CONSULTADAS

Bibliografía consultada

Aguilera, César Reynel. 2018. *El soviet caribeño: la otra historia de la revolución cubana.* Buenos Aires: Ediciones B, Penguin Random House, pp. 469-470.

Álvarez, José. 2003. «Natural disasters and Cuba's agricultural performance: is there a correlation?», *Cuba in transition* 13, pp. 227-233.

Álvarez, José. 2004. *Cuba's agricultural sector.* Gainesville: University Press of Florida.

Álvarez, José. 2010. *Los álamos del parque.* Miami: Editorial Voces de Hoy.

Álvarez, José. 2011. *La zarza de los recuerdos.* Miami: Editorial Voces de Hoy.

Álvarez, José. 2014. *Fidel Castro's agricultural follies: absurdity, waste and parasitism.* Charleston: Create Space.

Álvarez, José. 2015. «Éxodo», *I Premio Nacional de Narrativa Breve Villa de Madrid,* ACEUGA y Asociación Española de Pintores y Escultores (AEPE), Madrid, España, p. 27.

Álvarez, José. 2016. «Lo que me espera». *Concurso de Relatos Breves Ilusiones,* Letras con Arte, Madrid, España.

Álvarez, José. 2017. *Frank País y la revolución cubana.* Columbia: KDP, pp. 111-112.

Álvarez, José. 2019. *La revolución cubana: una rebelión de adolescentes.* Columbia: KDP.

Álvarez, José. 2020. «El rincón que me espera». *Primer Concurso Internacional de Microrrelatos «Rincones del mundo, Rincones de Granada,* Granada, España.

Arciniega, Germán. 1952. *Entre la libertad y el miedo.* México: Cuadernos Americanos.

Blanco Castiñeira, Katiuska. 2012. *Fidel Castro Ruz, Guerrillero del tiempo – Conversaciones con el líder histórico de la Revolución Cubana.* La Habana.

Buch Rodríguez, Luis M. 1995. *Más allá de los códigos – las comunicaciones en la guerra de liberación*. La Habana: Editorial de Ciencias Sociales, pp. 164-165.

Camus, Albert. 2008.*El exilio y el reino*. Madrid: Alianza Editorial.

Camus, Albert. 2009. *El extranjero*. Madrid: Alianza Editorial.

Carriazo, George. 1994. «Cambios estructurales en la agricultura cubana: la cooperativización». *Economía cubana: Boletín informativo no. 18,* Centro de Investigaciones de la Economía Mundial, noviembre, pp. 14-29.

Castro Ruz, Fidel. 1981. *La historia me absolverá*. La Habana: Editorial de Ciencias Sociales.

Cercas, Javier. 2009. *Anatomía de un instante*. Buenos Aires: Editorial Sudamericana

Díaz-Briquets, Sergio. 2009. «The enduring Cuban housing crisis». *Cuba in transition* 19, pp. 429-441.

Dorschner, John y Roberto Fabricio. 1980. *The winds of December.* New York: Coward, McCann & Geoghegan.

Enríquez, Laura J. 1994. *The question of food security in Cuban socialism.* Berkeley: International and Area Studies, University of California., pp. 46-52.

Figueredo Reinaldo, Oscar y Gabriela Roig Rosell. 2018. «¿A qué se destinará el presupuesto del Estado Cubano en el 2018?». *CubaDebate,* 7 de febrero.

Fontana, Humberto E. 2005. *Fidel: Hollywood's favorite tyrant*. Washington, DC: Regnery Publishing.

Foxe, Joh. 2008. *El libro de los mártires*. Barcelona: Editorial Clie.

Gálvez Rodríguez, William. 1991. *Frank: entre el sol y la montaña*. La Habana: Unión de Escritores y Artistas de Cuba, 2 vols.

García Díaz, Manuel. 2014. *En Cuba no hay primavera – 10 años infructuosos pro-reformas.* Miami: Alexandria Library, p. 73.

García Luis, Julio. 1994. «Lo principal es cómo elevar la producción y el acopio, que es lo que salva al país». *Trabajadores ,* julio 11, p. 5.

Gironella, José Ma. 1983. *Los cipreses creen en Dios*. Barcelona: Editorial Planeta.

Hemingway, Ernest. 1952. *The old man and the sea.* New York: Charles Scribner's Sons.

Hernández, A. y D.C. Drummond. 1984. «A study of rodent damage to food in some Cuban warehouses and the cost of preventing it», *Journal of Stored Products* 20:2, pp. 83-86.

Holloway, John. 2000). *Conferencia en una reunión del Southwest Council of Latin American Studies (SCOLAS),* Puebla, México, marzo.

Ichaso, Francisco. 1952. «Tres reacciones ante los sucesos del 10 de marzo», *Revista Bohemia*44:12, 23 de marzo.

International Bank for Reconstruction and Development. 1951. *Report on Cuba.* Washington, DC: IBRD.

Lago, Armando. Sin publicar. *Cuba: the human cost of social revolutions* (Cuba: el costo humano de las revoluciones sociales).

Malaparte, Curzio. 2008. *Técnica del golpe de Estado.* Buenos Aires: Editorial Tolemia.

Malaparte, Curzio. 1949. *La piel.*

Malraux, André. 1998. *La condición humana.* Buenos Aires: Editorial Sudamericana.

Maquiavelo, Nicolás. 2010.*El príncipe*. Madrid: Akal/Istmo.

Maugham, W. Somerset. 1944. *The razor's edge.* New York: Doubleday.

Junta de Andalucía. 2002. *Oriente de Cuba. Guía de arquitectura/an architectural guide*. Andalucía, España.

Orozco, Román. 1993. *Cuba roja: cómo viven los cubanos con Fidel Castro.* Madrid: Información y Revistas.

Ortega y Gasset, José. 2004. *Obras Completas.* Vol. I. Madrid: Ediciones Taurus, p. 757.

Padrón, José Luis y Luis Adrián Betancourt. 2008. *Batista: Últimos días en el poder.* La Habana: Ediciones Unión.

Pérez Marín, E. y E. Muñoz Bolaños. 1991. *Agricultura y alimentación en Cuba.* La Habana: Editorial de Ciencias Sociales.

Pérez-Villanueva, Omar Everleny. 2000. *Estabilidad macroeconómica y financiamiento externo: la inversión extranjera directa en Cuba*. La Habana: Centro de Estudios de la Economía Cubana (CEEC). Universidad de la Habana, Abril, p. 9.

Pittaluga, Gustavo. 1969. *Diálogos sobre el destino.* Miami: Mnemosyne Publishing, 2da. Ed.

Portuondo, Yolanda. 1986. *Frank País – sus últimos treinta días.* La Habana: Editorial Letras Cubanas, p. 42.

Portuondo López, Yolanda. Comp. 1986. *30 de noviembre – el heroico levantamiento de la ciudad de Santiago de Cuba.* Santiago de Cuba: Editorial Oriente, p. 215.

Sagan, Françoise. 1955. *Buenos días, tristeza.* México: Ediciones Franco mexicanas.

Schumpeter, Joseph A. 2015. *Capitalismo, socialismo y democracia.* Barcelona: Página Indómita, 3 vols.

Solzhenitsyn, Alexandr. 2008. *Un día en la vida de Ivan Denisovich.* Barcelona: Tusquets Editores.

Suárez Suárez, Reinaldo. 2001. *Un insurreccional de dos épocas: con Antonio Guiteras y con Fidel Castro* . La Habana: Editorial de Ciencias Sociales.

de Saint-Exupéry, Antoine. 2008. *El principito.* Barcelona: Tusquets Editores.

Torres, Cary y Niurka Pérez. 1994. «Mercado agropecuario cubano: proceso de constitución», Boletín informativo no. 18, *Centro de Investigaciones de la Economía Mundial,* noviembre, pp. 29-42.

Vecino Alegret, Fernando. 1992. *Rebelde: testimonio de un combatiente.* La Habana: Editora Política.

Villaverde, Cirilo.1978. *Cecilia Valdés.* Barcelona: Editorial Vosgos.

Woon, Basil. 1928. *When it is cocktail time in Cuba.* New York: H. Liveright.

Páginas web consultadas

•Onei.gob.cu
Oficina Nacional de Estadística e Información (ONEI)

•http://www.cuba.cu/gobierno/discursos/
Discursos e intervenciones del Comandante en Jefe Fidel Castro Ruz, presidente del Consejo de Estado de la República de Cuba.

•https://www.un.org/es/universal-declaration-human-rights/
Naciones Unidas. «Declaración Universal de Derechos Humanos».

•http://ideasenlibertad.net/la-pobreza-como-instrumento-de-dominacion-por-parte-de-los-socialismos-el-caso-de-venezuela/.

Osorio, Leonardo. «La pobreza como instrumento de dominación por parte de los socialismos: El caso de Venezuela»

•es.panampost.com/editor/2016/10/21/cuba-el-socialismp-genera-pobreza.
Palma Cambronero, Mariela. 2016. «Cuba, el vivo ejemplo de que el socialismo solo trae miseria», octubre 21.

•http://elestimulo.com/blog/el-hambre-mecanismo-de-dominacion/.
Blog *El estímulo,* 5 de septiembre de 2017.

•https://www.cubanet.org/articulos/entre-derrumbes-y-demoliciones/.
Torna, Odelin Alfonso. 2012. «Entre derrumbes y demoliciones», *CUBANET*, 19 de junio.

•https://www.latercera.com/noticia/la-nueva-expresion-de-la-rebeldia-adolescente
Acevedo, Ricardo. 2011. «La nueva expresión de la rebeldía adolescente», LA TERCERA.

•www.MySpace.com/FrankPais

•www.CafePress.com/FrankPais

•https://www.lulu.com/
LULU

•http://www.latinamericanstudies.org/dialogue/Dialogo-firmantes.pdf

www.ingramcontent.com/pod-product-compliance
Lightning Source LLC
Chambersburg PA
CBHW030508080526
44586CB00011B/117